中国疾病预防控制中心年鉴

Year Book of Chinese Center for Disease Control and Prevention

2010

《中国疾病预防控制中心年鉴》编委会　编

中国协和医科大学出版社

图书在版编目(CIP)数据

中国疾病预防控制中心年鉴. 2010/《中国疾病预防控制中心年鉴》编委会编
—北京:中国协和医科大学出版社,2015.3

ISBN 978-7-5679-0261-9

Ⅰ. 中… Ⅱ. ①中… Ⅲ. ①疾病-防治中心-中国-2010-年鉴②医疗保健事业-中国-2010-年鉴 Ⅳ. ①R197.2-54

中国版本图书馆 CIP 数据核字(2015)第 020948 号

中国疾病预防控制中心年鉴(2010)

编　　者:《中国疾病预防控制中心年鉴》编委会
责任编辑: 段江娟　周　莹　胡永洁
装帧设计: 张兆青
版式设计: 吴　华

出版发行: 中国协和医科大学出版社
(北京东单三条九号 邮编 100730 电话 65260343)
网　　址: www.pumcp.com
经　　销: 新华书店总店北京发行所
印　　刷: 中国电影出版社印刷厂
开　　本: 787 毫米×1092 毫米　1/16 开
印　　张: 26.25　　彩页:6
字　　数: 536 千字
版　　次: 2015 年 4 月第 1 版 2015 年 4 月第 1 次印刷
印　　数: 1-1000 册
定　　价: 75.00 元

ISBN 978-7-5679-0261-9

中国疾病预防控制中心年鉴
编　委　会

目 录

重要会议及讲话

国务院总理温家宝、副总理李克强到中国疾控中心考察 …… (3)

国务院副总理李克强到中国疾控中心考察 …… (4)

卫生部党组书记张茅到中国疾控中心调研 …… (5)

深入学习实践科学发展观 促进国家疾控中心全面发展

——王宇主任在中国疾控中心 2009 年工作会议上的讲话 …… (7)

沈洁书记在中国疾控中心 2009 年度工作会议上作党委工作汇报 …… (25)

工 作 进 展

疾病控制与应急处理 …… (41)

结核病预防控制 …… (59)

免疫规划 …… (63)

公共卫生政策研究 …… (78)

公共卫生监测与信息服务 …… (81)

公共卫生管理 …… (91)

慢性病防治与社区卫生 …… (100)

流行病学研究 …… (103)

12320 全国公共卫生公益电话建设与管理 …… (110)

人力资源管理 …… (113)

基础设施建设 …… (118)

科研管理 …… (123)

国际合作与交流 …… (128)

教育培训 …… (141)

目录

编辑出版…………………………………………………………………………(144)
规划财务管理与审计……………………………………………………………(150)
设备条件管理……………………………………………………………………(156)
实验室管理………………………………………………………………………(159)
离退休人员管理…………………………………………………………………(167)
安全保卫管理……………………………………………………………………(169)
后勤管理…………………………………………………………………………(171)
党群工作…………………………………………………………………………(174)

直属单位工作概况

传染病预防控制所………………………………………………………………(187)
病毒病预防控制所………………………………………………………………(204)
寄生虫病预防控制所……………………………………………………………(225)
性病艾滋病预防控制中心………………………………………………………(232)
慢性非传染性疾病预防控制中心………………………………………………(242)
营养与食品安全所………………………………………………………………(249)
环境与健康相关产品安全所……………………………………………………(268)
职业卫生与中毒控制所…………………………………………………………(288)
辐射防护与核安全医学所………………………………………………………(307)
农村改水技术指导中心…………………………………………………………(314)
妇幼保健中心……………………………………………………………………(321)

挂靠单位工作概况

地方病控制中心…………………………………………………………………(333)
性病控制中心……………………………………………………………………(342)

目　录

麻风病控制中心……………………………………………………………………………(348)
结核病防治临床中心…………………………………………………………………………(352)
鼠疫布氏菌病预防控制基地……………………………………………………………………(357)
儿少/学校卫生中心 …………………………………………………………………………(359)
精神卫生中心………………………………………………………………………………(364)
老年保健中心………………………………………………………………………………(368)

人事人物

中心领导……………………………………………………………………………………(373)
机关处室负责人………………………………………………………………………………(373)
直属单位所级领导……………………………………………………………………………(375)
挂靠单位所级领导……………………………………………………………………………(377)
全国政协委员…………………………………………………………………………………(378)
院士…………………………………………………………………………………………(378)
专家咨询委员会………………………………………………………………………………(378)
首席专家……………………………………………………………………………………(378)

大事记

一月…………………………………………………………………………………………(381)
二月…………………………………………………………………………………………(381)
三月…………………………………………………………………………………………(382)
四月…………………………………………………………………………………………(382)
五月…………………………………………………………………………………………(383)
六月…………………………………………………………………………………………(385)
七月…………………………………………………………………………………………(385)

目 录

八月 …………………………………………………………………………………………… (386)
九月 …………………………………………………………………………………………… (387)
十月 …………………………………………………………………………………………… (387)
十一月 ………………………………………………………………………………………… (388)
十二月 ………………………………………………………………………………………… (389)

附 录

2009 年度中国疾控中心获奖科研成果 ……………………………………………………… (393)
2009 年度中国疾控中心获奖科研成果摘要 ………………………………………………… (395)

重要会议及讲话

国务院总理温家宝、副总理李克强到中国疾控中心考察

中共中央政治局常委、国务院总理温家宝、副总理李克强2009年5月17日11时许，来到中国疾控中心，看望正在紧张工作的卫生防疫和医疗科研工作者，对夜以继日在防控一线工作的全国疾控工作者表示慰问和感谢。

在听取汇报后，温总理就进一步做好下一阶段防控工作作了重要讲话。他说，从目前情况看，全国的防控工作是有力、有序、有效的，北京市的防控工作抓得早、抓得实、抓得有力。但是由于甲型H1N1流感还在世界一些国家蔓延，当前防控形势依然十分严峻，绝不能掉以轻心，不能有丝毫的松懈麻痹思想。要继续贯彻执行中央确定的“高度重视、积极应对、联防联控、依法科学处置”的原则，进一步完善各项措施，加大工作力度。他提出7点要求：

一、加强口岸检验检疫，查找薄弱环节，把好入境关，让群众放心。

二、把国内疫情监测放在更加突出的位置，抓紧建设监测网络。

三、加强疫病防控的科学研究，包括治疗药物、疫苗、病毒机制的研究攻关，力争取得重大进展和突破。

四、扩大防控物资的生产规模，做好充足的物资储备。

五、医院要及时救治病人，认真总结治疗经验，同时注意医护人员自身的防护。

六、做好应对甲型H1N1流感进一步发展的应急预案，防患于未然。

七、大力宣传防控知识，正确引导舆论，使公众坚信政府的政策措施，坚信科学的力量，树立战胜疫病的信心。

温总理最后说，我们要加强党和政府的领导，努力做好甲型H1N1流感防治工作，保证生产、生活秩序的正常运转。

李克强副总理在听取疾控中心工作汇报时也作了讲话。他说，党中央、国务院高度重视防控工作，联防联控机制高效运转，各项应对工作有序展开。我们要密切关注疫情发展，做好打持久战的准备。联防联控机制各有关部门和单位要紧密合作，我们多辛苦一点，人民群众就多放一份心，社会就保持正常秩序。

国务院副总理李克强到中国疾控中心考察

中共中央政治局常委、国务院副总理李克强2009年4月29日在中共中央政治局委员、北京市委书记刘淇的陪同下,到北京首都国际机场、中国疾控中心考察人感染猪流感防控工作。他强调,各地区各部门要认真贯彻落实胡锦涛总书记、温家宝总理指示和国务院常务会议精神,把防控人感染猪流感作为当前的一项重点工作,高度重视,积极应对,联防联控,依法科学处置,严防境外疫情传入和扩散,保障人民群众身体健康、生命安全和出行安全,维护社会生产生活正常秩序。

中国疾控中心承担着我国疾病预防控制科学研究、技术指导和服务职能。连日来,中心及时报告境外疫情变化,并开展疫情监测、实验室检测等工作。

李克强副总理来到生物安全实验室,看望坚守岗位的科技人员,与大家亲切交谈,详细了解人感染猪流感快速诊断试剂研制情况,并认真听取专家的意见和建议。听说大家正夜以继日地为研制诊断试剂进行技术准备,他关切地说,"你们辛苦了。做好人感染猪流感防治工作,要发挥科技支撑作用,加快人感染猪流感传播模式、疫苗、临床诊治等方面的研究,做好技术准备工作,加强流感样病例监测,做到疫病早发现、早报告、早诊断、早隔离、早治疗,防控过程要公开透明"。李克强副总理鼓励科技人员抓紧时间,努力工作,尽快把诊断试剂研制出来,让人民群众安心、放心。

加强疫情监测和报告,是做好人感染猪流感防治工作的基础。李克强副总理在中国疾控中心疫情会商室,考察了传染病网络直报系统的运转,通过视频查看了地方工作情况,并听取了有关方面疫情防控工作的汇报。

他指出,要增加抗流感病毒药物、防护口罩、杀毒药品、呼吸机等应急物资生产储备,充实和加强物资准备。宣传普及防护知识,让人民群众广泛了解人感染猪流感是可防、可控、可治的。加强与世界卫生组织和有关国家的联系与合作,密切跟踪境外疫情动态,及时采取综合措施,把防范人感染猪流感各项工作落到实处。

卫生部党组书记张茅到中国疾控中心调研

2009年3月16日上午，卫生部党组书记张茅到中国疾控中心视察调研。在中国疾控中心机关大楼，张茅书记首先深入有关处室了解工作情况，并与有关领导和专家进行了座谈，听取了王宇主任关于中国疾控中心的全面工作汇报和沈洁书记关于党建工作的汇报。

张茅书记在讲话中充分肯定了中国疾控中心取得的显著成绩。近年来，中国疾控中心与各地疾控中心紧密配合，积极有序地开展重大传染病预防控制和突发公共卫生事件的应对，推动和探索慢性病预防控制，主动开展公共卫生危害监测评价与干预，深入开展健康教育与健康促进，为保障公众健康安全做出了积极贡献。一是疾控系统基本建设有了较大发展；二是各项业务工作取得了突出成绩；三是为卫生工作科学决策提供了卓有成效的技术保障和支持。特别是在刚刚过去的2008年，作为国家级的疾控机构，中国疾控中心在卫生部的领导下，围绕国家疾病预防控制重点任务，在抗震救灾、奥运卫生保障、三鹿奶粉事件处置的技术支持，以及鼠疫、霍乱、手足口病等重大传染病的预防控制等方面取得了不寻常的成绩，为保障公众的安全健康、促进和谐社会的构建做出了突出的贡献。值得高度赞扬的是在2008年的抗震救灾工作中，中国疾控中心经受住了考验，被党中央、国务院和中央军委联合授予“抗震救灾英雄集体称号”，显示了国家队应有的素质，以自己的实际行动证明这是一支关键时刻能打硬仗的队伍，是一支党和人民可以信赖的队伍，是一个极具凝聚力的团队，是一支在关键时刻特别能吃苦、特别能战斗的队伍。

张茅书记在讲话中强调：党中央、国务院进一步明确了卫生工作的发展方向，积极推进医药卫生体制改革。2009年召开的全国卫生工作会议强调要“促进基本公共卫生服务均等化，全面做好重大疾病的防治工作”，对全国疾控工作提出了更高的要求。张茅书记对疾控中心的工作提出了四点希望。第一，以科学发展观为指导，结合深化医药卫生体制改革的重点工作，促进综合能力的提高；第二，要抓住机遇，全面科学发展；第三，要加快建立健全食品安全技术支撑体系建设;第四,做好新形势下党建工作,构建和谐健康发展的疾控中心。

张茅书记指出:当前医疗卫生工作正在处在一个关键的时刻,挑战和机遇并存。希望疾控中心全体同志以科学发展观为指导,解放思想,扎实工作,坚定信心,积极投身医药卫生体制改革,推动疾控事业的发展,为保障人民群众的健康权益作出更大的贡献。

座谈会结束后,张茅书记还视察了全国传染病和突发公共卫生事件网络直报系统建设和应用情况,并深入到职业卫生所了解职业病远程会诊和实验室工作情况。

卫生部办公厅副主任毛群安、人事司司长秦小明、卫生监督局副局长苏志、疾病控制局局长齐小秋等领导陪同调研。侯云德院士、洪涛院士等专家分别在座谈会上发言,中国疾控中心各直属单位和各部门负责人共60人参加了座谈。

深入学习实践科学发展观
促进国家疾控中心稳步全面发展

——王宇主任在中国疾控中心2009年工作会议上的讲话

（2009年2月26日）

今天，是我们第一次在昌平新址召开中心年度工作会议，在中心发展史上具有重要的意义。这次会议的主题为“以科学发展观为指导，促进国家疾控中心稳步全面发展”，会议的主要任务是：全面总结回顾2008年中心的各项工作，贯彻落实2009年全国卫生工作会议精神，紧紧围绕当前中心的现状，结合深入开展学习实践科学发展观活动，认真分析当前面临的形势和任务、机遇和挑战，提出可操作、见实效的措施建议，研究部署2009年的重点工作。下面，我代表中心领导班子讲三方面内容，供大家讨论时参考。

一、2008年主要工作回顾

2008年是极不平凡的一年，对中国疾控中心来说，是充满挑战与取得显著成就的一年。一年来，中心紧紧围绕卫生部的各项工作部署，各项重大工作在应对挑战中发展，在总结中提高，较好地完成了部党组交给的各项任务，特别是在抗震救灾、奥运卫生保障、重大传染病的预防控制、重大食品安全事件处置的技术支持等方面取得了非常突出的成绩，为保障公众健康安全、促进和谐社会的构建做出了新的贡献，树立了全国疾控中心的典范。

自2008年9月28日始，按照中央的部署，在卫生部的领导下，根据中心学习实践活动实施方案安排，在中心全体党员干部的共同努力下，我们经历了3个阶段、11个环节，历时半年，圆满完成了深入学习实践科学发展观活动，刚才进行了全面的总结。在整个学习实践过程中，我们把开展好活动与做好当前工作紧密结合起来，全力促发展，搞好疾控工作，为保国家稳定做出贡献，实现了党员干部受教育、广大群众得实惠、科学发展上水平的工作目标，做到了“两手抓、两不误、两促进”。

（一）积极投入到国家重大突发事件的应对

第一，发挥专业优势，忠实履行职责，全力做好抗震救灾工作

四川汶川特大地震，是新中国成立以来破坏最强、波及范围最广、救灾难度最大的一次地震灾害。灾情就是紧急行动令，5月12日下午地震发生后，中心紧急动员，研究部署各项应对准备工作，立刻组建了赴灾区的防疫应急队，当天就向卫生部请战。中心各单

位、各部门密切合作、快速反应,全体职工积极响应,纷纷请战,在短时间内迅速完成前两批应急队伍集结、装备及后勤保障工作。据统计,从 5 月 14 日至 10 月 29 日,历时 166 天,中心向 14 个重灾县派出 19 批 610 人次的应急队伍,其中党员、高级职称、研究生学历人员均超过半数,投入经费 946 万元,车辆 6 台,采购救援物资 45 454 件。

在这史无前例的抗震救灾中,国家疾控中心以数个“之最”,创造了瞩目的业绩:中心的抗震救灾队伍是四川省外最先抵达灾区的卫生防疫队;人员数量及高级专家比例最高;在卫生应急救援队伍中坚守时间最长;疾控队伍在灾区的分布最广。

在这支队伍中,有一批气壮山河的真正男子汉,有一批不让须眉的巾帼英雄,有白发苍苍的权威专家,也有青春燃烧的 80 后。同志们放下了自己熟悉的业务工作,义无反顾地投入到抗震救灾的前线,克服了难以想象的困难,在极其艰苦的条件下开展了卓有成效的工作。同志们充分发挥自身技术和人才优势,结合灾区实际为多项重大决策提供了有力的技术支撑;应急研制了手机应急报告系统替代损毁的系统,在大震后第 10 天开始恢复疫情报告;积极实施现场卫生学评价和传染病控制;将紧急编印多种抗震救灾防病大众宣传材料运往灾区,利用主流媒体进行多种形式宣传;指导开展强化免疫和专病防控等技术工作;创造条件在重灾区建立起多个“帐篷实验室”;建立了实时与前方队员的信息联络机制;及时利用多种渠道采购应急物资,保证救灾人员及物资的交通运输工作快速、畅通;与有关单位联合组织为灾区 26 个受灾县(市)疾控中心公共卫生检测实验室捐赠了价值约 249 万元的仪器设备及耗材;中心职工仅用半天时间就为灾区捐献 40 余万元;1187 名党员交纳“特殊党费”60 余万元。

重大事件面前往往是锻炼和考验人的最好时机。党组织一开始就注重积极发挥作用,在抗震救灾防病应急阶段,中心共有 70 名队员在一线积极要求加入党组织,经中心党委批准已发展 26 名。

在卫生部的正确领导和支持下,广大干部职工在这场空前的地震灾害中经受住了考验,显示了国家队应有的素质,以自己的实际行动证明这是一支关键时刻能打硬仗的队伍,是一支党和人民可以信赖的队伍,是一个极具凝聚力的团队,是一支在关键时刻特别能吃苦、特别能战斗的队伍。我们的工作也得到了上级领导和社会各界的广泛好评,党中央、国务院和中央军委联合授予我中心“抗震救灾英雄集体称号”,卫生部、人力资源和社会保障部联合授予我中心“卫生系统抗震救灾英雄集体”称号。总计,我中心及有关部门在抗震救灾工作中,被授予部以上荣誉称号 10 个,28 人获得了部以上表彰。

第二,高度重视,精心组织,切实做好奥运卫生保障

中心作为奥运会卫生保障的重要技术支撑单位，负责分析传染病疫情和突发公共卫生事件信息，向奥运赛区城市提供疾病防控及突发公共卫生事件的应急处置、无烟奥运、健康奥运等相关技术指导和支持；利用卫生应急网络实验室等资源，组织做好奥运期间的实验室确认监测和实验室监测的技术支持。同时积极做好生物安全管理，将北京

奥运会卫生保障作为2008年工作的重中之重。专门成立了奥运工作领导协调小组，组建了专家咨询组和2支卫生应急预备队，开展有关培训和演练10余次；制定详细的预案和工作方案，对可能输入的传染病及所具有的应对能力状况进行分析，做好实验室检测技术保障，接收保管了北京市高致病性微生物标本；在北京市政府要求“一类停二类限非必须不开展”的情况下，保证我中心检测装备和实验室运转顺利；使我中心实验室，尤其是BSL－3实验室时刻处于良好待命状态，为实现“平安奥运”目标做出了突出贡献。

协助卫生部建立全国分区负责实验室，确保在外地能继续开展相关检测工作；对赛区城市开展公共卫生监测与应急能力状况的技术督导和评估；建立疫情信息会商机制，对传染病和突发公共卫生事件风险进行评估与预测；加强信息沟通和交流。

奥运期间实验室安全管理和恐怖防范工作部署周密、扎实、系统，措施果断，确保了奥运期间实验室安全工作万无一失。完成了卫生应急检测和现场调查任务，包括北京澳籍记者重症肺炎标本检测和青岛南非教练疑似莱姆病标本检测，加拿大游泳运动员水痘疫情和奥运安保人员食源性疾病事件等；同时，为奥运提供了强大的技术支持服务，共有30多名专家担负国家反恐值班、卫生部奥运联络员、专家组成员等工作，18人确定为奥运卫生保障语言服务人员，数百名专家参加保障值班。

借助举办奥运会的重大机遇，围绕“健康奥运、健康北京”主题开展了卓有成效的宣传推广活动，普及防病保健知识和技能，与中国医药卫生事业发展基金会、北京市卫生局联合开展了“健康奥运，健康北京”的系列全民健康活动，组织编印、发放中英文版《奥运健康手册》30万册；参与开展了低盐饮食、限油、控烟、健康知识传播等多项活动。

第三，全力做好“健康中国2020”专项工作

按照卫生部“健康中国2020”战略规划公共卫生专题研究工作的部署，中心组建了专门的队伍，建立了工作网络信息平台，明确工作机制和时间进度。组织我中心、高校、研究机构和医院的200余名专家参加了该项工作，形成了多层次、多领域、多学科的专家队伍。

以证据为基础，系统梳理了我国居民健康主要问题和主要影响因素；分析了我国在改善人群健康、传染病防控、慢病防控等领域的策略执行现状，形成了公共卫生领域的十大关键策略，并提出政策建议。最终形成了包括总目标、20个核心指标、公共卫生体系建设要点、支撑体系建设要点、20个重大行动计划、50个专项，共计30余万字的研究报告，受到了卫生部领导的赞扬。

第四，启动“艾滋病和病毒性肝炎等重大传染病防治专项”工作

中心的科研工作得到了科技部等相关部委充分认可，已无可争议地被列为重要的科研机构。2008年，中心积极组织参与“艾滋病和病毒性肝炎等重大传染病防治专项”的设计和启动工作。先后推荐10多位专家作为重大专项领域专家组成员，参与重大专项的组织、建议和审核工作；中心作为牵头单位共获准立项课题22项，作为参加单位获准立项课

题8项,共批准经费约7.164亿元。为做好重大专项的协调、管理工作,及时成立了传染病重大专项领导小组、专家咨询委员会及专项管理办公室,保证了重大专项工作的顺利开展。

第五,切实做好手足口病疫情的应对

4月初,安徽阜阳连续发生多起婴幼儿不明原因死亡,引起社会高度关注。中心于4月15日派遣专家组赶赴安徽阜阳协助开展疫情调查处置工作,经综合流行病学特征、临床特点、实验室检测结果和病理结果,专家们在短短的几天时间内查明病原,确认该疫情为EV71感染引起的手足口病。从根本上纠正了治疗偏差,显著控制了死亡,提高了救治成功率。陈竺部长在阜阳调研时,对国家疾控中心的工作给予高度肯定和表扬。

5月初,中心组织专家编写了《手足口病防治指南(2008版)》,指导和加强全国各地手足口病的预防控制工作。同时,加强疫情监测,及时分析汇总上报信息,编发信息资料,加强国际交流与合作,分享研究成果。陈竺部长在2008年世界卫生大会上将我中心撰写的《2008年安徽阜阳及中国手足口病疫情形势与防控工作报告》发给与会代表,受到世界卫生组织和国际社会的一致好评。

第六,全力做好三鹿牌奶粉事件处理的技术支撑

“三鹿牌婴幼儿奶粉事件”发生后,中心紧急响应、积极应对。首先分析情况,提高认识,统一思想,迅速成立了“应对婴幼儿配方奶粉重大安全事故处置工作办公室”,以营养食品所为主体,组织协调环境所、职业卫生所和中心有关处室,勇挑重担,连续作战,全力参与和配合国家处理三鹿牌婴幼儿奶粉事件的各项工作:派出专家组迅速开展甘肃、河北流行病学调查与现场处置;自主建立三聚氰胺及其类似物的检测方法并在第一时间展开检测;率先发现三鹿以外其他品牌乳制品中三聚氰胺污染的情况,为国家处置此次事件提供决策依据。

积极做好卫生部食品安全综合协调的技术支持工作。在复杂紧急的情况下,随时向卫生部各司局提供有关技术支持,积极参加国务院、卫生部组织开展的各项工作。截止到2009年1月底,中国疾控中心奶粉事件处置工作办公室先后召开工作例会38次;检测三聚氰胺相关样品近700份,获得数据1100多个;先后派出了专家五批18人次参加现场处置和流调工作,圆满完成了重要的技术工作;组织召开有关部委、行业协会、医疗机构、乳制品企业的专家和外籍专家等100多人次参加的十多次专家研讨会;先后收到国家处理三鹿牌婴幼儿奶粉事件领导小组办公室、卫生部有关司局来文、来函及回复文件或提供信息资料近300份;上报《婴幼儿配方奶粉重大安全事故处置工作专报》15期、《12320受理奶粉事件工作专报》52期;制作了《含三聚氰胺奶粉的食品安全知识问答》宣传折页50万份并下发重点省区。

(二)各项业务工作取得了显著成绩

第一,重大传染病防控工作取得了新的进展

客观分析我国艾滋病预防控制的严峻形势,认清在现阶段传播的高风险因素,紧紧抓住特殊地区人群,特别是性传播(男男性传播)的特点,做好重点地区的预防控制工作;启动了"艾滋病综合防治数据信息管理系统",使艾滋病综合防治数据信息首次较全面的电子化整合;完成了全国艾滋病综合防治示范区终期评估,示范区防治效果显著,有力带动了全国艾滋病综合防治的开展。

进一步加强结核病防治规划各项技术措施的落实,优化了结核病专报系统,拟定了《耐多药结核病治疗管理指南》等一系列技术文件,继续在耐多药结核病、流动人口、TB/HIV 双重感染等新领域扩大开展试点;紧急开展地震灾区结核病防治技术支持工作。

卫生应急技术准备和协调得到了加强,应急物资储备和队伍装备取得实质性进展,完成 8 大类、近 200 种应急物资的采购验收。传染病监测预警能力进一步大幅度提升,重点传染病和病媒生物国家级监测点工作稳步推进,"时间模型"预警系统已顺利在全国推广试运行,"时间一空间模型"预警系统也已启动试运行工作。及时高效处置了贵州急性出血性结膜炎、海南霍乱等 14 起传染病疫情和突发公共卫生事件。

人禽流感防控体系经受了实践考验,各地的检测技术和对疫情处置的技术掌握能力明显提高。对于 2008 年确诊的 4 例人禽流感病例,以及 2010 年 1 月报告的 8 例病例,从病例报告到确诊,时间短、质量高,显示了我们的工作实力。

血吸虫病防治策略有了创造性突破,提出了以传染源控制为主的综合防治策略,相关论文在《新英格兰医学杂志》发表;寄生虫综合示范区成效显著,初步探索形成了适合不同地区的防治模式;全国性病监测工作稳步推进。

落实和协助扩大国家免疫规划工作的实施,编写扩大国家免疫规划培训教材,培训师资 1299 人;开展了针对消除麻疹的多次学术研讨会,加强对消除麻疹的各项工作,全国麻疹实验室网络工作顺利开展;组织开展脊灰强化免疫活动,继续保持了无脊灰状态;积极处置各地报告发生的疫苗接种相关事件;修订并下发新的乙肝监测方案,通过 GAVI 项目的实施,持续提高乙肝疫苗接种率,特别是首针及时接种率;正式启用了流脑乙脑专病/单病监测信息报告管理系统;儿童预防接种信息管理系统建设得到了进一步推广。

第二,积极探索完善慢性非传染性疾病预防控制工作

将慢病防控体系建设和协调推动工作开展作为中心的重点工作之一,慢病管理和业务队伍已基本形成;继续进行淮河流域癌症综合防治工作,包括出生及出生缺陷监测、死因回顾调查和死因监测、局部区域环境医学调查、特征污染物检测及癌症综合防治技术支持等项内容;履行全民健康生活方式行动国家行动办公室的职责,积极推进各省市开展全民健康生活方式行动,为 18 个启动行动的省市提供技术支持;在 15 个省(市)启动"维持

健康体重和血压管理关键技术”,推出社区健康管理软件和糖尿病管理模块;推进精神卫生与伤害预防的协调与管理,积极探索适合我国国情的伤害干预模式和方法;儿少卫生、老年卫生等各项工作也都取得了较大进展。

围绕履约,加大控烟工作力度,完成了中国第一份履行 WHO《烟草控制框架公约》报告和 2007 年以来每年的《中国控烟报告》;在国际合作项目支持下,“迈向无烟中国”已经在全国 20 个省、自治区和直辖市启动;“无烟奥运”活动,为我国实现绿色奥运、无烟奥运做出了重要贡献。在此基础上,形成了预防二手烟暴露的工作模式,编制了预防工作指南,正在形成指导工具。

拓展全国妇女儿童保健技术服务指导工作,继续指导开展预防艾滋病母婴传播工作,开展妇女病防治工作现况调研,开展儿童保健服务相关规范制定工作,在全国范围内组织开展儿童保健技术研究,开展基层产科服务质量审评体系建设研究,做好母婴保健法律证件事务管理工作。

第三,做好健康危害因素监测和卫生监督技术支持能力建设的各项工作

继续做好全国食品污染物、食源性疾病、空气污染、职业病危害因素和饮用水卫生监测工作。完善职业病报告系统软件,开展了职业病网络直报现状调研,重点培训了西部 10 个经济欠发达省区的职业病报告人员,国家职业病监测哨点项目取得显著进展;食品污染物监测扩展至 54 种食品 61 种化学污染物,完成 21 个省市食源性疾病监测网点分离菌株和监测信息的收集,开展了婴儿配方粉、生奶与奶酪的特定菌群监测,食品“两网”已覆盖我国 10.5 亿、81%的人口;由陈春明教授自筹经费在 13 省 30 个贫困县市初步建立“贫困地区 6 岁以下儿童营养监测信息数据系统和预警系统”,目前已经纳入国家监测系统;开展部分城市社区和学校空气污染与疾病、化妆品皮肤不良反应及医院消毒与感染控制监测,在 15 个省市 83 个试点市(区)推行城市饮用水和水性疾病监测及水质监测网络报告,建立覆盖全国 25%农村县区的“农村饮用水水质卫生监测系统”并首次实现全国网络报告。

开展医疗照射质量控制和全国职业外照射个人剂量监督监测管理,解决地震灾区医疗机构放射卫生防护问题,试点建立“国家放射工作人员个人监测与健康监护登记报告管理系统”;在 16 个省 80 个县 800 所农村学校开展了水与环境卫生现状调查。

做好国家化学中毒救治基地及远程会诊系统工程建设,开展中毒、核与放射、食品安全等突发事件应急、反恐演练,突发公共卫生事件的处置能力进一步提升;建立“我国重大急性职业中毒数据库”、“有毒动植物数据库”,并在“中毒控制网络”主页传播信息,扩大对基层中毒控制机构的技术指导;中毒热线信息咨询服务和中毒检测实行 24 小时值班制,完成山东汶上群体盐霉素中毒等 7 项中毒和另外 5 起食物中毒及环境污染事件的应急处置。

积极做好卫生法规、卫生标准的制定和宣传工作。2008 年共通过 103 项食品安全标

准审查及 80 多项标准的报批工作，顺利承办第 40 届国际食品添加剂法典委员会会议。发布职业卫生标准 16 项、职业病诊断标准 5 项，修订放射卫生标准 7 项，制定环境卫生标准 9 项、修订 127 项。

第四，全面开展健康教育与媒体沟通工作

紧紧围绕疾控重点业务开展健康教育工作，对全国各省市的社区、医院、学校和工作场所的健康教育工作开展系统指导；传播普及“中国公民健康素养促进行动”基本健康知识和技能；组织召开了首届全国健康教育与健康促进大会；及时设计制作抗震救灾、手足口病防治、科学应对含三聚氰胺奶粉知识问答等应急事件宣传材料。

通过 5 年来媒体对中国疾控中心技术信息的需求分析，编写了《疾控技术信息发布与媒体沟通》手册，对有关专家进行媒体沟通技巧培训，针对抗震救灾、疫苗接种不良反应、禽流感防控等媒体关注的热点问题，开展主动的宣传沟通，树立了良好的疾控中心形象。全年接受媒体新闻采访 253 次，并主动开展了 4 次疾控业务的在线访谈。

在 19 个已开通 12320 热线的省份，进一步推动全国 12320 工作深入开展，在抗震救灾、奥运保障和奶粉事件等应急工作中充分发挥重要作用，完善全国 12320 健康信息资源库和数据采集管理系统，启动“全国 12320 宣传推广活动”。

还有许多疾病防控工作、公共卫生工作，都利用健康教育和媒体传播作为有效手段促进工作开展。

第五，继续加强信息化建设，做好流行病学、专题政策研究等工作

经过多年的信息化建设与完善，以网络直报系统为平台，初步完成了以传染病、突发公共卫生事件监测信息管理为主导的 10 多个疾病监测管理信息系统和以出生、死亡、免疫为主的基础公共卫生信息系统。传染病疫情网络直报率继续稳定增长。截至 2008 年 12 月 31 日，县级以上医疗机构报告率达 96.99％、乡镇卫生院达 82.21％；与 2007 年同期相比，全国报告法定传染病病例总数提高了 10.33％；所有疾病监测点（DSPs）的死因监测信息报告统一实行网络报告，全国报告死亡数与 2008 年同期比上升了 73％；通过对全国疾控系统虚拟专用网络（VPN）的升级改造，全面实现了传染病网络直报系统国家级、省级用户转入 VPN 安全网络系统访问，进一步提高了系统应用的安全性和可靠性。进一步加快新址信息化建设步伐，充分利用信息技术和现代通讯手段集成疫情远程会商系统，初步实现了以昌平新址疫情远程会商中心辐射专线边接全国 31 个省及新疆建设兵团疾控中心节点的视频信息网络，目前已利用视频会议系统成功召开了全国人感染高致病禽流感防控工作会议、北方 10 省抗旱防灾防病工作等会议，极大提高了我中心应急反应能力，突显出信息化建设的成效。

以流行病学方法研究、应用和传播为主线，采取多种形式，通过不同渠道，发挥流行病学的技术支持作用。连续举办流行病学社区活动，搭建流行病学信息共享和交流平台；开展关于积极应对气候变化与健康问题相关研究的信息交流。

政策研究不断扩展领域,深入能力建设领域研究,开展结核病防治人力资源建设试点研究、农村疾控工作规范研究和全国医药卫生人才战略规划研究等;突出加强公共卫生法律研究,参与《传染病防治法实施办法》修订、开展美国公共卫生法律研究;全力以赴推进中心专题政策研究。

第六,科研、教育培训、国际合作与交流工作有了新的突破

2008年度列入中心科研计划管理的总课题数321项,科研经费1.24亿元;2008年度获准课题71项,争取经费总额约1.31亿元。获得中华医学奖3项,其中一等奖1项,三等奖2项;批准专利12项。全年共发表论文1041篇,其中中文论文844篇,英文论文197篇(SCI收录177篇);主编或参编专著99本。中国科学技术信息研究所开展的2007年度中国科技论文统计与分析中,在全国1765种期刊46.31万篇文章中,我中心共有772篇,在全国研究机构排名第一,论文被引用2976次,在国内研究机构中排名第7。

进一步加强中心在读的558名研究生管理和教学工作;加强导师队伍建设,采取内部专家与外部教师相结合的形式,保证了研究生课程教学质量;病原生物学重点学科获批准;安排专项资金400万元对潘家园、昌平教学区基础设施进行维护更新;全年共开展国家级继续医学教育项目84项;与澳大利亚格里菲斯大学联合培养了34名"中国疾病预防控制精英培养"奖学金项目学员。现场流行病学项目(CFETP)第8期新招学员16名,扩展了基地建设,加强了基地指导教师的培训,组织学员共开展了121项各类调查活动,积极参与各类重大事件的现场工作。

国际合作与交流取得新成果。2008年中心被科技部认定为国家级国际联合研究中心。全年接待来访外宾397人次,因公派出724人次;执行国际合作项目104项,新申请合作项目31项;促进申请成立"WHO环境与健康发展合作中心"、"WHO伤害预防合作中心"及"WHO流感监测和研究合作中心及流感参比实验室"。中美疾控中心2008年度主任年会在新址成功举行;中美新发和再发传染病合作项目进展顺利;保持了中日韩三边在传染病领域的交流机制;已申请8轮13个全球基金项目,项目资金总额约7.19亿美元。各轮项目进展顺利,绝大部分项目指标如期完成,其中有7个项目获得全球基金"A"的最好评价。

由中心主办或承办的17种期刊的学术质量和编辑水平进一步提高,期刊数字化出版工作取得进展;网络化建设为期刊发展提供了平台。

(三)加强干部队伍建设,提高科学管理水平

第一,加强领导班子建设,形成坚强有力的战斗集体

中心党委以组织参加卫生部"每月一讲"、邀请权威专家面授十七大理论辅导等多种形式进行扩大的中心组学习。中心党政班子在处置手足口病疫情、抗震救灾防病、奥运卫生保障、处理三鹿牌奶粉事件等重要工作中,迅速反应并及时做出决策,分管领导一线指

挥，其他成员在做好个人分管工作的同时积极予以配合，保证了集体决策得到贯彻落实。为开好“学习实践科学发展观，提高疾控能力”专题民主生活会，中心领导班子成员开展谈心并针对征求到的意见和建议，联系思想和工作实际，深入查找班子与个人的不足和问题，并分析了产生问题的主客观原因，对中心科学发展的总体思路、工作要求和主要措施达成了共识，提出了解决突出问题的意见和建议，为科学发展上水平奠定了基础。

第二，加强中心队伍建设，提高整体业务水平

根据领导干部岗位需要，严格按照中组部领导干部选拔任用条例，采取民主、公开、竞争、择优等方式，共聘用 7 名所级班子成员和 9 名机关处级干部。对中心近 90 多名处级干部采取公开述职、民主测评的办法进行了年度考核，15 名处级干部被评为中心优秀领导干部；在干部选拔和干部年度考核中，加强了干部聘任前广泛听取干部职工意见的工作。全年共接收 5 名“西部之光”访问学者、安排 3 名西部地区领导干部到中心有关单位挂职；中心下派 3 名处级干部和业务骨干挂职；派出 20 多名青年职工到基层锻炼，在思想、业务、管理等方面得到了很大提高，同时也为地方业务工作的开展和提高做出了积极贡献。

第三，加大经费使用监管力度

根据年初工作会议提出的“管理年”要求，在经费使用管理上，先后修订了 30 多种费用报账的内部凭证，制定了专家个人报酬发放管理办法，修订了无财政标准的相关费用报销标准等 10 多项财务管理制度和办法；同时，加强了对国际合作项目的财务督导，进一步规范了财务管理。

从预算编制抓起，强调预算执行的重要性，将当年预算执行情况与下年经费预算挂钩。对需要调整的预算，及时向卫生部提出书面的预算调整申请。2008 年中国疾控中心公共卫生应急反应机制运转经费使用率为 94%，新址基建项目经费使用率为 90%，2007－2008年淮河肿瘤项目经费使用率为 84%，新址搬迁及运行经费使用率为 72%。

加强审计，采取内审和外审相结合，完成审计资金总额达 10.49 亿元。严格执行政府采购相关规定，采用不同方式完成年度财政经费、国际合作项目、中央补助地方财政经费(受卫生部委托采购)等约 2.28 亿元的采购工作。先后接受了卫生部、审计署、发改委、财政部、政府采购联合审计组、全球基金等部门的审计 12 次。

第四，切实加强实验室安全管理

围绕疾病预防控制任务，有的放矢地开展实验室相关培训工作；强化“飞行检查”机制和力度，全年派出监督检查员 300 余人次，提出了 272 条问题和建议；成功主办了主题为“安全 奥运 平安”的第二届实验室安全周活动；积极推进实验室质量控制管理工作；稳步推进实验室信息管理系统建设进程；认真做好实验动物日常管理工作。全年中心及各直属单位未发生生物、化学和核辐射相关的实验室安全事件，有力保障了中心各项业务工作的顺利开展。在确保安全的同时，协助卫生部严格依法进行病原微生物运输和出入境

审批。

第五,后勤管理、安全生产和科技开发等各项工作有序、规范开展

加强后勤管理,开展节能减排,南纬路工作区全年节约用电37万度,被评为“北京市节电型单位”;进一步做好职工体检的组织、积极参加义务献血等活动;建立了安全门禁系统,重点部位武警值班;加强监督检查和隐患治理。全年中心及各直属单位未发生火灾事故和重大刑事治安案件,为各项业务工作的开展创造了良好的外部条件;科技开发工作有了新的起色。经营性国有资产管理逐渐完善;调整产业结构,研发出了第一代为疾控服务的产品,在试推广时受到基层的欢迎。

(四)新址一期建设基本完成,积极做好启用前的各项准备工作

新址一期工程总投资6.71亿元,已完成工程量的98%,现一期综合业务楼、食堂、后勤楼、专家公寓等9个单体通过质监、消防、人防等验收,已移交试运行。目前,新址机关办公的相关设施已具备使用条件,为新址启用和机关的整体搬迁奠定了基础。

BSL—3实验室施工调试、生物实验污水处理设备安装调试、动物实验楼施工调试及BSL—2实验室系统全面调试等收尾项目,预计今年5月底竣工验收。

完成了二期项目的立项报告等前期准备工作。

(五)促进科学民主决策,加强党风廉政建设

在促进科学民主决策方面,一是严格执行“三重一大”制度。对涉及中心改革、发展、稳定、建设等重大事项,坚持由领导班子集体讨论决定,做到会前有通知、有沟通,会中有记录,会后有落实,严格决策程序。这项工作得到了卫生部纪检组、监察局的充分肯定。二是按照党管干部原则,加强对班子成员与领导干部的考察考核力度,坚持领导干部任前公示与诫勉谈话制度,坚持每年年底的干部考核制度。

中心党委重视做好统战工作,注重发挥工会、共青团等群众组织的积极性和创造性,支持他们按照各自章程独立开展工作,丰富和活跃了职工文化生活。重视离退休干部工作,挖掘疾控工作前辈的优秀传统和现代疾控人的无私奉献精神,弘扬主旋律,激励中心广大职工。中心党、工、团系统已经成为思想觉悟高、思想政治工作经验丰富并且熟悉中心整体工作发展的不可或缺的力量。

在过去的一年,在卫生部领导和各司局的正确领导和支持下,广大干部职工恪尽职守,为疾控事业的发展付出了辛勤的汗水,中国疾控中心的各项工作也得到了有关部门的充分肯定和高度评价,涌现出了一大批勇于奉献,不计个人得失的先进个人和先进集体。全年中心共有26单位次、137人次获得卫生部相关部门的先进集体和个人荣誉称号。

这些成绩的取得,是中心广大干部、专家、职工共同努力、辛勤工作的结果;更是卫生

部领导和各司局亲切关怀、正确领导和帮助的结果，是我中心专家对各司局积极配合的结果。在这里，我代表中心领导班子向大家表示衷心的感谢和崇高的敬意。

二、以科学发展观为指导，客观分析中国疾控中心发展面临的形势

（一）充分认识卫生事业发展对中心工作提出的更高要求

我们应该清醒地认识到，目前是国内外经济社会环境发生重大变化和卫生改革发展的关键时刻，党中央、国务院进一步明确卫生工作的发展方向，积极推进医药卫生体制改革，对全国疾控工作提出了更全面和更高的要求。

在2009年全国卫生工作会上，卫生部强调了“促进基本公共卫生服务均等化，全面做好重大疾病防治工作”，中心各单位的职能几乎全部涉及其中的具体内容，本次会议专门编印了全国卫生工作会及卫生部相关工作的2009年工作要点，希望各位认真学习、领会。可以看出，摆在我们面前的任务非常繁重，对中心的专家与管理队伍、技术能力与业务水平、专业深度与广度、常规工作与应急能力等方面提出了全方位要求，甚至要具备同时应对若干个多专业突发事件的整体能力。因此，希望中心的干部职工对此应有足够的压力感、紧迫感和使命感，积极将压力转化为动力、将外部要求转化为内在追求。

（二）积极应对中心面临的多种困难和挑战

在深入学习实践科学发展观的活动中，中心的所有干部职工表现出一种对中心未来发展的高度关切和强烈责任感，回顾2002年以来中心成立和发展的历程，可形象地概括为：一手在原有薄弱软硬件条件下小心翼翼地抓日常工作，一手在昌平千方百计抓新址建设，还要随时兼顾可能发生的各类突发事件和重大专项工作。这几年间，中心的发展架构刚刚形成，除了用于工作的经费实现大幅度增加外，中心整体的内外部条件没有发生根本变化，中心用于专家特贴的挂账赤字已接近一个亿，对照中心内部管理和业务工作现状，大家不难发现，中心的各项工作依然处于初级发展阶段，未来发展面临相当多的困难和挑战，优势资源缺乏，有来自外部的全局性、制约性的问题，也有自来内部的基础性、积累性的问题。中心之所以取得今天的成绩和进步，很大程度上是依靠干部职工在满负荷甚至超负荷的情况下忘我工作、全力投入，远没有达到在一个工作常态下平稳运行的境界。

要实现中心这个目标，需要我们全体干部职工参与，系统回顾工作建设与发展的经验和教训，客观认识现存的优势和瓶颈，积极分析未来发展需要，努力将外部的可能资源转变为实际资源，形成新的发展优势，循序渐进地实现长远发展。

（三）抓住机遇、顺势发展、推进工作

展望2009年，中心的各项工作也面临许多机遇，有的甚至是不可多得的历史机遇。

从社会、经济发展的宏观形势看,党中央、国务院贯彻以人为本的科学发展观,努力实现卫生工作又好又快发展,党的十七届三中全会对统筹发展城乡卫生明确了新任务,国家扩大内需、改善民生的经济危机应对策略给疾控工作带来新的机遇。

从中心工作的微观方面看,我们也存在诸多机遇,由于时间有限,这里我主要从传染病重大专项及新址启用两个方面进行阐述。

传染病重大专项是国家实施的16个科技重大专项之一,国家投入力度之大前所未有,经费数额远远超过常规工作经费,通过有关单位和专家的协调努力,我中心作为牵头单位和参与单位共获准立项课题30项。我们不能简单地将这些课题仅仅看作是一项科研工作,而应将认识提高到受国家委托完成一项涉及国家重大科技战略的、严肃的政治任务,中心有关单位应借助传染病重大专项的机遇,切实发挥国家队对全国疾控技术工作的“龙头”作用,加强与各级地方疾控机构的沟通与合作。随着传染病重大专项工作的大范围开展,科研工作将会成为日常性工作的重要部分,各有关单位需要相应调整人员、设施和机制,以保障科研的顺利开展,不辱国家队的使命。

本次年会安排在中心新址召开具有特殊的意义,展现在各位面前的新址已基本就绪、秩序井然、启用在即,2008年下半年以来,我们对新址的使用功能进行了一系列调试和试用,它的优势得到初步展示。全中心应充分认识到新址对提升中心整体水平的意义和作用,对于可能面临的一些问题要提前考虑仔细、周全,制定解决和应对措施,让新址尽快发挥功能。

三、落实科学发展观,强化管理和自身建设　做好2009年的疾控工作

2009年是新中国成立60周年,是深化医药卫生体制改革全面启动和整体推进的一年,我们要以落实科学发展观为指导,在卫生部的领导下,加强内部建设和管理,完善运行机制,切实落实人才队伍建设,促进疾控工作的全面发展。

(一)2009年的重点工作

第一,建立和加强食品安全技术支撑体系

食品安全已是我国关系民生的“最首要任务”,这两天国家将出台《食品安全法》,我们要深入认识和理解我国食品安全面临的形势和任务。为将三鹿奶粉事件的重大危机转化为加强能力建设的重要机遇,国务院、卫生部将在食品领域建立食品安全技术支撑体系,强化该领域风险识别、风险评估、风险管理和风险交流水平。中心结合卫生部食品安全协调、监管职能调整的需要,要着力解决影响和制约食品安全工作科学发展的突出问题。加深认识、统一思想,对体系建设深入探讨,立足中心实际,突出实践特色,完成“食品安全技术支撑体系建设设想”讨论稿。

建立和加强食品安全技术支撑平台,组建以国家食品安全评估委员会、筹备秘书处等

机构并开展工作，逐步形成相对独立、机构健全的风险评估中心；逐步建立与我国食品安全相适应的食品检验检测体系和食品安全人才队伍；在现有工作模式的基础上形成风险评估机构有效的运作模式和工作机制；重点加强我国食源性疾病和食品中有害因素监测，建立覆盖全国的食源性疾病监测报告网络；推进风险监测和风险评估工作，提高食品安全风险识别和预警能力；完善食品安全标准体系，构建权威的食品安全信息交流平台，强化突发性食品安全事件应急处理能力，切实提高中国疾控中心为卫生部履行食品安全综合监管职能提供全方位技术支撑能力。

第二，进一步提高应对突发公共卫生事件能力

要继续强化全国传染病疫情与突发公共卫生事件常规监测分析，加强媒体公共卫生信息监测，健全中心内部疫情信息日会商制度，提高潜在公共卫生威胁和异常疫情苗头或趋势的发现和分析能力。继续完善试运行的传染病监测自动预警系统，进一步提升传染病预警技术水平。总结抗震救灾工作的经验和教训，完成抗震救灾卫生防病工作资料的整理挖掘和编纂工作；进一步完善疾控系统卫生应急工作机制，规范各类突发公共卫生事件处置程序，加快国家疾控中心卫生应急队伍建设，特别是队伍后勤保障系统（方舱）建设，开展培训和演练活动，深入开展卫生应急队伍装备和个人防护技术专业化与标准化研究，推广卫生应急风险沟通技术，加强自然灾难卫生应急的应对研究，全面提升应对急性传染病疫情和突发公共卫生事件的能力。

第三，统筹兼顾，科学实施传染病重大专项

今年传染病重大专项将进入实质性的实施阶段，“重大专项”的实施管理也将是中心科技工作的重中之重，建立在全面开展疾控工作条件下进行高水平科学研究的机制。由中心传染病重大专项领导小组统一领导，在专家咨询委员会的指导和专项管理办公室的具体组织下，积极拓展思路，探索管理模式，采取“主动沟通、督导实施、协调整合、做好服务”的方针，实施全程管理。随着行业基金的扩大，科研工作不仅限于传染病，将会覆盖所有领域，因此，传染病重大专项机制的建立和运行，也为其他领域的科研工作提供借鉴。

第四，加大农村公共卫生工作力度

长期以来因多种因素影响，我国农村卫生，包括环境卫生、食品卫生和饮水卫生等问题十分突出，重大传染病、寄生虫病、慢性病等健康问题和突发公共卫生事件等频发，一些地方病对局部地区农牧民健康危害严重，农村公共卫生服务公平性和可及性差，基本工作内容和覆盖面，远远不能满足社会经济发展和农村广大人民群众健康保障的迫切需要。农村依然是我国公共卫生工作最薄弱的环节，也极大制约着广大农村经济全面协调可持续发展。

但是由于中心没有针对农村卫生和疾控的综合技术机构，农村卫生工作技术支撑能力明显不足：疾病预防控制工作与农村卫生工作脱节；农村公共卫生和疾控适宜技术研究、转化和推广使用不力；重点疾病防治不协调，地方病、寄生虫病等治标与治本脱节；我

国慢性病防控、营养改善存在城乡公共卫生两元化趋势,对农村研究指导和干预不力等。而且,在我中心也存在以高新技术、城镇疾控为主的发展倾向。为切实落实卫生部发展农村公共卫生事业的有关部署,贯彻落实科学发展观,改变国家疾控中心体制、机制和工作重心中不适应农村疾病预防控制需求的环节,中心已向卫生部请示将所属的"农村改水技术指导中心"更名为"中国疾控中心农村公共卫生技术中心",作为卫生部全面、深入开展农村公共卫生技术推广的技术支撑单位,全面推动国家疾控中心深入开展农村公共卫生工作。

第五,加强慢病工作体系和机制建设

在 2008 年全面深入分析论证的基础上,推进慢病防治工作队伍建设;建立国家慢性病综合监测体系,完善运行机制,强化慢病防治综合监测、评估、报告制度;重点进行国家慢病防治规划研究和制定,组织开展以控制危险因素和主要慢性病(心脑血管病、糖尿病和肿瘤)为重点的国家慢性病综合防治项目,实施慢病工作和项目的规范化管理,加强应用科学研究,发展与推广适宜技术和工具,对社区开展的慢病防治工作提供相关技术支持、指南和工具。

第六,重点加强健康危害因素监测和卫生监督技术支撑能力建设

根据国家卫生改革的要求,适应卫生部相关部门的职能转变,针对食品安全、环境和职业卫生安全两个薄弱的制约中心未来发展的关键环节展开综合调研,重点加强食品、营养、环境、职业、放射卫生工作,做好技术支撑体系平台建设。

食品安全方面:强化食品污染物和食源性疾病致病因素监测、全国总膳食研究和营养监测工作,推进营养规范和灾区营养干预工作,加快营养立法和营养改善政策制定,将关注点放在营养不良,微量营养素缺乏,导致慢性非传染性疾病的膳食问题,推动"全民健康生活方式行动"的实施。

职业卫生方面:尽快推动国家职业病防治规划的出台,建立各级职业病防治指导中心和职业病防治专业人才库,扩大基本职业卫生服务和中小企业职业危害干预试点工作,设立监测哨点,重点关注尘肺病、一些慢性职业中毒以及农民工职业健康等易引发群体性事件的问题,努力避免 2009 年职业危害成为重大公共卫生问题。

环境卫生方面:以环境健康危害为工作重点,开展全国性环境与健康的基础调研,加强重点实验室和监测中心建设;推动《国家环境与健康行动计划》在全国各省市实施并争取国际社会的支持;协调部门间监测网的共享,防范各类突发环境污染事件和公害病的发生。

放射卫生方面:建立全国放射工作人员个人剂量与健康监护数据库,开展"患者受检者放射防护行动计划";加快"核设施周围居民健康监测预警系统"建设,建立运行核设施周围居民健康基线登记系统,完善全国核事故医学应急救援体系运行管理机制。

饮水安全方面:完善城市饮水水质与健康监测网络,加强城市集中供水企业饮水安全

管理和工程质量控制;大力改善农村饮水水源质量,开展全国农村饮用水水质、饮水安全工程和粪便无害化监测,落实水质消毒和常规饮用水检测工作,重点解决高氟高砷等涉水病区改水,保证公众饮水安全。

第七,积极稳妥做好新址搬迁与二期建设工作

今年的第1次中心主任办公会详细研究通过了中心新址搬迁的方案,确定了搬迁的具体时间和进度。新址的启用还有大量深入细致的准备工作,尤其是在内部管理和运行机制上,应当处理好各方面的关系,包括:处理好中心集中统一管理与二级机构管理的关系;处理好管理、业务和物业服务保障三大工作模块的关系等。在新址房屋、设施、条件等各项硬件实现现代化的基础上,制定和完善一整套与新址使用相适应的现代化管理措施,作为全国疾控系统的龙头,向国家展示一个新型的、现代化的疾控中心,逐步与国际先进水平接轨是摆在我们面前的迫切任务。

国家发改委对我中心基本建设采取了一次立项、分期建设的原则,批复建设总面积17万平方米,总投资16亿。在一期工程基本完成后,中心把二期建设提上议事日程,2008年成立了二期建设筹建办公室,安排部署筹建工作,中心领导高度重视,在前一阶段工作的基础上,积极向卫生部规财司汇报、沟通,按照卫生部规财司"二期建设规模应遵循总体规划方案,建筑面积控制在11万平方米以内"的要求,初步确定了二期工程建设的原则和思路。目前正在进行可研方案调整,下一步将按照审批的程序和内容加快推进二期筹建工作。

(二)继续加强重点传染病的防控等各项业务工作

深入开展艾滋病防控,利用好相关数据,把握真实疫情,守好国家的防疫关口;采取艾滋病、性病干预工作相结合的工作思路,重点突出低档暗娼、男男性行为人群、感染者配偶、流动人口的艾滋病防治工作;扩大全国美沙酮门诊数量;重点提高门诊在治病人中艾滋病感染者的比例,加强门诊的综合干预和社会帮教工作,最大限度地发挥美沙酮门诊在艾滋病防治工作中的作用;在继续加强一线药物规范化治疗的同时,在全国范围内开展二线药物抗病毒治疗工作;探索建立和完善HIV/AIDS的转介网络及有效的网络运行机制;积极落实新一轮全国艾滋病综合防治示范区工作及"艾滋病和病毒性肝炎等重大传染病防治"重大科技专项,力争在艾滋病病毒感染和疫苗、试剂等方面的研究有所突破。

继续全面落实现行的各项结核病防治政策措施,提升常规工作的质量;做好新版《结核病预防控制工作指南》和优化专报系统的推广实施;切实做好2010年全国流调准备工作;加强结核病实验室体系建设,完善基础设施,使实验室能力与结核病防治工作的整体推进相适应,全面提高结核病实验室服务能力和水平;加强国际合作项目管理工作,提高项目工作质量;认真总结应对流动人口、TB/HIV双重感染和耐药结核病防治三大挑战的试点工作经验,科学有效地组织指导全国的防治工作。

以扩大国家免疫规划工作为中心,加强现场督导和管理,充分利用“4.25全国预防接种日”,大力开展免疫规划相关宣传工作;加强脊灰和麻疹强化免疫及措施评价,做好脊灰、麻疹、乙肝、甲肝、流脑和乙脑的预防控制工作;完善AEFI监测,及时处置相关突发事件;继续部署实施儿童预防接种信息管理系统,提高信息化程度和管理水平。

(三)推进信息资源管理、健康教育等各项技术支撑工作

坚持以提高公共卫生信息技术和信息服务质量为核心,从疾病预防控制信息管理基本需求出发,发挥信息保障和信息技术支撑、咨询等作用。加快新址数据中心建设,扩充和完善网络直报系统平台,保障核心信息系统的正常运行;配合食源性疾病监测体系建设,以昌平新址信息系统应用架构建设为依托,构建异常病例网络报告系统;承担科技重大专项传染病病原监测信息技术平台的建设;优化资源配置,进一步整合现有死因登记报告信息平台;研究建立国家慢病信息管理示范原形平台,探索人群健康战略信息管理服务模式;继续加强内部规范化信息管理,积极推进协同办公自动化系统的建设,解决异地办公存在的困难,提高工作效率。

因工作需要,卫生部将原中心健教所划出,中心将相应调整内部职能,形成新的健康教育工作机制和业务工作体系,促进疾病控制健康教育与健康促进工作的有效开展。

继续进行流行病学方法研究、应用和传播;根据我国疾控工作现状和需求,开发流行病学应用工具;开展气候变化和健康关系方面的研究。跟踪国际公共卫生政策进展,加强全国工作网络建设,动态监测地方公共卫生政策;参加《传染病防治法实施办法》、《基层医疗机构传染病防治工作规范》及其他专项工作,发挥政策研究的支持作用。

(四)进一步做好科研、教育培训、国际合作与交流等工作

继续做好传染病重大专项的申报和管理工作;加大项目/课题实施期间监督与检查的力度,形成管理机制;加强各类项目的中后期管理,建立结题后的数据库,形成研究成果共享机制;积极协调并解决课题在执行过程中出现的困难或问题,确保科研课题按计划高质量完成;启动中心青年科技工作者基金;组织召开中心学术年会;梳理中心“十一五科技规划”的进展情况,为“十二五科技规划”制定做好准备。

长效人才培养机制是建设新型国家疾控体系的重要保证。研究生教育要适应形势发展,有所突破。进一步改善办学条件,提高教学管理水平,逐步提升教育培训综合培养能力,使研究生教育与培训工作更加适应我国疾控工作的实际需要。继续做好现场流行病学项目工作,结合中心的重点业务工作,为疾控系统培养和输送公共卫生应急人才。

根据中心自身发展和形势的需要,提高国际交流的质量,更紧密有效地服务于中心任务;进一步巩固与WHO的合作关系;巩固中美现有的合作成果,跟踪落实各项目的执行;继续作好全球基金项目的管理和执行;加强台港澳的交流合作;创造条件,吸引全球人

才到中心讲学、交流和工作；在开展传染性疾病和慢病防治国际合作的同时，关注、寻求和开展在环境与健康、老年健康及农村卫生领域的国际交流与合作。

继续做好期刊管理工作，完成《中国公共卫生》一书的编撰工作。

（五）进一步加强实验室安全等内部管理的各项工作

继续扎实、细致做好实验室安全监督检查、相关培训、质量控制及实验动物管理工作，加快推进实验室信息管理系统建设，研究探讨新形势下加强实验室管理模式，进一步规范实验室管理。深入开展实验室生物安全科研工作，进一步提升实验室管理技术水平。

贯彻预防为主、单位负责、突出重点、保障安全的精神，积极做好单位内部安全保卫工作，强化安全意识，及时排查安全隐患；建章立制，进一步加强设备采购和资产管理工作；当前是中心各项工作快速发展的有利时期，我们要高度重视稳定工作，促进中心的和谐稳定发展。围绕中心工作，继续做好后勤保障和科技开发的管理等各项工作。

（六）关注职工身心健康，塑造具有时代精神的疾控文化

进一步加强老干部管理工作，丰富离退休老同志的精神文化生活。以开展精神文明创建活动为载体，积极探索并塑造体现时代精神的疾控中心文化。发挥工会、共青团、妇女和离退休人员的作用，完善相关制度，关注职工身心健康，认真落实休假制度，做好职工健康体检，开展多种形式的文体活动，提高职工的福利待遇，及时发现不稳定因素，努力解决群众关心和反映的问题，加强与民主党派的沟通，充分发挥各民主党派人士参政议政及在中心各项工作中的作用。

（七）做好新形势下党的工作，维护稳定，构建和谐健康发展的疾控中心

以科学发展观为统领，以加强党组织建设为基础，以建设高素质党员队伍为关键，坚持围绕疾控事业发展大局，推进党的思想、组织、作风和制度建设。在卫生部直属机关党委的领导下，巩固学习实践活动成果，不断健全完善适应疾控工作需要的党的工作体制、机制，为中心各项事业发展提供坚强的政治、思想和组织保证。要围绕建设社会主义核心价值体系，不断增强党的凝聚力和向心力；围绕中心任务开展党的工作，为各项疾控、科研、管理、改革与建设任务顺利完成保驾护航；使业务工作成果体现党的工作实效；加强中心党组织的先进性建设，把不断增强党组织活力、发挥先进作用、不断提高疾控系统党员领导干部化解矛盾和构建和谐的能力作为党建工作重点，不断探索现阶段思想政治工作的新思路、新方法；坚决贯彻落实胡锦涛同志在中纪委十七届三中全会重要讲话和全会精神，进一步加大工作力度，结合中心实际，把党风廉政建设和反腐败斗争不断引向深入。

为提高全体领导干部综合管理素质和政策理论水平，加强广大干部直面风险危机和处理复杂矛盾的能力，要加强对中心干部的管理能力培训。

深入学习实践科学发展观活动将告一段落,但这是长期任务,2009 年的工作任务还很重,职工的福利待遇与繁重的工作任务还不相适应,工作快速发展,矛盾也会更加凸显,我们要高度重视稳定工作。

同志们,今年我们面临着更为繁重的工作任务,面临着严峻的挑战和机遇,中心已经到了一个发展的关键时刻,也增加了发展的风险,事务发展的螺旋法则告诉我们:发展到了一定程度,就要改变和优化发展模式。我们要集中精力,认真学习实践科学发展观,强化管理,促进中心各项工作的全面发展,为维护人民群众的健康安全做出更大的贡献。

沈洁书记在中国疾控中心 2009年度工作会议上作党委工作汇报

今天，在这里举行中国疾控中心党政工作会议，我们一同回顾总结过去一年的工作，研究部署今年的重点工作。

中国疾控中心党委2008年在卫生部党组、部直属机关党委的领导下，坚持以邓小平理论和“三个代表”重要思想为指导，全面贯彻落实科学发展观，紧紧围绕中心工作任务，服务疾控工作大局，充分发挥党的思想政治工作优势，不断加强党的先进性建设，有效地发挥了党组织的政治核心作用、监督保障作用和党员的先锋模范作用，推动了党的方针政策的贯彻落实，促进了中心的改革、发展和稳定。下面我受中心党委、纪委委托，向会议作党委工作报告。

一、不断加强政治理论学习　提高党员干部的政治素质

中心党委把政治理论学习作为提高党员干部政治素质的重要工作长期坚持，制定了2008年政治理论学习计划，加强了考核，丰富了学习内容。强调了党员领导干部要带头深入学习的原则，对党员的理论学习提出了明确要求，学习效果有了明显提高。

（一）坚持党委理论中心组学习制度

中心党委理论学习中心组先后组织学习了胡锦涛总书记在党的十七大所作的报告和党的十七届一中、二中、三中全会文件，以扩大的中心组学习、专题报告导读、讲座和自学等形式，深入学习了党的十七大精神、科学发展观内涵，受到了与会同志的欢迎。学习活动开阔了大家的眼界和思路，加深了对党的方针政策的理解，提高了政治水平。

中心及各直属单位结合本单位实际，认真组织，创新载体，采取措施，在抓落实和提高学习效果上做了大量工作。中心党委办公室坚持每半月为中心组成员提供时事热点和有关理论学习资料并进行测试，创新了学习形式，受到了中心组成员的欢迎。辐射安全所党委采取专题报告与个人自学、集中学习研讨相结合，保证了中心组学习质量；妇幼中心党总支把加强理论学习作为领导班子建设的首要任务，提出了要求，做出了规定；营养食品所针对中心组成员经常出差的特点，采取自学与分期组织集中学习相结合，理论联系实际，完善工作思路；性艾中心党委较好地解决了“工学”矛盾；寄生虫病所中心组推行主题发言形式学习，学习形式新颖，发言内容十分生动，取得了很好的学习效果。

(二)加强对处以上干部的理论培训

中心党委坚持对处以上干部进行轮训,作为理论学习的一项重要制度加以坚持。2008年选送5位处以上干部参加卫生部党校脱产学习;组织参加卫生部直属机关党委举办的各项落实十七大精神的学习活动及"每月一讲"活动,与人资处共同举办一次处以上干部培训,加深了处级干部对十七大精神的理解,提高了对重大现实问题的认识能力。

(三)组织广大党员进行理论学习

中心及各直属单位党委把组织广大党员的理论学习作为对党员开展思想教育的重要手段,努力把广大党员的思想统一到党的十七大精神上来,统一到科学发展观的思想上来,促进党支部的思想建设。营养食品所党委组织党员以支部为单位进行了两期集中培训,强化了党员的理论学习;职业卫生所党委定期编印《职业卫生所学习资料》活页发送到各支部、各处室;改水中心将加强理论学习与提升单位整体形象和内部组织思想建设相结合安排活动,提高了党员的理论学习兴趣,方便了大家的理论学习。

二、以加强党的先进性建设为重点做好党的组织工作

中心党委2008年在组织工作中注重增强领导班子思想作风建设,提高全面贯彻落实科学发展观、抓大事谋发展的能力。注重党的基层组织建设发展,在组织建设和党员发展等方面取得了明显成效。

1. 加强领导班子建设　继续贯彻落实"三重一大"的工作制度及领导干部联系基层分工责任制,常规工作分工负责,相互配合,对于涉及疾控中心改革、稳定、建设、发展的重大事项,充分讨论,集体决定。2008年上半年驻卫生部纪检组、监察局对中国疾控中心落实"三重一大"有关规定的执行情况进行了检查,充分肯定了我们在落实"三重一大"工作制度采取的措施和开展的工作。各直属单位也结合工作实际不断完善这一制度。

12月15日中心党委召开"学习实践科学发展观,提高疾控能力"专题民主生活会。会前,班子成员之间进行了谈心,会上对照征求到的群众意见,联系思想和工作实际,查找分析了班子和个人在贯彻落实科学发展观方面存在的问题及主客观原因,进行了自我批评,也交换了批评意见,提出了关于中心科学发展的总体思路、工作要求和主要措施,以及对于突出问题解决的意见和建议。中心领导还按分工分别参加了各直属单位的民主生活会。

2. 加强制度建设　继续贯彻落实保持共产党员先进性建设长效机制的有关文件,加强党务公开,制定了《中国疾控中心党委关于党费收缴、使用、管理的有关规定》;对中心党员流动管理工作进行了调研,起草了《中国疾控中心党员流动管理规定》;实行和强化党风

廉政建设责任制，使保持党的先进性建设的措施落到了实处。

3. 加强党支部建设　认真总结和推广“三会一课”制度和学习型党支部活动经验，指导和推动各直属单位结合实际、创新形式、丰富内涵，在支部活动中做出特色。寄生虫病所开展了“讲党性、重品行、做表率”主题教育，使全所党员普遍受到一次党风党性方面的教育。环境所党委组织各党支部认真学习《党章》，收看有关学习《党章》的辅导报告录像，强化了党员的责任意识，坚定了理想信念。职业卫生所党委结合平安奥运“健康中国2020”战略，组织党员干部开展专题学习培训；性艾中心党委组织党员和入党积极分子参观西柏坡革命根据地，接受党的光荣传统教育；辐射安全所党委以支部为单位，围绕纪念建党87周年组织专题党日活动，丰富了支部活动内容。

4. 完成组织建设年度计划，积极做好党员教育管理工作　调整组建了中心机关两个党总支；成立慢病中心独立党支部；成立妇幼中心党总支；增补了部分直属单位党委委员；建立了中心党的基本信息系统党员信息库；开展了困难党员摸底调查，定期开展困难党员的走访慰问活动，使困难党员感受到组织的温暖。完成了出席卫生部直属机关第六次党代会代表和“两委”委员的遴选工作。

5. 党员发展工作　加强了在高知群体、工作一线和青年中发展党员工作。结合抗震救灾、奥运卫生保障等工作，鼓励他们建功立业，要求进步，不断成长。中心与机关党委密切配合，组织了党员积极分子培训班，安排尚未接受培训的一线入党的预备党员及时补课，接受党的基本知识教育。到2008年12月共发展党员54名，其中在抗震救灾一线发展党员26名。

三、在抗震救灾防疫工作中，积极开展党的工作，提供坚强的组织、思想保障

四川汶川地震发生后，中国疾控中心党政密切配合，快速反应，在卫生部党组的领导下，建立起抗震救灾工作领导机构，进入紧急工作状态。中心及各直属单位党委把完成抗震救灾防病任务作为一项重要的政治任务，主动配合，积极开展党的思想政治工作，发挥了基层党组织的战斗堡垒作用和先锋模范作用。

（一）积极捐款、交纳特殊党费为灾区群众送温暖

5·12特大地震发生后，中心广大党员、干部、职工心系灾区，积极向受灾地区捐款，把对灾区群众的捐助作为每一位同志应尽的责任，慷慨解囊向灾区伸出援助之手，共向四川灾区捐款60余万元；中心系统的党员除参加向灾区捐款外，又交纳特殊党费64万余元；2008年10月份再次组织为地震灾区捐款捐物活动，12月还为中心对口支援的汶川县开展了暖冬工程捐助活动。这些活动充分表达了中国疾控中心广大干部、职工对灾区群众的一片爱心。

(二)动员和组织中心党员、干部、职工积极参加抗震救灾工作,为确保大灾之后无大疫做出贡献

按照党中央、国务院抗震救灾工作的部署和卫生部抗震救灾防病工作的要求,中国疾控中心先后组织600余名科技骨干奔赴四川地震灾区,分布在受灾最严重的14个县、市,开展防病应急工作。

中心党委积极应对这场突如其来的地震灾害和复杂的组织工作,坚持在抗震救灾工作中发挥党组织的战斗堡垒作用和党员的先锋模范作用,向每一位奔赴灾区一线的同志提出明确要求:要牢记使命、坚决完成党中央、国务院大灾之后无大疫的战略任务,在救灾防病工作中做出贡献、经受考验。要求凡有正式党员3名以上的工作队成立临时党支部。临时党支部书记要切实负起责任,发挥党员的先锋模范作用,保证应急任务的完成。中心党委先后在第一线成立了16个临时党支部,覆盖中心驻扎在受灾县、市的所有地方。临时党支部在发挥党的思想政治工作优势,团结和带领工作队的同志,搞好疾病预防应急工作方面发挥了重要作用。中心党委与远在千里之外的各临时党支部保持着密切的联系,通过电子邮件、短信沟通信息,并向队员家属发送短信,沟通信息,组织慰问家属、帮助解决问题。

中心党委和部分直属单位主要负责同志在赴地震灾区执行工作任务的同时了解临时支部工作情况、了解队员思想和工作,指导和帮助他们开展工作,并对一线临时党支部发展党员的情况进行调研指导,切实发挥了临时党支部的作用。

(三)做好抗震救灾防病第一线党员发展工作

根据中组部《关于做好在抗震救灾第一线发展党员的工作意见》,中心党委制定了《中国疾病预防控制中心党委关于认真贯彻落实中组部做好在抗震救灾第一线发展党员的工作意见》和有关程序,指导抗震救灾一线党员发展工作,严格了组织发展程序,对于一线发展党员的质量进行了严格的审查把关。这一工作得到卫生部和中组部的充分肯定。在抗震救灾防病应急工作阶段,共有70名同志向一线临时党支部递交了入党申请书,26名同志发展为预备党员。中心党委对一线提出入党申请的同志逐一进行材料收集检查、核准,并将培养情况和临时党支部意见反馈给原单位党组织,要求继续做好这些同志的后续培养教育工作。

(四)总结抗震救灾工作,大力弘扬抗震救灾精神

在中心网站开辟中国疾控中心抗震救灾专栏,加强了疾控中心的对外宣传与交流,编辑出版了3期《中国疾控中心报》抗震救灾特刊,图文并茂地宣传了中国疾控中心干部、职

工抗震救灾的先进事迹和精神风貌，弘扬了疾控人的无私奉献精神。

为了总结疾控中心抗震救灾工作、表彰先进，中心党委组织召开了中国疾控中心抗震救灾事迹报告会，卫生部陈竺部长到会并作重要讲话。充分肯定了中国疾控中心在抗震救灾防病方面所做的工作，使中心广大党员干部深受鼓舞。中心党委还为每位参加第一线抗震救灾防病应急工作的同志颁发了纪念奖牌。

我们在抗震救灾工作中经受了考验，做了我们应该做的工作，受到了上级有关部门的充分肯定。中国疾控中心获得党中央、国务院、中央军委授予的“抗震救灾英雄集体”称号。中国疾控中心党委获得中央国家机关党工委授予的“先进基层党组织”称号。

四、贴近业务，围绕中心，强化思想政治工作

中心党委认真贯彻卫生部党组、卫生部直属机关党委的工作部署，充分发挥党委监督保障作用，做好党员和群众的思想政治教育工作，促进了疾控中心和谐稳定，促进了社会主义精神文明创建工作。

定期召开中心二级单位党委书记例会，交流工作情况，研究思想动态，共商工作安排。2008 年共召开党委工作例会 8 次。党委书记例会对贯彻落实卫生部党组、卫生部直属机关党委的指示精神、研究部署党的工作，发挥了重要作用。同时加强了中心党的工作经验交流、信息沟通，促进了党的工作任务的完成，推动了中心党的思想政治工作和各方面工作的开展。

开展形式多样的宣传教育活动，统一党员和职工队伍的思想，增强干部职工的责任感、使命感。宣传教育工作取得了很好的效果。

传染病所党委采取用身边的人和事教育人的方式，分批举行抗震救灾防病总结报告会，交流工作经验，提出问题和缺憾，肯定了作为疾控人的无私奉献精神；结合奥运卫生保障举行应急演练和火炬手传递，增强党员干部保障奥运当先锋的责任感；健康教育所把深化思想政治教育，提高全员素质为宗旨，坚持工作中学习、学习中工作，以工作的实绩检验学习效果，使全所职工比贡献、争优秀、讲团结；辐射安全所、妇幼中心组织党员和群众参观抗震救灾展览，组织主题党日活动等使党员和群众受到教育；职业卫生所开展迎奥运环保知识答题活动，使职工融入支持奥运的氛围之中；病毒病所通过举办庆祝建党 87 周年活动，表彰抗震救灾先进个人，弘扬了疾控人无私奉献的精神。寄生虫病所开展文明道德周，弘扬疾控精神，践行职业道德，争当文明职工活动，编辑《精神文明建设手册》规范职工行为，还开展“本所十佳好事”评选，使全所职工更加团结，工作更加努力。

围绕纪念改革开放三十周年，中心及各直属单位组织党员认真学习了中央有关文件，组织学习了胡锦涛总书记在纪念改革开放 30 周年大会上的讲话。为提高高举社会主义伟大旗帜，走中国特色社会主义道路必要性和重大意义的认识，中心党办举办了纪念改革开放三十周年征文活动。中心广大职工踊跃参加，征文的评选工作还在进行中。

《中国疾控中心报》坚持正确的舆论导向,发挥对外宣传的窗口作用,围绕疾控中心工作,积极开展宣传报道,共出版15期,平均每期6版,共88版,44万余字,图文并茂地宣传了中心各单位广大干部、职工业务和各项管理工作的进展、经验与风采。

维护稳定、促进和谐是各级党委的主要责任,中心各级党组织在重大节假日、敏感日安排了稳定值班。做到重大事项及时上报,坚持零报告制度,保持信息24小时通畅。注意排查法轮功。

中心党委非常重视信访工作,对来访群众领导同志亲自出面做思想政治工作。对难点热点问题及时与来访者单位取得联系,共同研究,努力加以解决;对历史遗留问题,做到及时了解情况,依据依规,协调解决。在处理信访工作中既坚持工作原则,又对来访者进行说服教育和疏导,严防过激行为的发生。

2008年度中国疾控中心各直属单位精神文明创建工作呈现四个明显特点,一是各直属单位对精神文明创建工作重要性的认识明显提高;二是精神文明建设的标准明显提高;三是各直属单位精神文明创建的水平有明显提高;四是对2009年精神文明创建工作的目标和思路更加明确。中心有10个直属单位申报了2008年度精神文明单位。

2008年底,卫生部直属机关党委常务副书记姚晓曦同志带领指导检查组对中心职业卫生所、性艾中心、病毒病所精神文明创建工作进行了抽查。指导检查组对这3个单位精神文明创建工作给予了充分肯定。

作为疾控分会牵头单位,与总会联系举办全国疾控系统新闻媒体沟通能力提高培训班和职业病防治能力提高与思想政治工作交流会,对全国疾控系统思想政治工作先进单位和先进个人进行了评选、表彰。推动了全国疾控系统思想政治工作,为全国疾控系统思想政治工作提供了交流信息的平台,受到全国疾控系统党务工作者的欢迎,也得到了中国卫生思想政治工作促进会领导的充分肯定。

五、开展深入学习实践科学发展观活动

根据中央部署和卫生部安排,在全体党员干部的共同努力下,中心学习实践活动自2008年9月28日开始,完成了3个阶段11个环节的各项工作,今天结束。全面回顾这项工作,主要有以下几个特点。

(一)集思广益,制定了中心学习实践活动实施方案

10月9日,中心召开动员大会,全面启动学习实践活动。10月10日,中心活动领导小组组织力量,在以往调研成果基础上,研究制定学习实践活动实施方案和阶段工作进度。10月14-19日,实施方案初稿先后提交领导小组办公室、书记会议、中心领导小组会议等多次讨论修改,先后十易其稿。10月19日,中心实施方案下发各单位,并上报卫生部。10月30日,陈竺部长对实施方案作重要批示,为中心开展活动和做好工作提出了

明确要求。通过会议讨论修改方案的过程也是进一步深入调研和宣传发动的过程，为推动中心学习实践活动顺利展开发挥了重要的指导性作用。

（二）全员覆盖，狠抓了党员干部的学习培训

中心党委高度重视党员干部的学习培训，把它作为解放思想、更新观念、推动后期各项工作取得实效的一项政治任务来抓。根据中央要求和卫生部安排，制定了学习培训计划和各项管理制度，提出了党员尤其是党员领导干部参加学习培训的原则要求，对规定书目和文件的学习及读书笔记和心得体会作了明确规定。在实施过程中，中心领导带头参加学习。10 月 15 - 29 日，中心 16 名处级以上干部分三批参加了卫生部组织的干部培训。紧接其后，中心于 10 月 29 日至 11 月 5 日，举办了 2 期处级干部学习班，组织收看中央党校和国家部委专家教授讲座录像，开展学习讨论并及时征求意见建议。为扩大学习覆盖面，邀请中央党校教授到中心开设学习辅导讲座，同时安排好长期在外工作的党员的学习活动。通过学习培训，广大党员干部进一步加深对科学发展观的理解，增强贯彻落实科学发展观的自觉性和坚定性，并自觉地用于指导 2009 年疾控业务工作。据统计，活动期间，中心及各直属单位共举办了 25 期培训班，培训党员 1300 余人次。

（三）经过几上几下，形成了领导班子分析检查报告和整改落实方案

按照活动规定要求，中心和直属单位在领导班子专题民主生活会基础上，由党委主要领导牵头，组织起草领导班子分析检查报告。报告全面回顾了十六大以来贯彻落实科学发展观的总体情况，将影响和制约中心科学发展和群众关注的突出问题概括为 5 个方面：即职能定位与发展规划、干部与人才队伍建设、业务能力建设、中心内部管理与职工利益和疾控文化与作风建设。深入分析产生问题的主客观原因尤其是主观原因，提出了科学发展的总体思路、工作要求和解决问题的意见。进入整改落实阶段后，以领导班子分析检查报告为依据，由行政主要领导牵头，召集有关部门、直属单位代表会议，按照“四明确一承诺”要求，明确分工，研究解决突出问题的措施，撰写领导班子整改落实方案，其间经历了几上几下民主与集中过程，广大党员群众充分参与，使得解决问题的思路和措施更加明晰，得到了党员群众的理解和支持。整改落实方案按照问题的轻重缓急和解决的难易程度，将解决的措施分为三个层次：一是在整改落实阶段具备解决条件的，要求尽快予以解决；二是中心自身难以解决的，及时上报卫生部有关部门，争取支持解决；三是整改难度较大，短期难以解决的，纳入各部门、单位 2009 年工作要点。现在，整改措施都已向党员群众作了公开承诺。从测评结果看，党员群众对领导班子分析检查报告满意率在 78％以上，对整改落实方案的满意度在 80％以上。

（四）狠抓落实，解决一批影响和制约科学发展及群众反映集中的突出问题

在学习调研阶段，我们采取召开座谈会、发征求意见函、个别访谈等方式，征求来自中心内外各方面意见建议1100余条，并对征求的意见作了认真梳理。在班子分析检查报告中又将其归纳为5个方面突出问题，在整改落实方案中又对其进行分类，细化为一个个具体问题并提出了相应解决措施。从原始散乱的意见到具体问题的整改落实措施，其间凝聚了广大党员的集体智慧和中心两级党委及小组办公室同志的辛勤付出。问题是靠广大党员群众帮助查找的，解决问题同样要依靠广大党员群众的理解和支持。事实如此，我们按照党员群众意见修订的方案，下决心解决了一批涉及群众利益且久拖不决的突出问题。如有的直属单位提高了在职人员伙食费和退休老同志医药费补助标准，解决了职工自购房物业费和交通费报销等，解决了群众看得见、摸得着的实实在在实际问题，履行了人民群众得实惠的承诺。

（五）统筹兼顾，实现了开展活动与做好工作“两促进、两不误”

在学习实践活动前后，在卫生部的领导下，我们开展了奥运健康安全保障、问题奶粉事件处置、重大传染病科技专项组织申报、健康中国2020战略规划专题研究等重大工作。面对繁忙的工作和学习实践活动，中心党委按照“两不误、两促进”要求，努力使两方面工作互相融合，同步开展。首先，中心尽可能地为直属单位开展活动留有余地。在每项工作安排前充分考虑中心二级组织的实际，各项工作安排突出一个“早”字。其次，以书记例会和领导小组办公室会议方式，加强对工作的指导。据汇总，学习实践活动期间，召开书记例会和小组办公室会议41场，编发简报42期。在工作中，坚持做到开展学习实践活动与加强基层组织建设相结合、与解决群众实际问题相结合、与推动当前工作完成年底工作任务相结合。开展广泛地思想发动、舆论宣传，不断提高全体党员对开展活动重大意义的认识，激发党员群众参加活动的热情。各直属单位努力克服工学矛盾，结合单位实际，认真完成规定动作，灵活创建自选动作，呈现出广大党员乃至非党群众踊跃参加学习研讨的热潮。

在开展好活动的同时，我们圆满地完成了2008年的各项工作任务。如，成功组织了中美疾控中心主任年会，完成了处理问题奶粉的技术支撑和“健康中国2020”战略规划研讨起草，完成了赴海南处理霍乱疫情等多项重大疾控和科研任务，取得了优异成绩，得到了上级单位的充分肯定。

六、加强廉政建设，推动反腐倡廉工作深入开展

2008年，在驻部纪检组监察局、卫生部直属机关纪委和中心党委的领导下，认真履行

职责，积极开展工作，为中心各项工作任务的顺利完成提供了有力保证。

（一）深入开展反腐倡廉宣传教育活动

中心纪委于3月份组织专题学习，认真学习了胡锦涛总书记在中纪委二次全会上的重要讲话和贺国强同志的工作报告，印发了陈竺、高强同志在2008年全国卫生系统纪检监察暨纠风工作会议上的讲话和李熙同志的工作报告。各直属单位分别以书记例会、中层以上干部会议、支部会议等形式组织了集中学习。

4月份，中心纪委组织机关及各直属单位处以上领导干部40余人到司法部燕城监狱，现场听取职务犯罪服刑人员的现身说法，收到了较好的警示教育效果。9月份召开各直属单位纪检干部会议，按照卫生部直属机关党委和中心党委的要求，组织开展了《建立健全惩治和预防腐败体系2008－2012年工作规划》知识答题活动。党员干部的参与率达到100％，收到了良好的学习效果。各直属单位分别组织开展了各种反腐倡廉宣传教育活动，辐射安全所举办了《预防职务犯罪共筑反腐防线》讲座，开展了以树立正确的权力观为重点的反腐败宣传教育专题活动；环境所先后组织全体党员、处以上干部参观北京市党风廉政建设警示教育基地。通过开展形式多样的教育活动，进一步提高了学习教育的针对性，达到了入耳入心的预期效果。

（二）认真履行职责，强化对制度执行情况的监督检查

坚持执行“三谈两述”制度，中心各级纪委坚持对新任干部进行任前廉政谈话，并结合岗位工作实际提出明确要求；结合当前学习实践科学发展观活动，要求将党风廉政建设各项工作纳入学习实践科学发展观活动中，在此基础上开好民主生活会，并会同中心学习实践科学发展观活动领导小组办公室指导检查组进行检查。

按照相关法律法规和上级的要求，积极参与对招标采购专家抽取和开（评）标环节的现场监督工作。全年共参加网上抽取专家、开标、评标等相关环节的现场监督达120余次，配合基建处、条件设备处、新址办招标采购各类设备、物资金额约3亿多元，在现场监督过程中，对相关环节中的不规范行为，能够当场予以纠正、提醒或书面建议。

在2月份召开的2008年卫生部直属机关纪委工作会议上，病毒病所领导就实验室试剂和耗材的采购管理工作做了经验介绍，得到了卫生部直属机关纪委领导和其他兄弟单位的肯定和认可。

为了不断完善实验室试剂和耗材采购的相关制度，3月份，中心纪委组织机关相关处室负责人和部分直属单位纪委书记及采购部门负责人，赴深圳市疾控中心学习考察实验室试剂和耗材采购的管理经验。

通过开展正反两方面的典型教育、学习考察和对涉嫌违纪行为的查办，有力促进了相

关规章制度的不断完善,最大限度地减少或避免各种违纪违规行为的发生。如:传染病所在学习考察病毒病所和深圳市疾控中心实验室试剂和耗材采购管理经验的基础上,成立和完善了本所招标采购管理部门和相关规章制度。中心规财处针对专家劳务费的发放提出了具体要求。

七、发挥群众组织的桥梁纽带作用,丰富职工的文体生活

(一)工会工作

中心工会在卫生部直属机关工会和中国疾控中心党委的领导下,围绕中心工作,服务大局,加强工会建设,做好工会干部培训。重视、关心、活跃基层工会工作,上下统一,落实制度,帮扶困难职工,支持各基层工会开展形势多样的活动和工会干部培训,及时发现总结基层工会组织的新经验、新做法,在职工权益维护、反映职工诉求等方面为基层和群众提供切实帮助。2008 年中心机关召开机关工会会员代表大会,选举产生新一届工会委员会和经费审查委员会。慢病中心筹备组建工会委员会。通过职代会、职工大会活动,增强职工民主参与意识。病毒病所、性艾中心、营养食品所、环境所、职业卫生所、辐射安全所等单位,分别结合单位实际情况召开职代会、职工大会向职工通报单位的重要工作情况,广泛听取职工意见。

各级工会组织还积极开展了形式多样的文体活动,丰富了职工业余生活。职业卫生所组织全所职工乘坐城际列车到天津参观,让职工感受了改革开放 30 年来的巨大变化;改水中心通过组织工会活动,开展探访,让职工感受到工会大家庭的温暖;病毒病所在全所职工中开展我与奥运精神牵手、我为平安奥运奉献主题宣传活动,弘扬了奥运精神;健康教育所组织专家编写出版了《奥运健康手册》30 万册,为奥运成功举办做出了贡献,受到了北京市政府、世界卫生组织的好评;营养食品所坚持在职工中每月有活动、每季有赛事,丰富了职工文体生活,受到职工的欢迎;传染病所在经费紧张的情况下为离退休职工排忧解难,受到离退休职工充分肯定和好评;寄生虫病所开展冬送温暖、夏送清凉活动,给职工送去组织的关怀。各直属单位采取多种措施举办活动,活跃了职工的文体生活,增强了职工队伍的凝聚力。中心工会及各基层工会组织职工迎奥运开展文体活动,羽毛球、乒乓球、保龄球、趣味运动会,书画比赛、诗歌征集等活动;组织职工参观奥运国家公园;举办大型职工春节联欢会。通过这些活动,联络感情,缓解工作压力,促进职工身心健康,营造宽松和谐的工作环境。

全国总工会授予中国疾控中心"重建家园工人先锋号"称号;全国妇联授予中国疾控中心应急工作队成都检验检测组"全国三八红旗集体"称号;全国妇联授予中国疾控中心 6 位同志"全国三八红旗手"称号;全国总工会授予抗震救灾优秀工会干部 1 名;卫生部妇工委授予 12 名同志"抗震救灾优秀妇女干部"等。

（二）共青团工作

2008 年中心共青团工作坚持党建带团建，促进青年岗位建功。积极参与中心抗震救灾工作，服务北京奥运会，创建优秀青年集体，申报先进青年个人，寓教于乐开展活动，活跃了共青团工作。

中心团委与中心科技处共同举办了第四届青年科技人员学术报告会，11 名科技人员作了学术交流。推荐 5 名团员为党的培养对象。推荐营养食品所标准与监督技术室申报中央国家机关青年文明号，申报中心应急控制办公室获“中央国家机关抗震救灾先进青年集体”称号，创建载体促进青年岗位建功。传染病所阚飙获中央国家机关第八届百名优秀青年称号，为青年的成长、成材树立了榜样。

参与抗震救灾工作，心系灾区人民。组织团员青年利用休息时间参与分发抗震救灾物资等后勤保障工作；327 名团员青年捐助特殊团费 8657.2 元；187 名团员青年报名为灾区人民无偿献血，展现中心青年优秀的思想道德品质。

服务北京奥运会，贡献智慧和力量。组队参加卫生部“迎奥运、讲文明、树新风”礼仪知识竞赛获第三名；奥运感言感想征集活动收集感言 33 份；组织青年参加奥运火炬到北京百人欢迎团，招募 48 名青年志愿者，分批在天桥剧场广场及和平门路口参加社会志愿者和城市志愿者工作，获宣武区团委的肯定和表扬。

（三）统战工作

中心党委重视并注意发挥民主党派在中心建设、改革与发展中的作用。在学习实践活动方案中对于各级班子、干部、职工中的民主党派成员参加活动作了具体的安排，多次召开基层民主党派会议，听取他们对疾控中心贯彻落实科学发展观的意见和建议。在召开领导班子民主生活会之前和 2009 年春节前夕，中心党委专门召开座谈会，听取和交流民主党派代表的意见和建议，鼓励基层民主党派成员在专业岗位上发挥作用。

2008 年疾控中心党的工作在大事多、任务重的情况下，在各直属单位党委的支持下，圆满完成了卫生部党组交给我们的各项任务。在这里，我要感谢部直属机关党委、部学习实践活动指导检查组的同志对疾控中心党的工作的指导，感谢中心本级班子成员和各直属单位党政领导对中心党委工作的支持，感谢党委系统的干部所做的工作，感谢疾控中心广大党员、干部、职工，特别是离退休党员的支持、配合。

八、2009 年的主要工作

2009 年疾控中心党的工作任务仍然很重，部党组对我们的工作提出了很高的要求。主要工作如下。

（一）深入贯彻落实党的十七大和十七届三中全会精神，巩固学习实践活动成果

各级党组织要采取多种形式组织党员干部认真学习贯彻落实党的十七大和十七届三中全会精神，学习政府工作报告等两会精神，组织参加卫生部“每月一讲”活动。各直属单位要充分发挥党委中心组学习的带动作用，做好党委中心组学习计划并于 3 月底前上报，党委中心组成员年内每人撰写至少一篇高质量的学习心得体会。直属机关党委今年第三季度要对党委中心组学习情况进行互查，中心各单位在第三季度进行自查，并在书记例会上交流情况。

要继续巩固和扩大学习实践活动的成果，各直属单位党委（总支、支部）要对突出问题的解决情况进行全面梳理，对已经解决的问题要做好巩固工作，整改效果不好和尚未进行整改的问题要抓紧研究解决。

贴近中心工作做好党务干部培训工作，提高围绕中心做好党的工作的政治素质和业务能力。

（二）以科学发展观为指导，切实加强基层党组织建设

加强各级党组织建设。筹备进行直属单位党委（总支、支部）的换届改选工作（根据卫生部干部考核进展情况）；加强对党支部工作的领导，采取培训、主题活动等多种形式，提高基层党组织的学习能力、教育能力、创新能力、服务能力，创新党组织活动内容和形式，充分发挥基层党组织推动发展、服务群众、凝聚人心、促进和谐的作用。

（三）做好组织发展和党员教育管理工作

要继续做好预备党员和入党积极分子的考核及培养教育工作，关注抗震救灾一线发展党员的思想，做好一线发展党员的继续教育和考核，做好在一线积极要求加入党组织队员的培养教育工作。

加强对党员流动的管理，继续修改“中心流动党员管理办法”并尽快印发试行。关心和爱护老党员和生活困难党员。进一步做好党内统计信息库建设，4 月召开党内统计信息库建设研讨会，提高党内统计服务基层党建工作的水平。

（四）认真落实党建工作责任制及组织生活会制度

做好落实党组织负责人和党员领导干部党建工作责任制。坚持开好党员领导干部民主生活会，抓好广泛征求群众意见、开展谈心活动、开展批评与自我批评、认真进行整改等重点环节，不断提高民主生活会质量。

(五)高度重视维护社会稳定,做好庆祝中华人民共和国成立60周年安全防范工作

继续开展同“法轮功”邪教组织的斗争,维护稳定大局。严防邪教组织的渗透,继续落实稳定工作责任制,做好摸底排查、信息反馈、巩固成果和重大节日、重要政治活动及敏感期稳定值班等工作。高度重视并做好庆祝中华人民共和国成立60周年期间的维护稳定工作。

(六)坚持教育、制度、监督并重,加强反腐倡廉建设

深入开展反腐倡廉宣传教育。认真学习贯彻第十七届中央纪委第三次全会、国务院廉政工作会议精神。严格执行党风廉政责任制,认真贯彻落实《建立健全惩治和预防腐败体系2008-2012年工作规划》等制度,推动领导干部述职述廉、民主评议、诫勉谈话、函询等制度和信访举报核查工作的落实。认真执行“三重一大”制度,严格执行党员领导干部个人有关重大事项的报告制度。

(七)加强思想政治工作、精神文明建设工作,充分发挥群团组织的作用

认真贯彻《卫生部党组关于卫生系统加强和改进思想政治工作的意见》,围绕中心改革和发展中党员干部关注的热点、难点和疑点问题,开展人文关怀和心理疏导,利用书记例会分析职工思想动态,研究思想政治工作的针对性和实效性。发挥疾控分会的作用,开展疾控系统思想政治工作研究及工作经验交流,促进卫生事业健康和谐发展,营造积极向上的良好氛围。

加强精神文明建设工作的指导,加强中心服务宗旨教育和职业道德教育。创新载体,加强细胞工程的创建,提高干部职工参与精神文明建设的积极性和创造性,争创文明单位标兵。

发挥群团组织的职能作用,以庆祝建国60周年为契机,按照卫生部工会要求组织干部职工积极开展文体活动,参加卫生部举办的书画摄影展、文艺汇演、职工运动会等活动。中心工会结合自身特点开展适宜职工的文化体育活动,满足职工文化体育需求。

认真做好党的统一战线工作。做好妇女工作,促进广大妇女在依法行政中发挥作用。

加强对共青团和青年工作的指导,培养锻炼青年健康成长。指导中心团委继续开展团中央、中央国家机关青年文明号创建工作,引导青年岗位建功;创建青年学习锻炼基地,促进青年成长成才;围绕中心工作创新活动载体,活跃青年,凝聚青年。

最后,我代表中心党委、纪委向关心、支持党建工作的各位领导、专家和中心老领导表示诚挚的敬意,向辛勤工作在疾控一线的职工群众和党务工作者表示衷心的感谢!

工作进展

疾病控制与应急处理

一、重大突发公共卫生事件应急处置工作

(一)甲型 H1N1 流感大流行应对

1. 捕捉信息、快速响应　2009 年 4 月 23 日，通过网络监测到美国确诊 2 例人感染猪流感病毒病例，立即撰写疾控快报上报卫生部，随后中心紧急启动甲型 H1N1 流感疫情应对工作。4 月 30 日，中心成立甲型 H1N1 流感领导小组和防控办公室，疾控应急办承担技术准备组和疫情信息组的大量工作。9 月，根据工作调整，承担防控指导与现场调查、监测与检测等重要任务。

2. 科学应对、做好技术支撑　科学制定和完善甲型 H1N1 流感防控和大流行应对策略和措施，认真研究国内外相关经验，编译 WHO、美国疾控中心等国外组织和机构的相关技术指南；制、修订近 20 项甲型 H1N1 流感防控技术方案和指南，涉及监测、感染控制、暴发调查、非药物干预措施、学校等重点场所防控工作等领域；制定公众和媒体甲流防控应对宣传材料；组织全国专业技术人员防控和监测技术培训。

3. 完善监测系统，做好信息报送　承担甲型 H1N1 流感 24 小时疫情应急值班，密切关注疫情进展，及时对疫情进行分析和报告，协调标本运送、毒株送检工作，负责检测结果的报送、反馈，并向中国台湾通报疫情。截至 2009 年 11 月 13 日，共完成甲型 H1N1 流感监测快报 166 期，甲型 H1N1 流感重症和死亡病例阶段性分析 5 期。根据调整后的甲型 H1N1 流感监测方案(第二版)及卫生部关于甲型 H1N1 流感信息报告要求，及时提出新的信息系统业务需求，与中国疾控中心信息中心和中科软公司协作，建立了以甲型 H1N1 流感重症病例和死亡病例为重点的“甲型 H1N1 流感信息管理系统”，同时根据调整后的监测方案修改了“疾病监测管理信息系统”和“突发公共卫生事件信息管理系统”。

4. 建立资料库，积极有效处置　建立我国甲型 H1N1 流感病例资料数据库，对我国甲型 H1N1 流感疫情流行特点、病例流行病学、早期轻症病例临床特点、重症病例危险因素及暴发疫情特征等进行分析和总结，为科学应对甲型 H1N1 流感疫情提供依据。自 2009 年 5 月我国首例甲型 H1N1 流感病例发生以来，先后共 9 次派员赴现场参与调查和疫情处置。

(二)科学、有效处置全国手足口病暴发疫情

加强疫情分析指导防控工作 编发《全国手足口病疫情周报》34 期、《全国手足口病疫情简报(日报)》223 期,在简报中向重点地区提出控制对策建议,指导做好防控工作。为做好疫情趋势分析与预测,及时对手足口病疫情进行阶段性分析,共完成 4 期专题分析报告。组织 5 次手足口病防治专家研讨会议,对 2008 年和 2009 年近期手足口病疫情形势进行了分析,对 2009 年手足口病的防控工作提出了具体建议。

加大现场防控工作督导力度 1 月 20 日,安徽省利辛县报告 2009 年首例手足口病死亡病例后,根据国务院和卫生部的指示,卫生部调集流行病学和实验室专家,传染病和儿科临床专家及媒体沟通的专家组成了调研指导组,于 2009 年 2 月 8－11 日赴安徽省进行手足口病防控工作调研指导。2－8 月,针对部分地区出现手足口病疫情暴发或逐步高升态势,先后 7 次组织进行现场督导,派出多位流行病学和实验室专家前往河南、山东、湖北、河北等地指导手足口病疫情防控。

加强手足口病实验室检测 3 月 21 日,向全国各地发出《关于进一步做好 2009 年手足口病病原学检测及结果报告工作的紧急通知》,要求对手足口病病例样本进行检测,并将检测结果及时进行网络直报,以便尽快掌握各地手足口病疫情的病原谱,为疫情的预防控制工作提供科学依据。

开展手足口病预防控制技术培训 修订、完成《手足口病预防控制指南(2009 版)》,于 2009 年 7 月 13－15 日在山东青岛举办新版手足口病预防控制指南师资培训班。

协助调查排除 EV71 脑炎暴发疫情 9 月,宁夏自治区吴忠市同心县发生不明原因脑膜炎疫情,卫生部委派中心及北京地坛医院专家赴宁夏指导当地开展疫情调查工作,排除了 EV71 感染,最后判定此次疫情为埃可病毒 9 型(ECHO—9)引起的病毒性脑膜炎暴发疫情。

加强科学研究交流与合作 1 月 13－14 日中国疾控中心、美国疾控中心和 WHO 联合主办手足口病北京国际研讨会,10 多个国家和地区及 WHO 的专家,以及全国各省级疾控中心专家参加会议,对手足口病流行病学、病毒学、临床救治、暴发应对进行了学术交流和研讨,促进了科学研究与合作。

二、重点传染病疫情和突发公共卫生事件监测与管理

(一)传染病疫情和突发公共卫生事件监测

完成传染病疫情分析及突发公共卫生事件的日报、周报、月报,为疾病监测杂志提供疫情摘抄。继续协助部应急办完成卫生应急工作简报编撰(每月 1 期)和发行工作。常规开展每日媒体信息搜索,分析整理国内外主要网络媒体有关疾病和暴发事件相关信息,报

送有关部门和领导。

完成突发公共卫生事件分析报告，包括月报 4 期，1－3 月份季报 1 期，1－6 月份半年报 1 期，1－9 月份报告 1 期，2008 年突发公共卫生事件年度分析报告 1 期。完成 2008 年全国突发公共卫生事件评估报告，并参与七部委 2008 年突发公共事件应对工作总结评估分析报告的撰写。

为专项活动做好疫情监测分析工作：①2 月 18－28 日，承担第 24 届世界大学生冬季运动会卫生保障工作全国疫情分析，编制《大冬会医疗卫生保障工作简报》12 期，及时提供给大冬会组委会医疗卫生保障组。②完成 2009 年突发公共卫生事件趋势预测及措施建议；2008 年全国学校突发公共卫生事件分析报告；2008 年中国食源性疾病突发公共卫生事件监测分析报告；地震重灾区传染病疫情与突发公共卫生事件专题分析（1－4 月每月 1 期，2008 年 5 月至 2009 年 4 月年度分析 1 期）；2008 年法定传染病发病及死亡报告。③"春节"期间国内外重大传染病疫情和突发公共卫生事件分析及旅行风险提示；"国庆"期间国内外重大传染病疫情和突发公共卫生事件分析及旅行风险提示；2009－2010 年冬春季重点传染病疫情分析与防控建议报告；尼泊尔细菌性痢疾死亡事件及西藏日喀则地区细菌性痢疾及感染性腹泻病疫情分析。

（二）传染病自动预警系统推广工作

为提高我国各级疾控机构早期发现和识别传染病暴发与流行的能力，根据卫生部统一部署，中心于 2008 年 4 月在全国启动传染病自动预警（时间模型）系统试运行工作，同时选取部分地区作为传染病自动预警（时空模型）试点。

2009 年 4 月，组织各省份和试点地区对一年以来预警工作进行了总结，并开展全国传染病预警工作情况调查。6 月，为科学分析与评价预警系统的应用效果，初步研究建立了一套传染病预警技术评价指标。7 月 22－30 日，会同中心相关部门在云南和湖南两省的 4 个县（区）开展了传染病自动预警系统运行情况的现场调研，了解一年多来预警系统运行现状，分析和评价系统运行效果，为预警系统改进提供科学依据。8 月 12－13 日，在北京召开传染病预警系统及症候群监测预警技术专家研讨会，总结传染病自动预警（时空模型）信息系统试点运行情况，研讨解决关键的技术问题，研究制定系统改进和全国试运行的时间安排表。11 月 16－20 日，邀请国内外专家在北京召开传染病暴发自动预警技术研究专家研讨会，交流传染病预警技术，对传染病自动预警系统运行结果和案例进行分析，评估预警系统的应用效果并提出改进建议。11 月 25－28 日，为了解预警系统阶段性运行状况和运行效果，为改进和制定预警工作规范提供科学依据，赴广西玉林市开展预警现场调研工作。撰写基于法定报告传染病自动预警与响应系统的设计与实现、运行效果评价、现场案例分析、基于时空探测方法的传染病暴发早期自动预警系统及试点效果评价 5 篇技术报告。

(三)传染病疫情和突发公共卫生事件管理

1. 全国传染病疫情及突发公共卫生事件分析研讨会　3月26－27日,在陕西西安组织召开全国传染病疫情和突发公共卫生事件分析会议。会议就2008年全国传染病疫情及突发公共卫生事件分析、全国手足口病、麻疹、布病及恙虫病、疟疾、流感/人禽流感等全国重点疾病进行了重点交流,并请安徽、河南、重庆、北京、四川、陕西等省(市)疾控中心的领导和专家则分别就手足口病、霍乱、四川地震灾区、北京奥运会传染病监测与应对以及陕西省突发公共卫生事件处置经验等进行了专题交流。农业部中国动物疫病预防控制中心和中国气象局气候中心的有关专家分别就全国人畜共患病动物疫情形势和防控工作及2009年全国气候形势预测进行了专题介绍。

2. 常规监测管理　继续加强对网络报告传染病和突发公共卫生事件信息的监控及审核工作,及时发现重点疫情及重要事件,随时报告分管领导,并通报有关部门;同时对发现报告中的分类、定级问题和错误,及时与相关省份联络核实,随时加以订正。为进一步完善常规监测报告质量,对监测日报编写指南进行了更新,编写了监测周报指南。在媒体监测方面,引入RSS阅览器功能,辅助日常媒体监测工作,也收到良好的效果。

参与卫生部卫生应急办“突发公共卫生事件应急预案”的修订工作,特别是承担了其中的突发公共卫生事件分级标准的修订任务。参与卫生部监督局“国家食品安全事故应急预案”的编写,特别就与传染病关系较为密切的食源性疾病和食物中毒以及有关分级标准提出了建设性意见。

派员参与卫生部疾控局组织的2009年全国传染病网络直报质量督导工作。

3. 重点传染病和病媒生物监测综合管理　①组织全国45个省级监测机构及国家疾控中心相关科室,对监测点综合管理工作进行汇总分析,完成《2008年重点传染病和病媒生物监测点综合管理工作报告》。②与45个省级监测管理机构分别签订了监测任务委托书,共覆盖重点传染病及病媒生物监测病种20个,计781个国家级监测点,拨付经费1278万元。进一步细化经费分配计划,加强监测经费的使用和管理,制定下发《重点传染病和病媒生物监测点经费使用意见(2009年试行稿)》。③组织编印2008年全国重点传染病及病媒生物监测报告。发送至卫生部、国家疾控中心相关部门、国家级监测点,以及各省卫生厅局,全国各省、地市和县区级疾控中心,总印数5000本。

4. 传染病监测实验室网络建设　①传染病国家级参比实验室建设。继续支持病毒病所病毒性出血热室进行肾综合征出血热国家级参比实验室建设、支持传染病所腹泻病室进行伤寒沙门菌国家级参比实验室建设。2009年主要开展了加强内部质量管理相关工作,形成实验室质量手副伤寒检测的外部质量评估工作。美国疾控中心专家对参比实验室建议工作进册并进行实验室内部培训;同时,开展肾综合征出血热和伤寒现场考察,给予了较高的评价。②广东省传染病实验室体系建设试点。根据中美新发和再发传染病合作项目计划，完成广东省各级疾控机构及医院的传染病实验室现状调研，举办针对各市级疾控中心微生物检验科和相关医院检验科负责人的传染病实验室质量管理培训班，在广东省疾控中心微生物检验所建立基于 ISO15189 的实验室管理体系并进行试运行，召开广东省传染病应急和监测实验室网络专家委员会会议。③起草传染病监测实验室网络建设规划建议稿。组织开展了肾综合征出血热实验室监测现状调查，对参与全国肾综合征出血热监测工作的 22 个省级疾控中心实验室和 40 个区县级疾控中心实验室进行问卷调查，同时对河北、黑龙江和陕西 3 个省进行实地考察。④ 组织编写传染病实验室网络质量管理指南。

5. 卫生部传染病标准专业委员会秘书处工作　在 2008 年工作基础上，逐步开展了一系列日常管理和传染病标准审查工作。申报手足口病、克雅病诊断标准，并获得批准；按照《卫生标准审查管理办法》和《卫生标准制修订项目管理办法》要求，开展对“病原微生物菌(毒)种保藏机构技术设置规范”、“人间鼠疫疫区处理标准”的初审、预审和会审工作。参加卫生部政法司和部监督中心组织的标准工作研讨会和相关培训，组织召开传染病标准专业委员会年会。

三、呼吸道传染病监测与防控

(一)呼吸道传染病的监测工作

1. 制定年度计划，明确流感监测网络构架和职责分工　制定了 2009 年全国季节性流感监测工作年度计划，包括 2009 年监测工作目标、工作重点、工作模式、网络规划和管理方案，以及各项具体工作任务的计划时间表等。制定季节性流感监测系统成员职责分工，绘制结构图，为监测工作的顺利开展奠定了基础。

2. 扩大、发展和加强管理全国流感监测网络　全国流感监测网络实验室由 63 家扩大至 84 家。甲型 H1N1 流感疫情发生后，为落实国务院领导的指示精神，进一步扩大我国流感监测网络，提升监测水平，有效应对甲型 H1N1 流感疫情，卫生部于 5 月 20 日增设了 119 家全国流感监测网络实验室，167 家全国流感监测哨点医院。6 月 17 日，为落实国务院领导指示精神，尽快实现流感监测网络在地市级全面覆盖，掌握流感整体流行强度和发展趋势，及时发现并处置可能发生的甲型 H1N1 流感暴发疫情，卫生部进一步扩大流感监测网络，增设了 208 家全国流感监测网络实验室和 202 家全国流感监测哨点医院，流感监测网络扩大至 411 家流感监测网络实验室和 556 家哨点医院。

7 月，中国疾病预防控制中心流感监测网络管理办公室成立。先后组织开展了新增网络单位的师资培训、新增网络实验室甲型 H1N1 流感检测试剂分发，加强了对现有和新增流感网络实验室、哨点医院的技术指导和协调管理；开展了监测方法标准化和质量控制，分批开展网络实验室检测能力考核工作。2009 年 7 月和 9 月，派员参加卫生部组织的天津、河北、广西、安徽四省(市)流感哨点监测督导工作,完成督导报告撰写,有效敦促了四省市甲型H1N1流感监测工作的顺利开展和监测质量的提高。

3. 实现流感监测信息在系统内部和国外合作单位之间的有效沟通　疾控办和病毒病所国家流感中心定期对全国流感流行病学监测、病原学监测和急性呼吸道感染病例或流感样病例暴发监测数据进行收集、整理、分析、反馈。2009年全年共编制《流感监测周报》52期,编制《流感监测周报(英文版)》15期,与WHO、美国疾控中心、欧盟疾控中心等多家合作单位共享。扩大流感监测网络后,每周撰写《卫生部扩大全国流感监测网络工作领导小组信息简报》,共计36期,及时反映监测网络工作开展情况(自11月底,更名为《全国流感监测及甲型H1N1流感疫苗接种工作信息简报》)。编制《全国扩大流感监测甲型H1N1流感疫情快报》166期;编制《人禽流感、不明原因肺炎和流感暴发日报》365期,密切监视流感和禽流感疫情动态,每周向FluNet报告流感监测流行病学及病原学数据,实现了监测信息在系统内部和国际科学界的快速、有效沟通。

4. 国家流感中心成为WHO CC　2008年11月,国家流感中心得到WHO的正式批复进入为期一年的预备期,并上报了《中国国家流感中心成为WHO CC预备期行动方案》。2009年3月13日,卫生部组织召开了关于中国国家流感中心申请成为WHO CC的工作协调会,并将讨论结果上报陈竺部长;陈竺部长高度重视,批示各司局全力协助国家流感中心解决人、财、物方面的困难。11月初,国家流感中心顺利通过WHO评估,成为全球第5个WHO CC。

5. 不明原因肺炎、人禽流感和SARS的常规监测工作　每日进行全国人禽流感、SARS和不明原因肺炎监测系统的数据收集、分析、核实、追踪、排查与报告工作,实时检索和追踪全球动物与人禽流感疫情及中国动物禽流感信息,协调人禽流感疑似病例和不明原因肺炎病例的标本送检、实验室检测结果的报告和反馈。

2008年12月,北京确诊一例人禽流感H5N1病例,疾控办全力开展人禽流感疫情应急响应工作:包括建立疫情24小时值班制度、关注疫情进展随时报告、及时发现疫情进展趋势做出响应、赴疫情现场开展调查、完成各种疫情调查和分析报告、参加疫情相关的各类会议等。

6. 完成3个月肺炎监测试运行和肺炎球菌病监测前期现场调研　在辽宁、湖北、广东三省及盘锦、荆州、珠海三市和大洼县疾控中心的大力支持下,在各监测医院的配合下,2009年2月22日,圆满完成了3个月试运行工作,为下一步监测方案的调整和监测方向的改变提供了有力的参考依据。4月,在荆州开展了所有市区内的医疗机构调研工作,完成对既往数据的深入分析,为后续肺炎球菌病监测方案的完善提供了参考数据。

7. 开展基于住院人群急性呼吸道感染病例和侵袭性肺炎球菌病监测　11月前,完成了监测项目实施方案及监测活动技术操作规范的准备工作,并于12月17日在荆州市举行培训,对参与监测活动的4所监测医院医生和护士及湖北省疾控中心和荆州市疾控中心的项目参与人员进行了培训。计划在监测医院完成医院内二次培训及试剂到位后，于 2010 年 1 月初正式开始监测活动。

8. 开展 10 省市部分医院住院严重急性呼吸道感染病例监测　为监控我国甲型 H1N1 流感临床严重性的变化，探讨甲型 H1N1 流感和季节性流感重症病例的流行病学、临床特征及其发生、预后的影响因素，掌握重症病例中病毒的病原学特征变化，从而为调整我国甲型 H1N1 流感防控策略措施提供依据，我中心组织起草《10 省市部分医院住院严重急性呼吸道感染病例监测方案》上报卫生部。10 省市部分医院于 2009 年 11 月 30 日启动试运行。截至目前，监测工作运行已进入第 6 周（包括前两周的试运行），每周对监测数据进行汇总、整理、分析，已完成 4 期监测周报，报卫生部疾控局，反馈给各监测单位。目前该监测工作进入稳步推进阶段。

（二）暴发疫情和突发公共卫生事件现场调查处置

2009 年，疾控办共派员赴现场对 4 例人禽流感病例、9 起甲型 H1N1 流感疫情进行现场调查和应急处置，协助当地开展疫情防控、应急处置和流行病学调查。

1. 北京人禽流感病例现场调查和疫情处置　1 月 17 日，赴山西对人禽流感疑似病例开展调查，通过与湖南现场调查资料的联合分析，初步明确了病例的可能感染来源。1 月 17 - 23 日，赴山东省济南市进行人禽流感病例现场调查和疫情处置。1 月 23 - 24 日，赴新疆人禽流感病例现场调查和疫情处置。5 月 10 - 16 日，赴四川成都协助当地处理首例甲型 H1N1 流感病例疫情。5 月 12 - 16 日，赴济南处理山东首起、全国第二起甲型 H1N1 流感疫情。5 月下旬，赴温州市参加浙江省首例甲型 H1N1 流感病例调查和疫情处置。5 月 29 日至 6 月 2 日，赴广东参加甲型 H1N1 流感国内首例本土二代病例暴发疫情现场调查和疫情处置。6 月 8 - 13 日，赴四川参加甲型 H1N1 流感九寨沟旅行团暴发疫情现场调查和疫情处置，属国内首起较大的聚集性疫情调查。6 月 13 - 18 日，派员赴湖北省宜昌市针对重庆—宜昌游船上美国旅游团中发现的甲型 H1N1 流感疫情。6 月 20 日至 7 月 1 日，派员赴广东省东莞市针对我国第一起学校甲型 H1N1 流感暴发疫情。8 月 20 - 21 日，派员赴广州中山大学附属第一医院儿外科出现的聚集性甲型 H1N1 流感疫情。12 月 1 - 4 日，派员赴广东省深圳市针对出现数例伴有中枢神经系统症状的甲型 H1N1 流感重症病例，开展流行病学调查和救治工作。

2. 制定《2009 - 2010 年度季节性流感疫苗预防接种指导意见》　为科学、规范、有效地开展 2009 - 2010 年度季节性流感疫苗的预防接种，基于我国季节性流感的流行特点，组织专家制定了《2009 - 2010 年度季节性流感疫苗预防接种指导意见》，并下发各省市自治区疾控系统参照执行。

3. 做好两广 SARS 和人禽流感防控工作　1 - 3 月，按照卫生部领导的指示，继续组织工作组赴两广协助当地进行 SARS 和人禽流感防控工作。工作组主要对广东和广西部分地市的疾控机构和医院的不明原因肺炎及发热病例的监测与报告工作进行了明查暗访。同时,对上述地区的部分市场和餐馆的禽类和野生动物贩卖、交易和宰杀情况进行了明查暗访。共上报调查报告 5 期。

为提高全国甲型 H1N1 流感的监测、实验室检测和防控能力,落实卫生部《关于增设全国流感监测网络实验室和哨点医院的通知》要求,更有力地应对我国当前的疫情形势,5 月 26 - 27 日在北京举办了全国甲型 H1N1 流感监测与防控技术培训班,介绍了甲型 H1N1 流感疾病特征、疫情形势及我国防控策略、全国流感监测网络扩大方案等。

(三)呼吸道传染病防治的相关应用性研究

1. 开展疾病负担研究　①继续开展流感超额死亡率试点研究,初步完成“2003 - 2007 年我国北方、南方城市和上海的流感超额死亡”数据分析和报告撰写。②与华中科技大学同济医学院医药卫生管理学院合作,继续开展流感大流行期间医疗卫生资源需求和误工情况评估,为我国流感大流行应对准备提供支持。

2. 开展流感流行病学特征研究,了解我国流感流行现状　继续开展流感流行病学特征回顾性分析,完成了流感样病例和病原学监测数据的收集、整理工作。

3. 开展季节性流感疫苗使用现状调查　依托亚洲开发银行和 WHO 资助项目,每年持续开展流感疫苗使用现状调查,以了解我国流感疫苗生产、使用和接种现状,为制定疫苗接种策略和指南提供科学依据。基于前期对 2004/2005 年至 2007/2008 年 4 个年度流感疫苗生产、销售情况的调查,对 2008/2009 年度情况开展补充调查工作,经数据录入、分析,已完成英文文章撰写和投稿,并向 WHO 驻中国代表处提交了完工报告。

4. 积极推进流感、流感大流行、流感疫苗的知识、态度、行为水平调查项目　结合流感大流行应对情况,组织制定、完善《7 城市和 2 农村地区人群中急性呼吸道感染发病情况及流感知识、态度、行为(KAP)水平电话调查》方案和问卷,委托华中科技大学牵头,联合其他 4 家单位实施。截至目前,中国 7 城市和 2 农村地区急性呼吸道感染发病情况和流感及流感大流行的知识、态度、行为水平的调查项目已完成两次调查,并有序开展后续工作。

5. 开展人禽流感病例抗体动力学和医学随访研究　根据研究方案,现已完成对 2009 年新发 3 例人禽流感病例发病第 2、3、4、6、9 个月的医学随访工作。

四、肠道传染病监测与预防控制

(一)肠道传染病监测

完成霍乱、伤寒副伤寒、细菌性痢疾、O157 :H7 感染性腹泻和小肠结肠炎耶尔森菌病 2008 年监测数据分析总结报告。配合中国疾控中心信息中心完成霍乱、伤寒副伤寒、手足口病、出血性结膜炎的年报编写和修改工作。参加了 2008 - 2009 年冬春季传染病疫情分析预测会，修改完善了 2009 - 2010 年病毒性腹泻、手足口病疫情趋势与预测报告。

跟踪核实发生在云南、四川和上海的 3 起霍乱疫情，指导和协助当地做好疫情处理工作。完成霍乱周报 2 期。搜索国外霍乱疫情，积极开展风险沟通工作。总结和分析了津巴布韦霍乱疫情的发生概况、防治形势及疫情发生原因，并通过网络发布关于津巴布韦霍乱疫情的相关信息，对大众开展健康教育工作。

（二）肠道传染病防控

1. 霍乱防控　收集和总结 2008 年全国霍乱监测资料，分析疫情特点，研判 2009 年霍乱发病趋势。根据病例发病高峰集中 10 月份的特点，及时向卫生部提出尽早召开 2009 年肠道传染病防治工作会议的建议，提前部署霍乱防治工作。制定 2009 年霍乱防控工作重点和工作方案，指导霍乱防控工作。深入分析云南霍乱发生原因，评估边境地区由于境外病例输入而导致疫情发生的风险。组织和开展边境地区输入性传染病预防和控制策略研究。收集和分析越南霍乱疫情及防治现状信息，2009 年 6 月 16 日在广西东兴县召开中越霍乱疫情交流会，开展中越、中缅边境重点肠道传染病监测工作防控经验交流。

2. 伤寒副伤寒综合防治示范基地　3 月，贵州省项目有关人员赴云南进行了考察和学习，8 月，云南省项目人员对贵州省项目工作进行了督导检查。6 月，在贵州六枝召开项目干预方案研讨会，现场学习了贵州六枝特区项目的经验，并对下一步即将开展的干预工作进行了详细的讨论。7 月分别在贵州安顺市平坝县、云南玉溪市红塔区举办干预方案培训班。11 月，该项目参加了中国疾控中心科技处组织的中期评审工作。

3. 广西、贵州伤寒副伤寒综合干预试点项目　2006 年底至 2008 年，广西桂林市全州县和贵州六盘水市六枝特区分别开展的“校区伤寒副伤寒综合干预试点项目”和“农村伤寒副伤寒综合干预试点项目”顺利结束。2009 年 6 月，分别在广西桂林全州县、贵州六盘水市六枝特区召开该项目现场总结会，各项目办人员约 50 人参加了会议。会议在学校、农村贫困地区进行肠道传染病综合防控、以人口为基础的发热症状监测系统及运行模式等方面均进行了认真的总结和交流，为重点地区伤寒副伤寒的防控提供了经验。

4. 卫生部 5 岁以下病毒性腹泻儿童感染状况调查项目　4 月，《5 岁以下腹泻住院患儿病毒性腹泻感染状况调查》工作总结上报卫生部。5 - 11 月，进行标本的检测、数据整理和分析工作。12 月 17 日，在吉林召开项目总结会，对项目工作的研究结果、技术经验进行交流和分享。

5. 腹泻病疾病负担和卫生干预措施评价　2009 年 8 月 10 - 12 日，腹泻病疾病负担和卫生干预措施评价项目总结会在河南郑州召开，组织评选了《腹泻病疾病负担与卫生干预措施评价研究项目》先进集体和先进个人。

五、寄生虫病监测与预防控制

(一)传染病监测与预警

1.2008年度寄生虫病监测报告、年报编审工作　疾控办会同寄生虫病所完成了2008年度血吸虫病、疟疾和土源性线虫病三个监测报告,完成了《2008年传染病染病监测与死因分析》中血吸虫病、疟疾和黑热病3个病种的编写。

2.分析、处理寄生虫病疫情　及时浏览疾病监测信息报告管理系统中有关寄生虫病报告疫情。对报告的丝虫病均联系所在省疾控中心进行了追踪调查,均系无传染性的慢性丝虫病。

3.开发寄生虫病防治信息管理系统　编制了寄生虫病防治信息管理系统需求报告,会同设备处和信息中心完成了软件开发招标,与中科软编程人员3次会商解决相关业务问题,8月份上网试运行,12月份完成了终期验收。目前该系统已移交寄生病所管理。

(二)寄生虫病防控

1.强化控制措施　继续在重点省采取强化控制措施,全国疟疾发病率稳步下降。针对贵州省疟疾上升的情况,今年1月杨维中副主任带队在贵阳召开了贵州省疟疾疫情与防控措施会商会,确定3-4月份在贵州省重点流行区三都、罗甸、榕江和平塘4县开展疟疾休止期扩大服药行动。中心安排专款予以资助,会同寄生虫病所派7人驻点督导。4县应服药总人数9080人,实服8876人,实服率97.15%,8日全程足量6596人,足量率74.13%(其中3日足量7475人,足量率84.22%,5日足量6759人,足量率76.15%)。同时要求各地加强输入性疟疾的防控、落实疟疾病人的全程、规范治疗。通过这些措施,贵州省疟疾回升的趋势得到遏制,全国疟疾发病率稳步下降。截止2009年12月15日,全国共报告疟疾13 927例,比上年下降47.4%,其中贵州省下降了34%。

2.确立全国消除疟疾的战略目标　组织对国内外疟疾流行形势分析和策略研讨,明确提出了在2020年前全国消除疟疾的目标与思路,被卫生部采纳。在此基础上,疾控办参加了《我国消除疟疾行动计划(2010-2020年)》和向全球基金递交的全国消除疟疾项目书的编制。

3.血吸虫病联系点工作处于领先位置　在湖北省监利县、公安县成立血防联系点。王宇主任、杨维中副主任分别于4月份和11月份两次到点上调研。通过确定挂点专家和联络员,会同省市县审定联系点血防规划及联系点工作方案,明确了控制传染源的主导措施。疾控中心资助两县建立健全了血吸虫病监测与预警体系、开展了家畜传染源调查和改良感染性钉螺检测方法。一年来,联系点工作有明显进展,两县均将人、畜血吸虫病感染率控制在3%以下,公安县已淘汰耕牛3000多头、建成了一个“无牛大垸”。2009年11

月中旬，卫生部在公安县举办了全国第一期县级以上血防办主任培训班，向全国推介了公安县的作法与经验。

4. 寄生虫病综合防治示范区工作考核　完成寄生虫病综合防治示范区工作考核。三年来，10 个示范区新增无害化厕所共 20 多万个，新增改水受益人口 100 多万人，完成人群驱虫 700 多万人次。通过这些综合防治措施，环境面貌改观，寄生虫感染率大幅度下降，人民健康状况改善，其示范性得到初步体现。考核结果表明，示范区通过采取以健康教育为先导和“四改一驱虫”（即改水、改厕、改造环境、改善卫生行为，人群药物驱虫）的措施，土源性线虫或肝吸虫感染率明显下降，降幅较大的为 94%、较小的为 70.3%，均率先达到了我国寄生虫病防治规划的近期目标。中央电视台、《人民日报》、《科技日报》、《农民日报》、《健康报》、《中国卫生画报》等多家媒体报道了示范区的作法，同时呼吁全社会关注农村高发的蛔虫、钩虫等“被忽视的疾病”。

六、自然疫源性疾病监测与预防控制

（一）自然疫源性疾病监测

每月编发《全国主要人兽共患病通报》一期，对布病、狂犬病、猪链、人禽流感、炭疽共 5 种主要人兽共患病的全国疫情进行分析，上报卫生部，并通报农业部及所属专业部门。

3 月，配合信息中心完成《中国 2008 年法定传染病发病与死亡报告》中的鼠疫、布病、炭疽、钩体病、出血热、登革热、狂犬病、恙虫病共 8 种自然疫源性疾病部分的撰写。6 月，编写国际基孔肯雅热和登革热疫情等内容的疾控快报。

（二）重点传染病预防控制

1. 鼠疫防控　组织中心传染病所、河北省疾控中心共同对鼠布基地生产的全国监测用鼠疫试剂进行质控，随后联系青海省生产和发放补充试剂。7 月 31 日在西藏林芝召开 2009 年全国鼠疫监测会议，对 2008 年鼠疫监测工作进行考核总结，评选先进监测单位，同时布置 2009 年度重点监测工作。协调鼠布基地、长春生物制品所，促进鼠疫监测试剂规范化生产，自 2010 年度起由长春生物制品所负责全国鼠疫监测试剂生产供应工作。参加南方九省、北方五省、锡乌张呼等联防组织的年度例会，通报了全国疫情形势，研究联防联控工作。

7 月 31 日至 8 月 7 日派出专家组赴青海指导当地调查处理人间鼠疫暴发疫情。协助卫生部完成下一年度的鼠疫防治工作中央财政转移支付经费预算；协助卫生部鼠防工作研讨会，起草了《关于加强鼠疫防控工作的实施意见》、《鼠疫防控体系能力建设项目计划》、《鼠疫防治专项经费测算》等。12 月 17 日，参加了卫生部自然疫源性疾病专家咨询组鼠疫专家组会议和卫生部鼠疫防治工作会议，研究鼠疫“十一五”规划总结与“十二五”

规划制定工作。《鼠疫防治手册(2009 年版)》发送至全国 31 个省的卫生行政部门和疾控专业机构。

2. *布病防治* 2009 年初,组织专家对全国布病监测点的运行情况开展评估,提出监测点调整的原则与条件,确定了新的监测点布局。组织有关专家对鼠布基地的布病监测用试剂进行质控,确保各监测点使用合格试剂。4 月,在青海省西宁市召开全国布病监测工作总结暨培训会议,总结部署检测工作,对相关监测点的流病和实验室人员进行培训。组织专家进行多次研讨、制定了《全国人间布病规划(2009 - 2015)》,于 3 月上报卫生部疾控局。编写布病防治白皮书《中国布鲁氏菌病防治现状》,已由卫生部联合农业部正式出版。6 月,陪同卫生部疾控局到内蒙对布病防治工作进行调研,指导当地制定人间布病防治实施方案。

加强布病防治示范基地课题研究。1 月,在北京召开项目执行点数据分析方法培训会。4 月,在山西大同召开项目实施第一年度的工作总结会,各项目执行点对前期基线调查情况进行总结分析。6 月,邀请项目执行省份在北京召开布病干预手册论证会,并下发《布病防治干预示范基地研究项目干预实施手册》。组织各项目点撰写基线调查总结报告,编写出版《布病防治知识问答》,下发至各干预示范基地,用于健康教育工作。

3. *狂犬病防治* 编写《中国狂犬病防治现状》(狂犬病白皮书),从疫情概况,疾病危害,工作现状与问题,防治的成功经验等多个角度阐述我国狂犬病防治现状。白皮书已于 9 月 27 日,由卫生部、公安部、农业部、国家食品药品监督管理局四部委联合发布,该书的发布为狂犬病的科学防治奠定了坚实的基础,进一步促进了各部门联防联控工作机制的贯彻落实。为做好“9·28”狂犬病日的宣传,结合今年的宣传主题“动员全社会,共同关注狂犬病”,疾控办组织专人撰写了相关宣传材料公布在卫生部网站上。《狂犬病暴露预防处置工作规范(2009 年版)》已由卫生部颁布,并于 12 月 22 日召开全国宣传贯彻会议。

11 月底,药监局报告发现国内两家公司已售出的部分批次狂犬病疫苗存在质量问题,为配合卫生部做好本次突发事件的应对,组织制定了《狂犬病疫苗接种者抗体水平调查方案》,《狂犬病质量问题疫苗受种者处置方案(讨论稿)》和《狂犬病疫苗接种者抗体水平检测报告》等一系列应对方案,为开展狂犬病问题疫苗接种后人群抗体水平调查,提供问题疫苗补种建议和面向公众的风险沟通材料等提供了科学建议。

4. *流行性出血热* 对肾综合征出血热疫苗人群大规模应用进行效果评价,起草了“扩大免疫规划肾综合征出血热疫苗免疫接种项目管理方案”和“肾综合征出血热疫苗免疫接种血清学评价方案”,并对扩大免疫规划项目 7 个重点省份的实施效果进行流行病学初步评价。组织举办了 2008 - 2009 年度扩大国家免疫规划肾综合征出血热疫苗接种工作总结会。会议总结交流了第一年度开展肾综合征出血热疫苗接种工作实施情况、初步分析和评价实施效果;讨论了疫苗大规模免疫接种血清学效果评价方案;研讨了一阶段扩大免疫规划免疫策略等问题,为指导和评估国家出血热扩大免疫规划工作的进一步实施和完善奠定基础。

5. 其他　2009 年初，完成并向各省印发《恙虫病预防控制技术指南（试行）》。4 月，组织制定《皖西北地区恙虫病疫源地调查实施方案》，10 月启动安徽省阜阳市恙虫病自然疫源地调查工作。目前已从新发病人血液样本中分离出病原体。4 月 15 - 16 日在河南省登封市组织召开 2008 年全国克雅病监测总结会。会议总结了 2008 年全国克雅病监测工作情况，布置了 2009 年全国监测工作的要点。7 月 21 日，在京召开湖北省疑似人粒细胞无形体病疫情研讨会。9 月 17 - 19 日，派出专家组赴贵州织金县，协助当地调查处理人间炭疽暴发疫情。修订并下发《全国人感染猪链球菌监测方案》。10 月 13 日，参加农业部兽医局与卫生部疾控局召开的自然疫源性疾病防治工作研讨会，就《布病防治规划》、狂犬病防治，以及两部委进一步合作机制等问题进行研讨。指导浙江省调查处理了一起登革热暴发疫情。

七、突发公共卫生事件处置和重大活动卫生保障

（一）加大卫生应急培训力度，提高应急处置能力

1. 全球暴发预警与响应网络西太区成员第三届会议　10 月 19 - 20 日，由中国疾控中心协办的 WHO 全球暴发预警与响应网络（Global Outbreak Alert and Response Network，GOARN）西太区成员第三届会议在北京召开。参加本次会议的有来自世界卫生组织总部、西太区和驻华代表处的代表，西太区部分国家 GOARN 成员单位专家、WHO 邀请的国际 GOARN 网络专家，以及国内有关单位从事突发公共卫生事件相关研究和管理的官员和专家共 95 人。本次会议比较全面地介绍了 GOARN 的工作机制及其在全球、西太区、中国的发展现状，国内外专家就近年来突发公共卫生事件的应对进行了经验交流，主要包括：GOARN 现场应对原则、GOARN 信息网络在应对病毒性出血热和其他新发疾病中的作用、Arena 病毒发现和鉴定、黄热病风险评估、参与 WHO 现场应对工作的条件和保障，中国传染病监测预警与响应体系、中国汶川地震卫生应急响应、中国参加媒介生物及相关传染病监测与控制的国际救援实践和经验、中国参与 2004 年印尼海啸应对经验等。

2. 省级疾控机构不明原因疾病处置能力培训班　12 月 10 - 12 日，中国疾控中心在 WHO 的支持下，在江苏南京举办了全国省级疾控机构不明原因疾病处置能力培训班。参加本次培训班的代表共有 102 人。来自 WHO 驻华代表处、WHO 总部和加拿大国家微生物实验室的专家，中国疾控中心、传染病所、病毒病所、中毒控制中心、中国现场流行病学培训项目及部分省级疾控中心的专家作为本次培训的师资。培训对象为各省疾控中心从事流行病学工作和病原学检测工作的技术骨干，培训内容主要包括不明原因疾病的基本概念，不明原因疾病的发现、调查、检测、应对、风险沟通、合作交流等各个

方面的思路和经验，并通过分享一系列典型案例调查处置工作中的经验、教训，再现了调查工作的原貌，为今后各地调查处理类似事件提供了重要的参考。

3. 新发传染病实验室诊断技术及暴发疫情调查处理研讨会　结合 WHO 合作项目以及重大专项要求，1 月 17 - 19 日组织召开了新发传染病实验室诊断技术及暴发疫情调查处理研讨会。初步形成了新发突发传染病病原体研究方案，并制定了新发突发传染病样本采集通用要求和信息需求等技术文件，初步形成了网络实验室应对新发突发传染病的工作机制，为网络实验室开展新发突发传染病病原研究和应对新发突发传染病奠定了工作基础。

(二)做好重大活动的卫生保障

1. 建国 60 周年庆典　为保障国庆生物反恐工作的顺利进行，疾控办于 9 月 25 日晚在辐射安全所进行了国庆反恐应急现场检测队伍拉动演练，重点检验传染病所、病毒病所和性艾中心相关部门应急队伍迅速集结能力、现场检测仪器设备，以及采样用品的准备情况、应急队员个人防护装备配备及使用情况等。

2. 第十届全国中学生运动会　2009 年 8 月 16 - 22 日，应教育部和卫生部的要求，赴湖南长沙参与中运会卫生保障工作。会议期间，对所有赛点及住宿地区进行了督导检查，对有关问题提出了整改意见，顺利完成运动会的卫生保障任务。

3. 第十一届全国运动会　2009 年 10 月 15 - 29 日，中国疾控中心副主任杨维中赴山东济南参与第十一届全国运动会(简称全运会)卫生保障任务。工作组赴运动员村现场考查了全运村后，提出了一系列指导性意见，包括进一步加大落实预案、工作方案的执行力度；切实做好症状监测工作，适当降低监测阈值，以增加监测敏感性；加强赛区城市传染病监测，尤其是不明原因疾病的监测工作；做好媒体沟通及信息报送工作；详细收集医疗卫生保障工作记录，为总结本次卫生保障的工作经验奠定基础等。协助当地形成《十一运会运动员甲型 H1N1 流感等急性传染病病例筛查诊断处置工作流程》，该工作流程为妥善处理威海、济南赛区运动员甲型 H1N1 流感疫情提供了重要依据。此外，还参与了每日疫情监测分析，以及威海手球队员、济南赛区解放军游泳运动员甲型 H1N1 流感疫情的处置方案论证及部分场馆的医疗卫生保障督导等工作。

4. 世界大学生冬季运动会　2009 年 2 月，应哈尔滨市疾控中心邀请，组织传染病所、病毒病所、环境所等相关专家开展世界大学生冬季运动会(简称冬运会)期间传染病防控工作调研评估，就调研工作中发现的薄弱环节，与当地充分交流意见并协助开展有关工作。

5. 第二届微量营养素论坛　2009 年 5 月 9 - 15 日，应“第二届微量营养素论坛”组委会的申请及中国疾控中心参与该论坛的卫生保障工作。该论坛适逢全球多个国家发生甲型 H1N1 流感疫情，会议的卫生保障工作压力大。制定了针对此次会议的卫生保障工作方案；与北京市卫生局卫生保障工作小组进行了有效沟通，明确了工作机制。圆满完成了论坛的疾病控制保障任务，确保了论坛期间无传染病疫情发生。

（三）开展卫生应急演练，做好卫生应急技术准备

1. 加强中心卫生应急队伍保障体系建设　方舱建设项目已完成招标合同技术附件的编写、合同招标、项目合同谈判、生产技术方案的评审、生产过程督导、外观设计、配套技术和验收条件准备等。通讯指挥方舱和仓储运输方舱已完成初验，生活保障方舱正在进行最后的安装和调试。加强应急物资储备。甲型 H1N1 流感期间，紧急购置 20 000 粒达菲、2000 盒乐感清、10 000 多只 N95 口罩，以及防护服、洗手液等个人防护用品。目前，中心应急建设一期项目物资储备与装备项目采购七大类，近千品种，149 台（套），价值 3441 余万元。

2. 协助卫生部应急办完成有关技术文件和工作方案的编写工作　主要包括《卫生应急培训教材》疾控分册、反生物恐怖实验室检测鉴定工作方案、应急队伍装备标准和卫生应急演练指南等。

3. 积累大型集会突发事件应急处置经验　9 月 16－17 日组织中心有关部门及北京、上海疾控中心参与了由欧盟疾控中心（ECDC）发起、英国公共卫生防护署（HPA）主导的紫色八角（Purple Octagon）演练。我中心作为国外参与方，主要涉及信息沟通、风险沟通及演练评估等内容。

4. 对国境卫生检疫法提出修订意见　根据国务院法制办公室的要求，2009 年 5 月组织有关部门认真讨论，对《中华人民共和国国境卫生检疫法修订草案（送审稿）》提出修改建议。

八、国际合作与科研项目

（一）科技重大专项“传染病监测技术平台”项目

2009 年中国疾控中心成立重大专项课题管理执行办公室，主要负责协助开展“传染病监测技术平台”项目的综合协调管理与部分项目内容的研究工作。

1. 科学开展顶层设计，确定项目核心架构　经牵头单位中国疾控中心和其他 13 家课题承担单位共同反复论证，“传染病监测技术平台”项目确定了研究的总体目标。

2. 强化管理，建立良好协作机制　为加强课题组与有关部门以及课题组内部的信息沟通与交流，项目管理执行办公室定期编发《工作简报》5 期，及时传递项目进展情况、开展的主要活动、阶段性研究结果、近期工作安排以及实施中存在的共性问题及解决方法等。此外，为加强项目组内部各网络实验室联系，及时传递信息、解决问题，14 家课题承担单位分别指定联络员，建立了联系机制，确保了日常工作的及时沟通与协商。

3. 组织制定项目各项实施技术与管理方案　12月14日,卫生部"艾滋病和病毒性肝炎等重大传染病防治"科技重大专项实施管理办公室正式将14个项目技术与管理方案下发项目各执行单位。

4. 及时部署项目研究工作,有效应对突发新发传染病　2月22日,卫生部专项实施管理办公室下发《关于启动"艾滋病和病毒性肝炎等重大传染病防治"科技重大专项"传染病监测技术平台"课题的通知》,正式启动了该项目,并初步确定了项目各网络实验室和合作单位名单。2009年2月24日,卫生部专项实施管理办公室组织召开了"传染病监测技术平台"项目工作部署会,对项目后续各项研究任务进行了布置。结合手足口病和甲型H1N1流感防控形势的需要,要求项目各网络实验室积极开展手足口病、甲型H1N1流感检测技术与监测研究,为全国疫情的应对提供有效的实验室技术支持,充分发挥了传染病监测技术平台项目的支撑作用。

5. 有序开展项目信息管理系统的开发　开发传染病实验室监测网络平台信息系统。前期,根据项目研究实施方案,细化了系统内部的流程、基本数据集、界面设计、功能需求、项目实施原则和进度计划。6月,信息系统原型基本开发完成并进行集中测试。现初步完成系统的开发与测试完善工作,并组织对各网络实验室进行培训,2010年初正式投入使用。

(二)重点传染病监测与防治课题研究

1. 沙门菌监测项目(中美子项目6)　2009年全国8个监测省份共计在40个地、市设立沙门菌监测哨点医院92个,采集标本23 472例,沙门菌阳性624例,阳性率2.66%;前五位血清型为肠炎沙门菌、鼠伤寒沙门菌、德尔卑沙门菌、鸭沙门菌、伦敦沙门菌;对200例实验室诊断病例进行了个案调查;调查和报告了沙门菌暴发20起;在四川省和重庆市对沙门菌感染的危险因素做专题调查;在广东省开展沙门菌加强监测;举办培训班4次,学员共200余人;完成沙门菌监测方案、沙门菌监测信息系统业务需求报告、沙门菌检验方法标准操作流程;办理境外专家来访5批21人次;发表英文论文4篇,中文论文12篇;完成下一年度经费申请和工作计划。

2. 三峡库区人群健康监测　3月,完成《长江三峡工程生态与环境监测系统人群健康监测重点站2008年技术报告》编写和发送工作;4月中旬完成《长江三峡工程生态与环境监测系统人群健康监测季报》编写发送工作;4月下旬完成三峡人群健康监测系统基层站工作经费下拨;4月上报国务院三峡办"关于反馈对《长江三峡工程生态与环境监测系统实施规划》修改意见";5月上报国务院三峡办"关于三峡工程试验性蓄水期间有关公共卫生监测工作总结报告"。

9月中旬向国务院三峡办水库司"申请对2007－2008年三峡库区人群健康监测重点站项目工作进行合同验收",并上报了2007－2008年三峡库区人群健康重点站工作报告和技术报告；9月下旬上报“三峡疾病监测和卫生保障工作先进集体和先进个人的函”；9月下旬根据国务院三峡办水库司的要求，“就加强三峡工程水库蓄水期间人群健康监测子系统监测信息报送工作”；10月上旬向中国环境监测总站“报送三峡库区人群健康监测重点站监测设备能力建设需求”；10月下旬通知要求重庆市疾控中心做好迎接国务院三峡办开展2007－2008年人群健康监测合同验收工作；11月2日向国务院三峡办水库司报送2009－2010年三峡库区人群健康监测重点站项目合同实施方案调整意见；11月9日，疾控办积极配合国务院三峡办水库司，在重庆万州区召开三峡工程生态与环境监测系统人群健康监测重点站2007－2008年监测合同（SX—2007—002）验收会，圆满完成验收工作；11月中旬向国务院三峡办水库司报送人群健康监测重点站和基层站名称。

3. 三峡工程后续工作规划——人群健康监测与保护　7月2日，参加国务院三峡办在武汉组织召开的三峡工程后续工作规划交流会，并组织重庆和宜昌相关单位及专家组成三峡后续工作规划——人群健康监测与保护规划小组进行规划编写。8月17日在北京召开三峡工程后续工作规划——人群健康监测规划高层专家研讨会，会上重庆和湖北各单位分别介绍两省初步规划内容，且专家对后续工作规划进行了研讨；8月25－26日和9月2－4日分别在重庆和北京召开“三峡工程后续工作规划——人群健康监测与健康保护规划修订专家研讨会”，对后续规划初稿进行修订和完善，完成送审稿。

4. 三峡大型重点传染病流行潜在传播危险性评估研究　3月18－20日，在湖北省宜昌市召开三峡库区传染病传播危险性评估项目中期评估工作会，会议对2008年度项目工作进行了总结讨论，并对2009年度工作进行了研究部署。5月5－7日，在重庆召开三峡库区疟疾流行潜势研究项目研讨会。4月8－20日、5月14－27日、7月1－8日、7月19－31日、8月11日至9月11日、9月3－21日、11月30日至12月16日，中国疾控中心分别派专家赴三峡项目现场开展了鼠类、蚊媒介、疟疾现场调查和技术指导工作。12月13－15日在重庆召开本项目的现场资料验收会，会议上各区县汇报了项目开展情况，并审核了项目工作各类报表。

（三）传染病暴发预警技术相关课题

1. 突发公共卫生事件预测预警和模拟仿真技术研究　根据国务院应急管理办公室的要求，已完成传染病暴发探测预警、重点传染病防控措施辅助决策知识库和传染病防控措施模拟仿真3个子系统的研发和各子系统的整体集成，开发建立了“传染病自动预警信息系统”，完成系统部署和网络测试和试点工作方案，并在试点地区开展系统培训和启动工作；同时针对试点发现的技术问题，修改完善系统；初步实现系统接入卫生部应急平台。2009年12月提交了课题执行情况验收自评价报告。

2. 重大洪灾引发大规模传染病流行预警与辅助决策研究　根据任务书要求，2009年已基本完成了各项研发任务。课题研究制订了详细的实施方案，分析了洪灾相关主要传染病及其流行分布情况;建立起洪灾后典型传染病暴发的预防、控制和应对措施相关知识库;实现了洪灾地区有关传染病的GIS综合查询与展示功能;研发出洪灾相关预警提示信息和传染病预警信息的推送技术;开发和集成了知识库,并基于知识库和预警信息建立起重点传染病的辅助决策技术,实现了各项技术的系统集成。

3. *传染病暴发早期探测与自动预警适宜技术* 基于已有的监测数据,比较和测试了不同时间预警方法和空间聚集性探测技术的效果,结合不同传染病的特点,初步筛选了传染病时间和空间聚集性探测模型及参数,并研发了时间一空间相结合的预警技术路线。2009年12月着手搭建基于全国传染病历史监测数据的预警技术测试软硬件平台,用于预警方法和参数的大规模测试和比较,从而优选预警方法和参数,并将研究成果用于试点应用。

(疾控办提供)

结核病预防控制

一、结控中心概况

结控中心共有员工 79 人，其中在编员工 31 人，外聘人员 48 人。2009 年，为加强管理，提高工作效率，强化各部门职责，对原有部门进行了重新整合。现在结控中心设有综合业务部、患者关怀部、统计监测部、政策规划部、耐多药防治部、国际合作与研究部 6 个部门及全球基金和盖茨项目 2 个项目办公室。

二、工作进展

（一）业务指标完成情况

全国以县（区）为单位，现代结核病控制策略（DOTS 策略）覆盖率继续维持在 100%。2009 年 1－9 月，全国医疗卫生机构网络报告肺结核和疑似病例达 107 万例，与 2007 年同期比，病例报告数增加了 1.6%，报告病例的总体到位率达 80.6%；全国结核病防治机构登记管理肺结核患者 76.9 万例，其中新涂阳肺结核患者 35.3 万例，完成全年任务指标的 84%，与去年同期相比登记管理新涂阳肺结核患者数下降了 3.2%；新涂阳肺结核患者治愈率保持在 91%。

（二）工作开展情况

1. 加强政府承诺　4 月 1 日，卫生部举办了耐多药/广泛耐药结核病高负担国家部长级会议。来自 30 多个国家、国际组织和非政府组织的官员和专家出席了会议。会议主要讨论耐多药、广泛耐药结核病控制有关问题，强调政府承诺，共同面对全球结核病控制领域的挑战。国务院副总理李克强在会上做了重要讲话。

2. 强化规划管理　1 月 3－5 日和 8 月 10－11 日分别召开了两次全国省级结防所长会议。年初会议全面总结了 2008 年全国结防工作进展，部署了 2009 年全国结防工作，突出强调了要提升《规划》管理工作质量，加强实验室能力建设，做好《指南（2008 年版）》和优化后的专报系统全面实施前的过渡期各项准备和衔接工作等；中期会议总结了上半年全国结防工作，进一步部署了下半年全国的结防工作，为实现全年结核病防治工作计划目标提供了保障。

3. 技术规范制定　为提高结核病防治工作质量,规范各项工作措施,在卫生部的领导下,结控中心组织专家撰写了《2008年全国结核病防治工作进展报告》、《中国结核病感染预防控制手册》和中国结核病诊断治疗标准框架,起草了《中国结核病预防与控制中长期规划(2011-2020年)》(初稿),修订了《中国TB/HIV双重感染防治工作框架》、《乡镇查痰点工作指导性意见》。

与此同时,疾控中心还组织专家对中国结核病防治规划系列丛书《督导员手册》、《监控与评价指标》、《社区结核病防治工作手册》、《经费预算手册》和《儿童结核病防治手册》进行修订。印刷并下发了《中国结核病防治规划实施工作指南(2008年版)》、《全国跨区域肺结核患者管理程序(试行)》和《全国跨区域耐多药肺结核患者管理程序(试行)》等一系列规范性文件和方案,并制定了相应的培训教材。这些规范性文件、技术方案和培训教材的下发,有效地保证了各项工作的顺利开展。

4. 筹备2010年全国结核病流行病学调查　召开第五次全国结核病流行病学抽样调查筹备会议,讨论并确定抽样方法、抽样点数及实施计划。起草了《第五次全国结核病流行病学抽样调查抽样工作实施方案》、《第五次全国结核病流行病学抽样调查实施细则》、《第五次全国结核病流行病学抽样调查试点方案》。同时,在河南省开封市开展了结核病流行病学调查试点工作。通过试点及时发现实际工作中存在的各种问题,进一步完善了《实施方案》和《实施细则》,为顺利开展2010年流行病学调查工作提供保障。

5. 国际合作与交流　9月9-12日协助中国防痨协会召开了国际防痨和肺部疾病联合会亚太区第二届学术大会暨2009年中国防痨协会学术会议。卫生部副部长尹力和结核病形象大使彭丽媛出席了大会。来自亚洲、太平洋地区20多个国家和地区,以及中国结核病防治领域的著名专家、学者、各地代表1200余人参加了会议。会议主要就"结核病控制"和"耐多药结核病"等领域进行专题讨论与交流。

7月21-22日在北京召开中美结核病实验室研讨会。邀请美国疾控中心实验室专家介绍美国结核病实验室网络建设与运行经验,与会专家就如何在未来5年间加强结核病网络建设展开了深入的讨论,最终确定了《中国结核病实验室网络建设行动计划(2010-2015年)》初稿。11月11-13日与荷兰环境卫生研究所合作举办了结核病新诊断方法研讨会,来自荷兰的3位专家讲授了有关内容并与来自20个省级结核病参比实验室的主任和骨干,以及国家结核病参比实验室的专家对结核病的现状及结核病新诊断技术和分子流行病学研究方法进行了积极而富有成效的研讨。

截至2009年11月,结控中心因公派出参加会议、培训和调研29人次,学术交流4人次;接待来自荷兰、美国、柬埔寨、越南等国家和地区的外宾来访9次,共26人次。

结控中心与WHO、国际防痨与肺部疾病联合会(UNION)合作不断深入。5月18-22日和11月2-6日,与UNION合作分别在北京和湖北省武汉市成功举办了两期国际耐多药结核病临床培训班;8月25-29日、9月15-18日分别与WHO合作在内蒙古自治区呼和浩特市、湖南省长沙市举办结核病感染控制培训班和结核病与公平性师资培训班。

6. 药品管理　完成了30%初治涂阳患者药品及链霉素和注射用水的招标采购工作。为保证全国药品的持续不间断供应，通过季报分析、督导等方式及时了解各省药品招标情况。

为各省推广使用药品标准化手册提供技术支持，并对推广工作进展定期进行监测。与世卫组织药品管理专家合作，组织药品管理专项督导2次。

根据全球基金耐多药结核病项目的需要，组织专家修改《抗耐(多)药结核病药品管理办法》，对项目地区抗耐(多)药结核病药品的需求测算、申请与接收、库房管理、药品使用和不良反应监测等内容提出了新的要求。完成对国内二线抗结核药品生产能力、药品质量认证情况等方面的调查。

3月组织召开药品复合制剂试点中期研讨会，讨论试点中发现的问题，6月份召开试点总结研讨会，邀请相关专家讨论试点成果，修改试点总结报告。

与国家药品食品监督局专家共同制定抗结核药品复合制剂推广活动，9月和11月组织卫生部专家咨询委员会专家商讨我国药品复合制剂推广计划。目前全国已有8个省在结核病防治规划中使用复合制剂。

7. 健康促进工作　围绕"3·24"世界防治结核病日，结控中心开展了一系列宣传活动。3月18日，卫生部副部长尹力和全国结核病防治形象大使彭丽媛等在广东东莞市出席了当地的"世界防治结核病日"宣传活动。同时还通过印刷《紧急行动——防治耐多药结核病》两会特刊，与多方媒体的广泛合作等，扩大了公众的结核病知晓率。在国际专家的支持下，对健康促进的倡导、传播、社会动员(ACSM)策略进行深入的研讨，制定了符合中国实际的国家ACSM策略，结合相关策略，同时在安徽进行了ACSM策略的基线情况调研及试点，继续开展了与铁路、教育等多部门的合作，共同开展结核病健康教育工作，为ACSM策略在我国的广泛推广进行了有益的探索。

此外，还组织专家，积极开发及完善各种健康促进材料，包括健康促进领导干部读本、健康促进工具箱、耐药结核病防治健康促进材料、少数民族健康促进材料等，并为省级健康促进骨干开展了系列培训，这将为使我国结防领域内健康促进工作的顺利开展打下了良好的基础。

8. 加强耐多药结核病防治和结核/艾滋双重感染(TB/HIV)防治工作　在全国耐药基线调查结果的基础上，估算了我国耐多药肺结核疫情。制定了适合我国国情的化疗方案、化疗原则、替代方案等，并按照全球基金项目和盖茨项目的要求开展了各项工作。

为提高TB/HIV的防治水平，针对5个TB/HIV疫情较高地区，进行了TB/HIV临床诊治技能培训。同时，为进一步推广TB/HIV防治工作，估算了我国TB/HIV双重感染的疫情现状并完成17个非项目省结核病患者的HIV感染现状调查。组织结核病防治及艾滋病防治专家,走访 2 个省,4 个地市、6 个县,专题调研 TB/HIV 防治项目县及非项目县工作开展情况,需求及困难,为完善《中国 TB/HIV 防治工作框架》和制定国家 TB/HIV 策略的提供依据。

9. *开展了结核病重大专项课题的申请和实施* 2009 年初,结控中心申请的“结核病发病模式研究”与“结核病预警模式研究”两项“艾滋病和病毒性肝炎等重大传染病防治”科技重大专项课题已正式获得批准,并开始实施。“结核病感染控制新技术平台的研究”已经通过初审和复审及经费的最终审核。同时中心两位专家还承担另外两项重大专项课题的子课题负责人。结控中心每月收集重大专项课题进展材料,及时掌握课题进展情况,确保课题的顺利开展。

10. *新项目陆续实施* 中国全球基金第八轮结核病项目获得批准,申请到第一笔经费拨款,项目办组织制定了项目两年工作计划及各个领域的实施计划和工作指南,并完成对各项目省的培训工作。中国全球基金第一轮结核病三期项目于 1 月 1 日正式启动,并按照项目实施计划的要求开展各项活动。组织完成了第九轮项目和第四轮滚动整合申请工作,第九轮项目申请书被全球基金第 20 次理事会批准为 B2。

4 月 1 日下午,卫生部部长陈竺与比尔及梅琳达·盖茨基金会联席主席盖茨先生在北京签署合作谅解备忘录,宣布双方在结核病防治领域建立伙伴关系。作为签约后的一项重要举措,盖茨先生代表基金会承诺,在未来 5 年内投入 3300 万美元,用于支持中国采用创新方式防治结核病,进而获得可供世界其他国家学习借鉴的成功经验。

目前项目管理及项目实施进展顺利。建立健全了项目管理组织机构和工作管理机制;并与药监局、国家参比实验室及 6 个项目省分别签订了项目委托协议。

三、获奖情况

2009 年 8 月,结控中心被全国妇联评为中央国家机关“全国三八红旗集体”。10 月,本中心承担的“中国结核病防治效果监测及影响因素研究”项目获得 2009 年中华预防医学会科学技术奖三等奖。12 月,被卫生部项目资金监管服务中心授予世界银行贷款/英国赠款中国结核病控制项目先进集体称号,王黎霞等 6 人荣获先进个人称号。

(王黎霞 成诗明 陈明亭 方群)

免疫规划

一、扩大国家免疫规划工作

（一）完成各省自查结果分析报告

根据卫生部、国家发展和改革委、教育部、财政部、国家食品药品监督管理局《关于开展扩大国家免疫规划工作检查的通知》要求，除西藏自治区外，各省（市、区）于2008年12月至2009年2月组织开展了扩大国家免疫规划工作自查。免疫中心汇总各省自查数据，完成了扩大免疫规划自查工作报告，对各地扩大免疫规划进展进行了分析，全面总结工作经验和存在的问题，并提出了工作建议。分析内容包括扩大免疫规划疫苗采购和使用情况，冷链系统建设、接种服务管理和儿童预防接种信息化建设情况，政策配套情况，中央财政和地方各级财政扩大免疫规划的资金投入及具体使用情况，2007、2008年国家免疫规划疫苗接种（含流动儿童）情况，以及2007、2008年儿童预防接种证查验工作等情况。

自查结果显示，扩大国家免疫规划工作已在全国范围实施，各省加大了对免疫规划工作的投入，已完成无细胞百白破、A群流脑、A+C群流脑、甲肝和乙脑疫苗采购。新增疫苗中，麻风、乙脑、流脑疫苗能满足全国需求。麻风疫苗、A群和A+C群流脑疫苗、乙脑减毒活疫苗做到100%采购；无细胞百白破疫苗在免疫1剂次的基础上，增加到2剂次；甲肝疫苗在2008年满足一个年龄组40%疫苗的基础上，2009年增加到50%；麻腮风疫苗在2008年500万剂次的基础上，2009年增加到600万剂次。

（二）参与扩大免疫规划的督导检查

根据卫生部、国家发展改革委、教育部、财政部、国家食品药品监管局安排，2009年3-12月，免疫规划中心参与了以上五部委组织的现场检查工作，对广东、河南、重庆、广西、辽宁等5省的扩大国家免疫规划工作实施情况进行了现场检查。通过多部门联合检查，了解了各地工作进行情况，总结各地的工作经验，为下一步加强部门协作，进一步完善免疫规划工作机制提供了依据。

二、常规接种监测工作

2009年3-4月，完成了WHO/UNICEF联合报表的数据分析和填写工作，并上报卫生部。2007 年 12 月启动的《常规免疫接种率估算模型的建立和应用项目》,已基本完成在呼和浩特市的现场数据采集工作,正在进行数据核实、整理、分析和撰写报告。2009 年 1-8 月全国常规免疫接种率监测县级报告单位应报告总数 9360 个(3120×3),实际报告 8147 个,总报告率为 87.04%。

(一)基础免疫

2009 年 1-10 月全国 BCG、OPV3、DPT3、MV、HepB3 报告实际接种人数(含 12 月龄外儿童)分别为 13 046 252、41 275 861、41 091 555、11 536 513、39 713 925 人,报告接种率分别为 99.24%、99.06%、98.99%、97.98%、99.14%;小于 12 月龄儿童 BCG、OPV3、DPT3、MV、HepB3 报告实际接种人数分别为 12 978 196、40 710 978、40 507 833、11 117 096、39 090 330 人,报告接种率分别为 99.39%、99.20%、99.08%、98.30%、99.31%。

全国报告新生儿乙肝疫苗首针及时接种计 1 213 9807 人,HepB1 报告及时接种率为 92.78%。报告及时接种率<85%的省分别为贵州(65.71%)、云南(72.13%)和新疆(82.94%)等 3 省,接种率较上轮次均有小幅提高。

(二)加强免疫

2009 年 1-10 月全国报告 OPV、DPT、MV、DT 加强免疫报告接种人数分别为 10 728 504、12 423 717、9 578 295、7279 823 人,报告接种率分别为 97.22%、97.84%、97.21%、95.72%。

三、免疫规划信息及儿童预防接种信息化管理

(一)免疫规划基础信息监测报告系统升级改造

为适应扩大国家免疫规划的需要,及时比较全面掌握基层免疫服务能力,免疫规划中心制定了免疫规划基础信息监测报告系统升级方案。完成了系统升级及维护招标采购,确定了承担系统升级改造及维护工作企业。组织专家先后 2 次对升级后的系统开展现场测试。拟于 2010 年在全国正式推广,利用升级改造后的系统进行全面的扩大免疫规划基础数据网络报告。

(二)疫苗及注射器信息监测报告工作

自 2009 年,全国所有省、市、县全面实施疫苗和注射器网络报告。至 11 月底,全国 25 个省报告 2009 年疫苗使用计划,15 个省分别报告 2009 年注射器使用计划。调查结果显示,国家免疫规划一类疫苗网络报告情况尚好,但二类疫苗在大多数地区仍未纳入网络

报告，同时各级反映，该系统总体运转状况良好，但在使用中仍存在问题，增加了各级的工作量并可能造成不必要的信息误导，认为该系统需进一步完善以适应各级实际工作需要，达到提高工作效率、规范管理的目的。

（三）免疫规划网站、数据库服务器维护工作

免疫规划网站、监测数据报告服务器自2008年奥运后中断运转，经多方协调努力，2009年1月监测数据库服务器重新运转并开始接收各省监测数据，2009年4月免疫规划中心网站重新投入运行。

（四）儿童预防接种信息管理系统建设

组织专家组对广东省使用的接种点客户端软件进行了现场测试认证。完成了儿童预防接种信息管理系统在国家信息管理平台中，疫苗与注射器管理、AEFI管理、用户档案管理和系统维护等4个方面的升级工作。

为进一步规范国家接种点客户端软件，发布了国家接种点客户端软件2.41版升级包。按照扩大免疫规划的新免疫程序要求，对疫苗名称、免疫方案和联合疫苗等内容进行了升级。

2009年1-11月通过电子邮件方式发布《儿童预防接种信息化动态》11期，重点增加了各地以县为单位和以乡镇为单位实施情况动态，并突出了技术指导内容。

至2009年，全国实施儿童预防接种信息管理系统县区2307个，占全国2957个县区的7.02%。以县为单位实施率在90%以上的有福建、贵州、北京、安徽、湖北、湖南、广西、江西、河北、陕西、黑龙江、吉林、山东、新疆、宁夏、浙江、甘肃等17个省（区、市）和新疆生产建设兵团。实施儿童预防接种信息管理系统的乡镇30 008个，占全国43 056个乡镇的69.70%。实施率在80%以上的省份有贵州、湖北、河北、陕西、湖南、广西、安徽、福建、北京、宁夏、江西、山东、甘肃、新疆、吉林等15个省（区、市）和新疆生产建设兵团。

在25 424个已开通数据上传权限接种单位的基础上，新增开通了12 201个接种单位数据上传权限，并为本次甲型H1N1流感疫苗接种个案上传，设置了1013个接种单位临时上传权限。

目前我国已有37 625个（占72.1%）乡级接种单位或防保组织实施了信息化管理。

（五）地震灾区信息化项目建设

根据卫生部疾控局《加强地震灾区儿童预防接种信息化项目实施方案》的通知要求，地震灾区儿童预防接种信息化项目覆盖3省地震灾区的13个市36个县（市、区），执行时间为2009—2010年。2009年为项目地区装备了便携式计算机15台，台式计算机867台，投影仪35台，打印机830台。目前大多数地区已开始使用儿童预防接种信息化系统，

开始上传甲型 H1N1 流感疫苗接种个案数据。

完成了地震灾区儿童预防接种信息化建设项目培训教材初稿，以及地震灾区儿童预防接种信息化建设项目基线调查方案。

召开了卫生部/UNICEF 加强地震灾区儿童预防接种信息化建设项目启动暨师资培训会，培训项目地区省、市、县级师资 90 余人。

为实现地震灾区接种点客户端软件报表直报，召开了儿童预防接种信息管理系统国家客户端软件报表直报需求分析研讨会，分析了儿童预防接种信息管理系统国家接种点客户端软件报表直报需求。

编写了《儿童预防接种信息管理系统客户端软件操作指南》5000 册，供四川、甘肃、陕西地震灾区以及青海、西藏等省份使用。

四、免疫规划相关重点传染病防控工作

(一)继续维持无脊髓灰质炎工作

继续开展脊灰疫苗强化免疫。2009 年 1 月，免疫规划中心对广东、福建 2008/2009 年度第 2 轮脊灰疫苗强化免疫进行了督导评估，3－4 月对西藏、新疆自治区脊灰强化免疫工作进行了督导，12 月对陕西、甘肃、宁夏 2009/2010 年度第 1 轮脊灰疫苗强化免疫活动进行了督导。2009 年 1－10 月监测数据显示，急性弛缓性麻痹(AFP)监测系统主要监测指标均达到了世界卫生组织和卫生部的要求。

免疫规划中心 6 月在江西省召开了全国 AFP 病例监测工作会议，总结了全国病例监测工作进展情况，安排部署了下一阶段有关工作。

针对国家脊灰实验室在 AFP 监测系统报告病例中，发现 3 起疑似脊灰疫苗病毒变异株循环事件，9 月在山东省召开了疑似脊灰疫苗病毒变异株循环事件研讨会，讨论了进一步工作方案。

《维持无脊灰时期外环境脊髓灰质炎病毒检测技术的建立及推广应用》，作为国家科技部科技支撑项目《传染病及病媒生物控制适宜技术的研究》的子课题获得批准，为保证此项目顺利进行，免疫规划中心于 9 月在山东省召开了脊髓灰质炎病毒环境监测技术培训班，进行了环境标本中脊灰病毒等人肠道病毒的富集和分离纯化等技术的培训。

为加强广西、云南、西藏、新疆 4 个边境省份和四川、贵州 2 个重点省份的脊灰监测工作，自 2006 年开始，在上述 6 省(区)开展为期 3 年的加强脊灰监测项目。通过项目的实施提高了各项目省监测系统的灵敏性，提高了工作人员业务素质。免疫规划中心于 2009 年 3 月在新疆自治区乌鲁木齐市召开了 6 省加强脊灰监测项目总结会。

2009 年进口脊髓灰质炎灭活疫苗(IPV)在我国获准上市，改变了我国仅有脊灰减毒活疫苗(OPV)使用的现状。免疫规划中心参考 WHO 等国外技术文件和疫苗使用说明

书，组织专家制定并下发了《脊髓灰质炎灭活疫苗使用指导意见》。

各省所有系统完成了脊灰野病毒及潜在性感染材料封存登记工作，共登记卫生系统内生物实验室 49 856 个，卫生系统外生物实验室 55 688 个，封存工作报告得到了 WHO 的认可。

为证实我国 2008 年及本年度 1－9 月的维持无脊灰状态，免疫规划中心分析了 2008 年以来 AFP 监测系统运转情况，结合各省脊灰强化免疫、医院、入户主动搜索及常规免疫工作开展等情况，编写了中国 2009 年维持无脊灰年度进展报告，提交 WHO。

（二）消除麻疹工作

2009 年 1－12 月，全国麻疹累计报告发病率为 3.98/10 万，麻疹病例数 52 854 例，较去年同期累计报告病例（132 602 例）下降了 60.14%，全国累计报告死亡病例 40 例，较去年同期累计报告死亡病例（103 例）下降了 61.17%。

为配合《2006－2012 年全国消除麻疹行动计划》的实施，免疫规划中心起草的《全国麻疹监测方案》经过多轮专家讨论修订，于 2009 年 1 月由卫生部下发。根据 WHO 提出的麻疹监测病例定义，规范我国现行的以病例为基础的监测系统，将麻疹专病监测系统与传染病网络报告系统相整合，将流行病学监测和实验室监测相结合，为消除麻疹提供了技术支持。在江苏、河南、广东、甘肃设立 4 个国家麻疹监测点，下发监测点工作方案，并到现场督导工作。

利用“中国疾病预防控制信息系统”中的“专病/单病监测信息报告管理系统”，免疫规划中心下发了《中国疾病预防控制中心关于使用专病/单病监测信息报告管理系统报告麻疹疑似病例个案信息的通知》，组织编写了《麻疹监测信息报告管理工作规范（试行）》，以加强麻疹监测信息报告工作质量。基于目前的麻疹监测信息报告管理系统，开发了基本的汇总统计、监测指标计算等分析模块，制定了相应的升级方案，并于 10 月召开了由部分省级和国家监测点专业人员参与的研讨会。

为加速我国消除麻疹工作进程，2009 年国家继续安排 13 省开展麻疹疫苗强化免疫活动。在各省开展强化免疫过程中，免疫规划中心均组织专家针对强化活动的计划实施、宣传发动、现场组织、接种率效果等进行了现场督导。

组织编写《消除麻疹工作手册》和《麻疹强化免疫现场工作手册》，以规范各地消除麻疹以及开展强化免疫现场活动的相关技术要求。

2009 年 2－4 月份，江苏、河南、辽宁等地麻疹疫情大幅度上升，免疫规划中心先后多次赴上述省份开展深入调查处理。2009 年 4 月及 6 月，针对四川（D9 基因型麻疹病例）和山西（D4 基因型麻疹病例）发生输入性麻疹病例的情况，专门发函指导当地开展相关调查，密切注意疫情态势。此两起输入性麻疹病例均未导致二代病例发生。

为实现 2012 年消除麻疹目标，1 月份免疫规划中心承办了麻疹国际研讨会。7 月协助卫生部召开免疫规划研讨会,分析了全国麻疹疫情,提出了2010年麻疹疫苗强化免疫工作建议及2009—2012年消除麻疹工作年度计划。

6月,在江西省召开的麻疹监测工作会议上通报了全国消除麻疹工作进展,对下一阶段工作进行了部署,同时召开了国家麻疹监测点项目工作启动会。

12月,在河南开封组织召开了全国麻疹监测工作会议,介绍了全国消除麻疹工作和全国麻疹实验室网络工作进展情况,并对麻疹监测方案和麻疹专病信息报告管理系统进行了培训。各省代表交流了全国各地麻疹监测工作的经验,安排了一系列专题讲座,对一年来国家与各地开展的暴发调查、专题研究进行了学术交流。

为指导各省总结近年消除麻疹工作情况,及时反馈工作信息,免疫规划中心根据卫生部有关文件要求,编印并下发了《2004～2008全国消除麻疹工作总结汇编》。

2009年7月在江苏省常州市开展了强化免疫接种率评估及影响因素调查,9-10月在吉林省安图县开展了流行性腮腺炎暴发调查项目工作。完成了在湖北、广西、重庆开展的医疗机构报告疑似风疹病例实验室分类研究项目,同时完成了在宁夏开展的,麻疹类疫苗与乙脑减毒活疫苗、免疫效果及安全性研究等项目工作。

(三)病毒性肝炎监测与控制工作

开展全国15岁以下人群补种乙肝疫苗,在对既往已开展过乙肝疫苗群体性接种工作的省份进行调研的基础上,按照卫生部《2009年补种乙肝疫苗项目管理方案》,组织有关人员配合卫生部,对四川等5省份进行培训、宣传和专项督导。

抽取全国10个乙肝监测省(市)2008年的529份监测病例的血清标本进行实验室复核。通过复核检测发现,HBsAg复核一致率最高,达96.03%,其次为抗－HAV IgM,一致率为92.63%,一致率最低的是抗－HBc IgM,仅为77.50%。复核结果的差异一方面可能与国产检测试剂(ELISA)有关,另一方面也可能与各监测点实验室人员检测水平有关。

将乙肝监测试点工作纳入科技重大专项“我国乙型病毒性肝炎免疫预防策略研究”中的子课题“我国乙肝报告发病率评价研究”,流行病学调查率83.29%,标本采集率83.48%,标本检测率100.00%。

2009年报告病例44 444例,报告发病率3.35/10万,与2008年相比,分别下降了20.71%和22.81%。病例主要集中河南、四川、贵州、云南和甘肃5省,占总报告病例的44.61%。

2009年共报告甲型病毒性肝炎突发公共卫生事件23起,学校报告突发公共卫生事件占公共突发事件总病例的81.74%。

制定了《四川地震灾区甲型病毒性肝炎监测方案》,以评价灾后甲肝防治工作,监测项目已正式启动。

免疫规划中心作为“全国丙型肝炎血清学检测”项目的牵头单位，组织协调利用2006年全国乙型病毒性肝炎血清流行病学调查保留的血清，开展全国人群丙型病毒性肝炎血清检测。本项目共检测了血清标本78 746人份，HCV抗体阳性318份，阳性率0.40%。其中城市HCV抗体阳性率0.42%，农村HCV抗体阳性率0.39%。

针对吉林省延边州丙肝高发的情况，开展了吉林省延边州乙肝和丙肝报告现状调查及丙肝感染危险因素研究。

（四）流行性脑脊髓膜炎监测与控制工作

2009年全国流脑报告发病660例，死亡92例；报告发病率0.0497/10万，死亡率0.0069/10万，病死率13.94%；发病率比去年同期下降30.39%，死亡率下降18.82%，病死率增加17.36%。发病数前5位省（自治区）为安徽、新疆、贵州、河北、河南，5省（自治区）病例占总病例数的56.81%。与去年同期比发病数下降的省（自治区）主要是安徽、内蒙古，发病数上升的省（自治区）主要为新疆、贵州。

流脑监测结果显示，A群流脑病例及菌株检出呈减少趋势，C群流脑病例及菌株检出呈增多趋势。人群中A群流脑抗体水平高于C群流脑抗体水平。流脑疫苗覆盖率增加，报告接种率超过90%。

为加强对全国流脑专病监测信息报告管理系统的规范化管理，评价各省流脑监测工作质量，免疫规划中心制定评估指标，采取评分制对各省流脑监测工作完成情况和质量进行评分，评估结果以免疫规划工作快报的形式及时反馈至各省。全国监测工作质量平均得分86.5，13个省份监测工作质量得分高于平均值，其中广东、上海、北京、天津、浙江得分较高。

2009年9月在云南省召开了2009年全国流脑和乙脑监测工作会议，介绍了新施行的疾病诊断标准，以及急性脑炎和脑膜炎疾病监测、信息报告管理系统、实验室监测网络工作进展和脑膜炎奈瑟菌的实验室诊断、中国脑膜炎奈瑟菌分子分型数据库等内容。

同时对安徽省流脑监测工作进行了调查评估，了解流脑病例的流行病学特点、临床特点和流脑经济负担。开展疫苗接种情况调查，以及通过匹配病例对照调查，分析疫苗接种史、生活环境等流脑发病相关因素，为优化流脑防控策略提供科学依据。

在喀什地区收集流脑病例及疑似病例的住院资料并开展随访调查，了解该地区流脑等细菌性脑膜炎的流行病学特点、临床特点、疾病转归情况。采集喀什地区流脑病例及疑似病例的脑脊液、血液标本，了解流脑等细菌性脑膜炎的病原分布情况。

此外，密切监测各地流脑疫情，了解疫情动态与防控进展，指导疫情调查和处理，采取预防服药、应急接种、宣传等措施。加强国家级监测点工作，组织专家分别进行了现场督导，修订下发了2009年国家级流脑监测点工作手册。

(五)流行性乙型脑炎预防控制工作

2009年全国乙脑报告发病3927例,死亡175例;报告发病率0.2957/10万,死亡率0.0132/10万,病死率4.46%;发病率比去年同期增加31.13%,死亡率增加22.22%,病死率下降6.51%。发病数前5位省份为河南、贵州、云南、四川、重庆,5省病例占总病例数的63.71%。与去年同期比发病数下降的省份主要为四川、重庆,发病数上升的省主要为河南、贵州、云南、陕西、湖北。总体与2005-2008年平均发病趋势一致。

除西藏、青海、新疆及新疆生产建设兵团外,其他省份按照卫生部要求,积极做好疫苗的预防接种工作,乙脑减毒活疫苗基础免疫接种率达94.21%,加强免疫接种率达91.93%。在发病率1/10万以上的12省份的308个县区,开展了乙脑疫苗的群体性预防接种。

2009年,在13个省份设立国家级乙脑监测点,修订下发了《2009年全国流行性乙型脑炎监测点工作手册》。继续开展了急性病毒性脑炎病例及媒介蚊虫、宿主动物血清学和健康人群免疫水平等监测工作。

为加强对全国乙脑专病监测信息报告管理系统的规范化管理,制定评估指标,采取评分制对各省乙脑监测的工作完成情况和质量进行评分。14个省(自治区)监测工作质量得分高于平均值,辽宁、新疆、浙江、湖南、陕西、山东、广东得分较高。

为加强全国乙脑疫情监测工作,定期收集乙脑病例个案调查信息,及时分析疫情。先后完成了《云南省德宏州潞西市乙脑疫情初步报告》和《贵州省六盘水市乙脑疫情初步报告》等。

2009年4月,免疫规划中心在林芝地区举办乙脑监测培训班,讲解乙脑监测病例定义和监测方法,培训标本采集和乙脑实验室检测工作,在各级医疗机构开展了脑炎病例监测和脑炎病例回顾性调查。

为掌握西双版纳州的乙脑流行特征及影响因素,开展了边境地区乙脑等病毒性脑炎疾病调查工作。初步分析表明,在西双版纳地区,乙脑为引起急性病毒性脑炎的主要病因。

为制定乙脑疫苗接种策略提供科学依据,在江苏、浙江、云南和宁夏开展不同种类乙脑疫苗免疫原性效果和安全性观察。目前,除云南省外,其他3省均已完成第一阶段的全部现场工作,疫苗免疫前后的血标本已送至病毒病所进行检测,对安全性观察记录进行录入分析。

(六)b型流感嗜血杆菌(Hib)监测工作

召开了b型流感嗜血杆菌疾病免疫预防研讨会,对国内外Hib疾病监测及防控工作所取得的经验,以及目前研究进展进行了广泛的交流,初步提出Hib疫苗使用指导意见。

开展Hib疾病相关调查,完成四川和江苏两省Hib脑膜炎病例的回顾性调查报告。

开展了部分基层疾控中心相关人员对 Hib 疾病和疫苗的认知情况调查。

五、疑似预防接种异常反应(AEFI)监测

(一)设立专门业务科室,加强疑似预防接种异常反应(AEFI)监测

随着我国扩大国家免疫规划的实施,以及公众对免疫预防、疫苗接种工作的关注,加强疑似预防接种异常反应(AEFI)监测工作势在必行。2009 年初,免疫规划中心重新调整了科室功能,设置了预防接种异常反应监测室,专职承担疑似预防接种异常反应(AEFI)监测。

邀请卫生部、国家药监局及部分省疾控中心的领导、专家,召开了全国疑似预防接种异常反应监测方案研讨会,加强了针对预防接种异常反应的部门间沟通与协调工作,探讨 AEFI 监测、异常反应诊断、鉴定与补偿等策略,并建立了与其他相关部门的信息交流机制。

(二)协助省级和相关部门培训工作,完成 AEFI 县级监测试点工作

2009 年协助河北、广东、新疆生产建设兵团、上海、黑龙江、中华医学会等开展 AEFI 监测及预防接种异常反应鉴定工作的培训。

完成了 5 个试点省份 AEFI 监测点的数据分析和总结,编撰《全国 AEFI 县级监测点总结会议资料汇编》。每日关注县级监测试点工作进展。

(三)加强 AEFI 舆情监测和调研工作,处理 AEFI 事件

每周摘编网络媒体关于疫苗安全性事件的报道和疫苗研究的新进展,编撰《疫苗安全舆情监测周报》,并在免疫规划中心网站发布。

了解各省 AEFI 监测、调查诊断/鉴定、补偿等工作进展,并撰写进展报告。开展了对全国 2000—2009 年 6 月 VAPP 或疑似 VAPP 病例资料的收集及调查工作,开展了对河北、广东、上海等 7 省市的预防接种后死亡病例的回顾性调查工作,并完成了调查报告。

协助相关省份调查处理重大 AEFI 事件,包括 4 起甲流疫苗接种后死亡事件(湖南、河北、天津、安徽各 1 例),1 起甲流疫苗过敏反应事件(浙江 4 例),1 起甲流疫苗接种后格林巴利综合征事件(河南 1 例),1 起百白破疫苗接种后死亡事件(广西 2 例),1 起甲肝疫苗接种后死亡事件(北京)和 1 起脊灰疫苗接种后死亡事件(北京)。此外,还多次协助卫生部信访处处理 VAPP 患儿家长信访事件,处理 AEFI 上访事件。

(四)2009 年 AEFI 监测初步分析

2009 年 1 月 1 日至 12 月 31 日,全国疑似预防接种异常反应(AEFI)网络直报系统共收到 AEFI 个案报告 41 605 例,比去年同期增长 91.75%,其中 40 474 例审核,占 97.28%。

在40 474例AEFI中,10个监测试点省、市、自治区(北京、河北、黑龙江、上海、江苏、浙江、湖北、广东、广西、甘肃)共报告35 948例,占88.82%,天津、山西、内蒙古、辽宁、吉林、安徽、福建、江西、山东、河南、湖南、海南、重庆、四川、贵州、云南、陕西、青海、宁夏、新疆和新疆生产建设兵团21个非试点省、市、自治区共报告4526例,占11.18%。报告数居前三位的是江苏9582例、河北9230例、上海8229例,占总报告数的66.81%。报告县覆盖率达到100%的省份为北京、河北和上海。

AEFI在48小时内报告率为91.40%,调查率为100%,48小时内调查率为98.57%;10个试点省及时报告率为92.07%,调查率为100%,及时调查率为98.57%。

在40 474例AEFI中,一般反应32 813例,占81.07%;异常反应5472例,占13.52%;实施差错事故40例,占0.10%;偶合症1311例,占3.24%;心因性反应463例,占1.14%;不明原因73例,占0.18%;待定302例,占0.75%。

报告例数前5位的疫苗分别为:全细胞百白破疫苗(8146例,20.13%)、无细胞百白破疫苗(7863例,19.43%)、甲型H1N1流感疫苗(5985例,14.79%)、麻疹疫苗(3519例,8.69%)、A群流脑疫苗(2790例,6.89%)。

六、甲型H1N1流感预防控制工作

免疫规划中心9人先后参与到中国疾控中心甲流防控办公室的综合组、疫苗接种组、防控技术指导组和监测检测组,开展甲流疫情的监测跟踪、现场调查和技术指导工作。甲型H1N1流感疫苗临床试验交由免疫规划中心具体组织实施后,在中国疾控中心主任王宇的直接领导下,免疫规划中心抽调精兵强将,作为最重要的工作任务,落实完成。甲型H1N1流感疫苗上市后,为加强疫苗上市后安全性监测和规范接种,免疫规划中心及时起草了甲型H1N1流感疫苗接种个案信息和疑似异常反应监测管理规范,完成了专业人员培训和技术工作部署,积极指导疫苗接种工作的开展。

(一)圆满完成3岁以上人群甲型H1N1流感疫苗临床试验工作

为使临床试验工作科学、有序、规范地开展,成立了临床试验工作委员会,成员单位来自中国疾控中心、中国药品生物制品检定所、国家药品不良反应监测中心、国家药品认证中心、国家药品审评中心、江苏省疾控中心、广西疾控中心、北京疾控中心等。明确了临床试验综合协调、文献收集、方案和规范制定、实验检测、数据管理、统计分析、监察巡视、安全管理、试验疫苗供应管理、报告撰写等十个方面的职责。

为保证临床试验方案制定的规范、可行,临床试验研究的方法与国际一致,试验结果能够获得国际认可。免疫规划中心利用国际合作的资源优势,及时收集了美国、欧盟、澳大利亚、日本和WHO有关甲型H1N1流感疫苗临床试验的资料,召开了七次临床试验工作会议,制定了《甲型H1N1流感疫苗临床试验指导方案》,编辑了有关临床试验的技术资料、法律法规等专集4册，出版临床试验进展快报15期，开展相关培训6次。在临床试验现场实施期间，卫生部部长陈竺作为首个符合入选标准的受试对象，第一个接受了甲型H1N1流感疫苗的接种。免疫中心派出7个工作组，深入临床试验基地，指导协调临床试验安全有序开展，收集有关接种安全性的信息。在收到试验结果后，连夜组织有关人员进行统计分析。8月22日在国际防控甲型H1N1流感会议上，作为全球第一个完成临床试验的国家，通报了临床试验结果，随后证实我国临床试验的结果与其他国家结果一致，并获得WHO的高度评价。结果显示，接种1剂次15μg裂解疫苗对受试者安全有效，达到了临床试验免疫原性标准，疫苗的阳转率和保护率均超过85%，不良反应不高于季节性流感疫苗，继而SFDA批准了全球第一个甲型H1N1流感疫苗的注册申请。

（二）甲型H1N1流感疫苗接种工作科学、有序、安全开展

为保证甲型H1N1流感疫苗接种科学、有序、安全、规范地开展，免疫中心及时起草了甲型H1N1流感疫苗接种个案信息和疑似异常反应监测管理规范，并在9月中旬完成了专业人员培训和技术工作部署，9月下旬开展疫苗接种。为配合甲型H1N1流感疫苗接种工作，系统地收集疫苗接种个案数据，免疫规划中心于8月下旬，举办了甲型H1N1流感疫苗接种信息管理系统需求分析及数据交换标准研讨会。在此基础上，制定了《甲型H1N1流感疫苗接种数据交换集成标准数据交换标准》，完成了信息管理平台的升级，实现了数据交换。编印了《甲型H1N1流感疫苗接种客户端软件操作指南》和甲型H1N1流感疫苗接种客户端软件视频课件。

在甲流疫苗AEFI监测过程中，编撰了30余期《甲流疫苗预防接种与AEFI监测工作进展》。协助地方处理重大AEFI事件，包括死亡、GBS、过敏性休克等严重病例。

为有效宣传甲流疫苗的预防接种工作，协助卫生部疾控局起草了《甲型H1N1流感疫苗预防接种宣传要点》；召开媒体座谈会，介绍接种疫苗后出现异常反应的相关知识；与卫生部和12320热线合作，翻译、编写甲型H1N1流感疫苗相关知识问答。

按照《中国疾控中心关于调查甲型H1N1流感疫苗生产能力的紧急通知》要求，调查了国内各甲流疫苗生产企业的生产能力，收集了全国甲流疫苗接种的高危地区和高危人群的资料，参与卫生部组织的对各省甲流疫苗分配计划的测算工作。

免疫规划中心于12月启动了“孕妇接种甲型H1N1流感疫苗免疫效果和安全性评价”工作，为开展孕妇甲型H1N1流感疫苗接种提供科学依据。

七、科研工作

（一）科技重大专项“我国乙型病毒性肝炎免疫预防策略研究”课题

召开课题启动会议，部署“我国乙型病毒性肝炎免疫预防策略研究”课题的研究工作，

明确了项目的目标、任务和考核指标及项目管理机制。由免疫规划中心具体承担的“HBsAg阳性人群家庭密切接触者免疫预防策略研究”和“乙肝报告发病率评价研究”两项研究任务,已开展了现场调查工作,预计将于12月底完成。

(二)科技重大专项“疫苗临床试验评价技术平台构建的研究”课题

为完善和制定我国疫苗临床试验规范和疫苗评价指标体系,建立规范的临床试验基地和临床试验数据网络管理与信息共享系统,免疫规划中心立项“疫苗临床试验评价技术平台构建的研究”课题,获得了重大专项第二批项目的审批,计划支持经费757.48万元。

(三)国家科技支撑计划“传染病及病媒生物控制适宜技术研究”课题

本课题由《我国重要病媒生物交互检索鉴定技术的研究》、《维持无脊灰时期外环境脊髓灰质炎病毒监测技术的建立及推广应用》、《结核病发病与死亡建模及分析技术的研究》、《不同甲型肝炎疫苗免疫原性观察和应急接种适宜技术研究》、《传染病暴发早期探测与自动预警适宜技术研究》等5个子课题组成,资助经费778万。目前,各子课题进展顺利,基本完成年度计划。

(四)国家高技术研究发展计划“6～35月龄儿童甲型H1N1流感疫苗临床试验”和“甲型H1N1流感疫苗上市后效果和安全性评价”

为使疫苗能够应用于6～35月龄易感人群,经过深入认真的讨论,疫苗临床试验工作委员会一致认为,开展6～35月龄儿童甲型H1N1流感疫苗临床试验很有必要。SFDA在《关于开展6～35月龄儿童甲型H1N1流感疫苗临床试验的复函》中指出,所有具有儿童流感疫苗生产资质的企业,均可开展6月龄以上儿童临床试验。据此,中国疾控中心牵头并受科技部“国家高技术研究发展计划(‘863’计划)”课题委托,开展甲型H1N1流感病毒裂解疫苗在6～35月龄健康儿童中的临床试验研究。12月2日开始,各临床试验基地陆续开始6～35月龄儿童甲型H1N1流感疫苗临床试验,免疫规划中心进行了现场督导。

由于目前应用的甲型H1N1流感疫苗是在特殊情况下批准生产上市的新疫苗,国内外尚无该疫苗上市后监测评价的报道,因此,密切监测甲型H1N1流感疫苗大规模使用后的安全性,评价疫苗保护效果,为实时调整完善免疫策略,确定2010年流感疫苗的免疫策略提供基础数据至为重要。按照卫生部和国家食品药品监督管理局的有关要求,并受科技部“国家高技术研究发展计划(‘863’计划)”课题委托(课题名称《甲型H1N1流感病毒裂解疫苗上市后效果和安全性评价》),在7个省(市)的10个Ⅳ期疫苗临床试验监测点,开展了甲型H1N1流感疫苗上市后安全性和有效性的系统评价工作。自12月4日起,各地的监测、评价工作陆续展开,免疫规划中心进行现场检查督导和技术指导。

八、国际合作项目

（一）联合国儿童基金会合作项目

完成基层医务人员及儿童监护人预防接种知识传播策略调查结果的统计分析报告，编纂了面向基层医生的《基层医生预防接种小手册》和农村地区家长的《父母之友》，发放了约3000册。

组织专家对西藏进行了儿童预防接种信息化系统操作技能及麻疹、流脑专病报告系统的培训，为西藏自治区启动儿童预防接种信息化建设提供了必要条件。

对6个项目省开展了督导检查工作，组织开展了安徽、内蒙古等省间交流活动。为了更好地推广项目经验，广泛征集经费，与UNICEF、中央电视台、香港卫视和捐款单位合作，拍摄免疫规划工作宣传片，分别在中央电视台、香港卫视播出，取得了很好的宣传效果。在募集捐款的支持下，青海省将于2010年启动卫生部/UNICEF合作项目。

（二）JICA项目

根据《中华人民共和国疫苗可预防疾病监测与控制合作项目2009年度联合协调委员会备忘录》要求，2009年9月启动了接种证查验工作，2009年9月至2010年2月是实施补种阶段。

在四川、宁夏、甘肃、新疆和江西5省（自治区）开展了项目中期评估，为调整下一阶段工作重点提供依据。为四川、甘肃、新疆3个地震灾区购买了500台冰箱、200辆摩托车、1台生物安全柜及37套8道移液器和加样槽。

JICA项目派遣了7名流行病学专家、6名实验室专家赴日学习、交流。

（三）GAVI项目工作

项目办公室完成了对2008年GAVI项目结余经费使用情况的总结工作。为确保各项工作按期顺利完成，卫生部/GAVI项目办公室于2009年3月20日召开了电视电话会议。

（四）与WHO流脑和乙脑等疾病监测合作项目

2009年由WHO支持河北省，免疫规划中心支持山东、湖北和广西等省区，继续开展急性脑炎/脑膜炎病例监测工作，开发了急性脑炎/脑膜炎监测信息报告管理系统。

通过对山东、湖北、河北和广西4四个省份项目实施情况的年度评估，推广广西自治区实施主动监测的考核标准等创新性经验。通过项目地区相关医院开展病例标本细菌培养工作，省疾控中心实施PCR等实验室检测方法，提升了细菌性病原的检测能力，提高了乙脑监测的敏感性。

(五)与赛诺菲巴斯德流脑监测合作项目

与赛诺菲巴斯德公司合作,在山西省开展健康人群脑膜炎奈瑟菌和 b 型流感嗜血杆菌携带率及脑膜炎奈瑟菌自然免疫力横断面调查工作。

经过 2 个月时间的现场工作,共采集 2400 份咽拭子标本和 200 份血液标本。实验室检测初步结果表明,健康人群脑膜炎奈瑟菌携带率约在 10%以上。目前,正在对采集的标本开展深入的实验室检测分析,为我国流脑和 Hib 的防控提供科学依据。

(六)卫生部/WHO 风疹和 CRS 监测项目

对项目涉及的黑龙江和山东两省业务人员进行了培训,完善下发了项目技术指南,正式启动了监测项目。2009 年 12 月深入哈尔滨、齐齐哈尔两个项目地区开展现场调查和评估,发现问题及时指出并协助改进,撰写了督导报告。

(七)WHO 麻疹项目

继续支持贵州和四川省麻疹疫苗强化免疫活动、加强麻疹监测、提高常规免疫工作和促进学校接种证查验工作。免疫规划中心派出专家配合 WHO 分别于 7 月和 9 月对四川和贵州进行了上一年度项目工作进行评估,两省均顺利通过了现场评估。

(八)原发性免疫缺陷病例排出脊灰病毒调查项目

2009 年,继续在北京、上海、重庆、山东四地开展原发性免疫缺陷病例排出脊灰病毒的调查,截至目前共收集到病例 145 例,其中北京儿童医院 32 例、上海新华医院 37 例、上海儿科医院 23 例、重庆医科大学附属儿童医院 54 例。共发现 3 例脊灰疫苗病毒株病例,其中上海儿科医院 2008 年在 1 例 6 月龄男童粪便标本脊灰病毒分离物阳性,经国家脊灰实验室鉴定为脊灰 1 型病毒,与昆明株相比有 5 个核苷酸变异,临床诊断为 X 连锁无丙种球蛋白血症(XLA),二次检测后病毒分离显示为阴性;2008 年重庆市在 1 例 4 月龄男童粪便标本中检测出脊灰 2 型疫苗株病毒,临床诊断为重度联合免疫缺陷症(SCID),因儿童死亡未采集到第二月粪便标本;2009 年重庆市在 1 例 3 月龄儿童粪便标本中检测出脊灰 2+3 型疫苗株病毒,临床诊断为湿疹—血小板减少伴免疫缺陷病(WAS),间隔 1 个月后再次检测为阴性。目前,该调查仍在继续开展,将于 2010 年结束。

九、宣传及其他工作

举办巴斯德杯免疫知识有奖问答,共收到近 4 万份答卷。组织专家在中国国际广播电台、中央人民广播电台,新浪、搜狐、天涯三大网站接受专访,回答公众关注的预防接种问题。向全国发放宣传光盘共 6 万张，宣传折页 150 万份。

免疫中心在 2009 年 6 月参与了国家发改委组织的免疫规划价格核定工作，配合卫生部组织制定了基层疾病控制服务工作规范中的免疫规划部分内容，组织专家对卫生部制定的疾病控制绩效考核方案中，有关免疫规划的考核指标和内容进行了修改和完善。参与卫生部组织制定的《国家基本公共卫生服务规范（2009 年版）——预防接种服务规范部分》起草和讨论修改工作；组织专家对卫生部制定的疾病控制绩效考核方案有关免疫规划的考核指标和内容进行了修改完善；主持起草卫生部组织的《国家基本药物处方集——疫苗和免疫制剂部分》、《灾区医疗防疫志——中国疾控中心免疫规划部分》等重要技术方案和文献。

《中国疫苗和免疫》杂志出版工作。全年收稿 365 篇，发表文章 216 篇。出版 6 期，每期印数 4000 册，其中邮局发行 2400 册，赠送西藏、国家级贫困县、计免咨询委员会和肝炎基金会专家、国际组织、卫生部疾控局和中国疾控中心领导以及本刊编委会委员等约 700 余册，从编辑部征订的 675 册。

（免疫中心提供）

公共卫生政策研究

一、公共卫生政策研究

(一)实时监测国内公共卫生政策信息

从2009年初开始,政策办借助网络信息、工作简报、疾控快讯等工作渠道,加强对各省区市公共卫生政策信息的监测,及时了解全国各地的公共卫生政策动态,加强对公共卫生政策资料的收集、整理、分析。3月份在《中国疾控中心报》开辟“各地政讯”专栏,及时刊登各省公共卫生政策信息和疾控工作动态,全年刊登政策信息10期。

(二)参与卫生部“医改”配套文件研究制定工作

《中共中央、国务院关于深化医药卫生体制改革的意见》、《医药卫生体制改革近期重点实施方案(2009－2011年)》出台以后,政策办参加了卫生部人事司“医改”配套文件研究制定工作,包括建立住院医师规范化培训制度、公共卫生与基层医疗卫生事业单位实施绩效工资、乡镇卫生院编制标准、基层医疗卫生队伍建设规划等。深入学习领会“医改”文件精神,研究各地工作实际和改革动态,充分运用政策办近年来开展相关研究成果,通过文件研究起草工作的参与,提高了宏观政策研究水平。

(三)多层次基层疾控能力建设研究

1. 完成《疾病预防控制业务辅助支持平台系统》子项目研究年度计划任务　《疾病预防控制信息集成适宜技术开发与应用》是科技部科技支撑项目,于2008年底实施,此项目由信息中心总牵头,政策办负责《疾病预防控制业务辅助支持平台系统》子项目。2009年,政策办组织知名大学、信息技术公司参与,面向基层疾控机构、乡镇和社区的公共卫生人员,组织研发网络版、单机版及PDA的疾病预防控制业务辅助支持平台,内容涉及部分基本公共卫生服务的业务工作流程、工作报表及核心知识,用信息和多媒体技术支持基层疾控人员提高业务工作能力。

2. 开展了《江西省疾控专业人员能力建设培训研究项目》　政策办结合江西省2008年以来在各级疾病预防控制中心开展卫生服务能力建设的进展,与江西省疾控中心联合开展了该项目研究,重点是调查评价江西省疾控人员使用远程医学教育网和培训班的培训效果。项目组先后现场调查了112个省、地市、县(区)级疾控机构和10个省级培训班及850余名培训人员,研究分析地方各级疾控机构的人员培训有效途径和评估方法。

3. 开展了《社区疾病预防控制工作规范化建设研究》 2009年下半年,根据浙江省基层疾控工作规范化建设走在全国前列的情况,政策办与浙江省疾控中心合作,开展了《社区疾病预防控制工作规范化建设研究》项目,通过研究现阶段社区卫生服务中心疾控工作的指导和制度建设等,明确社区疾控工作的各项服务内容,建立一套有据可依、职责明确、管理科学的规范化管理体系,深化浙江省的基层疾控工作,为全国其他地区提供有益借鉴。

二、公共卫生法律研究

(一)加强国际公共卫生法律研究

在前两年开展美国公共卫生法律研究的基础上,2009年政策办重点进行了对澳大利亚和南非的公共卫生法律研究。经中澳卫生与艾滋病项目批准,政策办牵头负责的"中澳公卫法律研究项目"正式启动,北京康众卫生教育服务中心、北京市朝阳区疾控中心、浙江省疾控中心和澳大利亚La Trobe大学作为合作单位。围绕国际和我国对基本公共卫生服务的不同视角,通过组织中澳专家研讨、理论研究、现场调研等活动,开展中澳公共卫生法律的理论与实践的比较研究,进而研究制定我国地方政府对流动人口基本公共卫生服务管理的示范法律。2009年已完成了项目阶段性工作,按计划该项目将于明年结束。

针对国内专家对欧美、亚洲地区卫生法律研究较多而对其他国家和地区研究不足的现状,为弥补我国公共卫生法律研究的不足,经专家建议,政策办以非洲发达国家南非为切入点,开展了南非《国家卫生法》的翻译和研究工作。

(二)基层医疗机构传染病防治管理研究项目

政策办具体承担了"基层医疗机构传染病防治管理工作规范"项目。项目成立了由中国疾控中心、宁夏自治区疾控中心、江西省疾控中心、上海浦东区疾控中心和基层医疗机构专家组成的工作组,以及由卫生部、中华预防医学会、疾控中心等机构人员组成的专家组,完成了"国内外基层医疗机构传染病管理模式研究"、"我国基层医疗机构传染病防治管理的文献研究"和"基层医疗机构传染病防治管理工作规范法律制度汇编",并参考相关法律法规定,经多次专家会讨论修改,深入项目省现场调研,完成了《基层医疗机构传染病防治管理工作规范》初稿。10月,为检验规范的系统性、准确性和操作性,为进一步修改完善规范提供参考依据,项目组选择项目省内部分有代表性的基层医疗机构开展规范预试验。根据项目计划安排,规范预试验成果审核工作预计于2012年1月完成。

三、承担政策宣传和各项重点工作

(一)继续编印《中国新闻“两会”专刊》

政策办组织编印了“结核病防治”和“慢性病预防控制”《中国新闻“两会”特刊》,得到了中国新闻社和“两会”代表的充分肯定。同时,我们将《中国新闻“两会”特刊》发送到中国疾控中心各单位和全国各省级疾控机构,并制作成 PDF 文件,在中心网站上设立了专栏,供下载。

(二)承担了卫生部和中心抗震救灾资料、大事记等收集编撰工作

2009 年,卫生部牵头编纂《汶川特大地震抗震救灾志·灾区医疗防疫志》,中国疾控中心作为承编单位之一,指定政策办作为中心牵头部门。3 月,派人参加了卫生部组织的编纂工作培训会。此后,按照卫生部《防疫志基本篇目》文件要求,政策办通过收集报刊、杂志、网站以及中心文件、简报、内部总结等各方面文献材料,编写了中心防疫志《资料长编》和《大事记》初稿。8 月,政策办通过多次召开会议、征求中心原抗震救灾各工作小组负责人以及历任成都工作站负责人意见和建议等方式,最终完成了 13 万字的《资料长编》、191 条的《大事记》和《编写说明》撰写任务,并正式上报了卫生部。10 月,政策办抽调人员参加全国《汶川特大地震抗震救灾志·灾区医疗防疫志》的集中编撰工作。

经中心研究决定,由政策办承担的《中国疾病预防控制中心抗震救灾英雄集体资料汇编》框架策划、大事记、队员名录、工作图片、荣获表彰等资料收集和整理工作,在中心直属单位及有关处室的配合支持下,完成了大量反映中心前后方抗震救灾防病工作的真实资料和珍贵照片(400 余张)收集及《资料汇编》编写任务,以图文并茂的形式生动再现了中心抗震救灾工作全貌。

(三)承担中华预防医学会旅行卫生专业委员会秘书处工作

2009 年,中华预防医学会旅行卫生专业委员会进行换届,中心作为主任委员单位,政策办承担了秘书处的工作,顺利完成了换届酝酿、制定换届方案、提名委员、大会选举等大量换届筹备工作。在中华预防医学会第三界学术年会上,与其他协会成功举办了“旅行卫生暨铁路防疫”分会场的学术交流活动。

(政策办提供)

公共卫生监测与信息服务

一、信息管理与服务工作

（一）疾病监测网络直报

疫情报告覆盖面逐年扩大，截至11月底，全国报告法定传染病病例数较2008年同期增加9.66%，报告死亡数较2008去年同期增加34.42%（甲型H1N1流感除外）。按时编发334期全国传染病与突发公共卫生事件监测日报、49期全国传染病与突发公共卫生事件监测周报、11期全国传染病与突发公共卫生事件监测月报、《艾滋病、乙肝及肺结核等慢性传染病死亡网络直报专题分析报告》等专题报告、《中国2008年度法定传染病发病死亡报告》；协助卫生部拟定11期全国传染病疫情信息新闻发布稿。此外，承担疫情7×24小时电话值班任务。根据卫生部文件精神，开展了全国传染病网络直报质量督导检查工作，按要求完成了工作方案制定、集中培训、组织实施等工作。目前已完成全国31个省份及新疆生产建设兵团各项现场督导工作任务，数据录入工作基本完成。

全国死因登记网络报告的范围继续扩大，截至2009年11月底，通过网络报告死亡病例数达220万多例，与去年同期比上升了14%。按时撰写死因监测信息周报、月报，定期（每周、每月）对通过死因登记报告信息系统报告的死亡病例进行质量分析和评价，以督促工作质量。截至到11月30日，完成了10期全国死因登记报告信息系统统计月报和44期周报。

本年度信息中心组织慢病社区处、疾控办、慢病中心和妇幼中心共同编写了《2008年全国死因监测报告》，在对报告质量进行评估的基础上，对2008年通过死因登记报告信息系统报告的所有死亡病例的人口学特征、死因构成进行了深入分析。

本年度撰写了《2008年全国疾病预防控制基本信息统计分析报告》，并对报告质量差的省份开展了督导工作。通过各级卫生行政部门和疾病预防控制机构的共同努力，截至2008年底，全国疾病预防控制基本信息填报完成率达到91.22%。疾控中心人员信息的完成情况最好，平均报告率达到98.95%；仪器设备信息的平均报告率达到95.61%，较2007年提高了0.55%；检验能力平均报告率为79.77%；房屋资产的平均报告率达到97.75%；经费收支平均报告率为84.01%。《疾病预防控制基本信息系统》已经成为各级疾病预防控制机构科学、规范管理的得力工具。

(二)信息系统和网络运维管理与服务

1. 建立技术服务台,提高信息服务能力　进一步加强IT服务管理,设立信息技术服务台,开通24小时服务支持电话,安排专门人员接待信息服务事宜。

2. 全面保障中心视频会议系统　截至目前,已完成至少6次全国省级疾控中心的远程视频联调;召开17次由国家疾控中心发起、各省级疾控中心参与的远程视频正式会议;并在国家疾控中心及卫生部分别召开了6次与境外单位的电视电话会议;完成16次参观接待工作。

3. 应用信息系统的运行保障　通过4年多的建设与完善,网络直报系统为平台,保障了以传染病、突发公共卫生事件监测信息管理为主导的18个疾病监测管理信息系统和以出生、死亡、免疫为主的基础公共卫生信息系统的运行保障工作,并已在全国疾病预防控制工作中发挥着重要作用。

4. 网络直报平台和中心局域网的运维管理　承担网络直报系统和南纬路办公楼局域网全年7×24小时值班任务,处理网络直报系统各类故障24起、局域网故障44起、个人电脑故障30余起,年平均网络中断率<0.9‰。此外,承担办公人员上网账号的管理,保障南纬路办公楼局域网运行。处理昌平园区的计算机及网络故障30余起。

根据新址建设工作协调会议精神和中心基建处有关需求的协商函,积极配合基建处完成新址弱电工程建设网络设备的配置建设实施,已完成新址办公基础网络57台网络设备及2784个信息点的网络接入工作;配合基建处组织承担了综合业务楼和3个研究所的网络设备验收工作。

5. 建立和完善相关管理规章制度　为保障昌平园区信息网络的高效运行,组织相关人员起草了《中国疾控中心昌平园区信息网络运行管理规程(初稿)》、起草发布《中国疾控中心局域网用户终端网络接入管理规范》、组织起草完成《中国疾控中心远程疫情视频会商室使用管理办法(试行)》。

(三)数据管理、交换与共享

1. 信息资源目录编制与科研数据备份工作　为了解和掌握2008年度中国疾控中心信息资源的现状和特点,加强信息资源的开发利用,信息中心于3月启动了2008年度公共卫生信息资源目录编制工作,共收录信息资源184项,总指标目录数2285项。同时,信息资源目录已编制成册印发至各业务部门和省级疾控中心。

2009年6月,信息中心会同科技处启动了科研数据备份工作,科研数据从2006年开始录入。

2. 数据服务工作　2009年度分别为慢病中心、结控中心,广西、浙江省疾控中心,信息中心卫生统计室提供了数据服务。

3. 数据交换工作　网络直报系统数据备份平台数据交换工作涉及四川、浙江、安徽三省。涉及备份数据不同步、服务器连接不上、同步后的数据下载不全等问题。

4. 基础编码和人口资料维护工作　为保障我国传染病的网络直报系统的正常运行和跨年度数据的正常转换，信息中心组织召开了2009年度网络直报系统基础编码和人口资料维护工作会议。基础编码和人口资料维护工作预计于2009年12月底结束。更新后的基础编码和人口资料将于2010年1月1日零时在网络直报系统中启用。

（四）中心门户网站工作

截至12月10日，共编辑、整理、审核发布1819条信息。针对手足口病、甲型H1N1流感组织和发布大量信息。此外，还与业务处室主动联系，合作共建健康主题栏目，如“麻疹”专栏等。本年度在网站主页上组织了46个热点关注、1次在线调查和23个热点问答。配合中心办组织人禽流感、结核病、手足口病、秋季流感防治4次在线访谈。为促进网站工作，信息中心坚持按季度对中心各单位网络发布信息量通报制度。截止到12月15日，2009年中心网站被链接情况Google查询3080家，比去年同期1840家增加了67.4%。2009年5月，中心网站单月参观者访问量再创历史新高，达174 495人次，网站影响力稳定提升。

创造性地开展了中国疾控中心网站用户体验测试工作，为网站今后的改进和进一步提升用户认知度、满意度提供了大量有价值的参考数据，也为省级疾控中心网站建设起到了技术指导和示范作用。完成了对2009年省级疾控机构和中心直属单位的网站评测工作及运维问卷调查工作。通过展示领先网站的成功经验，推动行业网站发展，有效提升了疾控行业网站建设的总体水平。

（五）科技文献服务和编辑出版工作

科技文献服务紧紧围绕疾控工作热点，基于已购数据库的使用情况统计，在充分调研基础上，通过谈判顺利完成2010年数据库采购，将外文生物医学文献数据库单日服务上限量提高了50%。为加强引进数据库的使用率，提高业务人员的检索和利用文献信息的能力，针对各直属单位及中心处室有关人员开展培训。深入辐射安全所开展培训一次，针对各省级疾控中心相关人员开展信息素养培训。

完成文献检索与情报学教学任务。作为卫生部查新咨询单位，完成查新、查引咨询共计38项。在南纬路电子阅览室接待检索用户150余人次。通过科技文献系统和邮件系统，2009年完成187余篇全文文献推送服务。

完成6期《生物医学与环境科学（英文）》编辑出版发行工作及高血压增刊的出版工作。2009年该杂志的影响因子达0.675。为提高杂志的学术影响力，8月召开编委会进行了换届改选。通过启用玛格泰克稿件处理系统，基本实现网络收稿和送审。

完成24期《WHO简报》、48期《疾控信息快讯》和《中国疾控中心2008年度年报》的编辑出版。

（六）统计咨询服务工作

2009年完成中国疾控中心硕士、博士研究生，协和公共卫生学院研究生及MPH的卫生统计学教学工作，共计288学时；接待各处室、直属单位研究人员的统计咨询，完成数百小时的统计咨询工作，参与研究生的课题论证、开题和答辩；组织学术活动6次，多次参与其他科室的科研工作；举办Epi Info软件培训班，共有全国部分省、市疾控中心的39人参加，组织针对国家艾滋病人免费抗病毒治疗纵向数据统计方法培训；参与“十一五”科技攻关项目“中国儿童哮喘社区防治适宜技术研究”和“核酸疫苗与重组天坛痘苗联合使用艾滋病疫苗的Ⅰ期临床研究”项目；参加中美“Chinese Children and Family Cohort Study”课题研讨，参与中国疾控中心与美国华盛顿大学/Fred Hutchinson大学合作进行的HFMD/EV71传播数学模型及流行病学研究课题，参与中国疾控中心免疫规划中心H1N1疫苗上市后的安全性与免疫原性的评价专家论证，筹备2010年7月世界华人第一届统计年会。

二、重大信息化规划、建设项目

（一）昌平新址信息系统规划设计项目

在信息中心及相关处室共同努力下，昌平新址信息系统规划设计项目工作进展顺利，已完成了对IBM公司提交的《中国疾病预防控制中心新址信息系统建设项目第一阶段工程设计方案》文档的内部审核确认和外部专家终验评审工作。

（二）昌平新址信息系统建设项目

根据卫生部对中国疾病预防控制中心2009年财政拨款项目执行的批复预算，本年度将重点实施新址信息系统网络设备采购与集成、服务器存贮设备采购与集成、网络直报系统迁移、统一数据采集平台集成、协同办公平台与公众网站集成、信息工程监理服务项目等优先保障的建设工作。

从5月批准使用经费开始，在中心信息化领导小组的领导下，信息中心积极组织相关部门，启动项目的建设工作。截至12月16日，已完成信息工程监理、协同办公平台与公众网站集成、网络直报系统迁移、统一数据采集平台集成4项建设任务的招标工作，正在洽商编制合同，服务器存贮设备采购与集成项目将于12月22日开标。

由于国采中心组织我中心“网络设备采购与集成项目”采购失败，未能按期执行完成全部预算，影响了新址建设项目的总体进程。

（三）全国远程疫情视频会商系统建设项目

视频会议系统项目于2008年1月正式启动，目前已完成覆盖国家、31个省（自治区、直辖市）及新疆生产建设兵团疾病预防控制中心的远程疫情实时视频会议系统的部署。该项目通过初步验收。

（四）食源性疾病监测管理信息系统建设规划

提交《食源性疾病监测管理信息系统建设规划方案》，明确了食源性疾病监测管理信息系统建设目标、建设原则、总体业务需求及试点医院遴选标准建议等；同时对信息系统的网络建设、应用开发提出明确要求和实施步骤。

（五）积极推进生命登记信息系统建设

1. *开展生命登记试点工作，探索死因登记报告有效模式*　为探索适合当地的死因登记报告的管理模式，信息中心在9个省的11个地区开展了死因登记信息网络报告试点工作，主要根据各地的实际情况，包括经济发展程度、户籍和殡葬管理情况、在家死亡比例等综合因素，对死因信息的收集、报告和管理进行研究。

2. *加强质量控制，评估全国死因登记报告质量*　为评估人群死因监测数据的完整性，估计漏报率，校正人群报告死亡率，在开展全人群死因监测的县区进行了死亡漏报调查。2009年完成了漏报调查方案专家论证、人群死因漏报调查录入系统的开发、人群漏报调查的现场入户和数据录入核对工作。初步分析结果显示，总漏报率在17%左右。

3. *探索医院死因资料推导全人群死因构成模型*　考虑到我国全人群的死因监测覆盖范围非常有限、医院死因数据报告几乎覆盖全国、医院死亡者死因准确性远高于在家死亡者，作为一个发展中国家，中国不可能在短时间内建立起质量好的、以人群为基础的死因登记系统等现实情况。信息中心利用全国第三次死因调查数据，建立了医院死亡和人群死亡间关系模型，并使用医院死亡信息对人群死因构成进行估计。结果显示，在我国无论是城乡和东中西部估计结果均比较准确。该研究对未开展全人群死因监测的地区，提供了一种估计人群死因构成的方法，同时该方法在一定程度上可评价人群死因构成的准确性，提示漏报或错误分类的疾病，为发现现场工作中的问题提供线索。

4. *加强数据的综合分析利用，开展疾病负担等相关研究*　信息中心2009年与澳大利亚 queensland 大学，国内的北京大学医学院等科研单位加强合作，进行疾病负担、环境因素与健康的关系等方面的研究，并于5月份合作召开了疾病负担工作研讨会。目前该项工作正在进行之中。

（六）配合完成免疫规划信息系统建设规划

结合免疫接种信息管理工作的特点，提出了建立业务管理逻辑集中，系统建设分省物理分布管理的建设策略。以 GAVI 乙肝项目经费支持为契机，完成了免疫规划信息系统建设规划和预算。

三、应急信息保障及信息系统支持

（一）甲型 H1N1 流感应急信息技术支撑与服务

1. 紧急应对，提供信息技术支撑　甲型 H1N1 流感疫情暴发后，积极配合中心总体安排，紧急应对甲型 H1N1 流感疫情，快速部署网络环境，完成网络布线和交换机安装调试工作。配合中心甲型 H1N1 流感防控办公室按时完成全球疫情分布图和国内各省隔离人员分布图制作。

2. 快速反应，保障网络直报　快速在网络直报系统中添加新报告病种字典，发布了更新系统，做好甲型 H1N1 流感病例网络直报的准备工作。

为落实卫生部关于调整完善甲型 H1N1 流感信息报送的相关工作内容，确保甲型 H1N1 流感病例个案和社区疫情暴发事件全部整合纳入国家传染病和突发公共卫生事件信息系统进行网络直报，组织了对现有传染病网络直报系统进行部分改造和完善，实现甲型 H1N1 重症调查表报告及统计分析报表，并组织全国数据报告人员操作培训。

3. 积极主动配合疫苗接种工作　配合免疫规划中心完成甲型 H1N1 流感疫苗接种数据接收系统改造及完善需求分析，实现了在现有资源条件下海量数据上传与统计分析。

4. 发挥优势，提供信息服务　11 月初，全国甲型 H1N1 流感病例信息报送数据来源统一采用网络直报系统数据，重点对每日网络直报数据与行政报送数据进行比较核实，寻找差距，力求早日实现两套数据的统一，同时配合卫生部完成大量的数据核实，编制卫生部值班信息。

不断优化改进系统平台，保障了甲流疫苗突击应急接种海量信息的收集分析和接种不良反应的监测，建立了全球疫苗接种个案信息最大的数据库，截至 12 月 21 日，已收集接种个案信息 1980 万例，监测接种不良反应个案信息 3.7 万例。

甲型 H1N1 流感暴发初期及时将最新科技文献信息推送到领导邮箱，此项工作受到肯定。同时在 12 月编制甲型 H1N1 流感文献计量分析专刊推送到甲流防工作组的专家和工作人员。围绕甲型 H1N1 流感在中心网站上发布大量信息，截至 12 月 10 日，甲型流感专栏信息量达 378 条，信息中心建设、维护了其中““疫情动态”、“科技文献”两个栏目。

（二）积极应对手足口病，加强网络直报监测预警

利用时空分析技术手段重点对 2009 年全国手足口病时空动态开展分析，对 2008—

2009 年全国手足口病疫情动态进行科学研判。在缺乏历史数据情况下，提出利用现有监测数据实现实时监控预警算法，在每日疫情简报中对重点关注县区进行早期提示。此外，针对卫生部手足口病防控信息需求，与疾控处密切协作，完成手足口病网络直报系统升级完善业务需求，做好信息报告保障工作。

（三）建设短信预警服务系统

为提升预警和应急服务能力，已建设完成中国疾控中心短信息服务系统。目前该系统已经通过内部测试并部署使用，系统运行稳定，服务正常，实现了包括信息中心，疾控处，甲型 H1N1 流感办公室的分类用户使用，并在疫情预警信息发布中发挥了重要作用。

（四）地理信息系统定制平台建设

为应对新发再发传染病的暴发，实现各类传染病数据的实时在线地理信息系统(GIS)展示与分析，需要快速定制在线 GIS 系统。为此，信息中心建设了传染病动态监控地理信息系统定制平台，该平台采用零代码开发及灵活的系统发布和部署策略，能够快速定制开发实现传染病疫情的空间监控与分析，通过数据交换接口的开发和部署，可以快速定制出用户需求的 GIS 展示系统。此项工作已经进入最后测试验收阶段。

四、科研课题及重大专项

（一）公共卫生科学数据共享项目

公共卫生科学数据中心根据数据共享项目的要求，组织 2008 年度数据共享各子项目单位进行了共享数据加工，基本完成年度数据加工工作任务。2009 年初组织公司对原有的数据共享系统进行了系统升级与完善，已进入运行阶段，在新系统升级初步完成后开展系统使用培训，并部署了数据加工工作任务。各子项目完成了元数据、数据元、数据背景、静态数据等数据加工任务，这些资源均已通过公共卫生科学数据中心网站进行了发布；各子项目均提交了最终的原始数据，经数据中心初步整理，导入 ORACLE 数据库中。

（二）淮河肿瘤项目相关工作

信息中心承担了淮河肿瘤项目中的死因调查和死因监测以及病例对照研究现场调查工作。2009 年完成的主要工作包括：①撰写《2008 年淮河流域死因监测报告》；②常规死因监测质量评估和督导，定期产出淮河流域死因监测质量分析报告；③死因漏报调查工作已完成国家级培训及全部现场调查和数据录入核对工作；④ 淮河流域项目县区工作会议于 12 月份举办，对本年度的工作进行总结，并对存在的问题进行反馈，督促下一步工作。

(三)吸烟与健康前瞻性研究

该前瞻性研究覆盖45个全国疾病监测点，共25万人，目前已对该队列追踪了15年。2009年，信息中心重点加强了课题的分析和文章撰写，重点对BMI与慢性病的关系、饮酒与相关疾病的关系进行研究，并取得初步研究成果。

(四)传染病重大专项传染病实验室监测网络平台信息系统建设

传染病实验室监测网络平台信息系统建设是传染病重大专项“我国不同地区国家传染病网络实验室的建立和病原谱的监测研究”重要组成部分，其建设目标是实现传染病监测信息的整合、共享与利用。目前已完成五大症候群采集、检测信息、样本库与菌毒株库模块系统分析、设计、开发、用户测试、培训等工作，目前系统已发布上线试运行，基本满足了五大症候群信息、检测信息、样本库与菌毒株库信息管理需要。

(五)艾滋病和病毒性肝炎等重大传染病研究信息化技术平台研究(申报)

艾滋病和病毒性肝炎等重大传染病研究信息化技术平台研究的总体目标，是通过建立国家艾滋病和病毒性肝炎等重大传染病信息知识服务平台、科技发展战略平台和“重大传染病防治科技研究”项目过程管理等平台，最终建立“我国艾滋病和病毒性肝炎等重大传染病防治科技重大专项”信息网络门户，为重大传染病防治科技重大专项的信息化管理提供统一技术与信息服务平台。

在课题负责人的领导下，与其他联合单位协作，完成课题申报书和预算书的编制工作，目前已按照审核意见修改反馈预算书，等待批复执行。

(六)重大专项传染病多维信息集成分析与传播风险预测技术研究

承担重大专项传染病多维信息集成分析与传播风险预测技术研究(2008ZX10004－012)第五专题——疟疾时空分布变化及传播风险预测研究任务。围绕专项总体研究目的及各项具体研究内容，召开研讨会议，在对前期疟疾研究成果回顾总结基础上，对下步研究方向及内容进一步细化，共同对疟疾研究领域相关文献开展研讨，在此基础上共确定5大方面研究内容。目前主要完成了疟疾监测、环境数据等基础数据的收集与整理工作。项目组还对疟疾防控地理信息系统管理应用软件的需求进行了集中研讨，并制定软件开发节点。

(七)我国重要传染病流行病学数据的收集与整合及其共享分析技术平台的建立

“我国重要传染病流行病学数据的收集与整合及其共享分析技术平台的建立”研究项

目(编号:30590371),主要以信息采集、管理、分析利用、发布并最终实现共享为主线,阐明我国重要传染病流行病学数据的收集与整合及其共享分析技术,并通过以自然疫源性传染病为例,探讨共享信息标准的理论与方法。本年度在完成项目上一年工作总结基础上,重点开展《传染病流行病学多源数据共享平台设计与实现》书目编写工作,对课题研究思路及主要研究成果进行总结,目前该书目编写初稿已经完成。

(八)“十一五”科技支撑项目“疾病预防控制信息集成适宜技术开发与应用”

疾病预防控制信息集成适宜技术开发与应用课题的研究目标是通过开展疾病预防控制信息集成关键技术研究,建立以数据采集驱动整个信息集成的工作模式,重点研究疾病预防控制适宜信息技术集成应用模型,形成集数据采集、加工、分析利用及共享交换为一体的完整的数据管理服务体系。自3月课题启动以来,开展了通用传真数据网络转发器、通用数据装载工具、流行病学通用数据报表定制与分析工具、疾病控制辅助信息系统、集成信息应用示范体验平台等内容的相关基础性研究、研究方案制定、系统研发等工作,并已分别产出实验室样机和系统原型,经测试满足课题研究要求;《公共卫生信息资源及信息化规划方法》已完成初稿。

(九)中美新发和再发传染病项目工作

2008年,信息中心承担了中美新发和再发传染病合作项目子项目四的“网站建设、完善、研讨及测评”部分,2009年度,在项目的支持下,组织了第二次全国疾控行业网站评测。参考美国疾控中心网站用户体验测试经验,对中国疾控中心网站开展用户体验测试。全年继续维护、更新EID传染病热点信息门户网站资源,累计采集600余条数据,完成流感大流行网站的管理和维护。

在EID项目的支持下,全面启动了沙门菌监测信息系统的开发准备工作,目前已完成前期需求分析与应用架构设计工作,并得到了美国疾控中心专家的认可。

(十)GATS项目的信息技术支持

受慢病社区处委托,信息中心组成IT小组参与GATS项目的技术支持工作。通过培训,IT小组认真研究了整个调查系统的工作流程和技术架构,针对调查系统翻译不准确等问题重新做了汉化处理,并对系统不完善的内容向美方提出建议。学习并掌握了整个系统基于PDA及PC端软件的使用,并按照项目要求分组对全国参加调查人员和督导人员进行了8次培训。

(十一)中国法定传染病监测系统评价研究项目

2009 年初参加“2010 - 2011 年度中国 WHO 合作项目”中英文申报工作,提交项目中英文申请书,申报题目为“中国法定传染病监测系统评价研究”获得约 8 万美金资助。

五、国际合作与交流

(一)加强国际学术交流和专项培训

信息中心在中美传染病项目的支持下,派员参加了由美国疾控中心主办的第七届公共卫生信息学网络(PHIN)会议和 2009 健康沟通推广和媒体传播会议。同时为加强能力建设和人才培养,提高信息分析和利用水平,信息中心公派二人分别参加美国疾控中心公共卫生学信息学项目和中国艾滋病与结核多学科应用研究项目(ICOHRTA2)的卫生统计与流行病学项目培训。

(二)开展网络直报系统的国际交流

配合中心国际合作处接待国际来访团 16 余个,介绍交流我国的传染病网络直报系统建设与应用情况。其中主要包括 WHO 新任驻华代表 Dr Michael O'Leary 博士一行 4 人、巴西卫生部劳动管理和健康教育局常务副局长 Ms. Marcia Sakai 一行 8 人、第三届亚太地区国家爱职业安全与卫生研究所所长一行 38 人、全球暴发预警响应网络(GOARN)西太区成员会议一行 30 人等。

六、学会活动

信息中心作为中国卫生信息学会公共卫生信息专业委员会、中华预防医学会预防医学情报专业委员会的挂靠单位,于 2009 年 9 月下旬及 11 月上旬成功举办了换届及学术交流会。

(信息中心提供)

公共卫生管理

一、搭建组织协调平台

（一）2009年公共卫生重点工作研讨会

组织召开2009年公共卫生重点工作研讨会，中国疾控中心王宇主任、侯培森副主任，食品营养所、环境所、职业卫生所、辐射安全所和改水中心领导班子成员，公卫处全体成员参加会议。

（二）食品安全工作会商会

为贯彻实施《食品安全法》，公卫处于3月19日邀请卫生部监督局、规财司领导和相关人员与中心领导、中心办公室及营养食品所领导和专家进行食品安全工作会商会。

（三）农村改水中心更名及职能调整座谈会

卫生部对中心落实发展农村公共卫生事业作出有关部署，即改变中国疾控中心体制、机制和工作重心中不适应农村疾病预防控制需求的环节，将所属的“农村改水技术指导中心”更名并列入地方病防制技术等业务模块，作为卫生部全面、深入开展农村公共卫生技术推广的技术支撑单位。为落实此项工作，公卫处组织召开农村改水更名及职能调整座谈会，与会人员建议将改水中心更名为“（农村）爱国卫生技术指导中心”，职能围绕农村爱国卫生工作相关法规的制（修）订，农村水质卫生学监测与评价，农村改厕工作规划、标准及组织实施，农村环境卫生整治、健康危害因素监测及病媒生物防治，以及农村爱国卫生宣传动员与健康教育等方面，同时承担卫生部疾控局委托的地方病项目技术管理工作。

（四）突发中毒事件应急处置工作研讨会

5月份全国接连发生突发中毒事件，事件的处理情况被社会和媒体高度关注，为进一步提高我国突发中毒事件应急处置工作水平，公卫处组织召开突发中毒事件应急处置工作研讨会。卫生部应急办、监督局的领导，参加相关事件处理工作的专家，部分处理过类似事件的省业务骨干，中心应急办领导和营养食品所、环境所、辐射安全所应急工作负责人参加了会议。

会议内容包括:①中国疾控中心在中毒相关事件应急处理中承担的责任及工作方式;②中国疾控中心相关部门化学中毒突发事件的职责分工与协调机制;③化学中毒突发事件专家队伍的派遣、组成、保障与机制;④中毒相关突发事件处置与其他医疗卫生机构的协调;⑤各级专家队伍在现场卫生应急处理中的关系及责任分工(应急处理、调查、检验检测);⑥应急专家和队伍的调用流程。

会议针对目前我国面临的中毒等突发公共卫生事件的形势,结合最近 3 起中毒案例的处置情况,围绕国家疾控中心在化学中毒等突发公共卫生事件应急处置中的职责、事件处置中与其他医疗卫生机构的工作协调机制、国家和地方专家队伍在现场应急处置中的工作关系、如何应对媒体,以及应急专家队伍的组成、派遣程序和工作保障等进行了座谈和讨论,形成了以下共识:

1. 卫生部、国家疾控中心出台中毒等突发公共卫生事件应急处置专家工作规范等相关文件,进一步规范应急处置专家的派出、现场工作、组织协调和信息发布等工作,明确专家组的工作职责,强调地方的技术需求。同时,加大对专家的业务技能培训,进一步提高专家的专业技术能力。

2. 卫生部门在事件处置中负责事件的健康危害评估和患者救治,各级专家组应坚持属地化管理原则,在事发地政府领导下,加强事件处置中的工作协调与配合。相关协调工作中,除了应加强卫生系统内部的应急机构、疾病预防控制机构、卫生监督机构和医疗机构等部门及其上下级的协调配合,还应加强和安全生产、质量监督、环境保护等部门的横向工作协调。

3. 规范中毒等突发公共卫生事件中相关的健康体检、检测和检验等出证工作。相关检验出证是中毒等突发公共卫生事件处置中突出的薄弱环节,尤其是不同级别、不同机构的检验方法、结果存在差异,给事件处置带来很多棘手的问题。另外,专家组工作报告应该有统一的格式或规范的模板。

4. 中毒等突发公共卫生事件具有事发突然、涉及专业面广、现场情况复杂等因素。事件初始派出相关专家后,仍应根据工作需要及时扩展或调整专家组并加强组织和领导,加强信息的沟通。另外,中毒等突发公共卫生事件在事件的判定上有其专业技术上的特殊要求,仅仅依靠临床检查往往难以确定事件性质,因此,建议参照甲型 H1N1 流感病例诊断由疾控中心完成,中毒等其他公共卫生事件相关人员的健康危害评估由相应的专业机构承担。

5. 规范信息发布,加大专业技术人员应对媒体的相关业务培训。在政府和相关部门的组织领导下,专家组应坚持法规标准和技术规范,发挥集体智慧,积极通过媒体给社会传达事件的真实信息。同时,在参加当地政府组织的相关答疑工作中,应严谨、规范,切实为事件平息起到积极作用。

6. 事件处置工作中应严格规范中毒、职业病等健康危害个体的诊断和评定，同时加快制定相关毒物中毒国家标准。目前不少毒物中毒尚缺乏国家标准，在事件处置中缺乏相应技术规范的依据。

7. 强化卫生行政部门在中毒等突发公共卫生事件处置工作中的领导和综合协调，在事件处置中，除了派出相关的技术专家外，应发挥公共卫生管理专家的作用，根据事件处置工作需要，及时对现场专家组进行补充或调整。

8. 我国正处于经济社会发展的黄金时期，也是中毒等各类突发公共卫生事件的多发期。公共卫生工作既有技术性又有社会性，为切实做好中毒等突发公共卫生事件应急处置的技术支持工作，各级政府和卫生行政部门应加大中毒等突发公共卫生事件应急处置工作技术能力建设，各级疾控中心等技术支持机构也应积极争取主管部门的支持，加强相关技术人员的培养等自身能力建设，做好相关的技术储备。国家疾控中心要定期组织开展相关的技术培训和指导。同时，充分利用网络技术，加强技术交流和研讨，及时沟通信息，总结经验教训，以求进一步提高事件应急处置水平。

（五）全国省级疾控机构公共卫生分管主任会

为进一步推进我国环境卫生、营养与食品安全、职业卫生、放射卫生工作，交流工作经验，中国疾控中心于 2009 年 7 月 29 日至 8 月 2 日在内蒙古呼和浩特市组织召开了全国省级疾控中心公共卫生工作会议。全国 31 个省（自治区、直辖市）、新疆生产建设兵团及 5 个计划单列市疾控中心公共卫生工作的分管主任、职业病防治院（所）领导、中国疾控中心营养食品所、职业卫生所、环境所、辐射安全所的所长等近 80 人参加了研讨会。会议内容主要有：①学习《食品安全法》，介绍我国食品安全工作现状及食品安全风险评估管理工作。②学习《国家职业病防治规划（2009～2015）》及其《实施方案》、介绍我国当前职业病防治工作的现状及任务。③学习《卫生部办公厅关于进一步推进公共场所集中空调通风系统卫生监管工作的通知》，交流公共场所集中空调通风系统卫生监管的技术支持工作情况。④ 交流公共卫生专业有关工作经验。

会议由中国疾控中心公共卫生管理处倪方处长主持。营养食品所严卫星常务副所长与参会人员共同学习了《食品安全法》，介绍了我国食品安全工作现状及食品安全风险评估管理工作；环境所金银龙所长介绍了公共场所集中空调通风系统卫生监管的技术支持工作情况；职业卫生所李涛所长介绍了《国家职业病防治规划（2009－2015）》和《实施方案》；辐射安全所副所长孙全富对我国放射卫生工作面临的挑战与对策作了介绍；内蒙古疾控中心王文瑞主任介绍了内蒙古公共卫生工作情况；天津市疾控中心副主任刘洪亮介绍了天津市集中空调通风系统卫生管理工作；北京市疾控中心副主任贺雄介绍了北京地区放射卫生工作现况；广西职业病防治院院长葛宪民介绍了广西基本职业卫生服务试点情况；河北省疾控中心副主任李建国介绍了河北省公共卫生有关情况。

会议围绕公共卫生工作的现状、工作中存在的主要问题和进一步加强公共卫生工作的意见和建议等进行了分组讨论及汇报。

二、奶粉事件处理

1. 2009年1月7日上午,根据卫生部办公厅“关于请派专家赴河北开展流行病调查工作的函”迅速组织营养食品所、应急办和现场流行病学专家进行讨论,拟定了工作方案,并成立由营养食品和流行病学业务骨干组成的3人调查组。通过对患儿病史、喂养史、临床检查结果和家族史的了解,以及营养食品所对奶粉样品的检测结果,排除了患儿因食用不合格奶粉导致泌尿系结石的可能。

2. 为了解“多美滋”奶粉涉嫌致婴幼儿肾结石的有关情况,经卫生部监督局协调,2009年2月17日,联合调查组,赴贵州省黔东南州凯里市及贵阳市进行调查。

3. 组织开展洋奶粉涉嫌致婴幼儿泌尿系结石探索性检测工作。根据目前的调查和相关检测结果,尚不能判定洋奶粉与婴幼儿结石之间有关联。

三、重大公共卫生事件应对

(一)大面积旱情应对

针对我国北方大部地区出现的大面积旱情,组织专家针对本次旱情的特点,制定了《干旱地区农村饮用水水质卫生应急监测方案》、《干旱地区农村集中式供水设施风险评估方案》及《2009年旱灾地区生活饮用水消毒指南》3份技术方案,形成《干旱地区农村饮用水水质卫生应急监测方案》发往各省疾控中心。

(二)盐城水污染事件

江苏省盐城市自来水厂水源污染并造成全市大面积停水事件后,迅速组织专家赶赴现场,通过会议及现场调查了解基本情况,并对准备恢复城西水厂供水过程中卫生、环保、建设部门水质检测结果不一致等问题提出了指导意见,协助制定了蟒蛇河下游6个水厂水质卫生监测方案。同时采回6份样品对43项《生活饮用水卫生标准》规定的有机化合物和92项美国环保局规定的有机化合物进行了测定。

处理情况与检测结果形成文件《中国疾病预防控制中心关于江苏省盐城市自来水厂源水污染事件的报告》上报卫生部监督局。

(三)邳州铅中毒事件调查

组织相关部门对事件资料进行了分析研讨,派出专家对江苏省疾控中心血铅检测工作进行了技术指导。根据分析,这是一起由于环境污染导致的以儿童血铅增高为主要改变的健康损害事件，并引发了社会关注。其中既有专业技术方面的问题，也有行业管理层面的问题，应予以高度重视，积极采取相应措施，应对可能发生的类似事件。

近年来我国职业卫生和环境污染问题突出，职业病危害尤其严重，群体性中毒事件屡有发生，除尘肺病、各种急性职业中毒外，铅、镉、汞、锰、砷等慢性职业中毒也十分突出，其健康风险高，严重影响职工健康。由于环境污染也对周边居民健康造成影响，甚至严重影响了社会稳定，并造成了国际影响。因此提出了以下建议：

1. 宜在监测技术上早作准备，及早制定相应预案，建立系统、完善的以重(类)金属检测为主的职业危害监测实验室网络。

2. 为避免或减少不同实验室血铅检测出现较大的差异，建议采取以下措施：①统一、规范血铅检验技术标准，明确方法适用范围，对于医院检测精密度达不到要求的方法，建议只用于临床铅中毒的初步筛选及指导临床治疗；职业卫生检测方法用于铅中毒的最终认定。②建立血铅检测实验室确认体系。血铅检测方法较多，由于儿童血铅检测是痕量测定，血铅水平较成年人低，因此对检测方法要求更高，需要从针头、注射器、试管的准备，采血、实验室的检测分析到结果的解释实行全过程的质量控制。因此，应尽快建立血铅检测实验室准入机制(资质认定)，加强检测人员的技术培训，提高检测能力，建设统一规范的国家血铅检测实验室网络，并以适当形式向社会公布。只有检验场所、设备、人员及检测水平满足要求的实验室才能对外开展儿童血铅检测服务。建立国家血铅检测参比实验室，加强血铅检测实验室的质量控制、考核，包括血液样品采集、实验室检测分析、检测结果报告及内部质量控制，对于考核不合格的实验室，取消其血铅检测资格。③要立即开展生物材料中的铅、镉、汞、锰、砷等重金属和类金属的实验室检测体系建设，加强能力建设、技术培训、质量控制，各省至少建一个相应的检测实验室，要求在设备、人员、场所、检测能力及质量控制等方面达到标准。

3. 对铅污染区域儿童健康危害进行评价：①在当地政府领导下，协调环保、安全生产、卫生等部门，制定该区域铅中毒综合整治方案并由政府督促落实；②由环境保护部门明确春兴公司铅污染的范围，包括界定污染区域、污染的环境介质(土壤、水、农作物等)；③由专家组按照卫生部颁布的相关指南制定中毒儿童治疗方案及随访方案，在环境污染状况未得到明显改善的情况下，不宜开展儿童驱铅治疗；④采取多种方式开展儿童铅中毒预防控制的宣传及健康教育活动，包括对区域内的儿科、疾病控制等专业人员进行铅中毒预防控制知识培训。

(四)旬阳县汞污染调查

受卫生部卫生监督局委托，组织环境所曹兆进、鄂学礼、康家琦 3 名专家赴陕西省旬阳县，调查南水北调水源地旬阳县境内汞污染情况。根据了解到的当地汞锑矿生产情况、职业人群和当地居民的健康情况，以及水样、土壤样、生物样的检验结果，认为当地是否存在汞污染及其程度尚需进一步调查。环境样品水、土壤、粮食样品中锑含量均较高,其中一份河水样品的锑含量超标104倍,提示当可能存在锑污染,但人体尿中锑浓度并不高。同时提出以下建议:

1. 开展专门的健康影响调查及评价工作,了解当地汞、锑污染情况及健康影响情况;

2. 加强矿区的环境监测力度,确保"南水北调"水源地的水质符合相关的国家环境质量标准,避免环境污染对矿区居民健康造成危害;

3. 加强矿区居民饮用水的卫生学评价工作,摸清该区域内农村饮水水质情况,加强饮水食品等方面的卫生监督工作;

4. 加强从业人员职业防护与卫生监督检测工作,尤其应加强汞冶炼过程中的设备工艺改进、职工安全教育等,规范企业对体检资料的管理。

(五)核实兴隆铅污染情况

中国疾控中心公卫处、环境所会同河北省疾控中心、承德市疾控中心有关专家共15人组成调查组,于2009年7月17日前往河北省承德市兴隆县,对兴隆县孤山子乡沙坡峪村铅污染情况进行核实调查。

1. 事件相关背景　2004年3月15日,河北省兴隆县孤山子村沙坡峪村小学部分学生突发头晕、呕吐等不良反应,兴隆县委、县政府高度重视,先后组织部分学生到遵化市医院、北京博爱医院、北京朝阳医院等医疗单位进行检查治疗。

2004年3月23日,北京市朝阳医院邀请中国疾控中心、北京市疾控中心和北京大学第三医院的专家,对接诊的沙坡峪村161名学生疑似铅中毒的问题进行讨论,出具了《关于河北省兴隆县沙沟峪村小学部分儿童被怀疑发生铅中毒的医学结论》。

2004年3月25日,承德市环境保护局出具了《兴隆县沙坡峪村小学生群体性不良反应事件环保专家论证意见》。

2004年3月28日,河北省疾控中心和承德市政府在北京邀请中国疾控中心、北京、上海等国家权威机构10名专家,从医学角度进行了分析和论证,出具了《兴隆县沙坡峪小学部分学生不良反应论证意见》。

2004年4月17日,卫生部召开专题会议,邀请有关专家对此次事件进行研究、论证,卫生部办公厅信访处在《关于对兴隆县学生群体不良反应事件的答复》中认定3月23日和3月28日先后两次对该县学生群体不良反应事件的专家会诊和医学结论意见准确无误,此次学生出现的群体性不良反应与铅中毒无关,不会给学生造成长期的、器质性的不良损害;此次学生群体不良反应事件中的学生,目前不需要进行任何针对铅中毒的医疗处置,完全可以进行正常的学习和生活,对尚有症状的学生,应当视情况对症处理。

2006年8月25日,中国农业科学院农产品加工研究所魏益民教授致信河北省副省长宋恩华,汇报内容涉及沙坡峪村《铅暴露地区膳食安全评估报告》。兴隆县接到该报告及省、市领导批示后，立即与承德市环保局联系，承德市环境监测站于 10 月 12 日，对沙坡峪村小学、沙坡峪村原金矿铅冶炼厂和沙坡峪村桃园、理发店附近区域的土壤和地下水进行了监测，监测项目包括土壤中的 pH、镉、铅、铜、锌和地下水中的镉、铅、铜、锌、化学需氧量(COD)、氨氮、亚硝酸盐氮、挥发性酚，并于 2006 年 10 月 30 日形成了《河北省兴隆县孤山子乡沙坡峪村区域环境质量现状监测报告》，主要内容：地下水环境质量现状监测结果显示监测点位的各项检测因子测试结果均符合国家《地下水质量标准》(GB/T14848－93)中三类标准中规定的限值(重金属离子均未检出)；土壤环境质量现状检测结果显示，监测点位的各项检测因子测试结果均符合国家《土壤环境质量标准》(GB15618－1995)中二级标准中规定的限值，表明该区域土壤环境质量现状能够满足维护人体健康的土壤限制值和农用土壤的基本要求。

2009 年 6 月 22 日，魏益民教授致信卫生部卫生监督局并附上《河北省兴隆县铅暴露地区膳食安全评估报告》，反映河北省兴隆县沙坡峪村的铅污染问题，卫生部监督局即要求中国疾控制中心组织专家前往当地核实情况并提出处理意见。

2. *事后当地采取的主要措施* 2004 年沙坡峪村疑似铅中毒事件发生后，兴隆县委、县政府高度重视，认真查找事件原因，虽然此次事件不属于铅中毒，但从保护环境、维护稳定的角度，对该村环境进行了综合治理。一是于 2004 年对沙坡峪村不符合国家产业政策的金铁矿冶炼铅项目实施了关闭。并组织县环保、国土、安监等部门，多次对该村进行了联合检查，检查中未发现有污染项目。二是责成县环保、疾控部门对该村的饮用水及土壤进行了监测，检测结果符合相关标准，并建立了定期监测机制。三是加强健康教育，组织县疾控中心专业人员深入到该村宣传铅中毒相关知识，并在该村小学做了专题讲座，消除其恐惧心理。同时积极引导群众养成健康生活方式，提高群众疾病认知度，增强自我保护意识和能力。四是责成县疾控中心等部门，对未在北京市朝阳医院按国家标准检测方法进行血铅水平测定的 13 名儿童，进行了追踪检查，未发现血铅超标现象。

此后该村未发生由于“铅超标”引发的不良反应和社会稳定问题。

3. *采集水样检测结果* 对本次采集的两户居民家中自来水和沙坡峪小学内的自备水井水 3 份水样进行了检测，水中铅含量符合《生活饮用水卫生标准》。

4. *调查组意见* 有关《河北省兴隆县铅暴露地区膳食安全评估报告》中所涉及的铅污染对健康的危害问题，2004 年 3 月 23 日和 3 月 28 日的专家讨论会已对其进行论证，卫生部又于 2004 年 4 月 18 日对此事件做出了明确答复，认定 3 月 15 日的学生群体性不良反应与铅中毒无关，认为“此次不良反应不会给学生造成长期的、器质性的不良损害”。

同时，根据事件当时儿童血铅测定结果，当地存在铅对儿童健康的潜在危害；事件所涉及的金铁矿冶炼铅项目，虽与事件并无直接关联，但根据当时区域污染源调查结果，兴隆县沙坡峪金铁矿超标排放废气，会在不利气象条件下向环境空气扩散，这也是引发当时事件的主要原因，且该矿属未批先建项目，在事件后即已关闭。据当地主管部门介绍至今该企业未开工,也没有类似新建项目,评估报告中没有提出有类似污染项目。调查组本次到沙坡峪现场调查未发现有类似企业,沙坡峪村小学也将于 2009 年 9 月迁往乡政府新址。

魏益民教授曾于 2006 年向河北省政府反映河北省兴隆县孤山子乡沙坡峪村的环境污染情况,根据宋恩华副省长批示,承德市环境监测站于 2006 年 10 月 12 日对该村部分区域的土壤和地下水环境质量进行了监测,并出具了监测报告,监测结果基本符合相关标准。事后,兴隆县没有向魏益民通报和反馈有关信息,也未与其进行沟通和交流。建议当地政府与魏益民进行良好的沟通与合作,确定沙坡峪村周边环境及居民铅污染的状况,加强监测,以便提出针对性措施。

四、健康危害因素监测

(一)2008 年全国农村饮用水水质卫生监测总结会

2009 年 3 月 23 - 25 日在江西南昌组织召开了"2008 年全国农村饮用水水质卫生监测总结会",会议总结了 2008 年全国农村饮用水水质卫生监测工作,讨论了监测中存在的问题、解决措施,安排了 2009 年的全国农村饮用水水质卫生监测工作。除北京、黑龙江和内蒙古外各省、自治区、直辖市及新疆生产建设兵团疾控中心的农村饮用水水质卫生监测业务负责人参加了会议。

(二)沿海地区碘营养状况调查

为应对日益突出的群众反映食盐加碘过量问题,组织开展沿海地区碘营养状况调查工作。制定了《沿海地区居民碘营养状况调查方案》,选择辽宁、浙江、福建省的沿海城市和沿海县(区)及上海市各选择 5 个城市居委会和 5 个农村居委会作为调查点;在卫生部疾控局领导下于 5 月 16 日召开了启动会;并于 6 月 23 - 25 日组织了居民碘摄入膳食调查培训班。

委托浙江省疾控中心收集浙江省总膳食调查点的食物消费量数据,并委托北京市疾控中心对中国总膳食研究样品进行碘含量测定。

(三)浙江盐样检测

为落实国务院马凯同志在国家信访局《来信摘要》第 59 期上的批示要求,公卫处联系浙江省疾控中心在市场上采购了 4 种试验样品,组织环境所对浙江省疾控中心寄送的食盐样品和举报人寄送的 2 种食盐样品、环境所在北京市 2 家超市采集的 8 种食盐样品开展了检测。检测结果:① 14 种食盐样品中苯胺类化合物含量均<N-(1-萘基)乙二胺偶氮分光光度法检出限 2.5mg/kg;②14 种食盐样品中苯胺和联苯胺含量均<气相色谱

质谱法和液相色谱串联质谱法检出限 0.05mg/kg；③14 种食盐样品中欧盟禁止的 24 种致癌芳香胺均<相应的气相色谱质谱法检出限。综上，14 种食盐样品中苯胺、联苯胺均未检出(低于方法检出限)。

同时分析了举报人提供的检测报告可能存在的几个不确定因素：①送检样品为举报人在家中自行溶解的食盐水样，不是固体食盐样本；②样品性状描述为“浑”，前处理方法不明；③检测方法为分光光度法，对浑浊样品检测可能出现误差。检测结果上报卫生部监督局。

五、技术支持

2009 年 6 月 9 日组织召开职业性牙酸蚀病诊断标准适用范围研讨会，就柠檬酸是否可引起牙酸蚀病及其是否适用职业性牙酸蚀病诊断标准进行了研究。会议认为职业性接触柠檬酸逸尘引起的牙酸蚀症可参照《职业性牙酸蚀病诊断标准》(GBZ61－2002)处理，并上报《中国疾病预防控制中心关于柠檬酸引起牙酸蚀病是否适用职业性牙酸蚀病诊断标准的回复意见》。

(公卫处提供)

慢性病防治与社区卫生

一、全国疾控系统慢性病预防控制能力调查

为摸清我国疾控系统慢性病防治方面具备的能力和慢性病应对能力,掌握目前慢性病防控领域的制约因素和需求,为加强慢性病能力建设和国家制定慢性病发展策略提供依据,2009 年 2—5 月,慢病社区处组织开展了全国疾控系统慢性病预防控制能力调查。本次调查共回收 3116 个疾控中心的问卷,总应答率为 98.2%。省级、地市级和县(区)级疾控中心的应答率分别为 100%、99.1%和 98.1%。本调查为我国疾控系统慢性病能力首次评估调查,通过调查摸清了疾控体系慢性病机构经费、工作网络、人力资源、开展的工作和需求情况。为加强疾控系统慢性病防控能力建设和国家卫生行政部门制定有关卫生政策提供了重要依据。

二、通过两会平台进行慢性病有关政策倡导

为唤起政府和社会对慢性病防治工作重要性和迫切性的关注,在 2009 年两会期间向与会代表介绍我国慢性病防控的现状、有关工作和问题等情况,编写完成了《中国新闻两会特刊——慢性病防治专辑》,主题为"控制危险因素,减少慢病发生"。主要内容包括慢性病对社会经济的危害、全社会防治慢病的责任、成熟的防治策略等。

两会特刊引起了全国政协的关注,2009 年 6 月和 9 月,全国政协科教文卫体委员会先后组织了两次由全国政协委员、农工民主党委员、卫生部、中国疾控中心有关领导和专家参加的全国慢性非传染性疾病防治工作专题调研,赴黑龙江省、吉林省和江西省进行深入调研工作。调研主要采取听取工作汇报、实地考察等形式,内容涉及省内慢性病流行形势、重点工作开展情况、省内具有特色的工作、慢性病防控工作的问题和建议等。

三、继续推进全民健康生活方式行动

2009 年,在全民健康生活方式行动领导小组领导下,国家行动办公室积极推进全民健康生活方式行动。

1. 配发宣传资料和工具,积极支持各地启动工作。截至 2009 年 11 月,除宁夏和西藏外,全国其他 29 个省(自治区、直辖市)及新疆生产建设兵团均已启动了省级全民健康生活方式行动。

2. 进一步完善全民健康生活方式行动宣传网络。加强全民健康生活方式行动网站建设;与搜狐公益频道合作,开办了全民健康生活方式行动专区;不断完善全民健康生活方式行动《工作动态》。

3. 协助卫生部制定《全民健康生活方式行动示范创建工作指导方案(试行)》,推动全民健康生活方式行动示范创建工作。

4. 支持开展多种形式的宣传活动。2009 年 4 月,举办上海国际健康生活方式博览会;9 月 6 日,以搜狐公益频道专家访谈及同步社区血压测量和宣传活动的形式启动了 2009 年度健康血压主题活动,发出了“成年人每年至少测量一次血压”的行动号召。围绕中国高血压日,于 9 月 27 日举办了 2009 年度健康血压主题活动暨全国高血压日活动通气会,发布了 2009 年全国高血压日各地的活动安排,发出了“减少食盐摄入,预防控制高血压”的行动号召。

四、组织实施淮河流域癌症综合防治工作

2009 年,中国疾控中心继续在江苏、安徽、山东和河南 4 省 14 个项目区县开展癌症综合防治工作。进一步加大淮河项目的综合管理和协调力度,成立了淮河流域癌症综合防治专家委员会和技术工作组;组织开展对 28 家项目参加单位的组织管理、业务管理和财务管理 3 方面联合督导;组织撰写《淮河项目管理办法》;召开 2009 年工作年会;积极组织协调多部门开展专题工作;撰写完成《淮河流域癌症综合防治工作报告》;同时加强基层能力建设,组织基层人员进修等。

五、制定《全国疾控系统慢性病预防控制工作规范》

为了进一步明确各级疾病预防控制机构在慢性病预防控制工作中的职责定位,工作目标、任务、内容、流程和实施步骤,保证慢性病防控工作任务的有效落实。在慢病中心前期工作的基础上,结合医改政策、慢性病控制策略及我国卫生体系特点,组织有关专家进一步修订和完善《全国疾控系统慢性病预防控制工作规范》(简称“工作规范”),并于 2009 年 10 月报送至卫生部疾控局。工作规范从机构、职责和人员;制订工作计划和实施方案;监测与调查;干预;评估;信息管理;能力建设等 7 个层面阐述了各级疾控机构的目标、任务、分工与考核等内容。

六、组织召开全国疾控系统慢病预防控制工作会议

2009 年 7 月 26—29 日,慢病社区处组织在四川成都召开全国疾控系统慢病预防控制工作会议,会议主题为:医改进程中的慢性病预防与控制。会议对 2008 年度全国疾控系统慢病预防控制工作进行了认真总结。听取了卫生部疾控局领导、WHO 官员、国内有关专家等关于医药卫生体制改革与慢病的关系分析,以及医药卫生体制改革为慢病防治

提供的机遇和挑战。本次年会是在医改首年召开的一次重要的慢病预防控制工作会议，会议的召开对于在医改进程中如何做好慢病预防控制工作具有实际的指导意义。

（施小明　王春晓）

流行病学研究

一、提高疾控系统的流行病学能力

(一)举办现代高级理论流行病学交流研讨班

邀请国际一流流行病学家到国家疾控中心进行学术交流,举办《现代流行病学进展高级研讨班》,推动疾控中心流行病学理念的发展。2009 年邀请国际知名的流行病学家,《现代流行病学》、《流行病学原理和方法》的主编 Kenneth J. Rothman 教授来我中心进行讲座。中心各单位有 100 余人参加研讨班。研讨培训内容重点为现代流行病学理论和概念进展,充分组合病因模型、流行病学测量、队列设计和病例对照研究、混杂定义与规避、数据错误分类所致偏倚、数据分析中的估计与验证、流行病学研究间差异的解释等现代流行病学方面的最新理念和观点。

(二)继续开展全国省市疾控系统流行病学应用与实践系列培训

在云南省昆明市举办全国流行病学应用与实践系列继续教育培训班,主题为"流行病学方法与突发公共卫生事件风险沟通"。提高全国省市疾控系统在突发公共卫生事件风险沟通对流行病学方法运用,内容涉及风险沟通概念、国内外研究应用现况、应急风险沟通的公众策略和媒体策略等。

(三)参加中心研究生的流行病学课程和培训工作

流行病学办公室与中心教育培训处展开良好的合作,在教育和培训方面完成以下工作:

参与教育培训处组织的研究生入学考试试题设计、判卷、面试等有关研究生录取工作;

设计中国疾控中心研究生的流行病学教学大纲,教授研究生的流行病学课程;

流行病学办公室配合疾控中心开展研究生流行病学教学工作,培养指导研究生的实习和课题设计;

参与国家疾控中心对省市疾控中心的技术培训工作,提供流行病学理论和技术交流,以促进和提高省市疾控中心在实践工作中的流行病学能力。

(四)编印现场流行病学通讯

现场流行病学案例是沟通理论与实践的桥梁,把理论学习和工作实践紧密结合起来。学习现场流行病学案例有利于拓展工作思路、培养解决实际问题的能力和在实践中得到提高。

目前,全球乙脑流行区域呈现扩大趋势,WHO最近已将乙脑纳入全球重点防控疾病,确定在中国、日本和韩国建立乙脑参比实验室,进一步加强乙脑防控。在计划免疫中心领导的大力支持和密切合作下,流病办与计划免疫中心合作,编印了《流行病学通讯——乙脑专刊》,重点刊出我国3起脑炎暴发的现场流行病学调查案例,总结了我国当前流行性乙型脑炎的流行特点、预防和控制概况,以期进一步提高对乙脑和脑炎暴发疫情的现场调查及处理能力。

二、开展气候变化对人类健康影响的研究与国际交流、合作

继续开展气候变化和人类健康影响的探讨,并推广和宣传气候与健康及公共卫生的关系,通过大众媒体在多种刊物和网站宣传保护环境和健康的关系。由英国使馆文化处组织,在北京和广州主持了2次有关"气候和人类健康"的新闻媒体研讨班。参加WHO在上海的有关气候和健康的高级研讨会,向与会世卫官员、国内外专家、学者介绍中国气候与健康的有关情况。和WHO北京办事处合作,执行WHO项目工作,开展中国气候、环境和健康的危险评估培训工具包的设计和开发,并设计在中国开展试点工作。与澳大利亚、加拿大、欧盟多国的大学和研究机构开展讨论,就共同关心的气候和健康的研究进行讨论,探索可行性合作。

三、公共卫生、疾病控制工作

(一)甲型H1N1流感紧急应对工作

流行病学办公室参与中国疾控中心甲型H1N1流感应急办公室工作,作为技术组的组成部分,收集、编译大量国内外资料、参与甲型H1N1流感应急技术工作和应急值班。先后完成甲型H1N1流感大众防护核心信息,健康旅行指南、大众交通工具防护指南,以及心理支持项目设计等工作。,多次接受媒体采访,宣传甲流防控知识。

(二)参与卫生部应急办和美国疾控中心新发再发传染病子项目

参与卫生部应急办和美国疾控中心新发再发传染病子项目,"突发公共卫生事件应急风险沟通培训",在卫生部应急办的指导下,与美国疾控中心健康推广中心合作在中国开展应急风险沟通培训试点工作。编写《突发公共卫生事件应急风险沟通手册》;改编并再

版《突发公共卫生事件应急风险沟通指南》;在宁波、成都开展突发公共卫生事件应急风险沟通的模拟事件桌边演练;“突发公共卫生事件应急风险沟通手册”的试点使用。

(三)执行卫生部应急办委托项目

执行卫生部应急办委托项目“传染病公共卫生突发事件早期发现能力评估”项目资料收集工作基本完成,项目报告已基本完成。

(四)参加淮河流域癌症综合防治工作

1. 结合淮河流域癌症综合防治实际工作,编印癌症专刊 胃癌是淮河流域高发肿瘤,流病办针对这一高发癌症,编印了胃癌专辑,概括了我国在胃癌高发区多年的干预研究和防治方法,供淮河流域癌症综合防治的广大实际工作者参考。

《癌症专刊六》系统介绍了全球及我国胃癌的流行概况和分布特征、临床预后及预防等,重点介绍了我国辽宁庄河胃癌高发现场多年的综合防治与研究案例。

《癌症专刊七》介绍了国内外胃癌的主要危险因素和预防策略与措施等,概括了我国医务和科学工作者深入胃癌高发现场,进行病因与发病因素研究,提出了亚硝胺、霉菌、微量元素、遗传、食物粗糙、饮食过快、热食、饮酒、吸烟、精神作用及胃炎等是胃癌发生的内、外条件。重点介绍了山东临朐胃癌高发现场的病因学营养干预研究案例。

《癌症专刊八》系统介绍了肝癌在全球及我国的流行与危害、诊治、预后与早诊的意义等,重点介绍了台湾地区通过乙肝疫苗免疫规划预防肝炎与肝癌,从而对肝癌起到一级预防作用的干预研究案例,并简单介绍了我国乙肝疫苗免疫对肝癌的影响。

2. 开展肿瘤相关水污染危险物质的 Meta 分析 根据淮河项目环境调查工作组和实验室组提出的有关致癌危险物质名单,与北京大学医学部、武汉大学公共卫生学院、中南大学湘雅医学院、中医药大学循证医学中心合作,进行污染物质与肿瘤的 Meta 分析。初步完成了藻类毒素、饮水消毒副产物、重金属、持续性有机污染物和遗传毒性物质等五大类、几十种重点污染物与人群肿瘤的文献检索,完成了重点物质和消化道肿瘤关系的Meta分析研究,现已经进入总结阶段。

四、国际交流

邀请美国波士顿大学流行病学教授来中国疾控中心进行学术交流;接待美国密执根大学公共卫生学院院长的来访,并向来访的 30 名美国研究生介绍中国疾控中心及中国公共卫生系统;邀请美国哥伦比亚大学教授到中心进行流行病学讲座。接待 3 批加拿大、德国和欧盟多国公共卫生教授的来访,介绍中国疾控中心及中国公共卫生系统,并开展初步合作意向的讨论。

五、开展科研与学术活动情况

1. 撰写大型报告 参加由中国科技生物中心组织编写“中国现代参加由中国科技生物中心组医学科技创新能力国际比较研究报告”工作,已经完成其中的流行病学部分编写和审校任务,该书2009年10月由中国医药科技出版社出版。

2. 科学研究 在研课题:2008年国家艾滋病防治社会动员经费项目——深圳市流动人口艾滋病健康教育项目;全球基金项目一激励策略的综合评价研究。中标达能营养基金课题:婴儿期喂养方式与儿童超重肥胖关系一历史性队列研究。

3. 论文与专著 流病办2009年在国家级刊物上共发表中文文章26篇,SCI收录的英文文章5篇。全体人员参加编译美国疾控中心编著的《流行病学原理:公共卫生实践中的应用》,该书2009年5月由中国协和医科大学出版社出版。

4. 国际学术交流与培训 参加首届中国新西兰科技产业化研讨会、参加美国耶鲁大学公共卫生学院、WHO和中国疾控中心环境所举办的中美环境流行病学培训。

5. 国内交流 参加2009年10月由中华预防医学会主办的中华预防医学会第三届学术年会暨全球华人公共卫生年会,2人做疾病控制与和谐社会等专题大会发言,1人获优秀青年论文奖,“中国结核病防治效果监测及影响因素研究”中2人获中华预防医学会科学技术奖三等奖。

六、CFETP工作进展

(一)学员毕业与招生

2009年8月,CFETP顺利完成第九期学员的招生工作,共招收学员12名,分别来自全国9个省市和中国疾控中心。截至目前,CFETP学员已达110人,遍布全国28个省份和4个直辖市,其中毕业生80人,在各地流行病学工作岗位上发挥骨干作用。

作为中美新发和再发传染病合作项目的重要组成部分,CFETP一直坚持为国家和省级疾控中心培养和输送公共卫生应急人才。同时,CFETP积极为健全和完善疾病监测和公共卫生应急体系而努力。基于CFETP现有培训基地和工作网络的建设和发展,中美合作项目的其他分支准备和CFETP合作共同开展有关疾病调查和监测。

(二)现场调查和应急处理

2009年,CFETP教师带领学员共开展了97项各类调查活动,包括暴发调查69次,流行病学专题调查21次,监测数据分析和监测项目25次,灾难有关调查7次。除了开展现场调查和应急处理活动,为保证学员及时有效的开展现场工作,还组织国内外专家对在训学员和15个基地相关人员进行了多次培训活动。其中重要调查有:

1. *云南不明原因猝死病因学研究* 2009 年，按照卫生公益性行业科研专项《云南不明原因猝死病因学研究》任务书的要求，课题组在年初和猝死流行季节前，多次召开了研讨会和工作会议，讨论和部署研究任务，开展了多项工作：不明原因猝死监测和 4 个重点乡镇的全死因监测；组先后 15 次深入现场，开展新发现场和专题的调查研究，采集各类标本 222 份；邀请中国科学院昆明植物所和中国科学所地理所专家共同开展重点猝死村庄野生菌生态和地质学综合考察；开展猝死村庄可疑野生菌生长情况和人群采食行为调查；开展了干预及既往干预的评估工作，在发现有可疑野生菌生长的村庄开展针对性干预，共印制下发宣传册 5000 份，张贴宣传画 2000 份；进行可疑野生菌小鼠急性毒性动物实验和植物化学分析。多项工作取得突破性进展。

2. *EV71 型手足口病暴发调查* 2009 年，CFETP 总结了 2008 年安徽阜阳 EV71 手足口病的专题调查结果，撰写了“Glucocorticoid and pyrazolone treatment of acute fever is a risk factor for critical and life－threatening human enterovirus 71 infection during an outbreak in China，2008”，该论文已被《Pediatric Infectious Disease Journal》录取。2009 年 3－5 月，项目老师参与手足口中心应急小组，在 4 月 10 日中国疾控中心召开的手足口病防治专家研讨会上就 2008－2009 年我国 EV71 手足口病重症、死亡病例特点做了专题报告。2009 年 4－5 月，CFETP 设计完成“EV71 手足口病重症影响因素研究方案”，并与应急办在河南合作开展现场调查。2009 年 4－7 月，CFETP 设计“托幼机构 EV71 手足口病相关传播影响因素研究方案”，在浙江和江西 2 个基地启动该项调查。2009 年 10 月，CFETP 项目老师参与应急办组织的研讨会，参与中国疾控中心 2010 年手足口病相关课题的方案设计工作。

3. *甲型 H1N1 流感暴发调查* 2009 年 4 月甲型 H1N1 流感流行以来，CFETP 参与了甲型 H1N1 的暴发调查、专题研究及监测数据分析等工作。

（1）甲型 H1N1 流感的暴发调查：2009 年 6 月 3 日，CFETP 学员和指导教师与国家疾控中心应急办以及福建省疾控中心人员共同开展了一起飞机上甲型 H1N1 流感暴发的调查。6 月 6 日，CFETP 学员与四川省疾控中心工作人员共同开展了九寨沟某旅行团甲型 H1N1 流感暴发调查，通过调查明确了人与人之间的飞沫传播是本次暴发的主要途径，而没有证实飞机中存在空气源传播，对于甲型 H1N1 流感的控制措施提供了相关科学依据。此外，CFETP 学员还在各培训基地参与了学校、宾馆、武警部队等多起 H1N1 流感暴发的调查。2009 年 10 月 2 日，我国西藏发生首例甲型 H1N1 死亡病例，CFETP 学员与临床和国家疾控中心人员共同赴西藏对该例病例开展了流行病学调查，详细了解了死亡病例的发病和治疗过程。之后又赴青海对 H1N1 死亡病例进行调查。

（2）专题研究：随着甲型 H1N1 流感的流行，为了探索甲型 H1N1 重症发生的危险因素，2009 年 11—12 月期间，CFETP 在沈阳和长沙分别开展了甲型 H1N1 重症危险因素的病例对照研究，病例组为确诊的甲型 H1N1 病例，对照组为未发生并发症的轻症确诊甲型 H1N1 病例。通过比较两组早期的用药情况探索重症发生的危险因素，为降低重症病例的发生提供科学依据。

2009 年 11－12 月期间,CFETP 与项目培训基地合作开展一系列甲型 H1N1 流感的专题调查,包括甲型 H1N1 疫苗的效果评价、关闭学校与洗手措施对于控制学校甲型 H1N1 流感暴发的效果评价、社区人群甲型 H1N1 流感感染的危险因素传播、社区人群 ILI 流感样症状患病情况及就诊情况调查等。这些专题对于甲型 H1N1 流感的传播方式及如何预防和控制流感的传播具有非常重要的意义。

(3)监测数据分析:2009 年 6 月,CFETP 与国家出入境检测检疫局合作,对我国边境开展的入境人员体温筛查数据进行了分析。通过各个国家入境我国的乘客甲型 H1N1 患病情况初步估计了各个来源国家的甲型 H1N1 疫情流行情况及对我国造成的影响。2009 年在甲型 H1N1 出现死亡病例时,CFETP 分析了早期 34 例死亡 H1N1 病例的流行病学特征及合并症发生情况。

(三)培训基地建设

FETP 依靠国家疾控中心各处室和省市级疾控中心建立了不同级别的现场培训基地,以达到贴近公共卫生第一现场,共同提高公共卫生监测和反应能力的要求。

2009 年,CFETP 进一步加强了对省市级培训基地的管理和建设,与各省市级基地签署了新的协议,提出了明确的要求:由各基地中心主任担任负责人,保证派遣学员能第一时间得知公共卫生事件发生,并为其尽快抵达现场展开工作提供支持。经认真考察,苏州市疾控中心与厦门市疾控中心具备较强的业务基础与很好的合作意向。经双方协商同意新建苏州市、厦门市两个 CFETP 培训基地。

经历 8 年的探索和发展,CFETP 已拥有 17 个省市级现场培训基地,并在此基础上帮助省市级提高疾病监测和公共卫生事件反应能力。

(四)省市级 FETP 建设

为了适应各级短期内对现场流行病学人才的大量需求,在具备现场培训基地和拥有 FETP 毕业生资源的基础上,帮助地方发展当地 FETP,鼓励培养适用的公共卫生人才满足地方需要。目前有广东、浙江、天津、山东、河南、贵州、上海及深圳、杭州在内的 7 个省级和 2 个市级分别开办 FETP 项目。CFETP 项目已经成为国家疾控中心重点发展的领域。

(五)流行病学技术培训和交流活动

1. **基地指导教师培训班** 目前,FETP 聘有约 70 位包括毕业生和技术骨干的省市级基地指导教师。2009 年 4 月 CFETP 召开基地指导教师培训班,共有近 90 名来自基地与各省市的指导教师及毕业生接受培训。培训围绕如何选择有价值的现场开展调查、如何判定完成了现场调查、利用监测资料发现暴发、现场调查所需的实验室支持、为现场流行病学培训建立强大的培训基地、如何加强基地建设与管理、如何提升学员在基地学习期间的产出、评估学员工作的方法等展开。此次培训班通过现场互动、小组讨论、与实际案例紧密结合等方式，在轻松的环境下充分地交流，起到了很好的效果。

2. *第四届中国现场流行病学培训项目年会* FETP 年会是全国范围开展流行病学技术交流的舞台。

2008 年 10 月 14－16 日，中国现场流行病学培训项目第四届年会在北京召开，会议主题为“临床疾控携手，共同应对公共卫生事件”。本届年会邀请了卫生部应急办陈贤义主任，WHO 驻华办事处 CK Lee 博士、美国疾控中心 Robert Fontaine 博士，及美国疾控中心和来自全国疾病控制、卫生监督、医疗机构、医学院校、科研院所及媒体等单位近 400 人。

此次年会共有 200 余篇调查报告，分主题演讲、专题讲座、摘要报告和媒体交流 4 部分，采用主会场和分会场方式，先后有 82 位代表作了大会发言和报告，研讨和交流了甲型 H1N1 流感、手足口病等传染病、食品药品安全等重要突发公共卫生事件的应对过程和应对经验。

3. *发表重要文章* 2009 年，有 14 篇文章发表，其中国外杂志发表 5 篇。

（六）国际合作交流

1. 指导邻国发展 FETP。先后为越南、蒙古国开办 FETP 提供咨询和帮助，并受蒙古国邀请，预备派员对该国的现场工作开展指导；

2. 为联合国粮农组织在农业部门开办兽医 FETP 提供咨询和帮助；

3. 为 WHO 组织的评价和推广新型 FETP 模式提供经验介绍和样板；

4. 2009 年，CFETP 参加了一系列的国际国内会议交流。1 名学员被邀请参加在美国亚特兰大举办的第 57 届美国疾控中心 EIS 年会并作展板介绍。4 位学员的 4 篇调查报告被全球 TEPHINET 流行病学网络会议接受在大会上作 2 个口头报告和 2 个展板展示，其中 4 名学员参加了 11 月在马来西亚召开的国际会议，并获得了大会一等奖。

（么鸿雁　阚坚力　李旭东）

12320全国公共卫生公益电话建设与管理

一、全国12320试点工作及全国开通情况调查

4月23日,卫生部12320工作领导小组办公室(全国12320管理中心)召开了工作例会,会议全面回顾了3年全国12320试点工作及全国开通情况,充分肯定了北京、上海12320试点建设模式,高度评价了全国已开通省市12320热线在应对突发事件风险沟通及为公众解疑释惑,宣传卫生政策和重大疾病预防知识方面发挥的作用。会议还系统总结了卫生部12320工作领导小组办公室(全国12320管理中心)在应对重大突发事件、加强12320标准化建设、12320网站建设与宣传推广、总结推广12320试点经验等方面的工作。会议重点讨论了全国12320建设中存在的主要问题并提出了下一步工作建议。

二、应对手足口病和甲型H1N1流感疫情,做好公众风险沟通工作

2009年4月初,手足口病暴发后,卫生部12320工作领导小组办公室(全国12320管理中心)印发了《关于做好手足口病咨询报送工作的通知》,启动了日报告制度,每日汇总各地数据信息,编辑《12320手足口病工作专报》报送卫生部及相关部门,内容包括各地12320手足口病咨询量、咨询热点问题等。自4月3日至5月31日,12320中心共编发报送专报41期。同时及时更新了12320.gov.cn网站中“手足口病”专题内容。

2009年4月底,甲型H1N1流感疫情暴发后,卫生部要求各省(自治区、直辖市)卫生厅局对外公布甲型H1N1流感咨询热线电话。卫生部12320工作领导小组办公室(全国12320管理中心)随即印发了《关于认真做好人感染猪流感咨询报送工作的通知》,启动了日报告制度,每日编辑工作专报报送卫生部及相关部门,内容包括18个省市12320甲型H1N1流感咨询量、咨询热点问题等,并适时增加了对北京和上海数据的分类统计,详细反映公众咨询热点的变化趋势。截至2009年12月31日,已编发《12320甲型H1N1流感工作专报》76期、《12320甲型H1N1流感工作周报》23期。

为规范各地12320咨询解答口径和方便公众查询,卫生部12320工作领导小组办公室(全国12320管理中心)先后组织有关专家编辑了《人感染猪流感公众咨询指南》、《最新甲型H1N1流感公众咨询问题解答》、《甲型H1N1流感疫苗公众咨询指南》。根据中美新发与再发传染病项目美方项目办提供的相关内容,组织编译了《美国疾控中心防控甲型H1N1流感健康教育指南》和《美国疾控中心防控甲型H1N1疫苗相关问题公众咨询指

南》。上述内容由于及时上传全国 12320 官方网站，满足了各地 12320 受理咨询和公众查询的需求。

为了及时反映各地应对公众咨询甲型 H1N1 流感的工作情况，卫生部 12320 工作领导小组办公室（全国 12320 管理中心）根据疫情的变化，分别于 6 月底和 11 月初对全国 31 个省、自治区、直辖市相关情况开展了两次调查，先后形成了《各地应对公众咨询甲型 H1N1 流感的情况报告》和《关于近期各地 12320 甲型 H1N1 流感咨询激增的情况报告》报送部领导。报告中根据调查结果提出了全国尽快统一开通 12320 的工作建议，以利于突发事件发生时方便公众咨询，也便于卫生部统一管理和收集全国舆情动态。

9 月初，卫生部 12320 工作领导小组办公室（全国 12320 管理中心）在大连召开了全国 12320 应对甲型 H1N1 流感公众咨询情况研讨会，来自全国 31 个省、自治区、直辖市的相关负责人参加了会议。卫生部 12320 工作领导小组办公室（全国 12320 管理中心）介绍了各地开展甲型 H1N1 流感防控公众咨询的总体情况，云南、北京、上海等 7 省市交流了应对甲型 H1N1 流感公众咨询的工作经验。此次会议达到了帮助各地进一步做好秋冬季应对甲型 H1N1 流感公众咨询的预期效果。

三、规范数据管理，完善信息资源库，加强 12320 标准化建设

3 月中旬，为进一步规范试点省市 12320 数据报送工作，充分利用 12320 数据信息，探索建立舆情监测机制，召开了全国 12320 热线数据统计研讨会。

9 月初，完成了对《12320 健康信息资源库》和《12320 数据采集和管理系统》两套应用软件及网站后台的升级改造，并对全国 31 个省、自治区、直辖市软件应用进行了培训，为各地配发了升级改造后的两套应用软件及软件使用手册，为下一步全国统一数据采集和管理做好了准备。

为配合《食品安全法》的颁布实施，我们组织北京和上海 12320，结合公众需求，在 6 月 1 日前编制完成了《食品安全法咨询指南》，及时补充了健康信息资源库中食品安全的相关内容。7 月开始，组织北京 12320 收集整理了两年来 12320 热线收集到的公众关注的传染病热点问题，完成了对《全国 12320 传染病病种库》中艾滋病、乙肝、狂犬病 3 方面内容的修订和更新。

四、持续加强 12320 热线和网站建设，积极探索、拓展服务的新形式和新领域

9 月底，卫生部印发了《卫生部关于在公立医院施行预约诊疗服务工作的意见》，鼓励有条件的地区通过 12320 提供预约诊疗服务。卫生部 12320 工作领导小组办公室（全国 12320 管理中心）随即响应，10 月底在全国率先通过 12320 开展了预约诊疗服务工作的福建省，召开了全国通过 12320 开展预约诊疗服务工作研讨会。卫生部高度重视，医疗质量

监管司专门派人参加了会议,解读了有关文件并认真听取了与会人员的意见和建议。通过学习交流和现场观摩福建经验,有条件的省市纷纷表示要通过开展预约诊疗服务的新功能,突破 12320 的公共卫生服务领域,向医疗行业拓展。

在服务的形式方面,我们一直在探索利用新型媒体向公众传播疾病预防控制和健康教育内容,12 月中旬,我们利用中美新发和再发传染病合作项目支持,在上海启动了基于 12320 热线的短信评估工作,该项目得到了美方的高度评价,被认为超过了美国疾控中心相关研究深度,属开拓性项目。

12320. gov. cn 网站自 2007 年 7 月开通以来,及时发布公众关心的健康相关信息,提供 12320 工作交流动态。2009 年 1 月 1 日至 12 月 31 日,网站共编辑或转载新闻报道约 300 条、12320 工作动态约 100 条,编辑热点主题 9 个,增加了部分宣传视频,基本满足了公众对健康相关热点问题的需求,起到了较好的业务工作交流和大众风险沟通的作用。

2009 年 12320 中心共编发《12320 工作简报》12 期,报送部 12320 工作领导小组成员,并发送各省区市卫生厅局等有关单位。简报反映工作动态、交流工作经验、发布试点省市受理数据分析,发挥了全国 12320 工作交流和互动平台的作用。

截止到 2009 年底,纳入卫生部 12320 工作领导小组办公室(全国 12320 管理中心)管理的有 28 个省市自治区。全国 12320 正不断得以发展,一方面是由于政府信息公开和相关法律法规的强制性要求;另一方面是突发公共卫生事件频发,风险沟通的需求;再有就是各地 12320 工作得到了广大群众及卫生行政部门领导的认可,发挥了其在反映舆情、解读政策、受理咨询、投诉、举报等方面的重要作用。

(谭枫　蒋燕)

人力资源管理

一、加强领导干部队伍建设，进一步完善干部选拔任用工作

严格按照中组部《领导干部选拔任用工作条例》，进一步完善干部选拔任用程序，采取民主、公开、竞争、择优等方式选拔干部，进一步加大公开招聘干部工作力度。2009 年，根据岗位需要，在北京市范围内对中心国际合作处等 5 个副处长岗位进行公开选拔。有 23 人申报，经过笔试、演讲答辩、考察等程序，有 5 名同志聘任到相应岗位。经过民主推荐，有 2 位同志走上直属单位副所长岗位。按照人才引进办法，从京外引进处级干部 1 名，提高了选人用人的透明度和公信度。

在干部任用和管理工作中，采取一系列措施，探索和创新形式、规范和严格程序，教育和激励干部。第一，根据卫生部人事司工作安排，2009 年在条件比较成熟的辐射安全所率先进行党政领导干部纳入卫生部管理的工作，人资处协助卫生部人事司，历时 2 个月时间完成了该所党政领导的选拔聘任工作，并积极做好其他直属单位党政领导选拔推荐等准备。第二，按照中心领导要求，2009 年首次试行了新聘任处级干部和试用期满处级干部集体谈话制度，中心领导亲自参加谈话，认真听取每位干部的工作情况和心得体会，并给干部们提出希望和要求，5 名新聘干部和 10 名试用期满干部在谈话中真实地介绍了本人的情况、设想和目标，通过中心领导的指导和个人经验、体会的充分交流，更强化了干部的责任感和使命感。第三，对干部任前考察和考核等工作进一步加强，截至 2009 年底，在对拟聘干部和试用期干部的考核考察工作中，共听取近 200 名干部职工的意见，力求考核结果客观公正，把优秀人才选拔到干部岗位。第四，为了进一步规范干部管理工作，人资处对中心近三年聘任的 34 名干部的任免考察等材料重新整理和收集，归入文书档案，并对今后该项工作的开展提出了要求。

二、加强人才队伍管理，提高队伍整体工作水平

（一）完善进人程序，扩宽公开招聘制度

近年来，接收毕业生已成为中心录用人员的主要渠道，2007 年至 2009 年，毕业生录用人数已占当年新进职工的 80%以上，因此严把毕业生进口关越来越重要。2009 年，继续实行公开招聘选拔录用毕业生，有 1000 多名毕业生投递简历应聘，筛选出 500 多名毕

业生参加笔试和心理测试,经各单位面试、体检、外调、公示等程序,共录用毕业生 81 名,其中博士生 23 名、硕士生 41 名、本科生 17 名。此外,为中心培养的 79 名研究生办理了毕业派遣手续。

2009 年通过公开招聘,从京外调入 3 名专业技术人员。经过公布岗位需求信息、笔试、面试、考察等程序和选拔,确保高素质人员进入中心人才队伍。

(二)继续开展上下互派学习和交流

2009 年接收各省疾控中心进修人员 26 人;"西部之光"访问学者 1 人,中心下派处级干部和业务骨干挂职 3 人,派出 10 多名青年职工到基层锻炼。

(三)加强岗位培训

1. 组织新职工岗前培训　为了使新职工尽快熟悉中心情况,更深刻地感受到中心的事业、文化氛围,我们对 2009 年新职工岗前培训在形式和内容上进行了创新,重新修订了《新职工手册》,并吸取了 2008 年新职工提出的建议,为新职工制作了通讯录。2009 年岗前培训参加人数创历年新高,达到 110 余人。

2. 开展人事干部岗位培训　对人事干部进行了文书档案管理、人事档案管理等方面的培训,在年底,我们集中对 68 名处级干部的人事档案进行了整理,促进人事基础工作水平的提升。

(四)人才推荐和评选工作

在各类人才和先进人物推荐选拔工作中,人资处按照文件要求,通过对候选人申报材料进行审核、修改,组织相关评委会评审,评选出中心的推荐人选,由中心办公会或主管领导审批后报送卫生部或有关单位。2009 年,人才推荐和先进评选工作主要包括以下内容。

1. 两院院士候选人推选和申报　中心组织了由中心领导、院士和专家组成的材料审查委员会,对各单位推荐候选人提交材料进行了审查和评议,并提出建议。根据评审结果,推荐 3 位同志为中国工程院院士候选人,申报材料上报卫生部。

2. 新世纪百千万人才工程国家级人选候选人推荐　在各单位民主推荐基础上,组织专家评审委员会对各单位推荐候选人进行了选拔评审。推荐舒跃龙、阚飙、李宁、孙全富、张敏 5 位同志为候选人,舒跃龙、阚飙当选。

3. 推荐全国杰出专业技术人才　按照卫生部的文件精神,推荐侯云德院士为全国杰出专业技术人才候选人,经过评选,侯云德院士作为卫生部直属单位惟一候选人顺利当选,并参加了表彰大会。

4. 第十一届中国青年科技奖候选人推荐　根据中组部、人社部、中国科协推选第十一届中国青年科技奖候选人有关精神,经民主推荐,专家评审,中心领导研究,推荐舒跃龙、李敬光2位同志为候选人,舒跃龙同志当选。

5. 全国医药卫生先进集体和先进个人评选　推选中心病毒病所为全医药卫生先进集体,舒跃龙、李新武、李敬光3位同志为全国医药卫生先进个人,均当选。病毒病所李德新所长作为全国卫生系统惟一代表在表彰大会上发言,受到李克强副总理的亲切接见。

6. 做好入选“千人计划”人员的有关工作　2009年4月,传染病所于学杰同志入选2008年度“千人计划”,按照中组部等13部委关于引进人才相关工作要求,海外引进高层次人才工作相继展开,逐步落实。

(五)职称申报工作

按照卫生部有关职称评审要求,人力资源处对中心205位申报专业技术资格人员的材料进行了审核,其中有191人符合申报条件上报卫生部,有171人通过评审,其中正高171人,副高74人,中级72人(2009年将硕士3年中级资格中心评审转为卫生部评审),职称申报通过率为90%。

三、充分调研准备,稳妥实施岗位调整与聘用工作

中心在2007年组织开展了岗位设置和聘用工作,到现在已有两年时间,因调出或退休腾出了部分空余岗位,按照首次聘用时卫生部下达的岗位指标及中心岗位设置和聘用的实施方案,可以进行补充调整。经过向卫生部人事司请示,2009年12月开展了对空余岗位进行岗位调整和聘用工作。

(一)摸底准备

为做好2009年中心岗位调整和聘用工作,人力资源处在认真总结首次岗位聘用工作的基础上,根据中心主任办公会的精神,分别在今年4月份和10月份对中心专业队伍状况进行了两次摸底测算,对部分财务、幼教人员、工勤人员情况进行了摸底和了解,以保证开展岗位调整和聘用工作具有充分依据。

(二)修订评审条件

修改了岗位评审条件,并征求有关专家和中心直属单位的意见。经多次修改后,明确了本次岗位调整和聘用的评审条件,由于是岗位补充调整,未做较大改动。

(三)预测分析

通过摸底调查,对本次岗位调整和聘用工作面临的问题和突出矛盾进行了深入分析,主要有如下几点:一是近两年中心人力资源队伍增长较快,超过首次聘用时数量。二是竞

聘压力和矛盾大于首次聘任，今年的岗位调整，取得高一级职称和符合上一等级条件的人数多，空余岗位指标少，有部分同志上不去。三是单位之间指标差距大，符合条件人员机会不均等。四是竞聘岗位虽少，牵动人员数量多，高一级岗位出现空余指标，低一级岗位就会出现连锁调整。目前中心有 1600 多名专业技术岗人员，有 800 多人符合高一级岗位条件，但只有 500 多人能够实现岗位调整。对上述问题的发生，一方面提前做好宣传和解释，请申报人员做好充分心理准备，另一方面请各单位和相关部门做好耐心细致的思想工作，维护和谐的工作环境。

(四)核定指标

按照摸底情况，人力资源处与每个直属单位分别进行了面对面的沟通，核实数据，逐一了解每个单位的人员状况，力求核定岗位指标数能够相对满足各单位需求和各单位间的平衡。最后按照卫生部首次下达指标和各单位人员实际情况，核定了各单位的岗位控制指标数，提交中心办公会讨论确定后发至各单位。

(五)动员实施

在测算和调研基础上，拟定了 2009 年岗位调整和补充工作方案，经中心主任办公会研究通过后启动实施。从 2009 年 12 月开始中心各直属单位均按照岗位调整和聘用工作通知要求，进入动员和实施阶段，11 个直属单位和中心机关已完成专业技术人员的岗位调整和补充工作。

四、加强日常管理工作，促进管理规范化

(一)加强外聘人员管理

1. 2009 年，加强了中心有关部门外聘人员规范管理工作，对使用外聘人员的部门做好政策宣传和引导，促使他们做好外聘职工入职前签订合同、离职前解除合同的基础管理工作，并努力做好个别职工解除合同前的协调、交流和完善手续工作，2009 年未发生因劳动关系解除产生的劳动争议。

2. 承担全球基金项目部分人事管理工作，按照《全球基金项目聘用人员收入分配实施办法》和全球基金项目及中美项目统一的工资标准，调整了项目人员的工资标准，实现了工资常规调整机制，并对该项目聘用人员核定保险基数，部分人员续签了合同。

(二)完善职工工伤管理

按照《工伤保险条例》要求，对符合条例中规定的工伤职工，向社会保险机构申报工伤认定、医药费报销、劳动能力鉴定等工作。2009 年，为中心机关 3 名职工申报了工伤认

定，全部获得了认证，有 2 名职工申报劳动能力鉴定获得批准（1 名确定为伤残 9 级，1 名确定为 10 级）。共得到一次性伤残补助金 3 万余元，医药费报销近 5 万元，维护了职工权益，给职工提供了必要的经济补偿。

五、其他主要工作

1. 撰写重要请示、报告　2009 年，按照中心要求，撰写并向卫生部上报了“关于申请调整和增加编制”、“明确中心专家特殊补贴和追加经费”、“加挂国家流感中心牌子并增加人员编制”、“国家食品安全风险评估中心编制和职能设置”等重要请示和报告，大部分已得到相应回复或提出授理意见。

2. 参加人事部组织的人事制度改革试点单位工作交流会议　撰写的题为《完善岗位设置，推行竞聘上岗，推进疾控事业健康和谐发展》的经验总结，被大会作为会议材料交流使用。

3. 出国政审工作　2009 年共办理出国政审 700 人次，其中初审 175 人次，再审 525 人次。

（李黎　张学清）

基础设施建设

一、一期新址工程收尾竣工验收

2009 年 9 月份,新址东区各单体机电设备、弱电系统、消防系统、实验设备安装及室外工程、绿化景观工程全部完成,9 月底通过市质监站验收备案。

综合业务楼信息机房工程、BSL—3 实验室、进口污水处理设备、进口高压灭菌器、生物安全柜等实验专用设备的安装调试并通过专业验收,其中 BSL—3 实验室正在由实验处组织国家认可委的验收工作。

BSL—2 实验室初步调试完成,现正在进行进一步稳定调试;动物实验楼因系统比较复杂,施工单位分散等原因调试仍未完。

二、工程量及投资完成情况

截至 2009 年底,一期工程工程量已全部完成,剩余任务主要为动物实验楼等调试收尾,工程总投资 6.71 亿,累计完成投资约 6.2 亿元。

三、竣工资料档案及竣工决算

2009 年下半年,着手竣工图等工程资料档案整理编制及竣工决算工作。召开了若干次专题会议,成立专门小组,目前已完成橡胶卷材地板、电梯、变配电设备及安装、进口污水处理设备、进口高压锅、进口生物安全柜等 20 余项的结算定案工作,其他项目结算按计划实施中。

四、合同签订及投资控制

1. 继续做好各项合同起草、谈判、审定、签订全过程工作。2009 年 1 月至今,共签订合同 20 余份。在做好一期工程合同管理的同时,积极协助保卫处、新址办及性艾中心做好有关工程合同的起草签订工作,为其合同执行提出建议。

2. 严格按照国家及中国疾控中心工程款拨付相关规定及程序,认真审核,在工程结算定案基础上,做好合同尾款的付款工作。

3. 根据工程进度计划,按时编制年度投资计划并上报卫生部及国家发改委。

五、相关审批手续办理情况

1. 1月14日，一期工程通过北京市规划委验收。

2. 4月14日，人防工程通过北京市人防工程质量监理站验收。

3. 5月22日，人防工程通过竣工备案。

4. 6月16日，一期工程水土保持方案报告表通过昌平水务局审批。

5. 7月，消防工程完成备案。

6. 10月13日，一期工程完成竣工验收。

7. 11月2日，一期工程完成市建委竣工备案。

六、工程移交使用情况

1. 在2008年西区移交内容的基础上，2009年相继完成了西区、新址东区部分项目向新址办（物业）、信息中心、保卫处、三所的移交并投入管理使用。主要为：给水泵房及给排水系统；柴油发电机房；综合楼信息机房；生活、实验污水处理站；制冷站；三所科研楼及其所属BSL－2实验室、冷库、P2高压灭菌器、单蒸水管道系统、CO_2气体管道系统等；综合业务楼及三所科研楼监控室的消防、安防监控设施；主大门、西大门；园区景观小品、绿化照明等。

以上项目均进行了运行管理技术培训。移交培训工作得到了上述单位的全力支持配合。

由于设备设施的使用管理与运行维护保障管理的机制尚未完全建立，部分项目无法进行及时交接和有效管理，如进口污水处理设备、通风空调系统、弱电楼宇自控系统、消防系统、纯水制备系统、给排水系统、强电系统等。

2. 根据工程竣工完成及移交新址运行的实际情况，于11月开始基建承办并由基建账户支付的新址水电费、电话费转为新址运行账户支付，并由新址办承办。

3. 配合使用管理单位接管后提出的保修、改造、新增项目的实施。如：配合性艾中心地下毒菌种库改造项目，中心保卫处安保宿舍装修改造等。

七、新址运行

（一）新址搬迁工作

8月25日至9月30日，协助调度搬迁车辆70余辆，24个处室约240人完成了新址搬迁工作。保证中心机关搬迁工作安全、有序、顺畅进行。

（二）职工餐厅运行

7月6日餐厅正式启用，至12月16日止，共接待会议餐60余次，保证职工用餐

22 000余人次。

(三)公寓管理

截止12月7日,专家公寓入住163余间,共接待境内外宾客287人次,其中内宾共284人次,外宾3人次。会议服务场次161余次,大型会议24次,中小型会议55次。共接待内外宾客3423人次。洗衣房洗涤公寓及餐厅布草3212余件。

(四)通勤班车管理

2009年7月,开始通勤班车的试运行。截止到12月16日,往返班车共计行驶约4600公里,接送职工4384人;11辆通勤班车接送职工23 000余人次。共计完成临时任务31件,行驶约3000公里,接送客人约950人。自7月7日试运行至12月16日,累计安全行驶117天,75 000公里,无责任事故。

(五)能源及工程管理工作

园区总配电室、6个分配电室正常运行。总配电室实行24小时值班,截至年底共计巡查660次。监控系统目前运行正常,实行对园区供电设备实时监控。

园区电梯正常运行。实行24小时值班,每天巡视一次,全年共巡视365次。截至年底,完成维护维修工作72次。

生活污水处理站运行正常。定期对处理后的排放水质进行化验,由环保局对水质进行了检测,检测结果为各项指标均达到《城市中水排放标准》,截至年底污水处理站生活污水处理共计8000余吨。

10月底完成3台6吨热水锅炉、2台4吨蒸汽锅炉的检修工作。12月9日对蒸汽锅炉进行试气工作,12月10日完成3所实验室对高压灭菌器的供气工作。

主楼13个会议室音频、视频、红外控制、同声传译的正常运行确保了会议、演出等各种活动的顺利完成。定期联系设备厂家对设备进行维护保养。

应急发电机房柴油到位,每半月对3个发电机房发电机进行试车,以确保发电机正常运行。

(六)园区保洁工作管理

主要负责园区西区(主楼、后勤楼、食堂、公寓)的公共区域及建筑物内部公共区域(大厅、楼道、公共卫生间、电梯、会议室等)的清洁,生活垃圾的收集清洁及垃圾的清运等工作。

办理中心领导布置的临时工作,及时处理应急事故。

（七）收发室管理工作

制订收发室管理方案、收发室服务管理方案、建立机关各处室收发文件登记表及建立机关各处室报刊杂志订阅表等。与昌平沙河邮局签订邮政延伸服务协议书，并定于2009年10月26日正式通邮。与昌平邮局沙河邮政支局协商定于是11月上旬开展2010年公费报刊、杂志征订工作。

八、二期工程进展

主要完成的工作有：结合二期进驻单位的实际情况，完成需求调研；多次拟写二期拟建项目报告上报卫生部；三次向卫生部领导进行专题汇报，初步确定二期工程拟建规模和内容；开展建设项目环境影响评价的咨询、招标等工作；向北京市规委报送规划条件申请和有关资料，完成现场勘察工作；筹备环评、卫评等工作。

（一）多方努力，基本确定二期拟建规模

通过多方调研，二期建设需求总规模为15万平方米，按照国家发改委的批复，二期工程建设规模仅为9万平方米，建设指标和实际需求的矛盾十分突出。为此，我们根据调研收集的资料和数据，先后3次向卫生部上报了正式报告，并向卫生部领导进行了多次专题汇报，卫生部提出二期建设总规模要遵循总体方案，不得突破11万平方米，应在此规划范围内调整方案。本着“保证急需，留有发展”的原则，经过多次与各有关单位进行沟通，不断优化方案，基本确定二期拟建总规模109 955平方米，总投资为76 741万元，方案于8月26日得到了卫生部认可。

（二）精心论证，初步完成可研报告编制

按照“集中共享、节约投资、提高效益”的原则，依据疾控指标和国家有关设计标准，本着“紧贴工作任务需求，预留发展空间，做好长远规划”的指导思想，在总体设计方案的基础上，充分考虑了一、二期工程的衔接，今后发展的预留，进驻单位的基本需求，从场址选择、安全防护、公共配套、节能环保等方面进行研究论证，于2009年5月份完成初步可研报告编制工作。

（三）加强协调，做好各项审批准备工作

2009年8月份，按照卫生部规财司加快展开二期建设项目环境影响评价和规划条件审批工作的要求，经中心领导批准，二期建设项目环境影响评价工作由设备处组织环评招标，12月2日完成了招标文件的专家审定，拟采取公开招标的形式；二期建设项目规划条件的审批工作，经多次到北京市规委相关业务部门汇报中心二期建设情况，发函并报送相关资料,北京市规委建管一处已派人于12月8日来昌平新址进行现场勘察,规划条件正在审批之中。二期筹建工作正按照建设项目可研阶段的规范程序和要求顺利推进。

九、其他工作

办理昌平园区门牌号码;建立了园区结算系统;完成了对主楼各办公室内网、外网、电话、电源线路的布置与改造工作;完成搬迁工作中各处室固定资产的移交工作,包括家具、电话、插座、钥匙的移交工作;对园区景观设备设施管理;生活水泵房、制冷站三所采暖系统及主楼大厅地暖管理;撰写《中国疾病预防控制中心新址(昌平园区)实验室及工作维持运转项目》申请书并且顺利通过;建立了园区一卡通管理制度;完成园区手册的撰写及发放工作;开通昌平园区西区电话,开通主楼、餐厅、公寓有线电视;完成正式搬迁前的值班工作;对中心机关各部门需添置的办公设备情况进行了汇总;定期对两台电瓶车进行维护保养;编撰《新址信息》,中心报新址专栏投稿;完成党总支部联络员工作;完成了综合楼18个处室,100余套办公家具的摆放、调整工作。

(谭吉宾　王海东　王晓雪)

科 研 管 理

一、科研项目及经费情况

2009年度列入中国疾控中心科研计划管理的总课题数257项，本年度实际获得科研经费10 028.271万元。经费来源:国家级课题:194项，经费7065.5万元;部委级课题63项，经费2962.671万元。2009年度获准课题62项，争取经费8558.229万元。经费来源:国家级课题38项，8282万元;省、部级课题24项，经费266.229万元。

二、科技成果申报、获奖及鉴定情况

1. 组织科技成果鉴定17项，科技成果登记17项。

2. 申报国家科学技术奖1项。

3. 申报中华医学奖8项，获奖4项，其中二等奖1项，三等奖3项。

4. 申报中华预防医学会奖17项，通过初审16项(共66项，约占1/4)，其中进入一等奖答辩4项(共9项，约占1/2)，最终获奖12项(共52项，约占1/4)，其中一等奖2项(共4项)，二等奖5项(共21项，约占1/2)，三等奖5项。

5. 申报北京市科学技术奖1项。

6. 截至2009年12月底，共发表论文1107篇，其中包括中文902篇，英文205篇(SCI收录189篇)，其中第一完成单位173篇(SCI收录160篇);出版专著113本(其中主编55本，参编58本)。

7. 2009年度获得专利7项。

三、重点科技任务与重点科研项目管理工作

(一)重点科技任务与工作

1. 中国疾控中心第一届学术会议召开　为进一步提升中国疾控中心的科研能力和科研水平，交流在预防医学、公共卫生领域内的新发现、新突破、新成就和新信息，5月13－14日在北京成功召开了中国疾控中心第一届学术会议。此次大会是中国疾控中心举行的第一届学术会议，得到了中心领导和广大科技人员的广泛关注和支持。本次会议以大会和分组会议交流两种形式，共做报告62项，其中特邀报告2项，大会报告8项，分组

报告 52 项。大会再次强调了科研工作的重要性,“一流的疾控依赖一流的科研,一流的科研推动一流的疾控”。

2. 甲型 H1N1 流感工作

(1)根据 5 月 15 日卫生部科教司《关于甲型 H1N1 流感病毒株用于科学研究的分享使用的函》的要求,中国疾控中心就如何将甲型 H1N1 流感病毒株安全地用于科学研究,草拟了《甲型 H1N1 流感病毒及样本的共享与使用暂行管理办法》和《甲型 H1N1 流感病毒及样本的分享与使用方案(草案)》报卫生部。

(2)甲型 H1N1 流感科技联防联控。随着甲型 H1N1 流感疫情形势不断发展,为全面了解此次疫情的自然规律、研判疫情危害和发展趋势,加强应急突发能力和技术储备能力,中国疾控中心组织撰写了甲型 H1N1 流感科研项目建议书,重点包括:①检测甄别诊断技术的研发;②甲型 H1N1 流感的流行病学研究;③疫苗研究;④ 防护、消毒等相关技术的研究;⑤其他相关研究。共撰写建议书 13 项报卫生部科教司。

(3)科技部委托中国疾控中心甲型 H1N1 流感科技联防联控项目一项,经费 300 万元。

3. 重大专项管理工作

(1)为加强对中国疾控中心承担和参加的重大专项课题管理,保障其各项任务的顺利实施,2008 年底“中国疾控中心国家科技重大专项领导小组”、“专项专家咨询委员会”和“专项管理办公室”成立,并明确工作职责。

(2)中国疾控中心重大专项管理办公室于 2009 年 5 月 20 日正式发文“关于做好科技重大专项课题管理工作的通知”,对重大专项课题的启动和实施提出若干要求。

(3)建立定期工作简报制度,每 2～3 个月编写工作简报 1 期。

(4)积极组织,做好重大专项的申报工作,中标率较高。第一批组织申报 37 项,第二批组织申报 15 项(其中新药创制 3 项),中国疾控中心获准重大科技专项课题情况如下:牵头 25 项,参加 29 项,获准经费约为 6.68 亿,第一批牵头 13 项,参加 19 项,获准经费约为 5.08 亿。第二批牵头 12 项,参加 10 余项,获准经费约为 1.61 亿元。许多牵头的大项目覆盖全国 31 个省、直辖市和自治区,充分体现了资源整合、强强联合,优势互补。

(5)根据科技部、发改委和财政部三部委统一部署,巴德年院士带领重大专项第六督查调研专家组一行 12 人,于 2009 年 7 月 1 日到中国疾控中心对“艾滋病和病毒性肝炎等重大传染病防治”科技重大专项“传染病监测技术平台”项目进行督查调研。卫生部重大专项实施管理办公室、项目牵头单位和部分承担单位共 20 余人参加了项目汇报会。汇报的内容包括项目基本情况、项目管理、项目研究进展、项目支撑与配套条件及存在的问题与建议等五个方面。

(6)部署“艾滋病和病毒性肝炎等重大传染病防治”和“重大新药创制”科技重大专项“十一五”计划第一批课题研究任务,其中 2008 年度预算已正式下达各课题承担单位。为加强对中国疾控中心承担或参加的国家重大专项课题的管理，保证其顺利启动和按计划执行，全面了解课题启动、实施和完成情况，及时发现问题、总结经验，中国疾控中心重大专项管理办公室于2009年7月初布置了对中国疾控中心承担的第一批立项重大专项课题（包括第二批提前启动的课题）进行阶段性自查。目前中国疾控中心对重大专项课题采用分级管理的方式，从中国疾控中心层面和各承担单位均有主管领导和专人负责。

4. 卫生公益性行业科研专项经费项目管理工作　组织专家撰写“卫生公益性行业科研专项经费”项目体系建设构想、项目建议书、实施方案、经费预算等工作，推荐金银龙、郑玉新与吴永宁研究员分别为环境卫生、职业卫生、食品安全领域项目首席科学家。

2009年度，全国卫生公益性行业科研专项经费共申报9个项目，中国疾控中心共中标2个项目，共计经费3761万元。

5. 与中科院生物局科研合作　中国科学院生命科学与生物技术局领导高度重视，联合出台《中国疾控中心与中国科学院生命科学与生物技术局全面战略合作框架协议》，该项合作有利于促进我中心在疾病预防控制和公共卫生领域技术的提升，探索创新科研合作的新模式，符合中国疾控中心的长远发展规划。

6. 中国疾控中心疫苗研究与评价中心建设工作　为了适应中国疾控中心新址二期建设和中长期发展建设的需求，配合“传染病重大专项”国家其他重大计划实施，有力提升我中心在传染病疫苗研究、评价、应用和指导等方面的能力，中心科技处多次组织包括性艾中心、病毒病所、传染病所、寄生虫病所及计免中心的专家研讨，并委托邵一鸣教授牵头完成了《中国疾控中心疫苗研究中心》建设可行性研究报告（初稿），现更名为中国疾病预防控制中心疫苗研究与评价中心，现正组织撰写建设计划书。

7. 中国疾控中心与中国科学院上海巴斯德研究所科研合作签约仪式　为进一步加强国内研究机构间的交流与合作，“中国疾病预防控制中心与中国科学院上海巴斯德研究所科学研究合作协议”完成了，并于2009年8月25日在北京举行了正式签约仪式。

8. 完成中华预防医学会委托撰写的《公共卫生与预防医学学科发展综合报告》　目前已出版发行。

9. 中古合作　作为卫生部成员参加发改委召开的第五轮中古生物技术合作框架协议下进展汇报会。针对中古卫生方面的合作，就艾滋、结核及肝炎领域的进一步合作进行了交流。

10. 提出“加强科研诚信建设的建议”　针对加强科研诚信，科技处提出了“关于加强科研诚信建设的建议”，完善科研诚信相关的管理制度；提升科学道德素养等。

11. 中国疾控中心四部门联合召开2008年度工作年会　2009年2月19－20日在北京召开。会议由杨功焕副主任致欢迎辞。杨主任将疾控工作归纳为监测、干预、科研及其支撑服务几个方面。科技、教育、国际合作和学术出版作为重要的支撑服务部门，其对疾控工作的重要性和贡献不言而喻。同时，实际机构设置使四个领域的工作人员相互交叉，四个领域的精诚合作也为其更好的服务于疾控事业提供了必备的条件。此次科技、教育、国际合作及学术出版四部门联合召开年会,是四领域合作的良好开端。

(二)科技支撑管理工作

组织国家科技支撑项目《国家疾病控制适宜技术研发和应用研究》、《营养膳食对健康影响研究》两个项目的立项课题预算书和任务书、年度进展报告的填报,协调和落实经费到位情况,及时解决课题执行过程中出现的问题。预算书和任务书已正式下达,本年度经费已基本到位。

组织2006年度立项课题的结题前总结和经费审计工作,及时协调和解决可能出现的问题,为课题顺利结题提前做好准备工作。

(三)"973"计划相关管理工作

1. 完成"973"项目在研项目的日常管理工作。

2. 组织专家撰写"973"计划2009—2010年国家重点战略需求分析及需要解决的关键科学问题、该方向的研究重点和研究目标,共8项建议报卫生部转科技部。

(四)"863"计划相关管理工作

1. 组织完成2009年结题项目的结题验收工作。协调中心机关课题完成延期申请。

2. 落实2006年度"863"计划中标项目的任务书、经费预算书及项目(课题)进展情况。

3. 积极组织2009年度"863"计划专题的申报工作。

(五)国家自然科学基金项目管理工作

2009年国家自然科学基金的申报继续保持往年平稳的势头,全中心共中标19项,争取经费499万元。

(六)国际合作项目

协助完成性艾中心的"国家级国际研究合作中心"项目进展汇报工作。

(七)部级课题管理工作

1. 布置和组织中国疾控中心2004—2005年度中心立项国家社会公益专项的总结和验收会议。

2. 教育部留学回国人员科研启动基金。2009年共申报教育部留学回国人员科研启动基金3项,1项初审结束等待专家评审,2项正在初审。2007年申请1项科技部审批已经通过，经费已经到位。

3. 北京市科委项目及相关工作。承担北京市科委重大项目“传染病和食品安全快速检测技术的研究”项目管理工作。该项目旨在研制传染病快速检测技术装备、食品卫生监测用现场快速检测技术装备，解决影响现场疫情分析判断的快速检测技术，及时防控部署，保障市民生活稳定安全。该项目市科委资助总经费为900万元，并由企业1∶1资金配套完成。2009年共支持7个课题，2月科技处对“传染病快速检测技术及装置的研究”和“食品中化学有害物现场快速检测装置的研制”两个课题进行了中期检查。5月组织专家对6个课题召开了结题会议，6个课题全部顺利结题。9月组织专家对“食品中化学有害物现场快速检测装置的研制”召开课题结题会，顺利结题。

四、国家重点实验室管理

1. 重点实验室管理工作。与卫生部科教司、医科院协调国家病毒基因工程重点实验室归属问题，下拨传染病预防控制国家重点实验室运行经费。

2. 加强中国疾控中心科学研究能力建设，构建高水平实验技术平台，结合目前卫生部及其他单位在科研平台建设方面的经验，提出拟在中国疾控中心的框架下设立中国疾控中心重点实验室体系。

3. 据卫生部科教司要求，组织寄生虫病所卫生部寄生虫病与媒介生物学重点实验室撰写有关建议材料报卫生部，为下阶段申报国家级重点实验室做准备。

五、伦理审查管理工作

1. 科技处作为中国疾控中心伦理审查委员会秘书处，负责中心伦理工作的各项事务安排和具体工作。2009年，已对中心提交20个项目的有关材料进行了会议伦理审查、函审和便捷审查。

2. 中心伦理审查委员会完成在NIH上的注册信息更新和续签注册工作。

3. 参加北京大学公共卫生学院承担的卫生部课题《公共卫生伦理学研究》，组织有关专家起草并撰写《公共卫生从业人员伦理守则》。

六、科技信息管理系统

提高科研管理能力，加强科研管理信息化，科技处对《科技管理信息系统》进行了重新讨论，并制定了修改方案，该系统已进入测试和培训阶段。

（董小平　黄辉　陈亮　王吉春　王敏）

国际合作与交流

一、对外交流

(一)因公出国(境)

2009 年因公出国(境) 445 批 728 人次,其中长期出国 11 人次。赴香港、澳门和台湾交流 68 人次。与前几年相同,在出访任务中,仍以传染病控制的交流为主要内容。重要出访任务如下:

1. 6 月 15 - 19 日,王宇主任代表中国公共卫生机构赴美国参加太平洋卫生峰会。

2. 6 月 27 日-7 月 11 日,中心实验室安全专业技术团赴美国疾控中心和美国埃莫瑞大学考察生物安全,接受理论和实践培训。

3. 9 月 9 - 10 日,王宇主任应联合国秘书长潘基文先生亲笔信邀请,出席了联合国潘基文秘书长召集的"生物技术倡议"高级别专家研讨会,为推动联合国积极参与生物技术发展,解决当前和今后人类面临的传染病、粮食、水资源等各种迫切的挑战,以及如何为人类经济社会可持续发展做出更多积极贡献献言献策。

4. 10 月 29 - 30 日,中国疾控中心代表团赴美国,与美国疾控中心联合举办"中美疾控中心主任第六次年会",回顾中美疾控中心过去一年内项目合作进展、面临的挑战和下一阶段合作方向,探讨如何深化和扩展在重点领域的合作。

5. 王宇主任 10 月 31 日出访南非,参加第四次国际公共卫生机构联盟(IANPHI)年会,并在各国公共卫生机构应对 2009 年甲型 H1N1 流感大流行主题大会上代表中国发言,同时作为该联盟执委会委员参加了执委会会议和圆桌会议。

6. 11 月 22 - 26 日,杨维中副主任率中国疾控中心代表团赴日本参加"中日韩卫生论坛"和"第三届中日韩传染病论坛"。履行中国疾控中心、日本国立卫生研究院和韩国疾控中心三方签署的合作协议下建立的信息交流机制。2009 年论坛的内容为甲型 H1N1 流感、麻疹、手足口病研究与防控策略。

7. 应澳门特区政府请求,中国疾控中心选派传染病、病毒病和职业卫生领域 6 位专家,于 2009 年 11 月 20 日至 2010 年 1 月 9 日,分期赴澳门执行短期技术支持任务。

(二)接待来访

2009 年接待国(境)外来宾 127 批,824 人次、顺访 14 批、60 人次,其中台港澳同胞来访18人次。

1. 5月6日，挪威卫生部长代表团来访，交流疾病管理、疫情报告及甲流感防控信息。

2. 11月9日，2001年诺贝尔生理学/医学奖得主，美国 Fred Hutchinson 癌症研究中心主任兼主席 Lee Hartwell 博士访问中国疾控中心，并应邀做了题为“发现循证医学的证据”的学术报告。

3. 11月27日，非国大全国执委前总书记 Cyril Ramaphosa 先生带领由中央委员、中央政治局委员、国民议会议员、内阁部长、执政三方联盟高层官员，以及地方省委高官组成的非国大全国执委研修班一行17人访问我中心，了解中国疾病防控体系和应对策略。中国疾控中心领导和专家分别介绍了中国传染性疾病防控体系，特别是中国艾滋病、结核病的形势及应对措施和慢性非传染性疾病防控体系概况。

二、在应对甲型 H1N1 流感疫情中国际合作与交流的主要活动

自5月份出现甲型 H1N1 流感疫情后，按照中心抗击甲流工作领导小组的要求，国际处承担了外联组工作，积极与国际组织主要是 WHO 及疫情国家的政府机构沟通，在应对措施研讨、信息交流、技术支持、毒株交换、培训等方面做的大量辅助性工作。

(一)协调召开专家研讨会

从5月份甲流疫情出现，国际处组织协调召开了一系列与国际组织和疫情国家的专家级会议，主要包括：4月28日，组织专家参加卫生部－WHO 关于人感染猪流感疫情的第一次信息沟通会。5月4日，中心专家参加 GOARN(WHO 全球疾病暴发预警与应急网络)在日内瓦召开的甲流疫情分析电话会议，讨论 A/H1N1 的病毒学、分子生物学、流行病学。5月18日，邀请 WHO 驻华代表处和美国疾控中心在京专家对中国目前防控甲型 H1N1 流感提供建议。5月21日，分别组织召开中国疾控中心与欧盟疾控中心，中国疾控中心与美国疾控中心甲型 H1N1 流感防控工作的电视电话会议。5月27日，组织召开中国与墨西哥专家关于甲型 H1N1 流感防控工作电视电话会议。6月1日，中心领导和专家参加 WHO 总干事 Margaret Chan 主持召开的专题电话会议，对现行全球预警计划中涉及到的“流行严重程度”、“流行规模”及是否将预警级别升为6级等问题提出中方意见。

(二)联系疫情国家疾控机构和香港卫生署，协调提供信息和毒株事宜

为及时有效应对甲流感疫情，国际处及时与美国疾控中心、加拿大卫生部、墨西哥卫生部、香港卫生署和卫生防护中心联络，了解当地疫情和应对措施，为中国内地可能出现的大流行应对收集可利用的经验和对策，并请求提供甲型 H1N1 流感病毒株，得到各国驻华使馆和香港卫生防护中心的理解和支持，提供了尽可能详细的信息。在很短的时间

内,获得来自美国、加拿大和中国香港的毒株,为随后的应对措施的制定、检测方法开发和疫苗研制创造了有利条件。

(三)提供检测试剂盒,支援古巴和中国澳门应对疫情准备

应古巴卫生部的要求,在中国卫生部的同意和支持下,经长达 1 个月与古方的联络和追踪后,向古方提供了中国疾控中心研发的第一代甲型 H1N1 流感病毒检测试剂盒。

应中国澳门特别行政区疾控中心要求,加速协调办理了向其提供甲型 H1N1 流感病毒检测试剂盒相关事宜,支援澳门甲型 H1N1 流感应对工作。

(四)选派人员到国外接受培训

鉴于欧盟疾控中心对于联合各盟国共同应对疫情暴发和突发公共卫生事件处理有着比较成熟的机制、模式和实际经验,国际处积极与欧盟疾控中心联系,请其接受中国疾控中心选派的专业技术人员前往欧洲进行为期 1 个月的学习,特别是针对性地了解欧盟疾控中心甲型流感(H1N1)信息监测工作,为中国信息监测的改善积累了有益经验。

(五)举办国际培训班

为落实温家宝总理支援东盟国家疾病控制的精神和陈竺部长的倡议,5 月 11 日至 6 月 5 日,中国疾控中心承办了中国—东盟甲型 H1N1 流感病毒实验室诊断技术培训班,教授来自 8 个国家(文莱、柬埔寨、马来西亚、印尼、泰国、越南、老挝、菲律宾)的 16 名学员有关甲型 H1N1 流感病毒核酸检测技术,RT - PCR 和 Real - Time PCR 的实验操作采集和运输、病毒分离和血清学检测进行理论授课。妥善协调处理了学习期间出现的 5 名甲型流感病毒核酸阳性学员的治疗、隔离、慰问、痊愈和解禁后的生活及回国安排等事宜。

2006 年亚太经合组织(APEC)部长级会议要求各 APEC 经济体交流人禽流感防控和流感大流行应对的经验。受中国卫生部的委托,9 月 13 - 16 日,由中国疾控中心组织举办了 APEC(亚太经合组织)人禽流感、甲型 H1N1 流感和流感大流行防控培训班。培训侧重于三个方面:提高人禽流感监测能力、分享暴发应对经验、交流人禽流感和甲型 H1N1 流感监测与防控经验。来自韩国、马来西亚、巴布亚新几内亚、秘鲁、菲律宾、新加坡、泰国、越南和中国澳门的 15 名学员,以及 WHO、美国疾控中心等组织和机构的专家、师资共 40 余人参加了培训。

自 5 月份以来,按照卫生部要求,定期向 WHO、APEC 等国际组织,以及美国、欧盟、东盟、日本、韩国、墨西哥、加拿大、古巴、中国澳门、中国台湾等国家和地区的公共卫生技术部门通报中国流感大流行疫情信息,做到信息公开和共享,得到国际社会对中国疫情形势的了解、理解和信任。

三、保持与 WHO 良好的合作关系

2009 年，接待 WHO 相关外宾来访 12 批次、200 人次，派出执行与 WHO 相关的任务 72 批、108 人次，并开展了多项项目活动，主要活动如下。

（一）联合召开国际会议

1. 8 月 18－20 日，第三届 WHO 西太区和东南亚区国家流感中心主任会议在北京召开，中国疾控中心为组织和承办单位。来自 WHO 的官员和专家，泰国、新加坡、马来西亚、柬埔寨、越南、日本、韩国、中国等 10 多个国家流感中心的主任和专家，约 100 人参加了会议。会议总结了西太区/东南亚区 2008－2009 年度流感（季节性流感、甲型 H1N1 流感）及人间禽流感流行状况，并在疫苗研究进展、抗药性监测、大流行应对等技术层面问题进行了专题讨论。

2. 10 月 19－20 日，中国疾控中心与 WHO 合作召开的全球暴发预警与响应网络（GOARN）国际会议在北京举办，来自 WHO 总部、西太区办事处、WHO 驻华代表处、WHO 亚太区域部分国家、中国疾控中心及全国 31 个省市疾控、卫生行政、临床等部门或机构的相关人员参加了全球暴发预警与响应网络的参与和利用，建立全球战略伙伴；会议介绍了 GOARN 的发展，现场工作情况，现场实用工具开发等监测预警系统与应对体系的具体内容。同时通过案例进一步介绍了暴发预警与响应网络，案例包括：黄热病风险评估、沙粒病毒暴发、印尼海啸提供了可借鉴的经验。中国疾控中心专家分别以会议主持人、特约发言人和师资的身份参加了会议。

（二）成功通过 WHO 流感参比与研究合作中心的评估

自 2008 年 3 月正式向 WHO 递交成为 WHO 流感参比与研究合作中心的申请以来，经过 2 年多的不断完善和改进，国家流感中心于 11 月 10－12 日接受了 WHO 专家组严格的现场评估。在考察了其流感监测和防控综合能力、近年来取得的成绩及为全球流感监测所做的贡献后，专家们一致同意中国国家流感中心成为 WHO 流感参比与研究合作中心。这意味着中国在全球范围内继美国、英国、日本、澳大利亚后，第五个进入全球流感监测网络的领导者和核心行列，从而有了更多的话语权，将为全球流感监测数据的汇总和疫情的分析、流感和流感大流行疫苗株的推荐和为全球流感防控及流感大流行做出更大贡献。

（三）召开与 WHO 驻华代表第 11、12 次例会

1 月 16 日，与 WHO 驻华代表处召开第 11 次例会，回顾了过去一年合作情况，商议了奥运会卫生保障，抗震救灾、手足口病防控等工作，并针对气候变化和人口流动带来的

卫生问题开展合作意向和初步计划的讨论，以及2009年在艾滋病、结核病等传染病领域联合开展相关活动的计划。

8月25日，与WHO驻华代表处在中国疾控中心新址举行第12次例会。双方就H1N1流感的防控、应对、疫苗研究、慢性病防控、结核病防治、环境与健康、艾滋病防治工作等进行了讨论。

(四)执行WHO—卫生部2008－2009年度正规预算项目

中国—WHO 2008－2009双年度正规预算项目涉及10个领域、74个项目，覆盖18个省、市、自治区，69个执行机构，项目总资金为700万美元。国际合作处承担着项目管理的职责。2009年完成的工作包括：

1. *召开中期审评会* 1月9日，在北京召开了项目中期审评会，来自各项目执行单位的150余名代表参加了会议。对上一年度的工作进行了总结和审评，对下一年度的工作提出了加强执行力度、按时完成项目的要求。截至项目年中期为止，平均项目执行率为63%。

2. *举办WHO在华合作中心培训班* 6月29日，来自WHO西太区办事处和驻华代表处的官员、卫生部国际司领导、有关省市卫生厅局及WHO在华各合作中心的代表110余人参加了WHO在华合作中心培训班，其主要内容包括：介绍WHO网上管理系统、WHO合作项目具体要求、评估标准，与各机构就未来发展交换了意见，使WHO在华合作中心熟悉了最新管理政策，以促进其未来在全球公共卫生领域发挥更大的作用。

3. *终期项目督导* 11月9－13日和23－27日，卫生部、WHO、中国疾控中心开展了两次项目联合督导活动，对重庆、咸阳、西安、合肥、淮安、南京的项目执行单位或项目点进行了实地考察，查阅现场项目资料、档案，与现场工作人员进行访谈，实地了解项目执行进度、质量、支持性环境和条件及产生的影响(效益)，发现问题，为保证项目按期完工提出建议。

4. *完成设备采购* 根据实际需求，调整了设备预算、制定了设备清单、签订采购合同，经多次与卫生部国际司和WHO联络与协调，完成了WHO在华合作中心网站设备的采购。

(五)组织申报2010－2011中国卫生部—WHO正规预算项目

组织直属单位和机关有关处室申报2010－2011中国卫生部—WHO正规预算项目，申报26项；制定WHO正规预算项目中管理项目2010－2011年度工作计划。

四、推进与欧盟疾控中心的项目合作

继续保持与欧盟疾控中心在新发传染病方面的即时信息交流机制和渠道畅通，定期交流甲型 H1N1 防控信息。派遣应急办人员赴欧盟疾控中心工作，观摩和学习欧洲同行处理疫情的方法和经验。

组织撰写了欧盟最新提议的“新发疾病（传染病）和健康风险评价培训项目”概念文件，向欧盟提交了第一轮意向书。

五、拓展以美国疾控中心为核心的双边合作伙伴关系

（一）密切和拓展以美国疾控中心为核心的合作伙伴关系，重点开展了在新发传染病和慢病领域的项目合作与交流

继续执行中美新发传染病合作项目，加强管理，开展对项目的阶段督导和评估；深入开展在新发传染病领域的技术合作和能力建设，特别是甲型 H1N1 流感方面的疫情信息交流、实验室诊断和疫苗策略等方面的密切合作、手足口病等疾病的防控探讨和现场流行病学培训项目（CFETP）的扩展等；协调进行项目创新经费的招标、审核和实施工作；协助进行 2009—2010 年度的项目申请书的报批（10 个子项目，获批资助金额 4 982 849 美元）；协调和组织召开 2009 年度项目合作委员会会议（12 月 2 日），确定项目评估计划及合作谅解备忘录的续签准备事宜；选派第二批人员去美国疾控中心进修学习。

在亚特兰大召开了第六届中美疾控中心主任会议（10 月 29－30 日），确定下一年度重点开展在现场流行病学培训项目的扩展、包括流感在内的新发传染病技术合作、支持“中美儿童和家庭健康项目”，以及藉此科研合作平台推动其他慢病领域的交流合作；修订并准备续签中美疾控中心合作谅解备忘录。

在中美疾控中心主任会议上，国际合作外处长强正富被美国疾控中心授予“公共卫生服务卓越奖”。

（二）与美国国立卫生院（NIH）及其他科研院所的合作

支持美国 NIH 在华项目的协调和管理工作，重点促进在癌症等研究领域的科研合作。

与美国华盛顿大学完成合作框架协议的修订工作，组织与 Fred Hutchinson 癌症研究中心开展利用数学模型对手足口病的现有局部数据进行探索性数据分析合作，探索手足口病防控相关因素。

（三）逐步落实与加拿大公共卫生署的技术合作

贯彻落实中加卫生政策对话和中加卫生合作重点，开展了在新发传染病和慢病领域的项目合作与交流，建立了与加拿大卫生部公共卫生署的常规信息交流和合作伙伴关系；在应对防控甲型 H1N1 流感的挑战中，组织双方技术专家开展 H1N1 流感病例信息数据

库建设与数据联合分析合作;11月5-6日在京召开了中国和加拿大慢性病预防和控制研讨会,为中加在高血压、糖尿病等慢病的防控策略和能力建设方面的合作打下基础。

(四)与古巴的合作

继续与古方沟通。2009年年初向卫生部提交了结核病、肝炎和免疫领域合作计划,并随后多次与卫生部和巴方联系落实下一步工作内容,在甲型H1N1流感方面,及时向古巴交流疫情和技术信息;协调向古巴提供了30套RT-PCR试剂盒和5套Real-time PCR试剂盒。

(五)保持与日本国立传染病研究院和韩国疾控中心在传染病领域的合作

保持与日本NIID传染病监测信息交换制度,每月邮寄疾病监测杂志,并定期收到日方的分析资料。

坚持每年一次的面对面交流制度。11月22-26日,中心代表团赴日本参加中日韩卫生论坛和第三届中日韩传染病论坛。2009年论坛的内容为甲型H1N1流感、麻疹、手足口病研究与防控策略。这是自2006年中国疾控中心与日本国立卫生研究院和韩国疾控中心三方达成共同合作意向、建立信息交流机制以来举办的第三次论坛,该论坛促进了三方间信息共享,从而共同寻求战胜传染性疾病暴发与传播的方法和策略。

(六)澳大利亚开展人才培养项目

中国疾控中心与澳大利亚格里菲斯大学开展联合培养公共卫生硕士(MPH)研究生项目成绩斐然。5月23日,澳大利亚格里菲斯大学在北京为公共卫生精英奖学金项目2008年39名毕业于该校的中国留学生举行毕业典礼,授予他们公共卫生理学硕士学位。

(七)探讨向尼泊尔医学院提供技术支持的可能性

与尼泊尔国的合作是中国疾控中心的空白。8月25日,尼泊尔帕坦卫生科学研究院(PAHS)院长Arjun Karki先生来访,提出请中国疾控中心帮助该国提高传染病防控能力。经双方初步商议,第一步以控制流感大流行为切入点,建立、健全真正意义的流感监测系统,提高实验室诊断、监测、样本采集、汇总、分类和分析确认能力;第二步帮助尼泊尔公共卫生部门将能力提高到可以自己运作的程度,包括为尼泊尔疾控机构的建立提建议,同时考虑开展应用性科学研究活动。

六、国际会议

除在前面提到的与甲型H1N1流感相关的国际会议和培训班外,中国疾控中心2009年组织召开或承办的较为重要的国际会议和培训班还包括:

(一)手足口病北京国际研讨会

1月13-14日,中国疾控中心与美国疾控中心、WHO联合召开了手足口病北京国际研讨会。来自10个国家和3个地区(中国香港、澳门和台湾)、中国大陆30个省份、WHO和美国疾控中心的代表及专家共约160人参加会议。会议为国际科学界和公共卫生专家提供了在流行病学、临床诊断、治疗、疫苗、公共卫生管理等有关领域分享手足口病相关经验和知识更新的平台,探讨了今后预防和控制手足口病的最佳方案,为亚太区下一步行动和研究重点提出建议。

(二)第六届元宵节国际联谊会

以"友谊、合作与发展"为主题的第六届元宵节国际联谊会于2月9日在北京举行,来自各国驻华使馆官员、各国际组织驻华机构,以及中国疾控中心各直属单位、机关有关处室的200余名中外友人应邀出席,共同欢庆中国传统的元宵佳节,同享国际公共卫生事业大家庭和谐气氛和深厚友谊,为建立相互间的信任、支持与合作关系提供了良好的机会。

(三)第二届微量营养素论坛国际大会

由美国国际发展部微量营养素论坛主办、中国疾控中心承办的第二届微量营养素论坛国际大会(MNF)于5月12-15日在京召开。此次论坛主题为"微量营养素缺乏后果及控制——科学、政策和项目"。来自联合国儿童基金会、世界卫生组织、联合国粮食署及美国等70多个教育和研究机构、国际联盟、科研院所、食品与化工生产企业、政府及非政府组织、临床医疗和社区营养团体等机构的900多名代表参加会议,近百名专家在大会上进行了讨论和发言。卫生部尹力副部长到会并讲话。

(四)发展中国家寄生虫病防治培训班

为执行和落实国家援外政策和策略,受商务部委托,中国疾控中心寄生虫病所于10月14日至11月2日在上海、海南举办了发展中国家寄生虫病防治培训班,来自巴基斯坦、老挝、尼泊尔、斯里兰卡、印度尼西亚、越南、加纳、肯尼亚、毛里求斯、纳米比亚、塞拉利昂、塞舌尔、乌干达、安提瓜一巴布达和格林纳达等15个发展中国家的23名专业技术人员参加了培训班。培训内容包括地理信息系统在血吸虫病控制中的应用、中国消除丝虫病经验、血吸虫免疫诊断技术、土源性寄生虫病控制和监测、广州管圆线虫研究和控制、食源性寄生虫病预防控制等。

(五)召开第二届中国疾控中心团山论坛

以国内外关注的新发和再发传染病的预防和控制关键技术为重点的第二届中国疾控

中心团山论坛于1月9-12日在北京召开。150余名专家学者参加了大会。来自法国Sanit-Atoine医院和国内研究机构的14名专家分别在衣原体、土拉、艰难梭菌、巴尔通体、鼠疫、霍乱、猪链球菌、空肠弯曲菌和媒介生物等多个领域做了专题报告,对新发病原体的流行现状、实验室诊断、分子分型及疫苗研究等进行了交流,并就传染病研究领域中目前的难点、热点进行广泛探讨。论坛力争逐年强化部分病种的技术和人才储备,保证一旦发生较大疫情,能够最大限度地及时、准确诊断相关的细菌性传染病,为疾病的诊断提供技术指导和政策支持。

(六)第四届东亚及东南亚环境与健康高层会议

3月24-25日,第四届东亚及东南亚环境与健康高层会议在京召开。来自世界银行、亚洲发展银行、联合国亚太经济与社会委员会、联合国儿童基金会等国际机构的官员及区域主题工作组主席、东亚和东南亚14个国家(文莱、柬埔寨、中国、印度尼西亚、日本、老挝、马来西亚、蒙古、缅甸、菲律宾、韩国、新加坡、泰国和越南)环保部和卫生部官员参会。会议回顾了参会国实施国家环境与健康行动计划的进展和区域主题工作组工作计划的实施情况。中国在本次高层会议上向其他国家汇报了相关的经验和体会。

(七)第三届亚太地区国家职业安全与卫生研究所所长会议

2009年10月13-15日在北京举办第三届亚洲职业安全与卫生研究所会议,来自中国、印尼、日本、韩国、蒙古、马来西亚、菲律宾、泰国、越南、中国香港、中国澳门的11个国家和地区的40余位专家学者参加了会议。在国家和地区职业卫生安全研究报告基础上,大会主要探讨了经济全球化对亚洲地区职业卫生工作带来的挑战与机遇、交流亚洲各国职业卫生与安全工作经验,以及研究亚洲国家职业卫生与安全研究所的合作机制等。

七、外专局项目

1. 顺利通过外国专家聘请资格年检。2009年聘用长期在中国疾控中心工作专家6名,工作领域包括现场流行病学、寄生虫病、艾滋病研究。

2. 2009年申报2010年技术和管理人才引进项目14项,计划引进专家27位,申请经费58万元。

八、重大国际合作项目进展

2009年开展国际合作项目73个,其中本年度完成项目28个,继续执行45个,新申请项目21个,申请经费总额约为8.3亿美元。

(一)全球基金项目

目前正在执行的中国全球基金项目共有 11 个,分别为第三、四、五、六轮艾滋病项目;第一、四、五、七、八轮结核病项目;第五、六轮疟疾项目。

1. 项目申请和签约情况　2009 年,中心与全球基金顺利完成了第五轮结核病项目(二期)、第五轮和第六轮疟疾项目(二期)、第八轮结核病项目(一期)、艾滋病滚动整合项目(一期)的协议谈判和签署,新签约资金约为 2.14 亿美元。

我国申请的第九轮结核病项目、疟疾国家策略项目、第四轮结核病滚动整合项目分别获得了全球基金理事会的正式批准,申请资金共约 8.21 亿美元。至此,我国已累计成功申请 15 个全球基金项目及 3 个滚动项目(RCC),申请资金总额达到 20 亿美元。

2. 项目指标完成情况　目前各轮项目实施进展顺利,绝大部分指标均如期达到或超过项目既定目标。2009 年度提交的 20 份半年度项目进展报告(PUDR),全球基金对其中 11 份 PUDR 评分为 A(优秀),其余为 B(良好)。

3. 项目资金拨付情况　2009 年度中国全球基金项目共接受全球基金拨款约 1.22 亿美元,其中,艾滋病、结核病和疟疾分别为 6274 万美元、4678 万美元、1293 万美元。

自 2003 年至 2009 年底,中国全球基金项目累计接受全球基金拨款约为 3.89 亿美元,占总签约资金的 58.7%。各项目累计预算执行率均在 90%以上。

(二)中美疾控中心新发和再发传染病合作项目

开展在新发传染病领域的技术合作和能力建设,特别是甲型 H1N1 流感方的疫情信息交流、实验室诊断和疫苗策略等方面的密切合作、手足口病等疾病的防控探讨和现场流行病学培训项目(CFETP)的扩展等;协调进行项目创新经费的招标、审核和实施工作;协助进行 2009－2010 年度的项目申请书的报批(10 个子项目,获批资助金额4 982 849美元);协调和组织召开 2009 年度项目合作委员会会议(12 月 2 日),确定项目评估计划和合作谅解备忘录的续签准备事宜;选派第二批人员去美国 CDC 进修学习。

联合召开第六届中美 CDC 主任会议(10 月 29－30 日),确定下一年度重点开展在现场流行病学培训项目的扩展、包括流感在内的新发传染病技术合作、支持“中美儿童和家庭健康项目”以及藉此科研合作平台推动其他慢病领域的交流合作;修订并准备续签中美 CDC 合作谅解备忘录。

(三)中国现场流行病学培训项目

2009 年度共开展了 153 项各类调查活动,包括爆发调查 67 次,项目研究 21 次,监测数据分析和监测项目 25 次,其它调查 10 次,内容涵盖传染病、慢性病、食品安全、灾难的公共卫生应对等领域。发表文章 14 篇,包括在国际刊物上发表的 6 篇。并在国际会议上报告介绍18篇。

对在训学员、13个基地相关人员及北京市疾控系统人员进行的公共卫生应急技能的培训活动,为上海市疾控中心建立现场流行病学项目提供咨询和技术指导。第九期12名新学员已完成2个月的核心课程培训。

(四)艾滋病领域项目

1. 中国一比尔·盖茨基金会合作艾滋病项目 继续鼓励对高危人群开展干预、检测,对HIV/AIDS开展流调、随访关怀、抗病毒治疗,鼓励建立针对FSW、IDU、MSM三类高危人群的监测哨点,支持动员HIV/AIDS吸毒者到美沙酮维持治疗。

集中招标采购HIV快速检测试剂并下发各项目地区,用于三类高危人群HIV筛查。在12个项目城市已建立了医疗、疾控和非政府组织三位一体的关怀机制,感染者小组与医院和CDC合作对感染者随访,提供服务。

在2008年新建21个监测哨点,共监测人数5392人的基础上,2009年新建哨点11个,监测人数4562人。

联合中华预防医学会、中国性病艾滋病防治协会及盖茨基金北京代表处对广州、上海、重庆、哈尔滨、西安等地开展了联合督导。定期与不定期召开公安、司法、戒毒、检疫、文化、教育及工商等多部门协调会议,为保证非政府组织开展三类高危人群的外展干预和动员检测奠定基础。

2. 中美艾滋病防治合作项目(GAP) 总目标是2015年达到中国的防控目标 一使HIV感染数小于150万。2009是GAP项目在中国运行的第二个周期的第二年。

通过GAP支持的哨点数量为531个,其中常规监测数量为354个;HIV检测常规化。

协助编写抗病毒治疗手册(第二版)、复方新诺明预防性治疗及机会性感染诊疗指南、二线抗病毒治疗指南、TB/HIV合并感染诊断及管理、PITC指南(草稿)、CD4检测指南以及MSM人群同伴推动抽样方法(RDS)方案。

在安徽省利辛县,协助建立农村艾滋病临床培训模式。2009年,72名医生接受了培训,为超过15000名病人提供抗病毒治疗;在云南省瑞丽建立流动美沙酮诊所模式,2009年,流动美沙酮诊所覆盖了边境地区的50个村,保持率为76%。

3. 中国一克林顿基金艾滋病治疗与关怀项目 2009年度,通过与中国医科大学第一附属医院、云南卫生厅以及新疆卫生厅等国家级和省级机构合作,继续加强儿童及综合的艾滋病抗病毒治疗与关怀服务的相关工作。

4月27日,项目监督委员会及国家项目办公室正式成立,召开了监督委员会成员工作会议。完成了年度工作计划和预算,制定并下发了项目管理手册。项目捐赠的EID检测试剂和耗材中1800人份用于配合云南省项目EID试点检测,捐赠儿童剂型抗病毒治疗药品 1500 人份，并派一名外籍专家对治疗关怀室儿童治疗项目提供不定期的技术培训支持。

支持中国疾控中心妇幼中心在中央财政经费支持的预防艾滋病母婴传播工作基础上，为 HIV 感染孕产妇及所生婴儿提供更加规范的预防艾滋病母婴传播综合服务，项目基线调查工作正在进行，预计明年初正式启动项目。

继续由中国爱之关怀在云南省红丝带家园开展以增加 HIV/AIDS 抗病毒治疗人数、提高抗病毒治疗人群服药依从性、减少机会性感染、使尽可能多的感染者纳入医疗随访服务及为感染者营造温馨、安全、规范的治疗环境为目标的各项工作。

在中国医科大学第一附属医院开发了临床检测技术指南，包括外部质量保证和质量控制程序。并为医院实验室提供了相应培训。

4. 中英艾滋病策略支持项目　国艾办计划督导部举办了我国艾滋病防治效果评估思路研讨会，提出了评估工作将由高校与疾控中心联合承担的新思路；国家艾滋病综合防治示范区召开了管理培训会议，布置了新一轮示范区工作的要求和思路；司法部组织撰写了《劳教场所和强制隔离戒毒场所艾滋病防治工作管理办法》和配套的《管理工作流程》；农业部与中央电视台 7 频道《聚焦三农》栏目合作制作了三期针对农村感染者和病人的关怀项目以及农民工防艾宣教节目；建设部在山西、陕西、广西开展了建设行业骨干教师和管理干部培训，提高了行业内领导干部的艾滋病知识水平以及师资宣教能力和技巧；铁道部对全路的 600 多块艾滋病固定宣传栏和 200 余处宣传视频全部进行了调查，为制定科学、实用、合理的《铁路客运车站艾滋病固定宣传栏和宣传视频管理办法》提供了依据；红十字会中国红十字会艾滋病工作大会，分享了红会系统艾滋病预防与关爱工作的经验。全国妇联召开艾滋病综合防治“面对面”教活动总结推广会。国家工商总局支持甘肃省开设了网上防艾宣传专栏；卫生部国际合作司和 WHO 主办为期一周的全球卫生外交培训班。

5. 中美多学科艾滋病和结核病培训项目(ICOHRTA)　2009 年召开了"项目工作计划会"；与美国耶鲁大学签署了 2009 年度项目《合作协议》；召开了项目"实施应用课程研讨会"；组织了 “财务管理培训班"和"相关数据统计分析研讨班"、“研究方法研讨班”、“代流行病学进展高级研讨班”和“实施应用科学课程”研讨会等活动；选派了六名人员赴美国大学进行中长期培训；建立了项目资助培训人员 FIC CareerTrac 网络职业追踪系统。

6. 中国一默沙东艾滋病合作项目　召开了项目监督委员会会议，明确重点支持地区、优先策略；制订务实的中默项目 2009－2010 年工作计划；召开省州计划制订培训会，制订省州实施方案，分配指标和经费至各执行机构；制订了“2010 年中默项目第四轮全球基金艾滋病项目所覆盖的四个项目县工作计划”；设计并建立中默项目网站和数据库系统，突出了数据上报和财务管理的结合。

在凉山州推广注射吸毒人群药物维持治疗策略，进行男男性行为人群干预，编写了培训手册,制定了凉山州“六工程一中心”的感染者和病人综合管理三年实施方案。省项目办对35个项目点、10个MSM点累计现场督导53次,州项目办对布拖县、昭觉县、甘洛县等项目县现场督导10次;各县/市艾工委办公室完成现场督导264次。

在四川,继续开展大众媒体宣传,高危人群干预、咨询检测、感染者/病人综合管理等。

(五)中国卫生部一盖茨基金会结核病防治项目(一期)

成立了项目国家管理委员会,组建了国家项目办和省级项目管理办公室,签订了项目委托协议。组织制定项目(一期)实施计划。组织项目省实施地区考察,筛选确定了项目实施地区。组织召开国家管理委员会首次会议、项目启动大会暨项目管理培训班、项目省财务管理与物资管理培训班。组织制定了项目采购计划,项目评估计划方案,成立了由项目咨询专家组成的专项工作组。

(六)中国慢性病前瞻性研究项目

2009年,中国慢性病前瞻性研究项目主要以数据清理、常规随访监测、医保住院事件信息收集工作为重点开展工作。

2009年项目常规监测工作主要包括调查对象的死亡、发病、迁移和失访监测工作。目前,10个项目点均开展了全死因死亡报告工作;除海南美兰、青岛(只报告肿瘤发病)外,其他8个项目点均开展了4种主要慢病发病报告工作,但质量参差不齐。截至2009年11月30日,项目调查对象共报告死亡6795例,累积死亡率1.32%;4种慢病发病14349例,累积发病率2.78%。

2009年上半年进行的数据清理工作主要是对于基线调查数据的清理,包括性别不符、重复数据、身份证号码错误、扫描错误等问题。共对600余例性别不符进行了核查,补充调查180余例女性生育史;核对16900余条可疑重复参加基线调查的记录,最终发现2100余人重复参加调查;对1200余例错误的身份证号码进行了修正;对900余对可疑知情同意书采取了实物核对、电脑核对的方法,发现1例扫描错误;对纸质知情同意书进行了清理,对于20余份遗漏或者丢失的知情同意书进行补填。

基线调查剩余血样及第一次重复调查血样中需出境部分分别于10月及11月运至英国牛津大学。至此,项目第一阶段的血样出境工作全部结束,共计出境45批次10730盒,实现全部血样安全运输。

2009年底专门为各地区项目办安装配备了用来处理隐私数据的数据电脑,并对数据电脑的使用作了较为严格的要求。对项目数据储存、传输等环节进行加密要求。与数据安全相关的标准操作手册(简称SOP)也正在编写修改中。

(张正富　冯琳　王晓琪　黄建军　何晨红　丁旭红)

教育培训

一、研究生管理工作

（一）招生管理

2009年在稳定现有招生规模的基础上，探索改进招生管理模式，开展硕士推免生接收工作。同时加强命题、阅卷质量管理，加强招生保密安全管理。全年招收各类研究生174人，其中博士研究生48人、统招硕士70人、公共卫生硕士（MPH）34人、协和公卫硕士22人。在读研究生共552人，其中博士研究生152人、统招硕士205人、公共卫生硕士（MPH）126人、协和公卫硕士69人。

（二）培养管理

编印中国疾控中心《研究生管理工作手册》；组织召开中国疾控中心研究生卫生统计学教学研讨会；为MPH和协和公卫硕士生开设科研选题与设计、传染病防控与现场督导、医改进程中的慢性病防治、卫生应急、甲型H1N1流感防控等系列实践讲座；组织协和公卫硕士生在寒假期间开展公共卫生机构调查实践活动；组织落实2008级协和公卫硕士生和2009级MPH研究生导师及课题；组织2007级科研型博、硕士研究生开展中期考核。

（三）学籍、学位管理

1. 学籍与学历管理　完成2009年夏季毕业生学历电子注册和证书发放（博士44人、硕士65人）；开展2009级研究生新生审核备案（博士48人、硕士70人）；办理科研型博、硕士延期毕业11人，协和公卫学院2007级延期毕业6人；审核同意研究生出国5人，休学1人。

2. 学位管理　组织召开协和公卫学院学位分委会及中国疾控中心学位评定委员会会议，审定授予44人博士学位、65人硕士学位、37人MPH学位。北京协和医学院授予22人公卫学院硕士学位。

3. 中心学委会换届　组织中国疾控中心学位评定委员会及各分委会换届，第三届中国疾控中心学委会由25名委员组成，下设8个分委会，任期3年。2009年10月完成北京协和医学院公卫学院分委会换届,共11名委员组成。

4. 优秀博士学位论文评审 组织2008年、2009年优秀博士学位论文评选,共评出6篇中国疾控中心优秀博士学位论文(其中一等奖1名、二等奖2名、三等奖3名);报送传染病所2004级博士邵祝军参加2009年北京市优秀博士学位论文评选,并获得批准和资助;报送病毒病所2005级博士翟友刚参加2010年北京地区全国优秀博士学位论文初选。

(四)日常管理

1. 组织安全检查,发现隐患及时整改,要求各研究生培养单位加强对课题阶段学生的安全教育与管理;对研究生新生进行保密安全基本知识教育;加强学生纪律、学风教育,组织学生开展科学发展观学习活动;及时、妥善处理研究生管理工作中出现的各种问题。

2. 做好研究生甲型H1N1流感防控工作,组织对新生和秋季开学期间返校研究生进行体温检测,对发烧学生按规定及时处置。组织一年级研究生集中接种甲型H1N1流感疫苗,昌平教学区接种24人(MPH硕士15人、协和公卫学院硕士9人),潘家园教学区接种51人,接种后均无异常反应。

3. 开展研究生评优工作,共评选出优秀研究生38名、优秀学生干部7名。

(五)办学条件建设

1. 改善教学条件 购置一辆昌平教学区研究生课程教师接送用车;购置潘家园教学区机房和教室用台式计算机55台;配合新址搬迁,购置办公用台式计算机15台;购置昌平教学区多功能教室投影仪。

2. 加强后勤保障建设 完成对昌平教学区教室、宿舍、机房等的修缮;为昌平教学区研究生办理中国石油大学学生食堂就餐卡;完成潘家园学生食堂与教室改造;对潘家园教学区办公桌、文件组合柜等进行了更新等。

(六)病原生物学重点学科建设

完成2008年度重点学科建设项目成果调查报告;编制2010年度重点学科建设项目申报书;组织召开中国疾控中心重点学科建设工作会议。

二、博士后管理工作

编制印发《博士后管理工作手册》并组织召开中国疾控中心博士后管理工作会议;组织开展中国疾控中心公共卫生与预防医学博士后流动站评估工作;组织博士后科学基金资助金、特别资助金申报工作,共申报9人,获得一等资助1名,二等资助3人;2009年共办理进站博士后11人、出站13人,目前在站24人。

三、培训管理工作

（一）国家级继续医学教育项目管理

全年获批国家级继续医学教育培训项目 76 项，申报 2010 年国家级继续医学教育新项目 47 项。

（二）公共卫生专业技术人员规范化培训工作试点项目

按卫生部科教司的要求，组织编制公共卫生专业技术人员规范化培训工作试点项目计划书和业务委托合同书，已获科教司审批。

（三）审核各单位 2010 年度培训工作计划

对中国疾控中心有关单位 2010 年度培训计划及预算开展审核备案工作。

四、国际合作

继续与格里菲斯大学联合向澳大利亚政府申请“中国疾病预防控制精英培养（疾控中心 LP）”奖学金资助项目。第二轮 22 名学员于 2009 年 1 月全部返回国内工作；第五轮项目获澳大利亚政府批准（共 8 名学员）；下一轮项目共推荐 8 名候选人；组织编印中澳联合培养公共卫生人才项目宣传画册；前两轮学员参加格里菲斯大学在北京举办的研究生毕业典礼。

五、综合管理

加强研究生教育管理信息系统建设；完成研究生导师现况调查资料收集工作；规范研究生档案管理，组织召开中国疾控中心研究生档案管理工作会议。

2009 年新录用应届硕士毕业生 1 名，引进中国疾控中心信息中心工作人员 1 名，目前正式职工 11 名。

（教育培训处提供）

编辑出版

2009年完成的主要工作

(一)期刊管理

本年度除完成期刊年检、编辑部主任工作经验交流、编辑人员培训等常规工作外，重点完成以下工作任务。

1. *落实卫生部新闻办会议精神，做好年检、自检工作，理顺期刊主管、主办及承办关系* 2009年3月，卫生部新闻办召开期刊主办单位工作会议，传达新闻出版总署《关于进一步加强和改进报刊出版管理工作的通知》。通知中强调重点审核内容为报刊主管、主办单位是否履行管理职责，报刊重要负责人是否符合任职资格，以及报刊是否存在违规、违法问题；严格年检工作，对于年检不符合要求的报刊，视情况予以缓检、不予通过，直至注销，以及完善审读机制、实施退出机制等。

会后本部门即召开中国疾控中心主办期刊主任会议，共同探讨了会议精神，分析了中国疾控中心主办期刊的现状及不足，在规定时间内完成自检报告上交卫生部新闻办，中心主办期刊无违法违规问题，根据通知要求相继完成《中国健康教育》、《中国媒介生物学及控制杂志》变更期刊主办单位及法人等工作，中心主办期刊均顺利通过年检。

2. *制定管理文件，做到有章可循、有法可依* 作为中国疾控中心主办期刊的管理部门，建章立制是管理的基础。自2003年本部门成立以来，根据期刊上级管理单位要求，参考相关主办单位管理办法并结合中心期刊具体情况，本部门于2004年即撰写完成有关管理文件并上交中心领导，但几经周折、反复，直至2009年，在国家对期刊管理及改革不断深化的背景下，本部门再次修改完善《中国疾控中心主办期刊管理办法(暂行)》、《中国疾控中心主办期刊编辑委员会通则》、《中国疾控中心主办期刊编辑委员会换届调整工作细则》，经征求意见获中心领导通过。从此，中心主办期刊的管理可以做到有章可循。此外，本部门还撰写完成其他编辑规范等5个文件，在编辑部内部交流执行。

3. *发挥主编及编委会作用，提高期刊学术质量* 编委会是实施期刊学术质量把关和学术导向的组织机构，主编是编委会的灵魂。过去几年中国疾控中心主办、承办期刊在编辑规范、外在形式和装祯质量方面有明显提高和改善，然而期刊内在的学术质量水平仍存在差距。在期刊竞争日趋激烈的形势下，“得稿源者得天下，稿源的数量及质量是编辑部工作的核心，也是主编和编委会的责任。”这是编辑部同志们悟出的道理，近年来各编辑部也在不断寻求和加强与编委会沟通、协调的方法，通过主编带领和发挥编委会的作用。

2009年度，中国疾控中心主办、承办期刊《中国媒介生物学及控制杂志》、《中国卫生法制》、《中华流行病学杂志》、《中华放射医学与防护杂志》召开编委会，完成编委会换届及主编改选工作，新任主编均为活跃在该学科领域的带头人，并有较强的影响力，对期刊工作充满热情，编委会在主编的带领下，讨论并制定切实可行的目标和规划，编委们从审者和读者的角度关注杂志的编排细节等问题，并从自身实践对期刊工作提出许多建设性意见。编委会的召开，编辑与专家面对面的交流和沟通形式，不仅增进了编委的责任感，同时振奋了编辑人员的精神，并增进了荣誉感和办好期刊的信心。

《生物医学与环境科学(英文版)》调整并增补了副主编及编委人员，针对期刊近年影响因子降低，分析了原因并确定具体组稿方案；《卫生研究》也增补了有关学科的编委，填补了学科专家之不足，为拓展稿源及提高期刊学术质量提供了保障。

4. 提高素养、分享经验、共谋发展，办刊人的观念、能力和素养对期刊的发展起着决定性作用　本部门在履行期刊管理职责中，坚持调查研究、密切联系群众、实事求是的工作作风，针对编辑部需求及发展中的问题开展活动，搭建交流平台，分享经验和方法，提高编辑部主任的管理意识和责任感，提高编辑人员的业务技能。

2009年上半年召开的编辑部主任工作会议，以发挥编委会作用为主题，《中华放射医学与防护杂志》郭亦超主任介绍了成功举办29年来第一次全体编委会及编委会换届改选的方法、经验和体会；《生物医学与环境科学(英文版)》马爱云主任介绍了与主编沟通和增强编委履行职责的经验；《中国健康教育》编辑部李英华主任则从找准期刊定位、扩大稿源、缩短发稿时滞，以提高期刊竞争力方面，介绍了编辑部主任的作用及经验。会议反响很好，为其他编辑部主任提供了可学习的经验和模式，并增进了各位编辑部主任办好期刊的信心。

2009年下半年召开的全体编辑人员培训会议，以提高期刊质量及规范化为主题，结合期刊审读工作中发现的编校质量问题，一一做了点评并提出质量标准；结合期刊对进入SCI数据库的需求，请汤森路透国际出版集团中国区负责人介绍有关期刊被国外数据库收录应具备的条件，并请他们对中心期刊进行评估。

5. 促成中心主办期刊与清华同方出版公司签订电子出版合作协议　通过中心期刊主办单位与同方谈判，8种期刊与同方联合签约，从而使优秀期刊获益更高，弱小期刊也提升了收益。从中获得的经济收益，可补充编辑部办刊经费之不足，为编辑人员学习交流提供了经费支持；通过期刊的网络化传播，扩大了期刊的知名度及影响力，提高了编辑的工作效率；采用清华同方研发的“学术不端文献检测系统”，可提高审稿效率和审稿质量，有效防止一稿多投和抄袭剽窃等学术不端行为。

6. 取得的成绩　2009年各编辑部在主管所领导和部门领导的帮助支持下，在各位编辑部主任及编辑人员的共同努力下，圆满完成了期刊出版任务，期刊的水平及质量有所提高；《病毒学报》等多个期刊编辑部在人员少、任务重的情况下，根据疫情及学科发展需要出版了增刊；各期刊也在发展中逐步摸索本刊的定位，探索期刊经营及创新的模式。

2009年《中华流行病学杂志》影响因子及发行量继续保持中心期刊首位，并获2004—2009年度中国科学技术信息所“百种中国杰出学术期刊”；在中华预防医学会优秀期刊评选中，《中国寄生虫学与寄生虫病杂志》《中国食品卫生杂志》获一等奖，《中国媒介生物学及控制杂志》获三等奖。

2008年度中心主办承办期刊刊出论文评估情况见表1；2009年度期刊工作量及出版量等工作情况见表2。

（二）更名创办《中国妇幼卫生杂志》

随着政府对疾控及公共卫生事业的关注与投入，中心现有期刊难以满足学科发展的需求。我中心多个直属单位提出创刊申请，但苦于国家严格控制刊号的审批，创新刊几乎是不可能的。经近年来本部门对中心现有期刊状况及期刊需求的调研，在与编辑部及所领导的反复协调、做工作后，2008年底，在营养食品所领导的支持、帮助下，同意将《中国医学文摘卫生学分册》的承办权交主办单位中国疾控制中心。经中心领导同意，该刊更名为《中国妇幼卫生杂志》，由妇幼中心承办，编辑部设在学术出版部。2009年6月新闻出版总署批复同意。继而本部门与妇幼中心协同工作，经上报主管部门及领导同意，聘任妇幼中心主任张彤为期刊编委会主编，学术出版部段江娟为编辑部主任，与妇幼中心有关人员分别负责组稿、稿件审定及编辑出版工作，并于11月召开第一届全体编委会，2010年1月出刊。

（三）图书出版

1. 编辑出版图书 2009年编辑、出版图书10种，360余万字。

(1)《痰涂片镜检标准化操作及质量保证手册》

(2)《新密防痨三十年》

(3)《中国疾病预防控制中心年鉴(2008)》

(4)《突发食品卫生事件预防与应急处理》

(5)《内科常见疾病的诊断与常规治疗》

(6)《中国结核病防治规划实施工作指南》

(7)《中国成人慢病相关危险因素监测报告(2004)》

(8)《消除疟疾决策者指南》

(9)《消除疟疾的策略、技术与管理》

(10)《疾病监测测信息报告管理系统数据分析手册》

2. 策划、参与《中国公共卫生》一书的编辑出版　在该书的初期论证时，专家将其定位为填补中国公共卫生专著之空白，力争使其成为经典之作并一版再版，在内容形式上要达到精品。编写工作涉及学科广、人员多、层次高，其组织协调难度大。自2006年启动以来，经过近4年时间，召开不同规模专家会议26次，其间催稿、稿件审定修改等，事务繁杂，投入大量精力。尽管如此，我们克服困难，积极配合主编做好组织、协调工作，为书稿的质量做出努力。目前理论卷、方法卷已完成撰写工作交出版社，正在组织实践卷文稿的编写及审定工作。

3. 参与中心有关处室图书出版招投标工作　参加慢病中心、结核中心及中心设备处图书出版及招投标工作，为降低出版成本、提高图书质量发挥作用。

表 1　中国疾控中心所属期刊 2008 年被引用指标统计表

［引自 2009 年版《中国期刊引证报告》(核心版)］

刊　　名	总被引频次	影响因子	即年指标	基金论文比
生物医学与环境科学(英文版)［美国 SCI 影响因子］		0.675		
1. 中国疫苗和免疫	1 109	1.288	0.079	0.19
2. 中华流行病学杂志	3 673	1.126	0.096	0.45
3. 疾病监测*	999	0.807	0.005	0.12
4. 病毒学报	570	0.652	0.102	0.778
5. 中国寄生虫学与寄生虫病杂志	793	0.620	0.081	0.56
6. 中国食品卫生杂志	578	0.591	0.125	0.33
7. 国际医学寄生虫病杂志	190	0.524	0.080	0.50
8. 卫生研究	1 128	0.518)	0.037	0.730
9. 中国健康教育	1 080	0.467	0.040	0.29
10. 中华实验和临床病毒学杂志	615	0.444	0.018	0.44
11. 国外医学卫生学分册	611	0.410	0.071	0.56
12. 中国媒介生物学及控制杂志	866	0.406	0.023	0.30
13. 中华放射医学与防护杂志	727	0.347	0.017	0.49
14. 中国卫生法制	37	0.061	0.021	0.10

注:按影响因子由高至低排序；　*:数据来自《中国科技期刊影响因子年报(2009 版)》

表 2 中国疾控中心所属期刊 2009 年出版情况统计表

（数据来自 2009 年度中心期刊编辑出版情况统计表）

刊　　名(人数)	刊期	页码	每期印数(册)	来稿(篇)	刊出稿(%)	刊出量(万字)
1. 中国健康教育(6 人)	月刊	80	5500	1010	330(32.7)	190
2. 中华流行病学杂志(5 人)	月刊	108	4000	1241	408(35.8)	334
3. 疾病监测(3 人)	月刊	72	3170	880	336(38.6)	168
4. 中国疫苗和免疫(8 人)	双月刊	96	4000	401	216(55.24)	124
5. 中国卫生法制(7 人)	双月刊	48	3000	486	96(19.9)	124
6. 中国食品卫生杂志(4 人)	双月刊	96	3000	336	130(49.6)	120
7. 中华放射医学与防护杂志(8 人)	双月刊	96	1800	630	246(33.0)	180
8. 中国媒介生物学及控制杂志(2 人)	双月刊	80	1600	558	245(43.6)	155
9. 中华实验和临床病毒学杂志(6 人)	双月刊	80	1500	757	168(54.5)	76
10. 卫生研究(3 人)	双月刊	128	1500	608	278(44.0)	240
11. 病毒学报(3 人)	双月刊	80	1400	190	90(50.0)	93
12. 国际医学寄生虫病杂志(2 人)	双月刊	56	1300	87	75(87.21)	65
13. 国外医学卫生学分册(2 人)	双月刊	64	1200	103	90(73.1)	70
14. 中国寄生虫学与寄生虫病杂志(7 人)	双月刊	80	1200	290	143(19.8)	114
15. 生物医学与环境科学(英文版)(3 人)	双月刊	80	100	141	19(15.4)	

注:以每期发行量由多至少排序

（胡永洁　段江娟）

规划财务管理与审计

一、财务管理工作

(一)预算管理

1. 中国疾控中心2009年财政拨款经费预算情况,基本经费15 395.88万元,其中人员经费5902.11万元(含京外单位医疗补助)、公用经费5093.6万元、住房改革经费4400.17万元(含住房公积金、提租补贴、购房补贴)。中心寄生虫病所在解决了离退休干部住房补贴的基础上,2009年解决了在职人员的住房补贴预算,京外单位的住房补贴预算问题得到了彻底解决。

专项经费28 031万元,共计项目21个(不含科技部重大专项项目)。其中,中国CDC公共卫生应急反应机制运转项目经费9100万元,较2008年预算减少950万元,占2008年预算的9.5%。

2009年财政追加预算6339万元,用于甲型H1N1的防控。2009年的专家特殊补贴依旧垫支发放,截至2009年12月,全中心专家特贴及高风险补贴亏空近1.4亿元。

中国疾控中心的人员经费多年来预算不足,亏空额度大,2009年,全中心各单位均无力弥补,赤字挂账。

2. 各二级单位及中心机关相关处室根据中国疾控中心的疾病控制任务及财政部批准的中国疾控中心公共卫生应急反应机制运转项目经费额度,制订2009年度应急反应机制运转经费的具体预算执行计划,并按中心领导批准的二级单位的具体执行预算和工作进度开展工作 。本项工作与往年不同的是:增加了中心教育培训处对各单位预算中培训经费的审核。截至2009年底,中国疾控中心公共卫生应急反应机制运转项目2007年以前的经费全部使用完毕,2008年的执行率为99%,2009年的执行率为95%。

3. 为加强中国疾控中心委托工作经费的管理,中心规财处在2009年仍然利用中国全球基金项目培训的平台,分南北两区对疾控系统财务人员进行中国疾控中心委托工作经费的管理培训。

4. 中心财务部门按财政部的要求,按预算、按季、分月进行全中心资金使用计划的申报工作,保障了全中心疾控工作的资金需求。规财处认真学习并充分执行政策,在2007—2009年度,均在年初就申请到1—3月份项目经费使用计划,保障了中心开展工作的资金需求及预算的执行。

5. 对申报的科技部科研项目进行预算审核，按课题经费管理的要求，及时按预算进行课题费的下拨和支付，保证课题经费的按时到账和使用。

6. 严格按财政部的要求使用净结余资金。坚持先报批、再使用，没有出现违规行为。

7. 中心根据财政部的要求，认真压缩“三项费用”（汽车购置与运行费、招待费、因公出国境费），保证了三项费用在预算内执行。

8. 按预算外资金管理的要求，完成中心预算外收入的上缴及返还使用。

9. 按月与各项目执行单位对账，保证了预算执行和账务纪录的准确性。

（二）财务监督管理

1. 接受外部审计和检查

（1）接受审计署对财政专项经费预算执行情况的审计。

（2）接受财政部驻北京专员办的银行开户检查；完成银行账户的年度年检及备案工作。

（3）接受国家发改委价格认证中心关于收费合法性、发票签发合规性的检查。

（4）接受崇文区财政局关于银钱收据签发合法性、合规性的检查。

（5）接受宣武区统计局关于统计报表真实性的检查。

（6）多次接受会计师事务所关于科研课题的经费使用情况的审计。

（7）接受会计师事务所关于全球基金项目的 2008 年度审计。

（8）接受中心控烟项目资金资助方的财务评估和财务督导。

2. 内部财务督导

（1）根据卫生部的要求，进行 2009 年预算执行情况、财务收支情况等的财务自查工作。

（2）配合科技处，对北京市科委委托管理的科技项目进行财务督导和检查。

（3）与中心慢病处共同完成淮河肿瘤防治的省县级项目督导工作，财务督导报告报送业务部门。

（4）加强银行账户管理。根据审计署卫生药品审计局的审计报告整改要求，将中心后勤服务中心的财务管理与核算工作纳入规财处，2009 年 5 月底完成交接，6 月 1 日起财务核算与管理工作正式由规财处接手。2009 年底，中心规财处与设备条件处共同对后勤服务中心的药品、办公用品、固定资产进行了盘点。

根据财政部的要求，开立了科技重大专项银行账户，专户管理重大专项资金。

（5）调整并明确规财处人员工作岗位。为合理有效安排工作，提供优质服务的同时减少差错，2009 年 1 月 1 日正式调岗。年中，为支持卫生部规财司的工作，派 1 人前往协助工作，由于人员变动，再次进行了小范围的调岗。

(三)制度建设

根据中国疾控中心及各项目点的财务管理状况，为进一步规范管理，2009 年修订并制定了以下制度：

1.《中国疾控中心委托工作经费管理暂行规定的通知》。

2.《中国全球基金项目中央执行机构财务部关于中国全球基金艾滋病项目财务管理的补充规定》。

3.《中国全球基金项目中央执行机构财务部关于加强项目财务管理人力资源建设的通知》。

4.《中国疾控中心规财处人员 2009 年工作岗位安排》。

5.《中国疾控中心规财处关于核定 2009 年职工住房公积金有关事项的通知》。

(四)财务核算与报表

1. 圆满完成全年的核算任务

(1)完成了中心本级基本经费及各类项目资金的核算管理工作。

(2)按基建预算及工程进度，进行工程款的财政直接支付的支付申请报批工作，同时完成 2009 年度基建财务的核算任务。

(3)完成了中心外汇财务核算管理工作。

(4)完成中心机关职工购房补贴发放款的核算工作。

(5)完成全中心党费的财务核算工作。

(6)完成全中心工会经费收缴、本级工会经费的提取及财务核算管理工作。

(7)完成了机关福利费、老干部活动费的提取和财务核算工作。

(8)完成了各账户与银行的账务核对工作。

2. 完成 2008 年度决算及各类报表编制上报工作

(1)完成中心本级 2008 年度财务决算及全中心的决算报表审核汇总上报工作。

(2)完成全中心 2008 年度政府采购决算及报表的编报送工作。

(3)完成全中心 2008 年度的固定资产明细报表上报工作。

(4)完成 2008 年度基本建设决算及决算报表编报工作。

(5)完成向北京市宣武区统计局报送的基本建设、能源、财务状况等各种月统计报表的编报工作。

(6)完成向卫生部规财司报送的预算执行快报、财政额度结余，以及卫生经费报表的编报、审核、汇总工作。

(7)完成中心本级 2009 年的医疗费报账及公费医疗月报表编制报送(按月报崇文区公费医疗办)工作。同时完成了 2009 年度医疗费用的申请工作，260 万元的经费已到账。

3. 其他

(1)完成全年的营业税、个人所得税的收缴任务。2008年度评为代扣代缴先进单位。

(2)完成个人住房公积金、各类社保基金的月上缴工作。

(3)完成中心本级人员的保险费审核缴纳工作。

(五)"小金库"清理和财务检查工作

根据卫生部的统一要求,认真进行"小金库"清理和财务检查工作。组织了中心内部的自查督导及重点检查工作组,出台了《中国疾控中心"小金库"专项治理及财务检查工作重点检查工作方案》。按时向卫生部提交了《中国疾控中心关于"小金库"专项治理和财务检查自查自纠阶段工作总结报告》及《中国疾控中心关于"小金库"专项治理和财务检查工作总结报告》。全中心自查出"小金库"问题的单位6个,共计81.32万元,已支出66.16万元,余额15.16万元。资金已全部收回各单位的财务部门,并按规定归还了原项目。该项工作还接受了卫生部重点检查组的检查。针对自查和重点检查中检查出的问题认真进行整改,一部分已整改完毕。

(六)重大国际合作项目财务管理

1. 编印《全球基金项目财务管理补充规定》 2009年8月下发,补充规定是针对财务督导过程中发现的问题进行的,将对项目管理人员、财务人员更好地执行财务制度起到积极的指导和帮助。

2. 财务工作年会及培训工作

(1)2009年初召开了中国全球基金工作年会,对基层财务日常工作遇到的问题进行了培训。

(2)分南北两片,举办了2期中国全球基金项目财务人员培训,培训财务人员近400人。培训中,将中央的"小金库"清查工作作为一项重要内容进行了布置。

(3)多次在业务工作会议上,对财务管理工作进行解读并提出要求。

3. 进行财务评估 根据全球基金的要求,中心规财处对国际非政府组织互满爱人与人组织及中国疾控中心寄生虫病所进行财务管理能力的评估,评估报告报送全球基金。

4. 对项目执行单位进行"小金库"检查 根据举报信,应中心的要求,与审计处组成检查组,对开远县项目执行单位的"小金库"进行检查处理。

5. 报表编制审核

(1)完成全年度中国全球基金项目结核的半年报、年报报表的编制工作。同时完成全国项目省的报表审核汇总工作,为顺利申请资金提供了保障。

(2)完成KSCDC项目半年报及年报的审核工作。

6. 配合完成2008年度的中国全球基金项目的年度财务审计工作

(七)财务人员培训

1. 全中心财务人员完成2009年度的会计人员继续教育工作。
2. 全中心财务人员会计职业资格证书的年检完毕。
3. 完成全中心的税务专管员的继续教育;税务专管员的资格证书年检完毕。

(八)内部管理

1. 由于中国疾控中心迁址,规财处对自1983年中国预防医学科学院成立以来的会计资料进行了再一次的梳理,将2001年以前财务处经手的中国预防医学科学院财务会计档案交中心档案室,2002年以后的会计档案由规财处暂管理,有条件了再进行移交。

2. 1998年以前的基建财务工作在基建处,当时的基建财务档案在基建处,故本次档案整理未涉该部分,但规财处蒙长宏同志已与基建处刘军同志就基建财务档案时间的衔接进行了确认。

3. 加强内控制度的执行,进一步强调了印鉴分人管理的重要性。

4. 认真执行请销假制度,坚持交接登记制度。

二、审计工作

全年完成审计资金总额量达9.5亿元,纠正违规及错报金额1737万元,主要在经济合同、基建工程、全球基金项目、经济责任审计等方面开展了大量的事前、事中审计工作。

(一)完成的事前、事中审计工作

1. 完成146份草签经济合同的审计工作,审计金额1.23亿元,提出审计意见近231条,阻止3份违规合同的签订。

2. 完成20套会计报表上报前的审计工作,审计金额达7.1亿元,纠正错报金额1480万元,有效确保了项目资金账表相符、表表相符,表间钩稽关系正确,为项目申请与滚动奠定了基础。

3. 配合外审单位完成新址基建工程进度、洽商、预付款及维修项目款等审计工作,审计金额为3827万元,其中拒绝了9份手续不合规及计算有误的付款。

4. 完成除基建工程以外其他财政直接支付资金的审计。

(二)完成专项审计

1. 完成审计艾滋病项目3个省、结核病项目4个省、疟疾项目1个省,共审计31个项目点,审计金额3370万元,提出审计意见和建议95条,发现小金库一个,纠正违规金额

18 万元。

2. 对项目年度财务审计中发现的问题进行了后续跟踪审计，并对各项目办(艾滋病、结核病、疟疾)整改与纠正情况出示了 4 份审计核实报告。

3. 完成卫生部人事司委托的对陶茂萱同志担任健康教育所所长期间的经济责任审计，纠正违规及错误金额 8 万元，提出了 7 条管理建议。

4. 完成对中心采购管理的内部控制审计评价报告 1 份，提出了 5 条管理建议。

5. 组织完成了 2009 年度 1－10 月份预算执行情况的自查工作，并汇总上报了自查报告。

6. 协助财务部门完成单位“小金库”专项治理与重点检查工作。

(三)其他审计工作

1. 组织完成对 3 个国家项目办(结核、艾滋病、疟疾)共 10 轮项目的年度委托审计工作，针对会计师事务所审计发现的问题，在工作例会上向各个项目办进行了通报。

2. 对中国全球基金各轮次项目启动进行了审计管理要求培训。

(张雁　袁灵华)

设备条件管理

一、采购工作

(一)常规采购

2009年设备条件处认真贯彻执行《政府采购法》、《卫生部政府采购工作实施细则》及《中国疾控中心政府集中采购目录以外及限额标准以下采购工作管理办法》等法律、法规和相关规定,在规财处、审计处、纪监室、法律顾问、申请采购部门及中心领导共同把关的基础上,选择合理的采购方式,较好地完成了2009年共计100个项目、总金额12 242.60万元各类物资的采购任务,共签订合同200份。其中中国疾控中心各年度财政预算采购金额3735.04万元、签订合同113份;国际合作项目(全球基金、中美合作、中盖合作)8228.68万元,签订合同71份,以及中心各单位、处室及部门委托278.88万元,签订合同16份。

(二)防治H1N1甲型流感物资应急采购

在2009年H1N1甲型流感防治工作中,设备处负责各类防治物资的紧急采购。在此次采购活动中,严格按照《政府采购法》的相关规定执行,在较短的时间内,共采购甲流防治物资10余种、约6.8万件物品,总金额约70万元,保证了中心甲流防治物资的供应和全中心甲流防治工作的顺利进行。

二、固定资产管理工作

(一)中心机关固定资产管理

截至2009年12月31日,设备处共审核、登记、录入机关各处室、各部门及各项目办共65个设备用户的资产。2009年新增设备类固定资产共3480台/件,较去年增加了49.61%;设备原值约4429.20万元,比去年4493.74万元增加了-1.44%。

为了加强中心机关设备类固定资产管理,设备条件处对在用、盘盈、盘亏的资产进行了合理处置,其中办理调剂879台/件;办理调拨958台/件,设备原值2613.90万元;办理报废366台/件、设备原值305.30万元。报废设备处置2次,上交规财处设备残值1.68万元。

中心机关设备类固定资产的账实清查,从2005年至今已成为每年的常规工作。通过连续5年的清查,账实相符率逐年提高。2005年账实相符率为85.5%、2006年为97.5%、2007年为

99.5%、2008 年为 99.9%。2009 年未单独进行设备的清查，而是与新址搬迁相结合进行物资整理清查，账实相符率仍达 99.9%以上。通过每年的清查工作，使得中心机关每位职工提高了对固定资产管理的认识，同时也为新址的顺利搬迁奠定了良好基础。

（二）国际合作项目资产管理

截至 2009 年年底，设备处完成了全球基金艾滋病、结核和疟疾共 11 轮项目、总金额约 7932.34 万元的各类物资采购，并完成全国 31 个项目省、市、自治区、直辖市固定资产的审核、登记、调拨及分发；同时完成了中美新发和再发传染病各个子项目及中盖合作项目实验室仪器和办公设备总金额约 296.34 万元固定资产审核、登记及办理调拨手续。

三、采购管理工作

（一）开展中国全球基金项目物资管理培训

为提高中国全球基金各省项目办人员物资管理水平，设备条件处于 2008 年完成了 9000 册《中国全球基金项目物资采购和管理手册》印刷任务并下发 31 个省项目办 2009 年 10 月中旬在四川成都举办了中国全球基金项目物资管理培训班，来自 28 个省项目办相关管理人员近 100 余人参加了培训。

培训班针对项目物资管理程序进行了详细的解释与说明；对工作过程中所涉及的各类表格进行具体的讲解；对物资管理过程中所存在的突出问题进行了专门的分析与讨论。

（二）开展中国疾控中心采购管理工作培训

随着政府采购工作的不断深入和中国疾控中心政府集中采购执行力度的不断加强，财政部新发布的有关政策法规及有关审批管理规定需要各级领导和相关人员学习和贯彻。为此，2009 年 11 月，设备处在北京举办了中国疾控中心政府采购相关审批管理工作研讨班。中心直属各单位主管政府采购工作的所级领导、处室领导、具体工作人员约 50 人参加了培训和交流。

四、其他管理工作

（一）完成“小金库”专项治理的自查和接受卫生部重点抽查

2009 年年初，按照中心关于认真贯彻卫生部开展“小金库”专项治理和财务检查的工作方案的通知要求，设备条件处在认真学习文件的基础上，组织开展了自查。

从 2005 年至今，每年年终与规财处进行账账核对，与各资产使用部门进行账实核查，做到账实核对 100%准确。对废旧设备的处置按照相关规定，严格审批，实行询价处置，所得残值一律上交财务。由于加大了此方面的管理力度，从源头上杜绝了“小金库”的产生和存在。

卫生部治理"小金库"和财务检查工作组,对中国疾控中心抽查后认为:我中心制定了一系列采购管理制度,对设备采购方式选择、权限、流程、监督程序、采购合同审计办法等都做了明确规定。在资产管理和处置中,能够遵循《中央行政事业单位固定资产管理办法》,各项采购工作能够执行和比照执行《政府采购法》、《招投标法》及相关的规定。

(二)完成了卫生部国有资产处置工作调研和自查工作

2009年3月,根据卫生部关于开展部属(管)事业单位国有资产处置工作调研和检查的要求,与规财处共同指导中国疾控中心各直属单位认真做好组织准备和落实专项调研及自查各阶段工作。按照文件要求,设备条件处对中心机关、各直属单位对本单位2005－2008年固定资产处置情况进行了整理填报,并各自完成了自查报告报卫生部。自查结果显示:中心2005－2008年间,主要以报废、报损方式处置固定资产共7830台/件、涉及金额3930.88万元,共收残值46.22万元。中心委托中天恒信(北京)国际会计师事务所对自查结果进行了审计。审计后认为中心建立健全内部控制制度、保护资产的安全和完整,保证会计资料和资产清查资料的真实性、完整性等方面均给以较高评价。

(三)顺利完成新址搬迁设备类固定资产转移

截至12月底,机关搬迁处室顺利完成了新老址设备类固定资产的清查、办理相关手续;登记、贴签;移交等工作。为搬迁处室在新址尽快开展工作奠定了基础。

(四)参加培训和项目督导

为及时了解和掌握政府采购方面的最新政策和有关规定,2009年设备处共有5人次参加了中央国家机关政府采购中心在北京、合肥及长沙举办的政府采购培训班。1人次参加了卫生部在济南组织召开的国有资产管理系统(网络版)论证会。

按照全球基金项目管理要求,中国全球基金项目中央执行机构采购部在河南、北京、西安完成了4期结核病国家项目办举办的省、县项目人员物资管理培训班授课;在北京、西安、青岛、广州完成了5期艾滋病项目培训班授课;在云南、海南两省完成了2期疟疾项目培训班授课。

(五)大购项目预算审核

2009年7月,中国疾控中心直属各单位按照中心规财处的要求编制本单位2010年的设备大购预算。按照相关要求,我处协助规财处负责完成了病毒病所、传染病所、慢病中心、职业卫生所、营养食品所、环境所、辐射安全所及改水中心上报的8个设备大购项目预算审查。

(高贵凡　张戈屏　鹿菊仙)

实验室管理

一、常抓不懈，做好日常管理工作

（一）突出重点，认真抓好实验室管理培训

为解决全国疾控系统和中心内部实际工作中实验室管理面临的重点和难点问题，2009 年我中心有针对性的开展了 16 期培训班，受训人员共 1000 余人次。

面向全国省级疾控中心举办的培训班涵盖了风险评估、运输资质、生物安全、认证认可、质量管理等内容，具体包括：中瑞实验室生物安全风险评估（CWA15793：2008）培训班（3 月 16－20 日）；2009 年第一期全国病原微生物运输管理培训班（4 月 14－17 日）；中瑞实验室生物安全师资培训班（5 月 18－22 日）；2009 年第二期全国病原微生物运输管理培训班（5 月 25－26 日）；疾控系统实验室认可评审员培训班（6 月 8－16 日）；全国病原微生物实验室生物安全培训班（7 月 21－24 日）；2009 年第三期全国病原微生物运输管理培训班（7 月 28—31 日）；全国省级疾控中心传染病监测实验室质量管理培训班（9 月1－4日）；全国省级疾控中心 GB19489—2008 培训班（11 月 18－19 日）。

针对实际开展工作的需要，面向中心各直属单位举办了不同主题的培训，解决了监督检查、新址建设与搬迁、实验动物等工作中的问题，具体包括：实验室监督检查员培训班（5 月 25－26 日）；新址生物安全实验室污水处理系统培训班（7 月 15－20 日）；第四届实验室主任安全员培训班暨新址实验室搬迁工作培训班（9 月 4 日）；实验动物从业人员岗位培训班（9 月 22－24 日）；实验动物从业人员岗位证书换证培训班（9 月 25 日）；新址 BSL—3 实验室运行操作培训班（10 月 26－30 日）。

（二）高致病性病原微生物运输的审批管理工作

依据《可感染人类的高致病性病原微生物菌（毒）种或样本运输管理规定》、《关于加强医用特殊物品出入境管理卫生检疫的通知》等文件要求，对跨省运输至中国疾控中心的高致病性病原微生物菌（毒）种和中心出入境的医用特殊物品进行严格审批。

实验室处 2009 年共办理跨省运输的准运证书 254 个，涉及病原微生物共 11 种；对中心 34 次医用特殊物品出入境进行审批，其中出境审批 14 次，入境审批 20 次，涉及医用特殊物品 30 种。

(三)举办中心第三届实验室安全周

4月20-24日成功举办了主题为“持续安全 和谐发展”的第三届实验室安全周。

安全周期间,全中心开展了形式多样的活动。各直属单位结合各自的实际工作情况,组织开展了监督检查、应急演练、知识培训等内容丰富的活动。通过这些活动,强调了实验室安全应当“常抓不懈”的理念,进一步使实验室安全观念深入人心,提高了各直属单位实验室工作人员的安全责任意识。

(四)积极协调,稳步推进实验室信息管理系统建设

实验室信息管理系统(LIMS系统)建设涉及9个直属单位80余个实验室,跨多学科多领域,建设时间长、难度大。2009年LIMS建设工作建立了定期例会制度及编制LIMS工作简报。定期召集各直属单位LIMS建设工作组成员了解项目进展情况,讨论项目实施过程中遇到的难题,共同研讨解决的措施。同时,通过编制下发工作简报,及时向中心领导、直属各单位领导汇报LIMS系统建设近况。例会制度加快了系统建设的步伐。经过项目各方的努力,项目取得了阶段性成果,并于11月17日顺利通过了专家组的初步验收。

为解决LIMS系统建成后急需配套硬件支撑运行的问题,实验室与信息中心、财务处等部门积极协商,讨论解决硬件配置的经费问题。

(五)组织按期完成委员会换届工作

中国疾控中心已经成立了实验室安全、质量管理和实验动物等管理委员会,实验室处负责委员会的日常管理工作。按期完成了中心实验室质量管理委员会、实验动物管理委员会和实验动物福利伦理审查委员会委员换届工作。

(六)组织开展实验室安全与质量管理监督检查

2009年分别对在京各直属单位进行了9次实验室安全与质量管理监督检查,内容涉及实验室基本管理、环境与设施、应急预案及物资储备、菌(毒)种及样本管理、危险化学品管理、感染性物质的运输、实验室废弃物管理等。此外,为确保甲型H1N1流感检测实验室的生物安全,对病毒病所相关实验室有重点地开展监督抽查;为确保国庆60周年大庆期间的实验室安全,对在京直属单位实验室进行了细致地监督检查。

在实验室监督检查及抽查工作中,监督检查和抽查派出的监督检查员143人次,监督检查中提出183条问题和建议,得到了直属单位的重视和积极落实整改。

二、甲型 H1N1 流感疫情实验室生物安全

(一)下发紧急通知,确保实验室生物安全

为确保实验室生物安全,紧急下发了《中国疾控中心关于加强猪流感病毒 A/H1N1 实验室生物安全管理工作的紧急通知》、《中国疾控中心关于切实做好甲型 H1N1 流感实验室生物安全工作的通知》、《中国疾控中心关于加强甲型 H1N1 流感病毒实验活动管理工作的通知》、《中国疾控中心关于进一步做好甲型 H1N1 流感样本和毒株航空运输工作的紧急通知》等。

(二)追踪国际最新动态,翻译及编制下发甲型 H1N1 流感实验室生物安全技术文件和要求

作为一种新型流感病毒,在其生物学特性未完全明确的情况下,为保障中心甲型 H1N1 流感病毒疫情防控工作中的实验室生物安全万无一失,迅速组织安排处内人员及时追踪、收集国际组织和美国、日本、欧盟等有关国家甲型 H1N1 流感病毒实验室生物安全管理动态与进展,并连夜组织翻译了 WHO《引起当前全球疫情的甲型 H1N1 流感确诊或疑似病例样本操作实验室生物风险管理》,提供卫生部、中心相关单位及全国省级疾控中心参考,同时更新我国甲型 H1N1 流感病毒实验室生物安全技术指导性资料。

参考追踪和查阅最新资料,组织专家起草、制定甲型 H1N1 流感病毒及样本采集、运输、检测、保藏、销毁等工作中涉及的实验室生物安全技术方案及相关文件要求,并在第一时间下发文件,指导甲型 H1N1 流感实验室做好生物安全工作。

(三)开通绿色通道,加快样本运输及审批

根据《可感染人类的高致病性病原微生物菌(毒)种或样本运输管理规定》。向中国疾控中心运输菌毒种及样本的由中国疾控中心审批办理准运证书。为保障 H1N1 流感样本的快速审批和运输,我中心工作人员 24 小时轮流值班,保证值班电话开通,在申请材料达到要求后的第一时间审核办理准运证书。特别是在四川省申请运送疑似病例标本手续办理中,根据掌握到的信息,我处预测到此例病例很可能是我国首例甲型 H1N1 流感病例。为此,我处特事特办,立即办理准运证书,为首例病例的及时确诊和流感疫情的防控争取了宝贵时间。2009 年为全国 31 个省疾控中心审核办理了 167 个甲型 H1N1 流感病毒样本《可感染人类的高致病性病原微生物菌(毒)种或样本准运证书》。还为美国疾病预防控制中心、加拿大卫生署和香港卫生署提供的流感毒株入境及向澳门疾病预防控制机构运输毒株办理手续。

为确保远程运输的顺畅,我中心与民航总局建立了良好的合作关系。在接到各地运

输的申请后,中心及时与民航沟通,特别是协助没有资质的机场如湖南、西藏等地的运输,协调北京机场的取货,确保样品快速、顺利抵京。

(四)多方沟通协调,为毒株疫苗研制争取了宝贵的时间

为在第一时间从美国疾病预防控制中心、加拿大卫生署和香港卫生署获得甲型H1N1流感病毒毒株用于我国甲流诊断试剂的研发和效果验证,与国家民航总局、中国国际货运航空公司、海关、出入境检验检疫局等部门及时沟通,协调运输和办理提货有关事宜,在飞机未到达地面之前锁定毒株准确放置,海关破例同意先提货后补办手续,尤其是来自美国的第一株H1N1毒株到达北京时已近深夜,由于事先协调到位,国货航、海关、检疫、公安等相关部门人员均提前就位,开辟了绿色通道,加快了H1N1毒株的提取速度,为控制甲型H1N1流感疫情争取了宝贵的时间。此外,为向澳门提供流感诊断试剂盒出境办理了紧急审查和报批,也为澳门疾病预防控制机构提供了及时帮助。

(五)紧急举办运输培训班,解决无运输资质难题

鉴于我国甲型H1N1流感防控工作的严峻形势,为满足地县市H1N1样本运输的需求,紧急举办了机场周围地县市疾控中心人员200人参加的病原微生物运输管理培训班,解决了边远地区运送高致病病原微生物航空运输托运人的资质问题。

(六)协助病毒病所、传染病所BSL—3率先获得活动资格审批

依据国家有关规定,开展甲型H1N1流感病毒应急检测活动应通过卫生部实验室活动资格审批。为确保承担甲型H1N1流感病毒应急检测工作的病毒病预防控制所BSL—3实验室及时获得实验活动资格,极积与卫生部主管部门和有关专家沟通,协助病毒病所开展实验活动资格申报、审批工作,病毒病所BSL—3实验室成为国内第一个有资格开展甲型H1N1流感病毒应急检测活动的实验室,为后期甲型H1N1流感病毒检测复核工作奠定了基础。同时,协助传染病所BSL—3实验室顺利通过卫生部实验室活动资格审批,成为甲型H1N1流感病毒后备检测实验室。

(七)协助病毒病所国家流感中心申报WHO流感合作中心

针对病毒病所国家流感中心需求,在实验室规范管理、实验室标识,以及提供相关实验动物中心资料等方面提供全力支持,同时,为满足WHO对流感毒株共享和出境期限、加快流感毒株的出境审批的要求,实验室处积极与卫生部科教司加强沟通,为国家流感实验室通过WHO流感合作中心提供了支持。

三、确保国庆60周年期间的实验室安全

1. 为确保国庆60周年期间的实验室安全，于8月28日起草并下发了《中国疾控中心关于做好2009年“国庆期间”实验室安全管理工作的通知》，通知明确要求各直属单位从组织机构、规章制定、人员管理、安全保障等方面逐项梳理和确认，保证国庆期间实验室安全措施不留死角、不留漏洞、万无一失。

2. 9月1日，北京市召开了国庆期间实验室安全与恐怖防范工作布置会议并出台了《北京市卫生局关于加强新中国成立60周年庆祝活动加强北京地区实验室生物安全及生物恐怖防范工作的通知》，9月4日迅速组织召开了国庆期间实验室安全和恐怖防范工作动员会，进一步强调了60周年国庆期间实验室安全的重要性，提出了做好60周年国庆期间实验室安全工作具体要求。

3. 起草制定并下发《中国疾病控制中心国庆60周年期间实验室安全管理和恐怖防范工作方案》。从组织机构及职责、病原微生物实验室安全管理、化学实验室安全管理、放射实验室安全管理、监督检查保障措施等方面做了详细的要求，该方案既考虑全面性、科学性，更加充分考虑到方案的可操作性。

4. 强化监督检查，要求各单位逐一对照该方案的要求，认真全面地梳理，查出隐患迅速整改。在各直属单位自查、监督检查的基础上，组织中心监督检查组的专家，对可能存在的隐患进行全面抽查。

5. 在国庆来临前完成传染病所和病毒病所武装保卫部署，为中国疾控中心高致病性菌（毒）种库的安全保卫增加了安全系数。

6. 为保障国庆期间菌（毒）种及样品运输审批工作的快捷、顺畅，及时获取直属各单位的安全工作动态，实行了24小时值班制度，督促各直属单位及时进行“日报告”和“零报告”。

四、新址生物安全实验室运行准备工作

（一）开展培训

1. 举办以新址搬迁为主题的2009年第四届实验室主任和安全员培训班；

2. 新址生物安全实验室污水处理系统操作培训班；

3. 新址BSL－3实验室运行操作培训班。

（二）新址BSL－3实验室生物安全认可工作

实验室在2008年已经启动了BSL－3实验室生物安全认可的准备工作。随着搬迁工作的日益迫近，为顺利获得CNAS的生物安全认可，积极与CNAS沟通，咨询实验室认

可的相关事项,探讨新址实验室依据新版国标通过认可的可行性,组织召开推进认可现场会,为加快新址BSL－3实验室生物安全认可工作做好充分准备。

(三)探讨新址生物安全实验室运行维护的管理工作

积极探讨新址实验室管理运行模式,同时抓紧筹划新址实验室运行维护管理队伍的建设与引进工作。

五、开展科学研究,为确保生物安全提供依据

1. 完成"863计划"课题,《高等级生物安全实验室危险因素分析和操作技术标准建立》研究项目目标。

2. 卫生行业专项《病原微生物实验室生物安全管理与示范》课题研究正在进行中。

3. 成功申请国家科技重大专项课题《生物安全实验室微环境污染监测检测技术与相关安全评价指标的研究》及国家科技支撑计划课题《实验室实时监控网络化关键技术和产品的研究》。

4. 参与了由中国工程院主持的新时期我国生物安全战略与法律法规重大项目研究,参与其中基础材料课题组、实验室生物安全课题组和我国生物安全防御国家战略研究课题组三个课题研究。

六、国际合作与交流

(一)中瑞实验室生物安全合作项目

该项目旨在提升中国疾控中心实验室生物安全能力建设,2009年按照项目计划举办了两次培训班,分别对中国疾控系统的相关人员进行了实验室生物风险管理培训和生物安全师资培训,两次培训班为我国疾控系统储备了合格的生物风险管理评审员和生物安全师资力量。同时,为加强中国疾控中心生物安全管理人员的队伍建设,2009年中方派出第三批项目合作人员出国考察,学习和借鉴瑞典传染病研究所成熟、先进的管理经验。

在项目结束前,中国疾控中心接受了实验室生物安全管理工作国际评估。根据评估结果,瑞典合作方在11月项目总结会上,对中心实验室生物安全管理工作取得的巨大成绩给予了充分肯定,完全达到甚至超过了项目实施的预期目标。

(二)借助中美合作项目支持,提高实验室安全和质量管理水平

承担了中美合作项目子项目5—"加强传染病实验室监测系统的质量管理和能力建设"的部分内容与子项目8—"实验室安全"的执行任务。

为做好中国疾控系统实验室室间质量评估计划,项目于2009年5月25日至6月5

日派出4人赴加拿大英属哥伦比亚大学(UBC)学习实验室室间质量评估,学习的主要内容包括考核样品的制备方法、室间质量评估计划管理等,为在中国疾控系统开展室间质量评估计划积累经验。

2009年6月27日至7月11日,委派6名同志赴美国疾控中心和Emory大学进行中美合作项目8—生物安全培训,进一步加强与其他国家的沟通和交流,学习了国外先进的实验室安全管理经验。

此外,为有效提高中国疾控系统传染病监测实验室的质量管理水平,推动ISO15189标准在传染病监测实验室中的应用,对北京市和浙江省疾病预防控制中心开展了有关ISO15189标准要求的摸底调研工作。

七、做好实验动物管理工作

(一)动物实验设施改造项目取得了阶段性进展

中国疾控中心动物实验设施改造项目包括营养食品所动物设施改造及中心南纬路动物室改造两个部分。营养食品所拟改造设施所在楼层由于建筑安全问题暂停工程改造。

南纬路动物室改造陆续取得阶段性进展,7月底,取得了宣武区公安消防支队的验收合格证书;10月底,监理公司组织相关单位对南纬路动物室改造工程进行了现场验收;11月9日通过了北京市实验动物管理办公室组织的专家评审;11月18日取得北京市科委颁发的实验动物使用许可证。改造后的南纬路动物室已投入运行。

(二)新址一期生物安全二级动物实验楼建设

2008年度已采购的2315.5万元设备已按合同约定于2009年7月初全部运抵新址现场,与通风系统无关的小型高压灭菌器已进行了验收,其他设备需待整个动物楼通风系统调试完成后方可进行安装验收。2008年度公开招标未成功的186.5万元设备也在本年度完成采购工作。

完成新址动物实验楼设备配置2009年度采购项目(金额1100万元)的进口产品专家论证、技术参数的编写及招标文件有关参数的修改和确认工作。

11月中旬,对2010年新址设备配置预算进行了调整,从原计划申请1800万调整为1000万,并将2011年计划申请配置的1562万预算明细一并在项目书里提出。

组织完成了新址动物楼管理模式及标准操作程序(SOP)初稿的制定工作,为动物楼的运行调试做好了部分前期准备工作。

(三)完善新址二期动物实验设施的需求分析

根据新址二期建设工作需要,再次组织开展新址二期动物实验需求的调研分析工作,为新址二期建设需求提供科学参考依据。

(四)开展实验动物管理工作调研及实习工作

新址动物实验楼即将投入使用,为学习先进单位的管理模式,分别派员前往北大实验动物中心、医科院药物所动物中心、北京生命科学研究所动物中心、军事医学科学院GLP动物中心进行了调研和实习。

八、发挥国家队作用,开展技术指导工作

1. 完成《病原微生物菌(毒)种保藏机构设置技术规范》报批稿,在卫生部组织召开的全国病原微生物菌毒种管理会议上解读。

2. 参加卫生部组织的《实验室生物安全理论与实践》编写工作。

3. 参与国标GB 19489—2008《实验室 生物安全通用要求》配套教材编写工作。

4. 协助民航总局起草下发至各机场和航空公司做好甲型H1N1流感样本运输工作的文件。

5. 协助卫生部科教司组织召开国家病原微生物实验室生物安全委员会会议,提供WHO、有关国家组织有关背景资料,协助卫生部科教司制定/修改完善甲型H1N1流感病毒实验室生物安全管理方案,及时调整甲型H1N1流感病毒实验室生物安全有关管理政策,指导全国有力开展甲型流感病毒疫情防控工作。

6. 协助卫生部疾控局起草《甲型H1N1流感病毒监测技术方案》中实验室生物安全管理部分。

7. 完成了《实验动物相关法规标准汇编》、《高致病性病原微生物危害评估》两本著作及《实验室安全质量管理简报》。

8. 组织编写《实验室化学DVD教材》、《高致病性病原微生物材料安全数据单》和工程院《我国实验室生物安全指南》。

(实验室处提供)

离退休人员管理

一、离退休干部基本状况

截至2009年底，中国疾控中心现有离退休职工1156人，其中离休干部92人，中共党员565人。机关离退职工108人，中共党员78人，新增加退休干部7人。

二、落实离退休干部的政治待遇

及时转发上级有关文件，保证政策落实不延迟。中心调整了离退休工作领导小组，梁东明书记担任组长，宫新生副书记、刘剑君副主任担任副组长。中心每年以多种形式坚持定期向离退休老同志通报情况，传达文件，邀请老干部参加重要会议。召开机关新春团拜会，组织老同志参观新址，中心领导通报单位的发展情况和重点工作。迁址前广泛征求老同志意见，沟通交流。

春节前中心开展了走访慰问活动，中心领导走访慰问了直属单位90岁以上的知名老专家和部分离休老干部。在建国60周年活动中，召开机关离休干部座谈会，赠送了建国60年纪念册，为老同志发放了节日礼物。

9月，经中心评选推荐、卫生部考核、中组部批准，原预防医科院院长、离休干部陈春明同志被中组部授予“全国离退休干部先进个人”，她的事迹在健康报上整版刊登。

为便于老同志学习和对健康知识的了解，连续三年为机关老同志订阅报刊杂志，并将每期的中心报按期发送到老同志手中，受到大家欢迎。

帮助和支持机关离退休支部开展活动，离退支部积极组织健康讲座、参观、慰问困难党员、购买学习书籍。

三、落实离退休干部的生活待遇

按照中央和国家的各项规定，确保离退休干部生活待遇的落实。中国疾控中心历年来均全额保障离退休费的发放和医药费的报销。

认真落实中组部《提高部分离休干部医疗待遇》的文件，与人资处一起，对中心部分离休干部的档案进行反复查阅、核对，提高了部分符合条件的离休干部的医疗待遇。

对于活动不便的老同志登门拜访。2009年先后有18名老同志住院，共探望28人次。与规财处等有关部门为32位老同志选择、变更定点医院办理手续。协助组织了75

人健康体检,建立了健康档案。2009年还为机关15位老同志庆贺生日。

离退处对机关17名低工资的老同志给予补助。原基建处李贵缺同志因患重病,自付医药费用达几十万,家庭生活困难,中心领导非常关心,在经济上给予了补助。宫新生副书记带头,离退处、基建处全体职工都为李贵缺捐了款,并将捐款送到医院,家属非常感激。

四、发挥作用,丰富老同志的退休生活

组织中心491人参加了中组部、卫生部举办的建国60周年知识竞赛,获得一等奖2名,二等奖4名,三等奖8名的好成绩,中心也设立了奖项。

7月1日,中心成立了老疾控工作者合唱队,30多名老同志积极参加活动。经过自愿报名、各单位推荐,11人参加了卫生部老疾控工作者合唱团。

为充实老同志的业余生活,结合当前的形势特点,在春秋两季、重阳节组织老同志外出游览,活动前做好充分准备,以保证游览活动的顺利和安全。

传染病所参加卫生部老年门球赛,获得优秀奖。

发挥老专家的作用,做好丛书的编写工作。在丛书编写工作中,离退处负责稿件的征集、整理和联络工作,协助召开编委会议。2009年完成了第6册丛书的印刷和发放。

(田占平)

安全保卫管理

一、综合治理工作

贯彻国务院《企业事业单位内部治安保卫条例》，加强监督检查和隐患治理。制定了《中国疾控中心南纬路工作区施工安全管理规定》、《中国疾控中心昌平园区安全管理规定》及《中国疾控中心昌平园区卡管理规定》。与中心直属各单位、中心机关各处室及驻27号楼单位签订“岗位安全责任书”，明确各级组织的安全职责。维护了单位稳定，保障了中心正常的工作秩序，确保中心安全无事故。

二、安全保卫工作

1. 节假日和重大政治活动期间的安全保卫工作　2009年重大政治活动主要有“两会”、建国60周年大庆活动。在此期间，保卫处要求各单位部门加强对重点部位和重点人群的管理，加强防范工作，在做好安全保卫工作的同时，配合有关部门积极做好人员稳定工作。

2. 积极参与甲流防控，做好国家领导人来中心视察的安全保卫工作　2009年4月29日、5月17日，李克强副总理和温家宝总理分别到传染病所P3实验室和中心机关视察甲型H1N1流感的防控工作较好的完成了安全保卫工作任务。

3. 强化安全责任意识，规范安全保卫管理　①昌平园区机关大楼于2009年10月正式投入使用，保卫处积极做好迁入前的准备工作及迁入后的安全保卫工作。②加强园区安全检查，除定期检查外，每月和新址办共同对物业公司管理范围进行检查，如：配电室、电梯机房、空调机房、污水处理站等场所进行检查。③强化保安执勤工作人员的安全责任意识，严格24小时值班及巡逻制度。④加强与当地政府、公安、综合执法等部门联系，充分利用政府及社会力量确保园区安全。

三、安全防火工作

1. 开展安全防火培训　加强防火教育，举办防火知识展览，宣传新的消防法，2月24日、27日，3月10日及9月3日分别对后勤服务中心、教育培训处新生、潘家园两所职工、中心新进职工进行消防知识辅导讲座，9月组织新址保安进行消防演练，11月组织中心全体员工开展消防知识有奖答题活动。

2. 增加消防投入，确保防火安全　①更换中心南纬路机关灭火器，并对消防栓进行维护保养，确保消防器材和设备处于良好状态。②为了更好地保证防火安全，保卫处根据新址园区安全防火实际情况，聘请专业部门对园区及综合楼、后勤楼、公寓等进行实地勘察，配备灭火器及消防器材。

3. 落实中控室值班制度　严格中控室双人24小时值班；组织消防中控室值班人员，学习公安部消防局制定下发的《消防控制室管理及应急程序》，完善中控室值班人员职责和任务，加强了中控室人员的培训。

四、交通安全工作

1. 节能减排，制定2009年各处室车辆用油、车辆维修指标，并下发执行。

2. 按照北京市“两会”及“建国60周年大庆活动”期间车辆行驶限行规定，积极协调，把对工作的影响降到最低，消减单位车辆25%。

五、其他工作

1. 统计迁入新址单位的一卡通数量，第一批制作发放1867张。制作机动车证500张。

2. 通过中央政府采购中心进行保安人员招标，并在基建处、新址办的支持下解决了保安新址住房问题。

3. 为方便单位职工和来中心办事人员顺利到达昌平园区，积极与昌平交通队和路政局联系，完成了中心交办的中国疾控中心公路指路牌设置、安装项目。

4. 完成昌平园区内的交通施划项目，确保园区内的交通安全。

5. 做好园区森林防火工作。

（侯惠亭）

后勤管理

一、应急工作后勤保障

1. 应急库房物资管理。

2. 应急库房账物管理。

3. 完成了三次应急物资储备库房的地点变更，进行仓库和会议室的调整。

4. 参与突发应急事件物资储备申报工作。

二、后勤处职能工作

（一）房屋管理

1. 指导中心直属单位进行房改售房、房屋管理工作，指导建立职工住房档案工作。

2. 办理职工住房二手房上市交易手续共计 19 户。

3. 审核报销职工供暖费、物业费，金额 23 万元。

4. 中心所辖的天坛西里、草桥、角门、方庄、西罗园等处办理了土地使用证。

5. 与规财处配合对已售公有住房的资产进行核消。

6. 对全中心在京 1646 名职工的住房情况进行统计上报。

（二）购房补贴

2009 年 3 月，中心机关发放职工级差补贴 15 人，共计 374 165 元。拟于年底发放一次性、差额和级差补贴 21 人次，金额 160 万元。

（三）工程项目管理

1. 南纬路 29 号办公楼结构安全检测及加固维修立项论证。

2. 组织新址应急物资库房的修建项目设计、论证。

3. 新址境外卫星接收设备移机的前期准备。

（四）资产管理

1. 建立健全应急物资及低值易耗设备账目。

2. 清理、核对、核销后勤固定资产;完成处室内部设备、中心机关车辆及房屋附属设备的登记、调剂、报废等固定资产管理。

3. 对直属单位车辆报废办理上报相关手续,中心新增车辆办理固定资产登记手续。

4. 以规财处、设备条件处提供的明细为基本依据,核查中心房屋、车辆类及处内设备类固定资产情况。

三、公益性管理工作

(一)计划生育工作

1. 办理生育服务证4个;协助3名男职工办理了子女户口随父手续。

2. 为5名退休职工核发了一次性独生子女父母奖励费。

3. 在卫生部组织的向实行计划生育的贫困母亲献爱心活动中,全中心共募集捐款30 540元。

4. 为中心机关80余名独生子女家长核发独生子女费。

5."六一"儿童节期间,与群工处联合组织了独生子女家庭14岁以下儿童书画作品展。

(二)绿化工作

完成首都绿化美化植树以资代劳绿化费的收缴工作。

(三)义务献血工作

组织机关和性艾中心6名职工参加公民义务献血,超额完成团体单位义务献血任务。

(四)职工医疗保健工作

1. 组织职工体检,机关及所属单位共600余名职工参加。对机关职工查体结果分析总结后进行健康评估,并及时通知职工本人。

2. 制定了《中国疾控中心机关职工公费医疗管理规定》;建立了中心机关职工计划生育(自选医院)公费医疗报销登记制度;建立了中心机关职工住院公费医疗登记制度。

3. 负责中心机关公费医疗报销审核,全年共审核门诊公费医疗报销单据11 383张;住院公费医疗报销28人次;共审核签字公费医疗报销2 157 315元。

4. 2009年1—9月拨付后勤服务中心医务室中心机关医药费共计141 142.23元。

5. 南纬路医务室于2009年10月停诊,由传染病所医务室负责新址所有单位的职工医疗保健工作。

6. 9月27日召开了专家论证会,讨论了医务室医疗设备预算清单、医务室办公设备预算清单。

7. 2009 年 10 月 27 日，在昌平园区召开了医务室管理工作会议，并下发《关于传染病所医务室负责昌平园区医疗工作的通知》。

（五）人防工作

建立三级管理责任制，建立中心人防数据库。组织京内各直属单位参加卫生部人防、地下空间管理培训班，共 12 人参加。定期对各单位人防及地下空间进行安全检查。

（六）获奖情况

中国疾控中心荣获卫生部 2009 年人防先进单位；荣获 2009 年度卫生部计划生育先进单位。董丽华同志荣获卫生部计划生育先进个人光荣称号。

四、其他

1. 组织中心直属 10 个单位 9 名同志参加了卫生部计划生育干部培训。
2. 组织中心京内直属单位 8 人参加卫生部组织的土地调查培训班。
3. 组织中心有关单位，参加卫生部人防办公室举办的人防及地下空间管理培训班。
4. 完成了中央国家机关地下空间整治情况上报工作。

党群工作

一、党委工作

(一)继续开展学习实践活动和整改落实"回头看"工作

1. 按照学习实践活动总体部署,参与起草修改《中国疾控中心整改落实工作方案》、《中国疾控中心学习实践活动工作总结》等文件。组织学习实践活动总结大会和群众满意度测评工作,均达到 88%以上。

2. 编辑制作各种统计表格,方便各直属单位及机关的活动安排和统计,及时了解各单位活动进展情况,主动提供各种帮助并根据各单位活动情况给予具体指导,同时做好学习实践活动文件资料的统计收集和归档工作。

3. 组织安排学习了《中共卫生部党组关于做好学习实践活动整改落实"回头看"工作的通知》精神,并指导中心机关和直属单位做好整改落实"回头看"的自查工作,同时做好与卫生部学习实践活动领导小组办公室督导组与综合组、简报组等的信息沟通,材料上报,及时上报卫生部中心学习实践活动进展情况,完成中心学习实践活动整改落实"回头看"工作总结,并通过卫生部对中心的检查。

4. 编写中心学习实践活动简报 14 期,下发卫生部学习实践活动简报 62 期,并编辑印制中心学习实践活动简报汇编、文件汇编。

5. 卫生部健康教育中心(原健康教育所)作为部直属单位以后,因党的组织关系未转出,学习实践活动和机要文件的传阅仍随中心开展,为了减少疏漏,党办主动与其联系沟通,尽可能提供工作便利,使工作得以顺利过渡。

6. 帮助指导寄生虫病所第二批开展深入学习实践科学发展观活动,提供信息、材料,参加动员会、民主生活会、主题实践活动等。

(二)执行理论中心组学习计划,推动党组织的理论学习

1. 中心党办年初起草党委中心组学习计划,并结合实际主动搜集学习资料,为中心组成员提供学习计划表和自学书目,提出中心组学习建议,订阅的杂志有《求是》、《中国卫生》、《学习活页》等,为中心组成员准备半月时事学习问答学习形式更加多样,更具实效。

2. 为党委中心组集中学习中共中央办公厅印发《〈关于进一步从严管理干部的意见〉的通知》、《关于建立促进科学发展的党政领导班子和领导干部考核评价机制的意见的通知》、中共中央组织部《党政工作部门领导班子和领导干部综合考核评价办法(试行)》、《党政领导班子和领导干部年度考核办法(试行)的通知》等文件及中央领导同志讲话,提供学习材料等服务。

3. 邀请中央党校、北京市委党校、中国社会科学院、中央团校的教授分别作了"党的领导力""六个为什么""党的十七届四中全会"等的专题辅导。

4. 先后安排各直属单位领导班子成员参加卫生部直属机关党委举办的四期学习贯彻十七届四中全会精神专题学习班和"每月一讲"活动。

5. 做好中心及直属单位 6 名处级干部参加卫生部党校 2009 年春秋季班学习的报名、推荐及选送工作。

6. 贯彻党委组织党员干部群众深入学习《六个为什么——对几个重大问题的回答》的决定,为每一位党员购置了学习教材,落实了以支部为单位组织党员进行学习的部署。

(三)组织工作

1. 进一步做好党员领导干部民主生活会的服务工作。会前,征求汇总干部群众的意见和建议,提出会议时间、议题和议程的建议;会中,做好会议服务和记录工作;会后,完成会议纪要的整理和汇总,及时将会议纪要报送卫生部直属机关党委及相关部门,同时还积极联系直属单位,协调中心分管领导参加直属单位民主生活会。

2. 根据中组部和卫生部直属机关党委的要求,严格规范中心党费的收缴、使用和管理。积极组织党费收缴、使用和管理情况的自查工作。

3. 负责中心党员的组织关系接转工作,全年共接转组织关系 200 人次。配合卫生部直属机关党委完成卫生部健康教育中心(原健康教育所)党组织关系整建制转移工作,共转出党员(含预备党员)74 名,核算 2009 年度健康教育所上缴的党费,划拨中国健康教育中心账户。

4. 对各直属单位党组织任期情况和现状进行调查摸底,起草中心换届选举工作的相关文件。

5. 做好各直属单位党组织党员发展工作规划;协助中心机关总支完成党员发展的报批工作;协助中心两个直属支部(改水党支部、慢病党支部)进行党员发展的审核、报批及进行入党前党组织谈话等工作。同时,还组织安排机关及各直属单位 25 名入党积极分子参加卫生部直属机关党委举办的入党积极分子培训班。

6. 帮助抗震救灾一线入党的同志完成入党材料的整理、接转和归档工作,并协助做好一线申请入党同志的后续发展工作。

7. 落实党委常委会议决定,同人资处一起进行处以上干部的考察、考核。

8. 组织开展了困难党员摸底调查工作和困难党员的走访、慰问活动。

9. 按照中央国家机关工委和卫生部直属机关党委的规定和要求,做好党的基本信息系统和党员信息库的日常维护和统计工作。

(四)宣传及精神文明建设工作

1. 承担逐日记录编写中心防控工作大事记和工作组会议记录等工作,并以中心报为载体,出版专刊宣传中心防控工作的开展情况。

2. 按照卫生部直属机关党委的要求,组织参观《建国60周年成就展》等各具特色、生动活泼的庆祝活动和群众性的爱国主义教育,参与承办一部两局歌咏比赛,参加卫生部、药监局、中医局“迎国庆、庆七一”大型歌咏比赛工作。组织参观“西藏民主改革50周年大型展览”。参加了中央国家机关基层党组织建设工作创新经验征文交流活动。

3. 完成7次党委书记例会议题、材料准备、会务工作,以及会议精神的落实。

4. 为开展向吴大观同志先进事迹的宣传学习活动,收集整理了吴大观同志的先进事迹,转发中心机关两个总支及各直属单位,帮助各单位提供学习吴大观同志的优秀品质和高尚情操的相关材料,并以中心报为载体开展征文活动。

5. 充分发挥中国疾控中心报对外宣传的窗口作用,围绕中国疾控中心的全局工作,积极开展各项宣传报道工作,在原有《以史为镜光照未来》专栏的基础上,2009年增加了7个专栏,包括疾控聚焦、文化凝炼、廉政之窗、新址特讯,以及各地政讯、外事活动、财务揽要等专栏。全年共编辑出版中国疾控中心报14期,共80个版面约40余万字。配合甲型H1N1流感防控工作,编辑了两期流感防治特刊,全面反映了中国疾控中心预防甲型H1N1流感工作。

6. 组织参加中央国家工委精神文明建设工作会议,中心9个直属单位被评为2008年度文明单位。申报传染病所当选卫生系统全国精神文明建设工作先进单位。指导并帮助各直属单位做好2009年度中央国家机关文明单位申报工作。

(五)中国卫生思想政治工作促进会疾控分会秘书处工作

1. 作为中国卫生思想政治工作促进会疾病预防控制分会秘书处,负责2009年两次常务理事会、征文评审会、首届二次理事大会的会议材料的起草和会议筹备、组织协调及会务工作。其中重点完成了起草疾病预防控制分会理事大会工作报告,下一阶段重点工作报告,会费使用报告,增补会长、副会长、常务理事候选人、顾问建议名单,理事变动名单、增补会员单位名单等,并根据情况的变化协调各项会议议程的变动及衔接,圆满完成了(160余人参加)首届二次理事大会的各项议程。

2. 作为疾控分会秘书处,2009年开展主题征文活动,共收到征文361篇。共评出一等奖17篇,二等奖39篇,三等奖58篇,并推选了7个优秀组织奖。

3. 加强与89个会员单位的交流和沟通，及时了解各会员单位理事及常务理事人员变动情况，汇总信息提出调整理事建议；吸收慢病中心等4个单位为会员单位。

4. 组织参加中国卫生思想政治工作促进会评选百家卫生文化先进单位活动，经常务理事投票推荐了4个单位上报总会。

（李志新　孟宪平）

二、纪委工作

（一）开展反腐倡廉学习教育

1. 重点抓好领导干部学习教育，认真组织领导干部学习贯彻中纪委十七届三中全会精神和2009年全国卫生系统纪检监察暨纠风工作会议精神，特别是5月份开展维护党的政治纪律教育，中心纪委针对社会上存在的一些苗头性的模糊认识，及时发出通知并为中心领导和所处级领导干部印制发放了《求是》杂志连续刊登署名秋石《为什么必须坚持马克思主义在意识形态领域的指导地位而不能搞指导思想的多元化》、《为什么必须坚持人民代表大会制度而不能搞“三权分立”》等4篇文章，要求以支部为单位，组织党员领导干部认真学习，深入理解，写出个人学习的心得体会并反馈中心纪检监察室，为响应中宣部要求深入学习《六个“为什么”》一书奠定了基础。2009年，中心党政主要领导带头讲廉政党课4次，利用定期召开的主任（所长）办公会、中心干部例会、党委书记例会、纪委书记例会、支部会议等各类会议，加强反腐倡廉的宣传教育工作，进一步增强了党员领导干部的党性意识、责任意识和廉洁勤政意识。

2. 采取多种有效形式，抓好对广大党员的廉政宣传教育。3月份，组织参加中央纪委宣教室“深入学习实践科学发展观 扎实推进惩治和预防腐败体系建设”征文活动，中心报送的12篇征文分别获得了卫生部直属机关纪委评选的二、三等奖和组织奖；10月份，邀请昌平区检察院有关人员，举办了《加强廉政建设　预防职务犯罪》的专题讲座，对中心机关、各直属单位政府采购部门人员40多人开展警示教育。各直属单位也高度重视开展各类警示教育活动，如病毒病所举办“反对腐败，清廉为政”为主题的法制教育；性艾中心开展预防腐败调查问卷活动；慢病中心组织参观“预防职务犯罪展览”；辐射安全所组织收看《贪之害》录像等，均收到了较好的教育效果。

3. 坚持教育的广泛性、多样性和经常性。定期为直属单位发放《党风廉政建设》等学习材料；充分发挥中心网站、报刊等媒体作用，在《中国疾控中心报》上开辟《廉政提醒专栏》，每期刊登党纪法规和廉政知识；在中心内网上传《“扬正气 促和谐”优秀廉政公益广告》，传输党风廉政宣传图片，引导职工学习。通过多种渠道的宣传教育，努力营造“以廉为荣、以贪为耻”的氛围。

(二)健全完善规章制度,监督规范权力运行

1. *坚持廉政谈话制度* 根据驻部组局下发的《关于对卫生部党组管理干部进行任职廉政谈话的实施办法》,结合中心实际,4月份,修订并下发了《关于对中国疾控中心管理干部进行任职廉政谈话的实施办法》,2009年与新任职所、处级干部谈话15人次,做到了每次谈话有提纲、有记录。各直属单位对新任职领导干部的廉政谈话42人次。

2. *开展厉行节约和制止公款出国(境)旅游等工作* 在2月份中心纪委扩大会议上组织学习文件,研究讨论中心开展厉行节约工作的具体措施;通过开展厉行节约活动,中心制定了《关于加强因公出国(境)管理的规定(试行)》和加强工作经费、接待费等经费管理的要求。2009年,机关公务接待费在上一年基础上削减了20%;各直属单位也对招待费实行限额管理,对汽油实行定额管理。

3. *加强对"三重一大"事项必须经集体讨论决定制度贯彻落实情况的监督检查* 通过主任办公会、纪委书记例会等不同形式,要求中心及直属单位严格执行该制度,同时结合"小金库"专项治理自查自纠阶段和重点检查阶段的两次检查,对中心及直属单位贯彻执行"三重一大"制度的情况进行了全面的检查。8月份,协助驻部组局对中心及营养食品所涉及"三重一大"事项党委常委会、主任办公会和党委会、所长办公会的会议记录、纪要的检查工作。9月份,及时转发《卫生部、国家中医药管理局直属单位上报"三重一大"会议纪要和抽查情况通报》,并对今后坚持和完善"三重一大"会议制度提出了明确的整改要求。

4. *积极参与中心"小金库"专项治理* 参加中心治理"小金库"领导小组办公室开展的专项治理工作,对各直属单位自查自纠阶段的检查和重点检查工作,与直属单位领导干部、业务干部、一般干部进行随访和谈话。协助财务部门对重点检查中发现的不规范做法和现象进行整改。

5. *加强对设备物资采购的监督* 参加中心设备、物资招标采购的专家抽取、开标、评标等关键环节的现场监督176次。在现场监督过程中,对相关环节中的不规范行为,当场予以纠正、提醒或给予监察建议。对于涉及招标采购的信访举报,认真细致地做好调查核实工作。继续规范采购管理工作,尤其是试剂、耗材等低值易耗品的采购管理,10月份,召开了设备物资采购研讨会议,通过经验交流和分组讨论,进一步促进各直属单位加强对设备物资尤其是试剂耗材的采购管理工作。积极参加全球基金项目举办的设备物资招标采购培训班和财务管理培训班,加强对监督工作延伸业务的学习。

6. *开展建立健全惩防体系建设检查工作* 为贯彻落实中纪委《工作规划》和卫生部党组《实施办法》,经中心党委常委会议研究决定,成立了中心惩治和预防腐败体系建设领导小组,党委书记梁东明任组长,党委副书记、纪委书记宫新生和副主任杨维中任副组长。领导小组下设办公室,承担具体工作。9月27日,中心惩防体系建设领导小组召开会议,

认真学习了卫生部党组下发的《检查通知》，结合中心工作实际，印发了中心《自查工作安排》，统一布置了自查工作并安排了各单位之间的相互检查。10月底，机关各处室、各直属单位分别上报了自查报告、互查报告。通过检查和互查工作，促进了中心惩防体系建设的深入开展。12月下旬，接受了卫生部惩防体系建设领导小组检查组对中心及部分直属单位工作的检查。

（三）加强自身建设

1. 重视纪检监察干部政治理论水平和业务水平等综合素质建设　坚持选派纪检干部参加中纪委、驻部组局举办的纪检监察干部业务培训，参加卫生部党校处级干部进修班的学习，坚持开展纪检监察业务自学活动。

2. 坚持纪委书记季度例会制度　通过集中学习文件、讨论研究反腐倡廉工作，研究处理信访案件，拓宽纪检工作思路、开阔纪检干部视野，培养和提高各直属单位纪检监察干部的素质和能力。

（四）其他工作

1. 续聘义务监督员　2009年下半年，中心纪委在机关和直属单位党风廉政建设义务监督员聘期已满的情况下，按照程序，在离退休党员干部中聘用了11名义务监督员。在实际工作中，诚恳征求义务监督员对纪检监察工作的意见和建议，促进纪检监察工作不断提高和改进。

2. 起草《疾病预防控制系统专业技术人员行为规范》　受驻部监察局委托，根据中心领导的安排，起草了《疾病预防控制系统专业技术人员行为规范》。8—10月份，中心纪委多次研究、讨论界定疾控系统专家概念、分析归纳专业技术活动的类别，向业务处室调研、了解专家在专业技术活动中的行为，向驻部组局提交了《规范》参考稿。11月份，按照驻部组局和中心领导的进一步要求，先后召集中心应急办、国合处、信息中心等部门负责人会议研究讨论，并委托相关部门对专家在评审、评估、论证、制定政策、标准等各类专业活动中的行为规范提出建议。12月初，纪检监察室在汇总各方面意见的基础上，又多次征求对《规范》修改稿的修改意见，先后四上四下，几易其稿，12月初将修改后的《规范》稿上报驻部组局。

（曹进华　沈婵）

三、工会、女职工工作

（一）慰问职工

1. 两节慰问特别困难职工10人次，探望患病住院职工并发放慰问金。

2. 劳模慰问、劳模休假安排。

(1)两节慰问劳模及患病院士;

(2)安排7名劳模到四地休假;

(3)进行劳模基本情况调查,摸清劳模困难情况,并上报卫生部直属机关工会;

(4)国庆节慰问劳模和困难职工。

(二)阳光助学

为中心11名职工子女申报补助。

(三)发扬革命传统,弘扬军人优良作风

庆祝建国60周年,"八一"建军节召开中心复转军人座谈会,发扬革命传统,弘扬军人优良作风,保持和发挥他们在疾控工作、奥运保障、业务和行政管理的作用。

(四)推优评优,岗位建功

1. 组织参加全国妇联"全国巾帼建功文明岗、标兵"评选申报工作,传染病所、妇幼中心被评选为全国巾帼建功文明岗,性艾中心1名同志被推荐为全国巾帼建功标兵。

2. 组织参加全国总工会"工人先锋号"评选工作,中心疾控办获得荣誉称号。

3. 组织参加中央国家机关"五一劳动奖章、奖状先进个人和集体"申报工作,传染病所获得中央国家机关"五一劳动奖状"集体称号。

4. 组织参加全国妇联"全国三八红旗集体"申报工作。结控中心获得荣誉称号。

5. 组织参加"全国自强不息先进个人的申报工作"。

6. 组织中心开展全国妇联"全国五好家庭"评选工作,中心申报1人,目前已获得卫生部申报资格。

(五)文体活动

全年组织中心职工围棋比赛;组织女职工参加卫生部直属机关女职工保龄球比赛,获好成绩;组织了中心乒乓球比赛、羽毛球比赛;

组织职工参加卫生部歌咏比赛选拔赛。在卫生部机关党委、工会领导下承办卫生部直属机关职工歌咏比赛,演职人员509人,参加观看领导50人。承办一部两局歌咏比赛,演职人员1000多人,观看领导100多人。参加卫生部、药监局、中医局"迎国庆、庆七一"大型歌咏比赛组织工作。组织中心11人参加中央国家机关歌会。组织职工子女参加全国8个部委举办的"祖国您好"才艺比赛活动。庆祝建国60周年中心举办职工时装表演共有300人参加,评选出11个个人魅力奖、3个优秀组织奖。通过这些活动搭建职工交流平台,活跃职工生活,展现职工风采和精神面貌。

为庆祝建国60周年，支持各单位开展庆祝活动下拨经费约5万元。

（六）职工利益诉求得到保障

1. 落实科学发展观，推进中心职工购房补贴的差额补发。

2. 对职工休假进行调查，并将职工休假调查情况向中心领导及有关部门汇报。积极反映职工休假，督促职能部门落实职工休假。

3. 做好搬家工作职工的思想工作、征求意见、了解情况、召开工会或者职工群众谈会，并及时与有关部门反映建议和意见。

（七）加强组织建设，注重工会干部培训

慢病中心成立工会组织筹备组，并将工会经费留存上缴。积极筹备成立中心妇工委工作；妇幼中心工会改选换届工作；在中心范围内开展“巾帼建功标兵和巾帼建功文明岗”创建活动；对全国巾帼建功文明岗自查工作；利用卫生部党校培训中心工会干部，共有15人次参加。同时，对卫生部党校工会干部培训内容提出意见并被采纳。及时发放和学习《工会新会计制度手册》。对按时并足额交纳工会会费的基层组织进行回拨金奖励。

四、统战工作

（一）学习实践科学发展观活动

积极欢迎民主党派无党派同志参加学习实践科学发展观活动，在对整改工作和“回头看”中听取他们的意见和建议，邀请他们参加学习班、报告会、座谈会。

（二）做好基层民主党派工作的引导和配合工作

1. 春节召开民主党派代表座谈会，听取对中心工作报告提出意见和建议；专门邀请民主党派代表参加2009年中心党政工作会；为庆祝建国60周年、人民政协60周年，召开民主党派和无党派代表座谈会。

2. 建立了民主党派人员信息库。

3. 选派党派基层组织负责人参加国家行政学院的培训学习。

（三）协助民主党派自身建设

搭设适当的平台，帮助他们扩大社会影响，提高知名度。支持他们参加党派活动，为他们参加本党派活动、建言献策等提供时间和空间包括提供活动会场，会议服务。

2009年中国疾控中心九三学社支社获得北京九三市委优秀基层组织，刘起勇、卢金星获得北京九三市委先进个人。汪宁、卢金星获得中央九三学社优秀提案等。

五、共青团工作

2009年中心共青团工作坚持党建带团建，以加强团的自身建设为保障，以服务中心工作为主线，以服务青年健康成长为宗旨，不断拓展团的各项工作。

(一)坚持理论知识学习，做好党的助手

1. 向团支部发放“六个务必”学习手册，做好新时期团员青年的思想教育工作。

2. 紧紧把握当前的经济形势，组织200余人次参加当前经济形势讲座。

3. 中心共推荐7名优秀团员加入中国共产党。

(二)夯实共青团工作基础，增强团组织凝聚力和号召力

1. 按照《团章》规定完成了3个单位团组织换届工作和1个团组织新建，组织上保障共青团工作连续性。

2. 开展“评优争创”活动。推荐卫生部直属机关优秀共青团4名，卫生部直属机关优秀共青团干部3名，卫生部直属机关五四红旗团支部1个，中央国家机关五四红旗团支部和五四红旗团委各一个。

3. 青年文明号创建活动是共青团组织在新形式下团结和带领广大青年职工建功立业的一面旗帜，也是凝聚青年一个重要载体。营养食品所标准与监督技术室获中央国家机关青年文明号称号，成为更多青年集体学习的新方向。中心应急办获得“中央国家机关抗震救灾先进青年集体”荣誉称号。

(三)服务中心工作，锻炼青年健康成长

1.“我与中心共成长”主题团日活动。2009年5月7日中心团委组织140名团员青年到中心新址园区开展我与中心共成长主题团日活动，亲手种下了象征疾控事业发展的银杏树，活动后，在新址办带领下参观了中心新址园区内建筑和环境。

2.“走进基层疾控工作”实践活动。2009年9月14—25日，中心团委与中心疾控办共同开展了“走进基层疾控工作”主题实践活动，组织15名中心35岁以下专业技术青年分三组深入到承德市双滦区、围场满族自治县和丰宁满族自治县的乡镇和村庄，了解当地疾控工作现状和群众公共卫生服务需求，配合当地疾控中心开展传染病、地方病、职业病、食品安全等疾病预防控制工作。

3. 中心团委与慢病中心团支部正在努力在新址团山周围修建“健康步道”标识，促进职工建立良好的生活方式。

（四）建立兴趣活动组，促进青年交流与融合

1. 中心试点建立"足球队"和"英语角"，为青年兴趣交流搭建平台，足球队已参加集体比赛 4 次，英语角已活动 10 期。

2. 利用休息时间组织青年到蒙山国家森林公园登山，与中央财经大学的大学生共同开展改革 30 年百善镇计划免疫效绩分析调查活动。

3. 参与工会组织的各项活动，"庆祝建国 60 年歌咏比赛"、羽毛球、乒乓球比赛中到处都有青年积极拼搏的身影。

（李新焕　刘海龙）

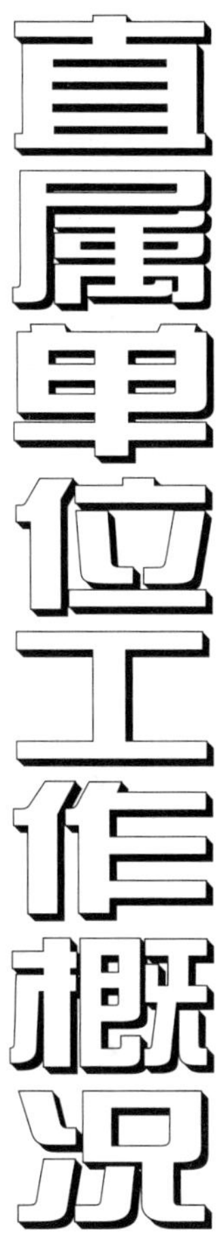
直属单位工作概况

传染病预防控制所

一、机构改革与人才引进

（一）科室调整

2009年，传染病所对原有科研科室进行了局部调整，恢复了部分科室建制（鼠疫室、钩体室、布病室、微生物室、免疫室），成立了新病原室、PulseNet China室、生物安全实验室、细菌耐药性室、无形体病室、莱姆病室、厌氧菌室；保留媒介生物控制室、腹泻病室、诊断室、立克次体室、结核病室、呼吸道传染病室、生物信息室、碘缺乏病室、人兽共患病室。调整后，本所共有疾控科研科室21个。

（二）人才引进

2009年6月，聘请在国际立克次体学领域有较高声誉的美国德克萨斯大学医学院病理系教授、终身教授于学杰为传染病所研究员，并成立立克次体室，进行立克次体类疾病的突发疫情防控工作，以及检测监测技术、致病机理的研究。

以团山论坛为纽带，2009年传染病所与细菌进化专家澳大利亚兰瑞廷教授建立了广泛联系，2010年开始，兰瑞廷教授每年将有大约3个月的时间在传染病所开展科研协作。

（三）组建生物信息室

2009年8月组建成立了生物信息室。现有正式职工2人、聘用职工2人、短期技术服务人员1人。生物信息室的建立首先是为各科室提供生物信息学支持，与多个科室开展合作，将已有测序项目及数据结合生物信息学知识，快速转化为科研成果；清理目前遗留的、与生物信息学密切相关的科研问题。结合正在进行的项目，建立基本生物信息分析工作流程10余个，包括建立：组装拼接流程、基因组注释流程和差异比较等建立基于Ajax与JAVA的开源Portal框架、可独立运行的生物信息技术服务平台；研究建立利用细菌性传染病数据库的分型、溯源及微进化分析软件和网站系统，已申请中心青年基金支持。

二、疾控工作

（一）传染病控制工作

2009年度共20余人次分别参加了我国大陆首例甲型H1N1流感疫情处理、湖北省疑似无形体病疫情、青海省兴海县人间鼠疫疫情、湖北宜昌旅游团甲型 H1N1 流感疫情、贵州炭疽疫情、进口花生酱及含花生酱产品中沙门菌应急调查、冬春季广东、广西人禽流感和 SARS 等重点呼吸道传染病防治、西藏自治区林芝地区流行性乙型脑炎及相关病媒生物监测调查等 10 余次现场疫情的调查和处置工作。共计处理各类文件 135 份,审核、上报文件、应急检验报告 20 余份。先后派出 139 余人次参加各种疾病的防治研究,疫情分析及各种传染病现场处置规范、传染病诊断标准评审、传染病网络实验室质量管理指南编审。

共计执行包括细菌性传染病监测工作、疫情处理、实验室检测、第二代细菌性传染病监测技术发展、实验室保障(实验室安全标准化和服务平台技术建设)、细菌性传染病分子分型监测网络完善和运转、新开展的细菌性传染病病原体实验室检测和分析技术的建立及储备、病媒生物控制、碘缺乏病、信息保障、培训与应急演练,以及机动经费在内的 12 大项 140 项疾控相关项目,预算费用 1000 万元。

(二)传染病突发事件处理

1. 甲型 H1N1 流感防控　组织制定《传染病所甲型 H1N1 流感应急工作方案》,成立了传染病所甲型 H1N1 流感应急工作领导小组,明确并统一了各项甲型 H1N1 流感应急工作。开展了疫情分析,提供技术支持和应对措施建议,检测、复核和确认标本工作,提供专家咨询及参与现场调查和处置工作;建立了包括领导小组、协调组、专家组、实验组、信息组、样本组、实验室运行管理和后勤保障在内的 8 个工作小组,并组织所内疾控专家组成两支应急工作队参加相关技能培训并随时待命。同时,疾控办卢亮平和阳波同志受派遣参加了中心甲型 H1N1 流感的技术准备与疫情信息收集汇总及报送工作。在日常应急储备物资的基础上,紧急增加储备了价值近 20 万元的相关试剂耗材。

2009 年 5 月 1 - 6 日,邵祝军同志接到卫生部疾控局、中国疾控中心应急办通知,赴上海处理首架次自墨西哥抵沪的 AM908 航班甲型 H1N1 病例及密接追踪处理工作。13 名机组人员及 176 名乘客均追踪并进行隔离观察,无二代病例出现。

5 月 9 - 16 日,张建中同志带领卫生部专家组赴四川成都处理我国大陆首例甲型 H1N1 感染疫情。在疫情处理过程中,专家组在与临床专家交流后及时调整防控策略,并与被隔离人员进行了有效沟通、直接参与了采样方案和检测策略的调整、样品的管理、送检复核等。2009 年 5 月 17 日,张建中同志代表赴四川成都专家组向中国疾控中心汇总信息。

6 月,本所疾控办卢亮平同志赴湖北省宜昌市针对重庆一宜昌游船上美国旅游团中发现的甲型 H1N1 流感疫情,同湖北省疾控中心有关人员对酒店、度假村隔离观察的密切接触者情况及在传染病院就诊的甲型 H1N1 流感病例进行问卷调查,协助当地开展疫情防控、应急处置工作,并完成工作报告。

2. 进口花生酱及含花生酱产品中污染沙门菌的调查　2009年2月接到卫生部和中国疾控中心关于通报丹麦和美国鼠伤寒沙门菌感染暴发的文件后，传染病所即启动了以花生酱及含花生酱原料（美国暴发的原因食品）的进口食品中可能沙门菌污染的应急调查工作。本次调查以北京市商场和超市中进口食品为主。采集了美国FDA召回产品的同类产品465件（花生酱产品66件，其他含有花生或者花生酱的下游产品399件）。中国生产的产品50件（包括台湾3件、香港12件）进口产品415件（24个国家）

经菌株分离及样品增菌液的实时荧光PCR检测，未检测到沙门菌。同时将丹麦和美国暴发菌株的PFGE带型，对收集的全球沙门菌监测网（GSS）的中国监测省份2008年沙门菌中的鼠伤寒沙门菌菌株进行了脉冲场凝胶电泳（PFGE）数据库的搜索，数据库中未发现与丹麦和美国暴发株具有相同PFGE带型的菌株。

3. 门头沟幼儿园鼠伤寒沙门菌食物中毒　对2009年6月1日门头沟卫生监督所送检的某幼儿园鼠伤寒沙门菌（2009年4月末和5月中旬两起）中分离菌株进行了PEGE分析，显示分离株聚集成簇，两起暴发可能来自同一菌株，提示注意两起暴发中可能存在共同的危险因素，已提交检验结果，由当地卫生监督部门开展调查。

4. 湖北疑似人粒细胞无形体感染疫情处理　2009年6月，组织传染病所相关专家参加了湖北疑似人粒细胞无形体感染疫情应急现场处置、标本检测和疫情讨论工作，并向湖北省疾控中心及随州市疾控中心下拨经费委托进行进一步的标本采集及资料收集工作，同时针对疫情发展情况紧急增加了相关试剂和耗材的储备。

5. 青海省兴海县人间鼠疫疫情处理　2009年8月，疫情发生后，由卫生部与中国疾控中心及本所相关专家组成的工作中迅速奔赴疫情现场，指导当地应急防控工作。对首例患者的尸体、可疑死亡动物、疑似病例、密切接触者等采集相关标本进行了相关实验室检测。开展宿主动物及媒介监测，掌握当地宿主动物和媒介的密度及带菌情况，在短时间内控制了疫情。

6. 西藏林芝地区流行性乙型脑炎媒介蚊虫的应急调查　为了解西藏林芝地区乙脑流行情况，在中国疾控中心免疫规划中心组织下，于2009年8月3—15日对西藏自治区林芝地区的病媒蚊虫种类做了短期本底调查，调查按照“西藏自治区林芝地区流行性乙型脑炎及相关病媒生物监测调查方案”进行，初步调查结果认为：墨脱县存在乙脑的重要传播媒介三带喙库蚊，该蚊种目前尚未扩散到米林县。

7. 贵州省疑似肺炭疽疫情处理　2009年9月，传染病所人兽共患病室海荣、魏建春与贵州省疾控中心、相关医院及白泥嘎村吊水岩组进行了现场调查，查看了全部患者，与诊疗医生进行座谈，调查病死牛的接触者，查看了实验室检测工作。

8. 国庆60周年卫生保障　本所组织制定了国庆期间卫生保障工作计划，明确了人员职责和工作流程，制定了“十一”长假期间电话值班要求。成立了协调小组、专家组、现场工作组、实验和生物安全组、后勤保障组等5个工作组24小时轮流值班。

组织各实验室对负责的相关病种的实验室检测工作进行了演练,完成国庆卫生应急演练实验室检测报告,对现场采样人员进行了技能培训,强化提高现场处置能力。传染病所生物安全三级实验室接受了多次的卫生部、市卫生局和中心组织的督导考核,同时为实验室制订了国庆期间生物安全管理制度,各科室进行了生物安全应急演练。针对特殊情况进行了相关防护用品的储备工作,完善了现场采样装备,进一步缩短了应急响应时间。

三、疾控应对能力建设

2009年,传染病所进一步加强了重要传染病实验室检测和病媒生物监测能力建设,继续加强细菌性传染病快速诊断方法和其他诊断方法的储备性研究工作,加快建立发挥重要作用的罕见病原菌诊断技术储备,进一步发挥以16sRNA序列分析为基础的非培养病原菌筛查技术体系的优势与细菌性病原体实验室监测网络(PulseNet China)的重要作用,在重大专项支持下,构建数据分析与发布的网络信息平台。发展PFGE、MLVA、MLST等新型分子分型方法研究、建立、评价、标准化。

12月21-25日召开了PulseNet China工作会议暨细菌性传染病实验室网络监测技术研讨会,组织了全国的技术研讨和培训。截至2009年,传染病所初步建立及已经开展的新发传染病有将近80多种,完成了鼠疫、炭疽、霍乱等重要传染病原的实验室检测工作。

1. *鼠疫杆菌* 维护鼠疫菌种库、SARS标本库的常规运行和定期检查;储备了鼠疫常规及快速诊断技术、相关试剂(PCR、胶体金诊断试剂、ELISA);接收并鉴定四川省送交的鼠疫菌株。在河北省抚宁县2008年发生疫情的地区采集土壤、饲料及水共14份,并对标本进行检测。

2. *炭疽杆菌* 对四川炭疽监测工作进行调查督导,在红原和若尔盖可疑污染区采集土壤,并对57份标本进行检测。采用16SrRNA序列比对方法,将2008年从贵州和内蒙古土壤中检出的芽孢菌进行进一步鉴定。今后继续在7省开展炭疽监测工作,对监测省送检菌株进行鉴定并对监测结果进行分析。利用标准抗原筛选血清,建立可行的炭疽血清检测方法。

3. *布鲁氏菌* 在既往未被关注的宁夏回族自治区,传染病所与中国疾控中心应急办共同进行了流行病学调查,并在血清学抗体质量控制上提供技术指导。此次调查结果和实验数据,将为我国对报告布病疫情较少地区制定防控策略提供基础数据。在山西和内蒙古的2个县(旗),开展了病流行特征分析及相关危险因素定量研究。建立布氏菌属的多重PCR鉴定方法,在菌种的鉴定研究方面也取得突破进展。

结合近年疫情,开展了布氏菌抗药性测试研究。储备了布病相关试剂,从英国国际布病参考实验室引进了4株噬菌体,目前已对Tb噬菌体进行增殖、检测和保存。着于从加拿大引进NP噬菌体事宜,将为我国布病疫情的控制、研究提供基础技术支持。

4. 钩端螺旋体　完成了全国钩端螺旋体病重点监测省2009年送检的64株菌的血清群和基因型鉴定工作。不断引入国外先进的商品化血清学检测技术，如Dri－dot快诊试剂盒，ELISA IgG/IgM试剂盒。对致病性钩体特异性DNA片段及致病基因设计引物，进行PCR、分子杂交。建立和完善核酸限制性酶切片段长度多态性分析(RFLP)、脉冲场凝胶电泳(PFGE)等分子遗传学分类鉴定技术。

5. 莱姆病螺旋体　完成了对原有菌株的传代、复苏、保存；从ATCC购买一批标准菌株，并进行测序鉴定。采用套式PCR方法，对云南采集的蜱进行带菌率检测。建立了莱姆病螺旋体PFGE分型方法，已完成32株菌的分型。采用MLSA对中国102株莱姆病螺旋体进行了分析。

6. 立克次体(第一小组)　完成了中美项目计划的全国无形体及立克次体流行病学本底调查，其中包括云南、河南、江苏、浙江、安徽、天津、北京、新疆等地区20 000人的调查，以及5000份主要家畜的现场流行病学调查及实验室检测。完成了斑疹伤寒、斑点热、恙虫病等病原体的荧光定量PCR方法的建立及优化，并用于临床及疫情标本的检测。

7. 立克次体(第二小组)　广州地区褐家鼠脏器中可疑恙虫病东方体分离与鉴定；张家口康保牧场达乌尔黄鼠带病原菌调查；抗核酸单克隆抗体的制备；甲型流感的应急检测预实验；湖北疑似人粒细胞无形体病疫情处理；北京平谷区恙虫病检测及病原体分离；安徽阜阳恙虫病疫源地调查；海南岛类鼻疽伯克菌的分离与分子鉴定；山西蜱标本无形体核酸检测，鼠、羊标本血清学试验，鼠脏器标本立克次体类病原核酸检测。

8. 土拉菌　初步建立了土拉弗朗西斯菌特异性基因的PCR、乳胶凝集和金标试纸等检测方法，并做好了相关应急储备工作。检测了在内蒙古鄂尔多斯、四子王旗采集的标本，购买了4株Francisella philomiragia菌株，完成了《实验室检测技术手册》的编写工作。

9. 霍乱　完成对各省送交菌株的实验室复核、鉴定及分子分型，包括霍乱弧菌115株进行实验室复核、鉴定及分子分型工作，初步完成国内5家5种庆大培养基对霍乱弧菌培养的效果评价，此结果为霍乱的疾病控制中霍乱弧菌的培养基选择提供了依据。

完成了100余株霍乱弧菌的耐药性分析。继续进行既往霍乱弧菌分离株的PFGE分析，补充至PulseNet China的数据库中。

完成了5株O1群El Tor型霍乱弧菌的全基因组重测序。

参加了中国－越南霍乱及登革热防治交流，加强了两国边界针对霍乱及登革热的防治工作，为两国开展进一步的交流奠定了基础。

完成“关于我国海南流行霍乱菌株与越南流行菌株进行分子分型图谱比较的申请”，以及霍乱实验室危险评估报告。

主持完成了生物安全管理中霍乱的材料安全数据单(MSDS)的编写及“关键技术标准推进工程”专项中传染病控制关键技术标准课题《霍乱现场处置规范》、《霍乱应急技术标准》等技术标准和工作方案的编写。

10. 伤寒和非伤寒沙门菌　完成荧光菌监测菌株的复核、分型工作。对各省送交的伤寒沙门菌、甲型副伤寒沙门菌、非伤寒沙门菌进行实验室复核、鉴定及分子分型，包括伤寒沙门菌12株、甲型副伤寒沙门菌141株、非伤寒沙门菌105株、副溶血弧菌5株。

开展了伤寒沙门菌的MLVA分子分型方法研究，并对其进行了评价，在伤寒副伤寒沙门菌及非伤寒沙门菌的监测与暴发应对中，建立了更有效的实验室分析技术。建立了沙门菌的实时荧光PCR快速检测方法，并对其进行了实验室评价。完成了4株甲型副伤寒沙门菌的全基因组重测序。对科室保存的菌株包括伤寒300株甲型副伤寒600株进行了耐药谱的分析，掌握了我国菌株耐药性的基本状况及演变趋势。2009年度中，完成了中美新发传染病合作项目中伤寒参比实验室建设项目，建立了标准操作程序和管理文件，受到合作方的高度评价，并因此提出和促进项目的继续发展，已被纳入合作项目中继续开展工作。作为世界卫生组织Global Foodborne Infections Network(GFN，以前为Global Salm－Surv，GSS)中国网络的中心实验室，开展了沙门菌菌株血清学鉴定和分子分型工作。

在贵州省贵阳市区级疾控临床实验室组织开展伤寒副伤寒沙门菌职能测试，以提高疾控系统实验室检测诊断伤寒副伤寒的能力。

参与编写《伤寒副伤寒防治及处理原则》、《全国沙门菌监测方案》，主持完成了“关键技术标准推进工程”专项中传染病控制关键技术标准课题《伤寒现场处置规范》的编写。

11. 志贺菌　完成了地方疾控中心收集的监测菌株的复核、血清型鉴定、PFGE等分子流行病学特征分析，建立了福氏志贺菌的MLVA分型方法。完成7株福氏志贺菌的基因组测序分析。证实中国的福氏志贺菌存在一个优势的克隆群，噬菌体的获得导致不同血清型的转换，证实并命名了一个新的多重耐药的血清型变种Fxv(JCM Accepts，2010，2)。

12. O157大肠杆菌　完成了地方疾控中心收集的监测菌株的复核与血清型鉴定，完成了PFGE、MLST等分子流行病学特征分析，利用MLVA分型方法对部分菌株进行了分析，正在发展快速特异的PCR诊断方法。完成1株疫情来源的O157∶H7大肠杆菌的全基因组分析。

13. 小肠结肠炎耶尔森菌　根据动物中带菌情况的调查，首次提出了关于猪、家鼠、野鼠中小肠结肠炎耶尔森菌传播的同心圆理论(Eur J Clin Microbiol Infect Dis，2009，28:1237－1244)。完成了地方疾控中心收集的监测菌株的复核与血清型鉴定，完成了PFGE、MLST等分子流行病学特征分析，建立了快速特异的PCR诊断方法，同时开展了动物中小肠结肠炎耶尔森菌的病原学调查分析。

14. 李斯特菌　完成了单增李斯特菌快速特异PCR诊断方法的建立及已收集菌株的PFGE、MLST分析，并储备了相应的诊断试剂。

15. 单胞菌　已完成标准菌株的购买，建立了生化和PCR鉴定方法，正在建立快速特异PCR诊断方法。

16. 阪崎肠杆菌　完成标准菌株的购买和试剂储备，建立了生化和PCR鉴定方法，正在建立快速特异PCR诊断方法。

17. 脑膜炎奈瑟菌　截至2009年9月，对全国31个省级疾控中心流脑实验室送检流脑菌株进行菌株复核鉴定，有效菌株率为89.5%，为研究我国流脑菌群变迁趋势和深入进行流脑病原学及分子生物学研究奠定了良好基础。对脑膜炎奈瑟菌MLST、PFGE及porA序列等分子分型数据进行了整理，全部录入基于BioNumerics软件的数据库，并且与菌株表型资料及流行病学资料整合，建立完善的数据库供PulseNet China及全国流脑监测网的各级实验室查询、使用。同时，对脑膜炎奈瑟菌的MLVA分型方法进行优化，目前已初步确定MLVA用于脑膜炎奈瑟菌分型具有较高的分辨力和较好的重复性。

18. 百白破　在百白破疾病病原学、血清学和分子生物学研究方面进行了重新规划，建立了白喉、百日咳实时荧光PCR快速检测技术方法。

19. 军团菌　完善了军团菌快速检测和鉴别技术，包括实时荧光PCR、PFGE、序列分型(SBT)、mip基因测序等多种分子生物学检测方法。建立了军团菌MLVA分析方法，对军团菌PFGE分型方法进行优化和评价，完成了100余株军团菌的PFGE检测和20余株军团菌的SBT分型检测及80多株军团菌的MLVA分型检测等工作。

20. 流感嗜血杆菌　2009年6月29日至7月5日，对辽宁航空学院一起不明原因发热疫情进行调查，采集了病人咽拭子。2009年10月20—26日采集哈尔滨市健康人群咽拭子进行流感嗜血杆菌携带率调查。

21. 肺炎链球菌　采用血清分型方法，完成127株肺炎链球菌的血清分型工作，初步掌握了国内部分地区的主要流行血清型的分布资料。建立了肺炎链球菌的PCR分型方法，设计并合成可鉴别肺炎链球菌种及33个血清群/型的引物体系；在现有条件下，完成了其中13对引物的敏感性、特异性检测及分型体系的优化；完成了140余株肺炎链球菌的PCR分型鉴别工作，弥补了国内肺炎链球菌分型工作手段单一的不足。采用E－test法、K－B法对菌株库中保存的肺链菌株进行药物敏感性检测，基本了解了肺炎球菌的药物敏感性状况。将PFGE方法引入到肺炎链球菌的研究工作当中，建立并优化了肺炎球菌的PFGE方法，并制定了标准化的肺炎球菌PFGE操作规程；完成了对127株肺炎球菌的脉冲场分型。收集并鉴定各地疾控送检菌株17株，并采用多种分子生物学方法对其进行分析，并补充了相应的菌株资料。

22. 肺炎克雷伯杆菌　建立肺炎克雷伯杆菌实时荧光PCR快速诊断技术，完成30余株肺炎克雷伯杆菌MLST分型工作，将肺炎克雷伯杆菌PFGE检测方法进行优化，初步建立了肺炎克雷伯杆菌分子分型技术平台，可应用于院内感染菌株的溯源追踪。

23. 狂犬病毒　初步研究发现我国家养动物中流行的狂犬病毒均为Ⅰ型狂犬病毒，存在至少16个基因亚型；在国际上提出了我国的狂犬病毒处于两个系统发生群，其中在我国流行较少的亚群属于国际上已分类的呈全球性分布的亚群，我国的这类病毒可能来源于欧洲。我国优势流行的亚群不同于国际上已分类的两个亚群,该亚群病毒可能起源于中国,并随着人类与动物的迁徙,再传播到东南亚国家;目前在我国狂犬病的优势流行株与人用、兽用疫苗株之间存在差异。

2008年发表在"Vector Borne and Zoonotic Disease"上有关健康犬不传播狂犬病的论文被医学1000收录,获得牛津大学病毒学家的高度评价,解除了成千上万被动物伤害患者的精神恐惧。

24. 出血热病毒 通过对沈阳市部分学校出现的出血热疫情处理,在国际上第一次明确汉坦病毒实验室感染的传播途径。通过现场流行病学调查与实验室研究发现:内蒙古东部地区的出血热疫情主要由Ⅰ型病毒引起,中西部地区的疫情主要由Ⅱ型病毒引起,通过现场流行病学调查及分子进化研究发现我国的浙江沿海地区在鼠类中流行的Ⅱ型汉坦病毒与国内国际上流行的病毒高度同源,同时提出了在沿海地区应对当地的鼠类及随海运来的货船进行监测,以防止汉坦病毒的传播。

25. 结核分枝杆菌 制备了兔免疫抗结核分枝杆菌抗血清和10余株抗结核分枝杆菌单克隆抗体,完成了结核分枝杆菌北京基因型全基因组测序分析及新发现的耐药基因在200余株结核分枝杆菌临床分离菌株的分子流调验证。进一步完善结核分枝杆菌基因分型数据库,整理分析了来自14个省的2300余株结核分枝杆菌临床分离菌株的MLVA和Spoligotyping数据。总结分析了中国结核分枝杆菌利福平、异烟肼、链霉素和乙胺丁醇耐药分子特征研究数据,建立了耐药分子检测技术。进一步完善了结核病分子诊断技术,并用于浙江省某中学的结核病暴发调查,使该中学发生的55例疑似结核病患者中49例获得病原学确诊。完成两株结核分枝杆菌的全基因组测序工作,初步完成耐药基因筛选实验;完成结核分枝杆菌、非结核分枝杆菌、衣原体、巴氏杆菌、环状芽胞杆菌相关检测技术的储备。

26. 幽门螺旋杆菌 分离培养胃黏膜标本486份,收集、复苏、鉴定幽门螺杆菌菌株200余株,完成了对500人份幽门螺杆菌样品相关培养基及试剂、50人份呼气试验试剂储备、100人份血清抗体快速诊断试剂的储备。初步建立了幽门螺杆菌琼脂稀释法药敏试验参考操作程序。完成了389株菌的9种幽门螺杆菌根除治疗的E－test药敏检测,第一次在国内获得了多省份当年人群中幽门螺杆菌耐药水平的评估数据,为临床幽门螺杆菌根除治疗提供了药物选择的科学依据。建立了对幽门螺杆菌实时荧光PCR的检测方法、PFGE分析技术,建立了对螺杆菌属水平的PCR鉴定技术和基于vacA基因分析的幽门螺杆菌分型技术,并建立了可供各省开展幽门螺杆菌培养和监测所用的国内参考菌株。

27. 空肠弯曲菌 参考PulseNet中空肠弯曲菌PFGE标准操作程序,优化了部分实验室操作程序,继续完成了以PFGE和MLST为主要方法的分型分析,已完成103株空肠弯曲菌分析。继续完成我国20株菌株的血清学分型分析,并储备相应试剂。完成44株弯曲菌10种抗生素敏感性检测,初步建立了弯曲菌琼脂稀释法药敏试验参考操作程序。完成 WHO－Global Foodborne Infections Network 参比实验室质量控制中关于弯曲菌鉴定及 7 种抗生素敏感性检测。初步建立了空肠弯曲菌荧光 PCR 检测方法，获得特异探针及引物。根据空肠弯曲菌基因组比对结果，完成 20 株空肠弯曲菌 53 个基因的 PCR 筛选，获得我国部分菌株特异基因分布特征。完成国庆 60 周年庆典保障工作中弯曲菌感染预防控制工作的相关应急技术储备、试剂储备和人员的培训。

28. 金黄色葡萄球菌　共计完成 490 株金黄色葡萄球菌菌株收集、复核、鉴定及保存工作，储备了金黄色葡萄球菌常用的培养和鉴别培养基、200 份诊断试剂、100 个菌株 15 种抗生素的 E－TEST 试条、储备了 PFGE 内切酶和低熔点琼脂糖凝胶，可用于完成 500 株菌的 PFGE 分析。分别开展了北京地区服务从业人群金黄色葡萄球菌及哈尔滨地区动物携带金黄色葡萄球菌的调查研究。建立了 nuc、mecA、pvl 多重 PCR 快速诊断技术，完成了 40 株菌的检测。初步建立 MRSA SCCmec 分型方法。完成了 50 株 MRSA 菌的 MLVA 分型分析(基于凝胶图谱分析)，对于凝胶图谱分析的 MLVA 是否适用于我国 MRSA 菌株的分型进行了初步分析。完成了 2000 年和 2005 年协和医院 100 株 MRSA 菌株 14 种抗生素的检测，以及 PFGE、spa－typing、MLST、SCCmec 分型分析、pvl 毒力基因的检测。

29. A 族链球菌　利用 2005 贵州 PSGN 疫情的数据和材料，选取 6 株国际上未测序的不同 M 型的 GAS 菌株(均为 AGN 病人分离株)，应用第三代测序技术 illumina solexa 进行全基因组 resequencing，现已完成 6 株菌全部 reads 的 mapping 和组装，以及初步的生物信息学分析，与已公布的 13 株 GAS 全序列比对及基因组进化树的构建，得到肾炎株与非肾炎株、流行株与非流行株的特异基因及共有基因。

A 族链球菌实时定量 PCR 定量部分的优化，标准曲线测定，建立了 A 族链球菌实时定量 PCR 方法。

A 族链球菌重要的具有诊断开发价值的蛋白的克隆表达，speB(链球菌致热外毒素 B)、DNase B、Ska(链激酶)已完成克隆表达；完成了 A 族链球菌等实验室检测手册的修改工作。

30. 难辨梭菌　建立以中日友好医院检验科为基础的监测点，开展长期技术、科研合作。收集难辨梭菌菌株 30 余株，分离粪便标本 300 余份。与荷兰、法国及美国疾控中心难辨梭菌参照实验室进行广泛交流，并保持了良好的合作关系。

建立了难辨梭菌分离、鉴定、保存、复苏的基本方法，并建立了厌氧菌药敏检测技术。初步建立了难辨梭菌 A、B 毒素的酶标和 PCR 检测方法，对难辨梭菌的 PFGE、PCR 分型方法进行了初步尝试。此外还建立了利用 PCR 技术检测克林霉素耐药基因的方法。

贮备了多种抗生素 E－test 条、难辨梭菌 A 毒素检测试剂盒、难辨梭菌基础琼脂、添加剂、BHⅠ、采样转运拭子等，为疾控应急工作奠定物质基础。

参与两项卫生部传染病重大专项。发表中文核心文章 4 篇，综述 1 篇。向国际会议提交壁报 1 篇，国内会议报告 2 篇。同时，对监测点进行厌氧菌技术培训，为基层开展疾控工作奠定基础。

31. *肺炎支原体* 针对本地肺炎支原体在成人严重呼吸道疾病(肺炎等)的感染率资料匮乏,不利于开展突发大规模疫情应对的情况,与北京朝阳医院合作,对 2008—2009 年度在北京朝阳医院就医的 61 份 CAP 病例和 94 份上感病例咽拭子标本进行肺炎支原体检测。所有标本均提取染色体进行荧光 PCR 检测,24 份标本检测为阳性,分离培养到 17 株临床分离株并对其进行分型检测。

针对近年来国内外对肺炎支原体可能参与引发严重的小儿脑炎的关注,与北京儿童医院合作,对 302 无菌性脑炎及不明原因的 CSF 标本进行肺炎支原体检测。所有标本均提取染色体进行荧光 PCR 检测,17 份标本检测为阳性,分离培养未获得临床分离菌株。

完善目前荧光 PCR 条件,使检测灵敏度达到 10fg 以内。对分离到的 60 株临床肺炎支原体 P1 全基因测序分析,比对发现 6 株新型变异株目前国际尚未报道,初步建立了新型分离株的分型检测方法。完成了对有诊断应用潜力的支原体 P1 蛋白 C 末端保守区的克隆表达工作,完成了《肺炎支原体实验室检测手册》的修改工作。

32. *鲍曼不动杆菌* 收集北京地区临床鉴定为鲍曼不动杆菌的分离株 100 株,对目前临床鲍曼不动杆菌鉴定能力进行了评估。储备了鲍曼不动杆菌常用的培养和鉴别培养基,可以开展大量的菌株培养工作。储备 20NE API 生化鉴定试剂 100 份。储备 100 个菌株 20 种抗生素的 E—TEST 试条。储备了 PFGE 内切酶和低熔点琼脂糖凝胶可用于完成 500 株菌的 PFGE 分析。

针对目前医院分离率最高、从表型难以区分、有引发院内感染暴发潜力的 4 个种建立了简单、快速、可靠的分子生物学鉴定方法,包括 PCR 鉴定和 Bruker 质谱鉴定。各 PCR 体系均经过大量菌株验证,并经过 16S rRNA 测序核实,具有准确、快速的优势,可对临床样本直接检测,有很大的开发应用前景。建立了不动杆菌 Bruker 质谱鉴定方法,可对纯培养的单克隆实现快速鉴定。通过传统方法核实,具有快速、可靠的优势,可用于突发公共卫生事件应对。开展了鲍曼不动杆菌耐药表型及相应基因型检测,建立了包括 PFGE 和快速 PCR 等多种稳定、可靠的分子分型方法,具备了应对突发公共卫生事件的能力。完成了《鲍曼不动杆菌实验室检测手册》的修改工作。

33. *质谱平台* 2009 年度,完成质谱平台的 ABI 4700 型质谱的维护,全年无故障运转,完成 4576 个蛋白点的测定。完成所内包括腹泻病室、微生物室、媒介生物控制室等科室的蛋白样品 2450 个。完成 Microflex 质谱的安装调试,建立了基于疾病控制的单菌落鉴定标准化流程,并完成了 970 个单菌落的鉴定。建立了基于尿液寻找 biomarker 的 clinprot 方法,并完成 140 例尿液样品多肽谱的分析。建立了核酸样品采集的方法。

34. *病媒生物* 为了解西藏米林地区的乙脑流行情况,2009 年 8 月 3 - 15 日病媒生物室对西藏林芝地区的病媒蚊虫种类做了短期本底调查;采集补充鼠类、蚊虫、蚤类等重要病媒生物标本,对已有的标本进行维护;对病媒生物不同实验室品系饲养、驯化;研究淡色库蚊的抗药性特点，探讨并建立鼠类抗药性检测方法；对一名来自山西巴尔通体感染疑似病人的血样进行检测；完成巴尔通体不同株的体外药敏试验及巴尔通体菌种保存鉴定。完成2009年度的病媒生物监测数据收集、处理、分析。

35. 碘缺乏　全国碘缺乏病实验室的质控信息纳入管理平台，2009年通过信息平台报送碘盐监测数据96万余条，监测数据上报率达到100%。对2009年全国31个省（自治区、直辖市）和新疆生产建设兵团组织开展了碘盐监测工作，2882个县级单位报送了监测数据，仅有西藏的定日县为盲区县，监测覆盖率达99.97%。

首次采用“全国碘缺乏病监测信息及实验室质控管理平台”网络直报方式，组织实施了2009年度全国碘缺乏病实验室外部质量控制网络考核工作。对全国碘盐监测网络和全国碘缺乏病实验室质量保障网络提供现场督导与技术支持，开展了粮食碘标准物质研制的研究课题

36. 生物信息　为适应传染病控制形势的最新发展，满足传染病防控工作中对生物信息相关能力的需要，本所于2009年8月成立生物信息室，承担多个项目的生物信息分析和数据库建设工作，为传染病防控和科研工作提供生物信息及数据库技术支持。结合正在进行的项目，建立用于传染病控制的生物信息基础分析方法和手段及大规模生物信息分析工作流程、软件及网站系统。

四、科学研究

（一）科研课题

2009年传染病所共承担各类课题56项，其中：国家“973”计划项目3项，国家“863”计划项目3项（含合作2项），卫生行业科研专项3项（含合作2项），国家科技支撑计划7项（合作），传染病重大专项17项（含合作15项），国家自然科学基金9项，国际合作项目6项，保密项目1项，北京市攻关项目1项，卫生部及其他项目6项。

申报课题26项，中标课题26项，其中重大专项17项、“973”课题2项、国家科技支撑课题2项、国家自然科学基金项目3项、中国疾控中心青年基金项目2项

（二）课题结题、验收及经费情况

报送国家自然科学基金项目进展报告4项，结题报告2项，“863”决算报告3项；报送国家自然科学基金项目2008年度管理工作报；“973”课题2008年度决算报告1项。课题验收2项（社会公益项目），通过科技部“863”课题审计2项。

（三）科技成果

1.“中国发现人粒细胞无形体病”获中华预防医学会二等奖。

2.“青藏铁路沿线鼠疫生态与控制研究”获中华预防医学会二等奖。

3.“莱姆病宿主动物与媒介分子生物学研究”获承德市科技进步奖一等奖。

4.“豫东地区狂犬病毒特征及人间狂犬病防制对策”获河南省科技进步奖三等奖。

5.“狂犬病病毒分子生物学及狂犬病疫苗免疫评价研究”获湖南省预防医学科学技术奖二等奖。

(四)成果、论文、论著

组织完成“中国发现人粒细胞无形体病”、“中国碘缺乏病高危地区综合干预”、“家鼠型鼠疫监控”成果鉴定 3 项。

2009 年本所发表文章约 148 篇,其中中文文章约 115 篇,英文文章约 33 篇,被 SCI 数据库收录 36 篇。专著主编 2 部,参编 4 部。

五、教育培训

(一)研究生管理

1. 组织 2009 级博、硕士研究生复试,制定复试管理办法、复试指导小组和复试专家小组成员。2009 年共招生 18 名研究生,其中博士 7 名、硕士 11 名。

2. 组织 2009 年博士研究生和 2010 年硕士研究生入学考试命题工作。

3. 组织并监督完成二年级博、硕士研究生的开题报告、中期考核工作。

4. 组织 2006 年统招博士生 6 人、硕士生 10 人、中心 MPH 硕士研究生 1 人的毕业答辩与学位授予工作;整理毕业研究生档案。

5. 协助中国疾控中心教育培训处完成“征集 2009 年 MPH 研究课题”确定指导教师的工作;上报 2010 年 MPH 研究生招生计划。

(二)继续教育项目与学术活动

1. 接收进修人员 42 名,其中接收中国疾控中心进修项目人员 4 名;接收西部之光访问学者 1 人,招收联合培养研究生 16 人。接收进站博士后 1 名。

2. 协助中国疾控中心教育培训处完成病原生物学学位课教学任务。组织本所专家准备课程讲义,收集考试试题、评卷等工作。

3. 举办学术报告 12 次,参加人数约 300 余人;参加中国疾控中心举办的学术报告 2 次,人数约 70 余人。

六、国际交流与合作

(一)出访情况

共办理出访手续 34 批 57 人，其中短期 29 批 52 人、长期 5 批 5 人。

(二)外宾来访

1. 2009 年 4 月 4－8 日，邀请荷兰公共卫生与环境所细菌室主任、欧洲耐药监测网负责人 Hajo Grundmann 教授交流讨论金黄色葡萄球菌耐药等研究与合作事宜。

2. 邀请美国 Morehouse 医学院 Benitez 博士和 Silva 博士于 2009 年 10 月 10－17 日来本所进行访问和学术交流，主要讨论了今后开展霍乱弧菌致病性等方面研究的合作事宜。

3. 2009 年 7 月 6 日至 8 月 15 日，美国佐治亚大学兽医学院的 Glover 博士到本所病毒病室进行为期 2 个月的进修。内容包括流行病学调查、分子病毒学研究及狂犬病的诊断。

4. 2009 年 8 月 13 日，加拿大国家研究中心生物科学研究所专家 Altman 博士来本所作有关幽门螺杆菌疫苗研究进展报告，双方初步拟定了有关幽门螺杆菌疫苗研究的合作意向。

(三)国际合作项目申报

1. 组织申报“中国与世界卫生组织 2001－2011 年度合作项目”意向书 2 项。

2. 组织申报“2009－2010 年度中美新发与再发传染病合作项目”2 项。

3. 组织申报外专局项目 2 项。

(四)举办国际会议

2009 年 1 月 9－12 日，传染病所与传染病预防控制国家重点实验室成功举办了传染病应对团山论坛第二届学术年会。

七、设备条件管理与科技开发

(一)测序经费管理

2008 年 1 月 1 日起，对全所采购的实验试剂耗材实施实物交接和计算机软件出(入)库登记管理。按 2008 年业绩排名遴选出 5 家公司为传染病所常规基因测序服务公司，选择 3 家公司为传染病所基因组测序服务公司。组成谈判小组，就价格、服务内容及质量进行谈判，签订《服务协议》，价格下降(平均 20%左右)，手续简化，效率提高。

(二)科技开发工作

2009 年，传染病预防控制国家重点实验室签约北京市昌平区生物疫苗和诊断试剂联盟，为科研成果的产业化提供了一个很好的平台，发展实验室经济。

按传染病所对外检验检测工作的管理工作要求,对所有来所开展检测任务进行了样品登记,2009年全所共办理检验报告14份(媒介生物室)、实验结果报告12份。根据中国疾控中心“关于注销北京文康印刷厂的批复”的通知要求,完成了该厂的税务登记注销和国有资产产权注销的上报工作;同时,于2009年3月26日与后勤管理处、印刷厂一起完成了对该厂现存设备的清点和移交封存工作。

八、实验室生物安全

(一)菌株运输管理工作

2009年,共办理科研样品出入境准运证明11份,办理国内菌株运输10余份。

(二)组织生物安全培训

参加病原微生物运输管理培训班、中瑞生物安全合作项目风险评估培训班、GB19489—2008版培训及中瑞实验室生物安全师资培训班等培训。织开展我所生物安全周,开展动员大会;针对外省菌毒种丢失问题及本所对化学品了解较少的缺点开展危险化学品讲座。

(三)认真开展自查,配合实验室迎接各部门安全检查

定期对实验室进行安全检查,并记录检查情况,督促实验室整改。统计生物安全柜、高压灭菌器等生物安全设备和化学试剂的使用情况;接待移动式生物安全实验室法国考察团考察;接待武警疾控中心参观考察1次。2009年度,中国疾控中心实验室管理处安全检查3次;北京市卫生局实验室安全检查2次;卫生部科教司实验室安全检查3次;接受北京市反恐办检查指导1次,武警总队检查武警执勤情况1次。

(四)国庆生物安全保障工作

落实管理责任,组织签订科室《负责人——工作人员安全管理责任书》;根据北京市卫生局的要求,认真落实日报告和零报告制度;与党办配合,完成了对参与高致病性病原微生物实验活动的人员进行政审;统计各实验室菌(毒)种保藏情况;根据北京市卫生局的部署,按照“一类停、二类严、重点控”的原则,切实做好实验室活动的管理工作。

(五)生物安全课题和国际合作

参与美国疾控中心和中国疾控中心合作项目中生物安全课题,继续参与中国疾控中心与瑞典SMⅠ的生物安全合作项目和“病原微生物实验室生物安全体系的建设和示范研究”(细菌学部分)。

(六)实验室信息管理系统(LIMS)建设

在各科室建立了信息员联络制度,完成实验室信息管理系统建设工作。

(七)职工体检

保留本底血清,组织人员对保留的血清进行盲样检测,统计检测结果。

(八)建立生物安全书库

(九)组织新址监控系统运行和新址 BSL—3 实验室认可准备工作

参加新址监控系统建设单位对监控系统的培训,组织布病组、结核病室实验室人员对我所新址 BSL—3 实验室进行了认可前的文件准备工作。

(十)实验室生物安全设备管理

每月对生物安全柜、高压锅等设备普查一次;对全所卧式高压灭菌柜申报年检;组织我所职工参加北京实验动物管理委员会上岗培训。

九、期刊出版与图书馆管理

(一)《中国媒介生物学及控制杂志》

2009 年该刊先后在《中国学术期刊评价研究报告》(2009 - 2010 年)中,被评为“RCCSE”中国核心学术期刊;被中国科学技术信息研究所(隶属科技部)评为“中国科技论文统计源期刊”;继 2007 - 2008 年被收录后(每两年评审一次),2009 - 2010 年继续被中国科学引文数据库收录并被列入核心库中。2009 年本刊荣获“2007—2008 年中华预防医学会系列杂志优秀期刊”三等奖。2009 年基金论文占刊出论文总数的 37.8%,国家自然科学基金(包括“863”、“973”、“十一五”国家科技攻关等课题)项目占刊出基金论文的 58.1%。

(二)《疾病监测》

2009 年重点组织了专题、疫情监测及论坛等栏目的稿件,增设了甲型 H1NI 流感的疫情信息,通过海外动态栏目系统、及时介绍 WHO 关于甲型 H1NI 疫情及防控研究进展。积极扩充和完善审稿专家数据库建设,通过专业会议和网络数据库及专家推荐等多种方式征集审稿专家。与清华同方签署了独家合作协议,充分利用清华同方(CNKI)的学术文献检测系统进行稿件评审。拟定编委遴选标准,积极筹备疾病监测最新的国际编委会。根据中国科技信息研究所最新发布的引证报告,2008 年《疾病监测》杂志的影响因子为:0.863,呈现逐年上升趋势。

(三)《中华流行病学杂志》

全年出刊12期1336页,总字数334万;每期含论著类文章24篇、短文6～10篇,全年刊稿395篇,刊稿率33%(395/1186);全年总印数48000册,其中邮局发行40 296册,自发6720册。2009年度中国科学技术信息所对本刊的引证报告表明:总被引频次5555(2008年度为4900),影响因子为1.584(2008年度为1.436),5年影响因子为2.193(2008年为2.124),他引率为0.956(标准为1)。2004－2009年度被中国科学技术信息所评为“百种中国杰出学术期刊”。

(四)图书馆工作

完成图书馆全年中外文图书期刊的订购及验收登录,共订购各种版本的外文原版期刊31,中外文数据库4种;一年来累积外馆查询17次,累积查阅文献14 000余篇。

十、行政工作

(一)党建工作

制定了全年党群办公室工作计划及中心理论组学习计划,做好学习实践活动整改“回头看”的自查工作。开展广泛的思想发动舆论宣传,建立了传染病所中国共产党的基本信息系统党员信息库;开展了困难党员摸底调查,定期开展困难党员的走访慰问活动。

加强党风廉政建设,推动反腐倡廉工作深入开展,年初与21个职能处室负责人签订《传染病所党风廉政建设责任书》。成立了《建立健全惩治和预防腐败体系建设》领导小组,按要求分工负责贯彻落实,开展自查与互查。

所获荣誉:2009年5月,腹泻病室荣获中央国家机关工委“全国五一劳动奖状先进集体”称号;鼠疫、炭疽,立克次体2组获得2009年全国巾帼文明岗。

(二)财务管理

完善了规章制度,明确分工,责任到人;实行网络化管理,实行预算控制;实现了服务便捷化。

经费使用严格执行责任到人的原则。科研、疾控、外事、行政、开发等经费的预算、申请、使用,分别由各主管副所长负责。科研经费的使用,以课题负责人为主体。课题负责人必须要按照经费来源部门审批的预算使用经费。

完成了重大专项经费和科技部及自然基金委对所里课题经费的审计及预算工作。配合有关科室做好2009年的经费预算和大购大修项目预算及各种专项经费的申请,对专项资金的核算根据年度工作计划严格执行。完成了对小金库的自查和对财务工作的检查，对查出的问题进行了整改。

（三）人事工作

2009 年底对业务科室进行了局部调整，经调整后，传染病所共有疾控科研科室 21 个。

2009 年共招聘录用人员 15 人。截止 2009 年 11 月底，传染病所取得正高级专业技术任职资格人员 24 人，取得副高级专业技术任职资格 47 人，取得中级专业技术任职资格 119 人。组织开展了职工职业道德和岗位技能培训，为在职职工进行与工作相关的学历学位学习创造条件。

完成了工资及社会保险管理及离退休职工的管理工作。传染病所现有离退休职工 173 人，其中离休职工 29 人、退休干部 101 人、退休工人 43 人。在工作人员严重匮乏及活动经费极为有限的情况下，积极稳妥地组织离退休职工开展适合的各项活动，丰富了离退休职工的业余生活。

（四）医疗门诊

全年门诊 3600 人次，急诊约 60 人次。完成全所在职、离退休职工及学生共计 443 人的个人门诊及住院，账户公费医疗的管理工作，累计全年医疗费 1 481 968.78 元。定期为居住在潘家园及草桥的离退休职工进行巡诊。全年巡诊 8 批次，诊治及健康咨询累计 200 余人次。

从 2009 年 10 月 9 日开始，传染病所医务室医疗服务范围除本所职工外，还增加了中国疾控中心机关、病毒病所及性艾中心新址员工约 1000 余人的门诊。

（五）后勤工作

完成固定资产出入库、住房摸底、购房补贴预算及供暖费、物业费审核报销和食堂改造工程，以及印刷厂旧设备 4 和危房、危墙拆除等工作。完成了车辆运输、食堂管理、维修保障、综合服务、环卫保洁等方面工作任务，公务车班车累计安全行驶 299 254 公里。

（六）搬迁工作

传染病所组织所招投标小组保证招标、采购程序合理、规范。采取的招标方式包括：网上竞价、家具定点采购、工程定点采购、竞争性谈判、公开招标、邀标、直接采购等，2009 年，顺利完成了仪器设备及办公用具的采购，保证了搬迁工作的正常进行。

（徐建国　李新威　夏辉）

病毒病预防控制所

一、国家流感中心成为WHO流感参比和研究合作中心

2009年11月10－12日，WHO助理总干事福田敬二(Keiji Fukuda)博士率WHO专家组专程来华，对中国疾控中心病毒病所国家流感中心(CNIC)申请成为WHO流感参比和研究合作中心(WHOCC)进行了现场评估考察。WHO专家通过细致考察和深入研究，对CNIC流感监测和防控的综合能力、近年来取得的成绩及为全球流感监测所做的贡献给予了充分的肯定和高度评价，最终一致同意CNIC成为WHOCC。

在全球积极应对甲型H1N1流感大流行的关键时刻，CNIC能够成为WHO在全球流感领域的第5个WHOCC，也是发展中国家的首个WHOCC，不仅提高了我国流感及流感大流行的监测和防控能力，也提高了我国在该领域的影响力和话语权，是WHO对中国公共卫生能力特别是流感大流行防控能力的充分肯定，这对我国的公共卫生能力的提高具有重要意义。

二、重要突发公共卫生事件的应对及疾控重点工作

(一)甲型H1N1流感

1. 实验室检测技术的研制和病例确诊工作　2009年4月25日，WHO通报了墨西哥、美国甲型流感H1N1疫情后，本所立即组织技术人员开展实验室检测技术的研制。5月2日国家流感中心完成了基于美国疾控中心检测技术的Real－time PCR试剂盒和自行研发的RT－PCR试剂的生产和测试工作，建立了RT－PCR和real－time RT－PCR快速检测方法，并分别于4月30日晚和5月3日凌晨向全国124家省市流感监测网络实验室发放检测试剂盒，为9家传染病网络实验室、军队疾控系统和检验检疫系统各提供10套检测试剂盒。为甲型H1N1流感的应对奠定了基础。

5月10－11日，为我国第一例甲型H1N1流感病例的确诊提供实验室依据。从标本接收到完成实验室检测结果的上报，不到12小时。

5月17日，成功分离到内地第一株甲型H1N1流感病毒，并于5月18日凌晨完成该病毒全基因组的序列测定和分析。该株病毒命名为A/sichuan/1/2009(H1N1)swl。

截至12月底，完成近300份临床标本的应急核酸检测工作及600余份临床标本的病毒分离和155株甲型H1N1流感病毒测序工作。结果显示与疫苗株A/California/7/

2009和中国代表株A/Sichuan/SWL1/2009具有高度同源性(>99%)。其中,8例病人分离的毒株HA基因222位氨基酸发生突变(2例发生D222G突变,6例发生D222E突变)。对来自西藏、青海、北京、湖南(湖南省疾控中心进行测序)的5份死亡病例标本进行的氨基酸序列分析显示,其HA基因222位无突变。

截至12月底,对采样日期在10月15日至11月23日期间分离自北京、广东、湖北、天津、甘肃、江苏、新疆和山西省的201株毒株的抗原性分析显示,所有毒株均为疫苗株A/California/7/2009和中国代表株A/Sichuan/SWL1/2009的类似株,对155株甲型H1N1流感病毒(原始标本采样日期为2009年5-11月)的耐药性位点分析显示,所有毒株均对烷胺类药物耐药;仅一株病毒(A/Hunan/SWL3/2009(H1N1),分离自湖南省一输入性病例,对神经氨酸酶抑制剂耐药,其他所有毒株均对神经氨酸酶抑制剂敏感。

2. *完善我国流感监测网络和质量管理* 为动态监测全国流感流行病学和病原学特征变化,及时发现、有效处置暴发疫情,按照上级要求,2009年6月底,将全国流感监测网络扩大至411家网络实验室和556家哨点医院,并开展了相关培训。

3. *疫情分析工作* 定期编制和更新"全球甲型H1N1流感确诊病例动态变化一览表"、"全球甲型H1N1流感确诊流感病例分布图"和"我国甲型H1N1流感确诊病例分布图",起草了《中国疾控中心病毒病所甲型H1N1流感应对工作预案(草稿)》。

扩大流感监测网络后,每周撰写《卫生部扩大全国流感监测网络工作领导小组信息简报》,11月底,简报更名为《全国流感监测及甲型H1N1流感疫苗接种工作信息简报》。8—11月,每周编制3期《全国扩大流感监测甲型H1N1流感疫情快报》(后更名《甲型H1N1流感监测快报》),编制《人禽流感、不明原因肺炎和流感暴发日报》、《甲型H1N1流感防控工作月报》、每周二为《卫生部值班信息》提供相关疫情分析数据、不定期编制《甲型H1N1流感防控工作快报》。

4. *疫情的现场处置* 参与河南省一起流感样病例暴发疫情的现场调查、处置,四川、西藏、山东、福建甲型H1N1流感疑似病例的现场处置工作。

5. *血清学调查* 在全国31个省(自治区、直辖市)省会城市选择部分儿童医院、综合医院及采供血机构采集血清标本。

完成全国甲型H1N1流感感染状况系列横断面血清学调查方案的设计和编写。

将于2009年12月至2010年1月、2010年3-4月和9月在我国甲型H1N1流感大流行的不同阶段开展3次系列横断面调查。

(二)人感染高致病性禽流感

共协助完成10个疑似病例的标本及有关环境标本的运输和实验室检测结果报告,撰写《人高致病性禽流感标本检测快报》28期。参与了山东禽流感疫情现场处置工作。多人次赴广东、广西进行禽流感工作督导。

1. 抗原性监测 从2009年新增的人禽流感病例中共分离到7株病毒,分别制备了针对该7株病毒的动物抗血清,并通过HI实验进行抗原分析,结果表明我国新分离到的人禽流感毒株中除广西分离株(A/Guangxi/1/09)外,均与我国南方代表株抗原性较为接近。广西分离株(A/Guangxi/1/09)与我国南方代表株及2009年我国新分离到的其他病毒抗原反应较弱,这与该病毒属于分支2.3.2有关。

2. 基因特性分析 对2005—2009年我国大陆确诊的37例人禽流感H5N1病例及分离到的30株人禽流感H5N1病毒进行了全部基因序列测定和进化分析,结果表明:28株病毒分布在2.3.4分支上,另外的两株病毒(Xinjiang/1/2006和Guangxi/1/2009)分别分布在2.2分支和2.3.2分支。目前分离的人禽流感病毒未发现与人流感病毒的重配,重要位点的分析也表明该病毒仍然是禽源,未发生本质的突变。

3. 耐药性监测 对我国2009年新分离到的人禽流感毒株进行了耐药性分析,结果表明:有2株病毒(A/Beijing/1/2009,A/Shandong/1/2009)对烷胺类药物耐药,其余均敏感。未发现神经氨酸酶抑制剂类药物的耐药性突变。

4. 职业暴露人群高致病性禽流感监测 按照2008年制定的《职业暴露人群高致病性禽流感监测方案》,开展对职业暴露人群人禽流感H5N1抗体水平监测和禽类市场环境标本的监测。截至目前,共接收到30家网络实验室5000余份血清标本。

5. 检测试剂制备及下发 完成血清学检测用抗原,抗血清及RDE的制备工作。下发血清学检测试剂至84家网络实验室。

(三)手足口病

2009年3-4月,河南、山东等地手足口病暴发后,派出3名专家赶赴疫情现场参与调查和处理。

利用基因改造的方法,获得了EV71病毒的中和单克隆抗体,建立了抗血清特异性检测方法,为控制疫情提供技术支持。

三、重大病毒病常规监测与防控

(一)疾病监测和常规疾病控制工作

2009年,本所按照流感、脊灰、麻疹、脑炎、出血热、登革热、肝炎、病毒性腹泻、朊病毒病等疾病监测方案及防控工作要求,开展了监测、标本复核、试剂提供、技术指导、培训和督导检查等各项工作。

1. 流感

(1)流感病毒复核、鉴定 截至2009年12月,共收到全国流感监测实验室网络采集并初筛阳性的毒株8252份,其中8134株经复核鉴定仍为阳性(98.6%),其中A(H1N1)

亚型 3558 株(43.7%)、A(H3N2)亚型 1809 株(22.2%)、B(Victoria)系 2217 株(27.3%)、B(Yamagata)系 228 株(2.8%)、未分型 322 株(4.0%)。

(2)抗原特性和基因特性分析　截至 2009 年 12 月,对 2009 年度分离到的 6701 株流感病毒进行了抗原性分析,对 450 株流感病毒进行了序列测定。

(3)耐药性监测　1-10 月监测数据显示,季节性 A(H1N1)亚型流感病毒中达菲耐药株的比例为 65.6%,对达菲类药物的耐药株比例呈上升趋势,季节性 A(H3N2)亚型流感病毒和 B 型流感病毒未发现达菲类药物的耐药株;季节性 A(H1N1)亚型流感病毒烷胺类药物耐药株的比例为 44.0%,季节性 A(H3N2)亚型流感病毒 100%对烷胺类药物耐药。

(4)提供标准检测试剂　为全国 411 家流感监测网络实验室提供标准参照血清 2000ml、抗原 8500ml、MDCK 细胞 60 瓶。

(5)流感病毒核酸检测考核　按照中国疾控中心的统一安排,制备了标准考核品,分批次完成了全国 411 家流感监测网络实验室流感病毒核酸检测考核和分析。

(6)一般人群血清学调查　4-5 月,在甘肃、湖北、四川开展一般人群季节性流感血清学监测,在甘肃、湖北每省采集血清 300 份,在四川省采集血清 600 份,并开展实验室检测。

(7)流行病学监测　每周编发《流感监测周报》,总结流感疫情形势、发展动态,并向全国分发;同时编写《流感监测英文周报》,向 WHO、美国疾控中心、欧盟疾控中心等多家合作单位分发。每周向 WHO 和 FluNet 报告疫情数据,与国际共享中国疫情动态。

(8)组织实施流感大流行调查　自 2008 年 4 月开始,受卫生部委托组织实施"全国医疗卫生机构流感大流行应对能力调查"。2009 年 5 月底,完成数据的收集工作,8-9 月撰写了《全国医疗卫生机构流感大流行应对能力调查报告》。

(9)生物信息支持系统建设工作　完成国家流感中心中英文网站(http://www.cnic.org.cn)的开发。目前可以对公众宣传流感相关知识、下载各种方案和每周的监测周报、在线进行实时分析、自动生成各种图表用于结果报告、查找任何毒株的实验结果、了解实验室的工作量、调整工作计划等。

2. 肾综合征出血热和登革热

(1)实验室检测和复核　完成各省级疾控中心或监测点所送标本的检测,包括间接免疫荧光法检测鼠肺病毒特异性抗原 2200 份;RT-PCR 法检测鼠肺样本 1402 份;ELISA 法检测鼠血病毒特异性抗体 1023 份;Mac-ELISA 法检测患者血清中病毒特异性 IgM 192 份。

(2)三峡库区肾综合征出血热监测　完成三峡库区监测点实验室送样检测,包括间接免疫荧光法检测鼠肺病毒特异性抗原 999 份;ELISA 法检测鼠血病毒特异性抗体 999 份;ELISA 法检测三峡库区人血清样本中病毒特异性抗体 442 份。

(3)提供出血热检测试剂　向全国各省市疾控中心和监测点提供双抗原总抗体试剂约 18 000 余人份、Mac-ELISA 约 1800 人份、直接荧光单抗约 5500 人份，向浙江疾控中心提供登革热 Mac-ELISA 诊断试剂 96 人份。

(4)每月初及年底提交 WHO denguenet 和西太平洋地区中国登革热疫情信息资料。完成 3 期基孔肯雅热和登革热疫情专报、4 期登革热疫情周报、2 期肾综合征出血热疫情周报、2 期全国主要人兽共患病疫情通报。

(5)肾综合征出血热血清学实验室检测外部质量考核　完善了实验室检测质量控制标准品的建设与制备体系，制备汉坦病毒特异性 IgM、IgG 抗体(包括阳性和阴性临界滴度的血清参照品)，在 10 个省级疾控中心开展了肾综合征出血热实验室血清学检测质量控制评价。

3. 乙脑/病毒性脑炎

(1)乙脑及虫媒病毒检测与监测　对云南、新疆、贵州等省 3127 份标本进行 15 种病毒感染的检测，其中包括多种新分离病原的检测。结果提示我国不明原因发热及病毒性脑炎患者中存在乙脑、腮腺炎等常见病毒感染同时存在多种黄病毒、甲病毒和布尼亚病毒感染等，也检测到多种我国新分离虫媒病毒的感染等。

对 2008 年在全国 9 个省市自治区(新疆、青海、辽宁、甘肃、内蒙古、江西、贵州、重庆和湖北省)采集的 72 044 只蚊虫标本进行乙脑病毒及蚊媒病毒检测与监测，结果显示分离物中存在乙脑病毒、版纳病毒、辽宁病毒、Tahyna 病毒和部分未鉴定病毒株。

2009 年在我国 11 个省市自治区采集蚊虫 82 428 只、蜱 2592 只、白蛉 50 只。2009 年夏季在我国 7 个省市自治区采集发热病例标本 2395 份及 554 份动物血清(牛、羊、猪、鸡、鸭、兔)。

(2)其他标本检测　甘肃省 134 病例 208 份标本中共检测 5 种病毒(乙脑病毒、Echo 和 COX 肠道病毒、单纯疱疹病毒、腮腺炎病毒)IgM 抗体，阳性率为 55.2%(74/134)，其中肠道病毒阳性率最高为 31.3%(42/134)，其次为乙脑和腮腺炎病毒感染，分别为 12%(16/134)和 11%(15/134)。2008 年辽宁不明原因发热病人血清标本 121 例(121 份)，检测出 7 例乙脑 IgM 抗体阳性(阳性率为 0.058%)。

对四川、河南省提供的乙脑病毒分离株进行病毒分子生物学鉴定等，已鉴定出基因 1 型乙脑病毒。

(3)质控评估　2009 年 10 月为 15 个省和 4 个市(包括乙脑监测省和 AMES 项目省、市)发放乙脑质控血清(5 份血清和 2 份脑脊液)，对乙脑实验室检测质量控制进行评估，检测结果正在统计中。

(4)试剂发放　10 月对 12 个省、市发放乙脑 IgG 抗体猪血清检测试剂 5000 余份。

4. 狂犬病

(1)建立快速免疫荧光灶抑制试验(RFFIT)　建立了具有良好特异性、稳定性和重复性的 RFFIT 检测体系，可以推广应用到狂犬病暴露后预防处置情况监测。

(2)标本收集与检测 协助云南对其收集的病人和犬的脑组织标本进行狂犬病毒病原学筛查，初筛后的阳性标本用于核酸的检测和序列测定。

协助天津、江西和广东省疾控中心，对其收集的病人和犬的脑组织标本进行狂犬病毒病原学筛查，初筛后的阳性标本用于核酸的检测和序列测定。

对广西 2007 年的 260 份犬脑标本及 2008 年的 892 份犬脑标本和 21 份鼠脑标本，采用免疫荧光检测与巢式 PCR 检测两种实验方法进行狂犬病病毒病原学检测。结果显示：2007 年的标本全部为阴性，2008 年的标本有 8 个 DFA 强阳性、36 份弱阳性；再经 RT－PCR 核实检测共 9 个阳性标本。

5. 克雅氏病 12 月 11 日，全国报送克雅氏病病例 139 例，男女比例为 65.64；其中散发型克雅氏病病例中确诊病例 1 例、临床诊断病例 24 例、疑似诊断病例 30 例；遗传型朊病毒病病例 4 例；不支持诊断为克雅氏病的 80 例。报送的样本中脑组织 1 份，脑脊液样本 116 份，血液样本 123 份。在总病例中北京 51 例、上海 12 例、陕西 12 例、河南 17 例、贵州 5 例、广东 10 例、安徽 8 例、天津 8 例、吉林 3 例、福建 4 例、重庆 2 例、江苏 2 例、黑龙江 1 例、河北 1 例、浙江 1 例、湖南 1 例。

6. 病毒性肝炎

(1)甲型肝炎 完成了甲型肝炎抗体流行率的初步调查。对 1170 份标本进行了甲型肝炎抗体检测，证明当年我国甲型肝炎抗体流行率达 79%，病毒在我国传播广泛。

(2)乙型肝炎 利用大规模现场流调和现场感染者血清，对乙型肝炎在我国的患病状况进行分析，结果显示乙肝病毒感染者 19.8%为慢性乙肝患者，其余多数为无症状携带者。

(3)丙型肝炎 对来自全国的 80 000 份标本进行检测，发现我国 HCV 感染呈北高南低的现象。全国感染率为 0.45%，其感染的第一危险因素为输血史。

7. 脊髓灰质炎

(1)2009 年 1－9 月，全国脊髓灰质炎实验室网络收集急性弛缓性麻痹病人 6611 份粪便标本，按世界卫生组织统一要求，在 L20B 和 RD 两种细胞中(细胞来源于日本 NIID 全球专项脊灰参比实验室)分离病毒，28 天内及时完成病毒血清型定型结果及时率为 72.3%，14 天内采集双份便率为 89.3%，AFP 非脊灰肠道病毒(NPEV)分离 122 例，分离率为 9.59%；AFP 脊灰阳性病毒分离例数为 59 例，分离率为 4.6%。

(2)对全国网络实验室分离到的 136 株脊髓灰质炎病毒进行 VP1 编码区核酸序列测定和分析，未发现脊灰野病毒和 VDPV；在山东省 5 月 6 日送检的 1 例 AFP 病例标本分离物中检测出 1 株 VDPV。VP1 区核苷酸测序结果 14 天内反馈及时率为 82.5%，均达到 WHO 关于及时率＞80%的要求。

(3)盲样职能考核 组织全国 31 个省级疾控中心脊灰实验室进行盲样标本的能力验

证,所使用的能力验证标本由WHO全球专项参比实验室、位于荷兰的RIVM实验室制备,应用于当年全球脊灰实验室网络中各级脊灰实验室。目前,除西藏外的其他30个省已经将结果上报,并转发给WHO。

(4)考核认证 2009年对12个(内蒙古、江苏、安徽、福建、河南、湖北、湖南、海南、重庆、贵州、云南和新疆)省级疾控中心脊灰实验室进行现场认证考核。认证考核内容主要包括实验室空间布局、工作人员工作情况、实验室管理、细胞培养技术、粪便标本处理技术、病毒分离技术、病毒鉴定技术、生物安全与脊灰病毒的保存、仪器设备、耗材供应、与EPI工作人员的合作、实验室数据库等12个大方面。12个省级脊灰实验室全部通过认证。

(5)2009年10月19-20日,本所国家脊灰实验室顺利通过WHO专家对其进行的2008年度现场认证。

(6)开展脊灰病毒环境监测 截至目前,建立了一套成熟的环境样品采集、病毒浓缩及病毒分离技术,初步选定在山东、广东、云南3个试点开展环境监测项目。新的方法学已经在上述实验室中建立,山东、广东省脊灰实验室在实践中已经分离到PVs和NPEVs。

8. 麻疹、风疹、腮腺炎

(1)麻疹、风疹的血清学抽样复核工作 对全国31个省级疾控中心麻疹实验室送检的血清进行了血清学复核检测,其中包括:麻疹复核血清1178份、风疹复核血清922份,并在14天之内向各省麻疹实验室工作人员反馈复核结果。

(2)网络职能考核工作 2009年共制备麻疹、风疹血清考核盲样660份,并要求各省在7个工作日内将结果反馈。29个省市在考核中以满分成绩顺利通过了职能考核。

(3)年度现场认证工作 2009年10月,本所国家麻疹实验室顺利通过WHO专家对其进行的2009年度现场认证,并得到了专家们的高度肯定。同时国家麻疹实验室做为国家麻疹实验室和西太地区参比实验室,在2009年10月期间分别对内蒙古、江苏、安徽、福建、河南、湖北、湖南、海南、重庆、贵州、云南和新疆疾控中心脊灰实验室进行了现场考核认证。

(4)实验室检测 2009年1-8月实验室网络检测可疑麻疹/风疹病例超过4000份,分离麻疹病毒219株。

2009年共收到麻疹毒株219余株,经基因序列测定和分析证实除1株为D9基因型、1株为D4基因型外,均为H1a基因型,其中D9和D4基因型在我国为首次发现,D9基因型分离于四川,D4基因型分离于山西。

2008—2009年间,从10省份共分离到毒株64株,通过基因亲缘性关系分析,我国2008—2009年风疹病毒分离株属于1E和2B基因型,没有发现曾在1999-2002年3省流行的1F基因型及其他基因型。1E基因型风疹病毒仍然是我国的优势基因型,各省在不同年份均分离到，没有明显的时间和地理分布倾向，不同省份之间也存在相同1E基因型风疹病毒的传播链。

在1995-2009年间中国的腮腺炎毒株的基因型只检测到基因型F，并在我国甘肃、云南、浙江、上海、山东、河南、北京、辽宁等地区流行。研究发现，在我国不同省份、不同年份存在着多个不同的腮腺炎病毒流行。

(5)继续向各省疾控中心麻疹实验室推广对麻疹和风疹新的诊断方法——比色法免疫学实验，并免费提供技术支持和实验所需试剂。

(6)接收各省实验室人员短期和长期进修，对其进行技术培训。

9. *病毒性腹泻* 通过卫生部重大项目“五岁以下腹泻住院儿童病毒性腹泻感染状况调查项目”在全国15个省份哨点医院共收集粪便标本6888份，对其中的5589份标本进行了轮状病毒ELISA检测，结果5589份标本中轮状病毒检出率为33.21%(1856/5589)。对1856份轮状病毒阳性标本进行G/P分型，G3型是主要优势株，占47.53%(117/202)，其次为G1型(17.72%)，G未能分型(10.89%)，G2(9.54%)，G9型(6.34%)，混合G型感染(4.82%)，G4型(3.14%)，P基因型最常见的为P[8]占61.30%，其次为P未能分型占24.39%，P[4](8.29%)，P[6](1.73%)，P[10](1.19%)，P[9](0.16%)，最常见的G/P组合为G3P[8]。同时通过PCR/RT-PCR方法，对5589份标本进行了杯状病毒、腺病毒、星状病毒检测，其中杯状病毒635(11.36%)、腺病毒220(3.94%)、星状病毒384(6.87%)。

10. *SARS－CoV、天花病毒、猴痘病毒*

(1)开展SARS无害化免疫学新型诊断试剂的研制。

(2)在北京3个医院建立了呼吸道病毒感染相关监测点，并收集了大量的临床标本以便开展人冠状病毒的病原学特点及早期快速特异性甄别技术的研究。

11. *其他*

(1)应用EB病毒荧光PCR检测病毒载量；使用欧盟EBV试剂盒对本所免疫酶法进行系统标定进行EBV、CMV临床样本的检测。

(2)在广西鼻咽癌高发现场进行早期诊断技术改进及NPC发生的早期普查。

(3)在河南、山西进行HIV感染者流行及病毒株变异的调查研究。

(4)呼吸道病毒感染预防和控制，开展我国部分地区(湖南长沙、甘肃兰州、辽宁沈阳)常年呼吸道病毒的分离与鉴定(AdV、HBoV、KIPyV、WUPyV、RSV、HRV、IFVA、IFVB、PIV1－3、HKU1、NL63、hMPV)，流行监控、研究及分析我国新发呼吸道病毒的生物学和理化性质。

(5)防控呼吸道病毒性传染病的新技术、新方法。现有的平台技术包括：大肠杆菌生物药物技术平台，酵母表达技术平台，鼻腔喷雾药物和疫苗递送技术平台，VERO细胞疫苗生产技术平台，微阵列生物芯片技术平台和环介导逆转录等温扩增技术(RT-LAMP)

平台。

(6)制作并电镜观察生物标本 262 个。

(二)起草和制定多项技术性文件,为我国疾控工作提供技术支持

1. 侯云德院士作为病毒学研究专家,被国务院任命为“艾滋病和病毒性肝炎等重大传染病防治重大专项”专职技术负责人,参与多个国家级疾控相关文件的起草和制定,参与了甲型 H1N1 流感病毒的防控工作。

2. 制定了《甲型 H1N1 流感病毒标准操作程序手册》、《甲型(H1N1)流感实验室检测方法》,编发《甲型 H1N1 流感检测快报》101 期。

3. 协助中国疾控中心实验室管理处制定《甲型 H1N1 流感病毒的实验室安全规范》。

4. 参与制定卫生部《2009 年度朝圣活动甲型 H1N1 流感防控预案》。

5. 参与《实验室生物安全理论与实践》中《基因操作的生物安全》(41 章)的编写。

6. 参与《高致病性病原微生物危害评估指南》中第 2 章《SARS 冠状病毒的危害评估》的编写。。

7. 编写新版《朊病毒病实验室手册》,涉及实验室职责、结构功能划分、制度、朊病毒风险评估、MSDS、实验室运行、检测 SOP、仪器 SOP、各种意外事故处理报告等。

8. 参与了我国《丙型肝炎实验室诊断规范》的编写工作。

9. 起草《全国人群丙型肝炎血清流行病学调查报告》。

10. 参与编写卫生部“全国基层生殖道防治培训项目”教材《下生殖道 HPV 感染》。

11. 参与编写《病毒学创新方法》。

12. 组织《狂犬病防治手册》的修订工作,9 月完成最终修改并上报。

13. 承担《狂犬病现场处置规范标准》、《狂犬病应急技术标准》的制定工作。

14. 参与编写关于流行性脑炎和狂犬病的作业指导书,着于《病毒性脑炎实验室手册》的编写工作。

15. 收集、整理、分析和总结全国 22 省 40 个肾综合征出血热国家级监测点 2008 年监测资料和数据,完成《2008 年度全国肾综合征出血热监测报告》——监测报告白皮书。

16. 参与完成《国家 2010 版药典》(病毒疫苗)的修订。

17. 撰写第 62 届世界卫生大会“关于销毁储存天花病毒”发言要点。撰写了“第 11 届天花研究顾问委员会报告”。

18. 全国突发公共卫生事件趋势分析及措施建议——登革热部分。

19. 2009 年春季旱灾地区肾综合征出血热疫情分析与预测。

20. 完成信息科传染病疫情年报——《2008 年中国法定传染病发病与死亡报告》肾综合征出血热部分。

四、卫生应急能力建设

(一)应急队伍建设

为加速应急队伍建设,提高卫生应急处置能力,病毒病所组建了由 25 名专家组成的应急队伍。

(二)疫情应急处理工作

1. 2008 年 12 月至 2009 年 2 月,内蒙古暴发病毒性腹泻,本所收到粪便标本 40 份,经过筛查确定该起暴发由星状病毒引起。

2. 3 月 21 日至 6 月初,陕西省突发 10 例狂犬病死亡病例,6 月 4 日组织专家和陕西省疾控中心工作人员一同前往汉中了解疫情状况,为当地的疫情控制提供建议和意见,制定了汉中地区进一步的调查和控制工作计划,给予技术上的指导和帮助。

3. 4 月,派出专家前往黑龙江省某乡参与丙型肝炎灶状感染事件分析处理。起草该事件的调查报告。

4. 5 月 6 - 9 日,派出专家赴山东省济南市进行疫苗衍生脊灰病毒(VDPV)的现场调查和应急处理。

5. 5 - 6 月,山东和陕西省各有一名安哥拉回国人员发生疑似严重病毒性出血热病毒感染,引起当地政府和疾控部门的重视,病毒病所对患者不同时期采集的血清进行了马尔堡病毒、埃博拉病毒、黄热病毒、拉沙热病毒、汉坦病毒及疟原虫感染的血清学和分子生物学筛查诊断,确诊为恶性疟疾虫感染。

6. 6 月 5 - 7 日,参与东盟培训班甲型 H1N1 流感病毒核酸阳性学员的流行病学调查和现场处置工作。

7. 7 月起,9 月 13—16 日派出专家赴浙江义乌地区指导登革热疫情处理,对采集的血清样本进行血清学和病毒核酸检测及病毒分离,确定疫情由三型登革病毒引起,完成全基因组序列分析,并与 GeneBank 中不同时期、不同地区发表的三型登革病毒全基因组序列进行比对溯源分析。

8. 9 月 25 - 27 日,派出专家赴广东省汕头市进行脊髓灰质炎高变异株病例的现场调查和应急处理。

9. 11 月 12 日,派出专家,疾控中心于 9 月份报告的安徽 FFⅠ病例家系调查。本次调查共调查病人亲属 13 人,并采集血样进行实验室检测。

10. 10 月,赴深圳富士康公司处理诺如病毒疫情。共检测水样和肛拭子标本 8 份,其中 3 份阳性(水样 2 份、肛拭子 1 份),根据测序结果确定为诺如病毒 GII—4/2006 变异株引起。

11. 与北京疾控中心一起参与北京地坛医院一例痘苗病毒感染事件的鉴别诊断及处理工作。

(三)应急技术与物资储备

1. 应急物资管理　继续对剩余的24种应急试剂进行日常管理，并将试剂更新和过期情况及时向中国疾控中心汇报。

承担干扰素、达菲等抗病毒储备药物的日常调用和管理等工作，并起草了病毒病所应急物资调用制度(初稿)。

2. 应急技术及物资储备

(1)储备天花病毒、SARS病毒、肾综合征出血热病毒、登革病毒、埃博拉、马尔堡、拉沙热、裂谷热、肺综合征汉坦病毒、基孔肯雅病毒、黄热病病毒、多种病毒性腹泻病原或相关病原、甲型肝炎病毒、戊型肝炎病毒、人博卡病毒、人偏肺病毒、人冠状病毒、腺病毒、流感病毒、副流感病毒等呼吸道病毒、乙型脑炎病毒、森林脑炎病毒、正痘(痘苗)病毒、猴痘病毒等的核酸和/或血清学检测技术和试剂。

(2)进行天花病毒生物信息学分析　根据网上检索，一共有191条ORF可能作为天花检测的片段，粗筛出5个天花检测特异的ORF，经过测序可以和其他痘病毒区别。这5个片段在各个天花毒株中有些也个别碱基的不同，因此通过测序可以区别一些毒株。

(3)完成多重定量PCR技术平台、多病原PCR技术平台(GeXP)和等温扩增(LAMP)技术方法的建立，均成功应用于人甲型H1N1流感病毒的检测；完成多病原PCR技术平台(GeXP)应用于常见呼吸道病毒性病原体和8种常见脑炎病毒检测方法的初步建立。

五、督导及疾病防控业务培训

(一)督导及调研

1. 4月，赴青海参加流感大流行应对能力调查督导工作。

2. 5月，对登革热监测省份使用的登革热检测试剂情况进行调研。

3. 5月，受卫生部委托参加了河北省手足口病防治工作的检查和调研工作。

4. 6月30日至7月3日，赴河北省进行肾综合征出血热监测实验室现状预调查。

5. 7月1-6日及9月6日，赴湖北武汉进行“腹泻病病原谱”项目合作督导。

6. 7月25-31日，赴黑龙江省、嫩江县、讷河市、虎林市、宁安市疾控中心进行肾综合征出血热监测点实验室现状现场调查。

7. 7-9月，参与卫生部疾控局与中国疾控中心组成的联合督导小组，为进一步了解各地扩大流感监测网络项目组织管理及国家级监测哨点医院和流感监测网络实验室运行情况，对安徽、广西、陕西等9个省市的36家网络实验室和哨点医院进行督导，内容包括现场检查、质量控制评价和提供相关的技术支持。

8. 7－12月，主导参与了国家肾综合征出血热扩大免疫规划项目7个重点省份的实施效果初步流行病学评价。

9. 9月4－14日，根据卫生部安排，病毒病所专家参加教育部督导组，赴上海、重庆9所学校实地检查甲型H1N1流感防控工作，并对教育部举办的“祖国万岁”庆祝建国60周年大型歌咏活动进行甲型H1N1流感防控技术指导。

10. 9月8日，赴湖南长沙进行“轮状病毒疫苗效果评价”项目合作和病毒性病原常规监测督导。

11. 9月21日，赴河北石家庄进行病毒性病原常规监测督导。

12. 9月22日至10月6日，赴河北省疾控中心进行实验指导。

13. 10－12月，参与卫生部疾控局及中国疾控中心关于全国传染病网络直报质量督导检查。

14. 11月1日，赴甘肃省兰州进行“轮状病毒疫苗效果评价”项目合作研究和病毒性病原常规监测督导。

15. 11－12月，作为卫生部赴澳门短期工作专家组成员到澳门工作，协调澳门作好庆祝回归十周年等大型活动的医疗卫生保障工作。

16. 11月22－25日，赴湖南省疾控中心进行“轮状病毒疫苗效果评价”项目合作研究和“病毒性病原常规监测”的督导。

17. 2009年，6次赴广西鼻咽癌高发现场进行早期诊断技术改进及NPC发生的早期普查等工作。

（二）会议与培训

1. 疫情分析工作例会　组织召开了6次疫情例会，约246人次参加。

2. 流感/禽流感

（1）甲型H1N1流感疫情发生后，国家流感中心通过举办培训班、视频培训和手把手培训等形式，先后为全国流感监测网络举办各种培训班4次，总人数达1000余人次。同时24小时提供电话联系技术支持，为网络实验室提高甲型H1N1流感病毒的检测能力提供了保障。

（2）2009年，组织举办禽流感病毒核酸检测技术培训班，为山东、广东等6省市/自治区的疾控中心培训禽流感病毒核酸检测实验技术人员12人。

（3）6月5日，在北京组织召开了甲型H1N1流感监测与检测技术专家研讨会，中国疾控中心及病毒病所，以及国家食品药品监督管理局、中国医科院、中国药品生物制品检定所、军事医学科学院、首都儿科研究所、北京和上海市疾控中心等单位的20余名专家参加了会议。

(4)8月12日,在北京组织召开甲型H1N1流感监测研讨会,中国疾控中心、北京、河北、上海等疾控中心及病毒病所的有关领导和专家约30人参加了会议。

(5)10月15日,病毒病所在北京组织召开流感(甲型流感)快速诊断研讨会。中国疾控中心疾控办、厦门大学、北京佑安医院、广州市第八人民医院、安徽阜阳市第二人民医院、山东省济南市传染病医院及5个检测试剂生产公司的有关专家和人员约17人参加了会议。

3. 病毒性出血热 8月24-28日,在山东省威海市举办了全国病毒性出血热实验室检测技术及新发传染病应对培训班,来自除甘肃、内蒙古和西藏外的全国29个省(自治区、直辖市)疾控中心从事病毒性出血热实验室检测人员共约70人,进行了病毒性出血热实验室检测技术和新发传染病应对的系统培训,针对病毒性出血热流行趋势、流行特点、诊断方案、预防技术、实验室检测标准化规范化,以及我国新发传染病确认、暴发处理、应对策略和措施等方面进行了培训,讨论了病毒性出血热监测中遇到的问题和困难及解决办法。

4. 病毒性脑炎

(1)6月28至7月8日,在北京举办了病毒性脑炎检测技术手把手培训班,来自23个省、市疾控中心的人员参加了培训,主要学习了细胞培养、乙脑病毒感染、蚊虫中乙脑病毒分离、乙脑病毒中和实验、乙脑病毒的分子生物学扩增等实验技术。这是病毒病所连续5年举办的我国乙脑检测技术手把手培训班。

(2)7月12-16日,在青海举办了全国疾控中心虫媒病毒病检测与监测技术培训班。来自全国26个省、市、自治区的80余人参见了培训。此次学习班在兼顾虫媒病毒相关知识的同时还安排了大量学时介绍有关虫媒病毒标本采集的相关知识。3位美国专家参加学习班的授课,主要介绍虫媒病毒传播媒介与虫媒病毒病方面的国际最新研究进展。

(3)7月20-24日,对来自云南、宁夏、江苏、浙江疾控中心的实验室工作人员进行乙脑病毒中和抗体检测技术培训班,该项培训是对以上地区开展减毒/灭活乙脑疫苗免疫效果评价的技术培训。

5. 克雅氏病

(1)4月15-17日,在河南登封举办2008年度克雅氏病监测工作总结会,参会人员包括全国12个监测点的30余人,会议分析总结了2008年全国及各监测点克雅氏病监测工作情况,交流克雅氏病监测工作经验,并安排部署2009年监测工作。

(2)11月15-21日,在北京举办了2009年克雅氏病全国监测网络实验室检测培训班,参会人员来自全国12个监测点。通过一周的实验室检测培训工作,20余名培训人员提高了实验室检测水平,并就监测工作中遇到的问题进行了交流。

6. 脊髓灰质炎 8月14-22日,国家脊灰实验室举办了肠道病毒实验室检测培训班。

7. 麻疹　9 月 21－23 日，在北京召开 2009 年全国麻疹检测实验室网络工作研讨会。

8. 狂犬病　10 月 31 至 11 月 4 日，在广西南宁举办 2009 年全国狂犬病监测和实验室检测技术培训班，内容包括：近年狂犬病监测总结、快速荧光灶抑制试验（RFFIT）和荧光抗体病毒中和试验（FAVN）测定狂犬病中和抗体的理论讲解和实验操作。全国 30 多个省/自治区/直辖市和监测点及畜牧兽医部门等有关工作人员 80 多人参加了培训。

六、国庆卫生保障工作

（一）建国 60 周年庆典生物恐怖应对工作

起草了《中国疾病控中心病毒病所 2009 年国庆期间生物恐怖应对工作安排》，对国庆期间各科室的工作进行了安排，并安排人员进行 24 小时值班。

9 月份分两批对本所的 20 余名应急队员进行培训，培训内容主要包括个人防护、标本采集及疫情现场处置注意事项等。

9 月 25 日晚，本所参加了中国疾控中心组织的国庆生物反恐应急演练。

（二）国庆期间实验室生物安全管理和生物恐怖防范工作

1. 成立相应组织机构　按照北京市、卫生部、中国疾控中心的相关要求，制定了 2009 年国庆期间生物恐怖防范应急预案；成立病毒病所国庆期间防恐领导小组、生物安全和生物防恐应急小组。

9 月 15 日由所领导和相关部门组成的联合检查小组对全所进行了检查，检查内容包括实验室生物安全、水、电、地下室毒种库等。

2. 应急演练　9 月中旬以科室为单位，开展现场模拟实验室意外事件、火灾、水灾等的应急演练。

七、科研、教育培训工作

（一）科研工作

1. 科研项目概况　2009 年病毒病所申报课题共计 46 项，获准课题 20 项、经费 6774.5 万元，其中第二批科技重大专项 6 项，获准经费约 5500 万元；“863”课题 1 项，获准经费 194 万元；“973”课题 1 项，获准经费 300 万元；国家科技支撑计划课题 1 项，获准经费 300 万元；国家自然科学基金项目 4 项，获准经费 80 万元；教育部留学回国人员启动基金 1 项，获准经费 2.5 万元；中国疾控中心青年基金 2 项，获准经费 18 万元；传染病国家重点实验室项目 4 项，获准经费 380 万元。

在研课题共计 96 项（承担 52 项，参加 44 项），其中科技重大专项 24 项（单位牵头 9 项，子课题承担 15 项）、“973”计划项目 8 项（项目牵头 1 项、课题牵头 3 项、参加 4 项），

“863”计划项目 14 项(承担 10 项、参加 4 项),国家科技支撑计划项目 10 项（承担 2 项、参加 8 项），国家自然科学基金项目 18 项（承担 16 项、参加 2 项），其他国家级重点项目 6 项（承担 2 项、参加 4 项），卫生部有关司局及其他省部级资助课题 10 项（承担 3 项、参加 7 项），中国疾控中心青年科研基金 2 项，传染病国家重点实验室自主课题 4 项。到位科研经费（不含国际合作项目经费）共计 5238.56 万元，其中科技重大专项 1722.6 万元、“973”计划项目 406.86 万元、“863”计划项目 637 万元、国家科技支撑计划项目 799 万元、国家自然科学基金项目 97.6 万元、其他国家级重点项目 149.5 万元、卫生部有关司局及其他省部级资助课题 55 万元、中国疾控中心青年科研基金 18 万元、传染病国家重点实验室自主课题 380 万元、病毒基因工程国家重点实验室专项经费 883 万元、横向经费 90 万元。

2.“艾滋病和病毒性肝炎等重大传染病防治”科技重大专项工作　第一批科技重大专项获准课题 18 项,其中课题承担 3 项,子课题承担 15 项,获准经费约 1.1 亿,目前到位经费 1722.6 万元。

第二批科技重大专项获准 6 项(课题承担),获准经费约 5500 万元。

3. 其他科研项目的主要工作　共申报 2009 年度国家自然科学基金项目课题 32 项(其中承担 23 项、参与 9 项)。经过国家自然科学基金委员会的审核,4 名青年科研人员获得资助。

3 项国家自然科学基金课题按时完成结题材料的撰写工作并上报基金委,均获得国家自然科学基金委员会准予结题的批复。

4 月份,邀请北京兴华会计师事务所对病毒病所“863”课题进行了财务审计,4 项课题均通过审计,审计报告和自验收报告均已上报科技部。

两名青年科研人员获得中国疾控中心青年科研基金资助。

4. 荣获中华预防医学会科技奖二等奖　2009 年 11 月,病毒病所完成的“我国人类朊病毒病检测监测体系建立及相关基础和应用研究”荣获中华预防医学会科技奖二等奖。

5. 申请新专利 12 项

6. 成功举办病毒病预防控制所 2008 年度科技学术年会

(二)研究生管理工作

1. 研究生招生工作　2009 年招收硕士研究生 11 名、博士研究生 11 名。

20 名联合培养研究生到病毒病所开展研究生课题,接收中国疾控中心 MPH 研究生 3 名。

2. 研究生管理工作　1 月 4 日召开了 2008 级博士研究生开题报告会,12 名博士研究生、9 名硕士研究生通过开题报告。

4 月 9 日完成了 2006 级博士、2007 级硕士研究生中期考核。

2 月 13 日，检查了 9 名博士生、11 名硕士生的实验记录，未发现违规现象。

4 月 9 日完成了 11 名博士研究生、11 名硕士研究生、4 名 MPH 硕士研究生的预答辩。

5 月 19 日至 6 月 17 日完成了 2006 级研究生毕业论文答辩。

9 月 4 日，对 2009 级 22 名硕士、博士研究生进行入学教育。

完成病毒病所第三届研究生会换届工作。

3. 研究生获奖　2005 级博士研究生论文《我国甘肃和陕西省虫媒病毒调查与病毒分子生物学特征研究》、《新疆蚊传虫媒病毒调查》获得中国疾控中心优秀博士论文一等奖，《乙型脑炎病毒全基因组分子进化及基因重组研究》获得中国疾控中心优秀博士论文二等奖。《我国甘肃和陕西省虫媒病毒调查与病毒分子生物学特征研究》获得推荐参加北京市优秀博士论文。

博士研究生赵蓉、吕志荣被评为 2009 年中国疾控中心优秀研究生。

（三）国家继续再教育

1. 完成 2009 年国家继续医学再教育项目 10 项（新项目 5 项，备案项目 5 项）。

2. 获准 2010 年国家继续医学再教育项目 3 项（新项目 3 项）。

（四）国际合作与外事管理工作

1. 外事出访工作　短期（1 个月以内）出访：办理出国报批手续 49 人次；处理部、中心下达出国任务 10 余人次；协助办理出国手续 3 人次；赴台报批手续 1 人次；1 个月以上合作研究人员出访 3 人次。

2. 外事接待工作　接待来访外宾 3 批次，邀请 WHO 专家成员 10 余批次，200 余人次；接待顺访、临访外宾 10 余批次，20 余人次；组织专家外出参加国际会议、与外宾座谈 10 余批次；接待台湾疾病管制局专家 2 名；接待美国疾控中心官方代表团一行 2 人；组织外宾学术报告 10 余场次；接待 WHO 项目加拿大代表团一行指导参比实验室建设工作；接待古巴政府代表团一行 6 人；接待 WHO 总部官员一行 10 人对 WHO 流感中心评估。

3. 举办中国—东盟甲型 H1N1 流感实验室监测技术培训班　受卫生部委托，病毒病所国家流感中心于 6 月 3—5 日在中国疾控中心病毒病所对来自东盟 8 个国家（泰国、菲律宾、文莱、越南、老挝、马来西亚、印度尼西亚、柬埔寨）的 16 名学员进行了为期 3 天的甲型 H1N1 流感实验室检测技术培训。

4. 2009 年 2 月，病毒病所病毒性脑炎室被任命为 WHO 乙型脑炎参比实验室（JE—JJL）

5. 国际合作课题管理工作　2009 年国际合作项目经费 1519 万元。

获批“中澳卫生与艾滋病项目”——“北京地区呼吸道感染病人中人冠状病毒与相关

病毒病原监测的试点研究"1项。

八、实验室管理工作

(一)实验室生物安全管理

1. 生物安全培训　完成了BSL—3实验室周期性培训、新职工的生物安全培训。

按照《病原微生物实验室生物安全管理条例》要求,完成全员实验室生物安全培训。参加中国疾控中心举办的各类专项培训8次,98人取得培训证书。

2. 生物安全检查　组织了2次全所生物安全检查和各科室的生物安全自查。接受卫生部、中国疾控中心和北京市卫生局组织的专家检查13次。

3. 生物安全三级实验室实验增项和监督评审　根据《病原微生物实验室生物安全管理条例》、《人间传染的病原微生物名录》的要求,2009年6月27-28日,中国合格评定国家认可委员会对本所BSL—3实验室进行第三次监督评审,维持认可资格。

按照甲型H1N1流感防控要求,本所获得甲型H1N1病毒活动资格、实验活动和HIV实验认可资格。

4. 生物安全柜的检测　组织具有检测资质的中国建筑研究院和比赛福生物技术有限公司对本所69台生物安全柜进行检测,对检测不合格的生物安全柜进行维修。

5. 完善感染性材料尤其是高致病性材料的管理　2009年共计接收感染性样本336次,包括疑似甲型H1N1 173次3463份;疑似AFP31次72份;疑似CJD30次30份;疑似禽流感29次830份;不明原因肺炎6次6份;季节性流感35次804份;狂犬4次161份;其他感染性标本3次3份。

6. 高危毒种库和废弃化学品的管理　毒种库实行24小时视频和红外线实时监控,指定专人负责高危毒种库日常运转工作,高危毒种库实行双人双锁管理,提高了毒种管理规范化程度。

对危险化学品进行集中存放,专人负责,集中处理,共处理63kg。

7. 生物安全管理和对外技术交流　病毒病所组织相关专家参与了"863"《高等级生物安全实验室危险因素分析和操作技术标准建立》的病毒学部分研究工作,加强对生物安全研究支撑条件和研究队伍的建设,用高新技术提高生物安全水平。

接受了瑞典对实验室生物安全的评估;同时参与中国疾控中心与瑞典传染病控制所共同开展的"中国国家级疾病预防和控制体系高级生物安全能力建设"的合作项目。

(二)实验室质量管理

1. 编写《生物安全和质量管理认可文件》。

2. 组织编写《实验室手册》。

3. 中国疾控中心 LIMS 进入试运行阶段。

(三)试剂耗材和仪器设备、免税的管理

1. 截至 12 月底共验收试剂、耗材金额达 15 479 632.03 元,试剂 11 180 620 元;耗材 3 662 257.69 元。接收申请单 2512 张。

2. 根据上级有关要求,建立了一套较为完善的仪器招投标程序。2009 年共签订外贸合同 20 份,其中仪器设备 96 台,100 多万美元;试剂 14 批,1 万美元。2009 年病毒病所新增设备 280 台,1134 万元,报废仪器设备 35 台。完成第三期新址项目仪器招标工作,涉及经费约 1500 万元。

(四)举办生物安全周活动

按照中国疾控中心第三届实验室安全周的要求,于 4 月 20—26 日举办第五届生物安全周活动。以"提高病毒风险识别能力、营造生物安全文化氛围"为主题开展了为期一周宣传活动。

九、学术刊物编辑出版工作

(一)《病毒学报》

完成《病毒学报》1～6 期组稿、编审、编辑、出版、发行工作。完成 1～6 期的网络、光盘合作出版与发行。

2009 年 5 月,应急快速审定编辑出版《病毒学报》增刊(流感专刊)3000 册并将电子版发布在中国知网《病毒学报》数据库平台,为甲型 H1N1 流感的及时防控提供了重要学术成果交流支持平台。

完成手足口病毒专题深入研究追踪报道,重点刊登在 2009 年第 6 期。

《病毒学报》继续被列为中国期刊高被引指数刊。

(二)《中华实验和临床病毒学杂志》

2009 年度共编辑出版 6 期杂志,共发表文章 184 篇。

继续保持双效期刊、核心期刊的荣誉,继续被 MEDLINE 数据库等收录。

刊出了三期重点号,包括病毒性肝炎重点号,人乳头瘤病毒重点号,病毒性脑炎重点号。重点号的编辑出版,在国内已引起较大反响,提高了本刊的学术地位。

十、加强制度建设,规范管理各项工作

(一)规章制度建设

对本所的各项规章制度进行了梳理,同时组织制定并下发了《病毒病所采购管理办法(试行)》。

(二)规范日常管理工作

1. 财务管理　根据病毒病所的实际情况,完成了预算编制和执行工作。

2. 人事管理　共有20名同志通过2009年度卫生部专业技术资格专家组评审。

9月28日,召开了由所领导、专家教授和相应科室负责人参加的引进人员考核与面试,对3名来所工作人员进行了面试、考核。

2009年接收"三生"7名,其中博士4名、硕士2名、本科1名。

截至2009年底,共有38名外聘人员委托北京卫人人力资源开发中心以派遣形式进行代管。其中,2009年接收外聘人员19名。

3. 离退休工作　2009年1月1日起,为3位离休干部调整了护理费。

组织全所离退休职工50余人参观了国家体育场馆鸟巢、水立方和奥林匹克中心区。开展了走访慰问老干部、老工人、老党员活动,开展了建国60周年知识测试问答活动。

4. 综合管理工作　召开了2008年度病毒病所工作年会、病毒病所2009年迎新春联谊会。召开11次所长办公会议、10次室主任例会。

按照中国疾控中心要求完成档案、保密、安全保卫、审计、采购、新闻采访等各项管理工作。

5. 后勤保障工作　完成高压锅炉、供暖锅炉维修、保养,抢修消防管道、厕所地面防水及毒种库等工程。

为实验室各项工作的正常开展提供各种器皿的洗刷、液体配置、物质供应、实验垃圾的及时清运、水电的安全保障、职工食堂的饮食供应等各项保障工作。

(三)做好新址搬迁工作

在中国疾控中心新址搬迁工作的整体部署下,病毒病所从2009年9月开始启动新址搬迁工作。

为使我所搬迁工作有序进行,制定了病毒病所新址搬迁工作方案,10月26日召开了室主任例会,对搬迁工作进行了动员和部署。确定了搬迁的时间表,对搬迁工作进行了职责分工。

十一、党群工作

(一)学习实践科学发展观活动

按照上级党委的部署,深入学习实践科学发展观活动于2008年10月23日正式开始。成立了深入学习实践科学发展观活动领导小组和工作机构(设在党群工作处)。以紧紧围绕党员干部受教育、科学发展上水平、人民群众得实惠的根本要求为工作重点，认真组织实施。2009年，在思想动员、学习提高的基础上，认真分析检查，召开了以“坚持以人为本，加强制度建设”为主题的党员领导干部专题民主生活会。撰写了领导班子分析检查报告，撰写、上报了学习实践科学发展观活动党员领导干部民主生活会报告和分析检查情况报告及工作总结报告。以设置干群联系箱、召开座谈会，个别访谈、接待群众来信来访等形式，认真听取了党员(含离退休党员)、非党职工群众、民主党派人士的意见和建议。将群众的意见建议近百条，梳理、归纳后向中心领导和所党政领导及各支部分别进行了反馈。完成了学习实践科学发展观活动“回头看”阶段的各项工作。组织召开了以党员、非党职工、民主党派参加的民主测评会和党员、群众代表、民主党派成员参加的“回头看”征求意见座谈会和测评，群众满意度达95%。

(二)党员领导干部民主生活会

组织召开了以“加强领导干部党性修养、树立和弘扬良好作风”为主题的党员领导干部民主生活会。

(三)组织和统战工作

1. 组织工作　2009年年初，组织召开了2008年党支部工作会议，各党支部认真总结交流了工作情况；召开全所党员大会，党委副书记代表党委作了2008年党委工作报告。按照党章规定，部分党支部完成了换届选举工作。7月1日，组织召开了病毒病所“庆祝中国共产党建党八十八周年暨新党员入党宣誓大会”，9名新党员面向党旗庄严宣誓。选送2名入党积极分子，参加了卫生部举办的“入党积极分子培训班”学习。

2. 统战工作　春节前夕，召开了病毒病所统战人员茶话会(所领导、党委委员、支部书记和统战工作对象参加)。在深入学习实践科学发展观活动中，召开了统战人员座谈会，专门听取了他们对病毒病所的发展建设等方面的意见和建议。组织统战人员赴遵义参观学习。按照中心的要求，安排民主党派人士参加了中心召开的民主党派座谈会。

(四)反腐倡廉工作

2009年4月15-16日举办了反腐倡廉骨干培训班。学习培训班上，集中观看了《2009中国反腐第一枪》一学习十七届中纪委第三次会议精神系列辅导报告。内容包括：“党风廉政建设和反腐败斗争的形式和任务”、“完善惩治和预防腐败体系的若干问题”、“推进党风廉政建设和反腐败斗争重在落实”、“党员干部廉洁自律须过好四关”以及“沉重的代价”等。将“中共中央建立健全惩治和预防腐败体系实施纲要”、廉洁自律的相关规定重新印发给大家，供个人自学。

为配合清查小金库工作，下发了病毒病所清查小金库登记表，要求科室主任和课题负责人对“小金库”问题进行全面清查，并自查自纠。

(六)维护稳定工作

1. 按照卫生部的文件要求，分别于“春节”、“七一”前夕，走访慰问了本所解放前入党的老党员和长期生病的党员同志；为了鼓励和表扬紧张工作在抗击甲型 H1N1 流感一线的干部和职工，“端午节”前夕，对他们进行了慰问(感谢信、慰问品)；到北京燕翔饭店慰问了本所接受医学观察的流感室及相关科室的同志；“八一”建军节前夕，慰问了荣、复、转、退军人及军烈属。

2. 认真听取职工的意见和建议，做好耐心细致的思想和心理疏导工作。

3. 在搬迁新址工作中充分发挥党的组织优势和政治优势。成立了“搬迁思想工作领导小组”(党群处长任组长、各支部书记为小组成员)，提出了工作要求，各支部书记认真履行职责，以会议或个别沟通等形式交流情况，做到及时了解职工的思想状况，有的放矢地开展工作，确保搬迁工作顺利进行。

4. 加强值班，确保稳定。按照上级的要求，完成了十七届四中全会期间、元旦、春节、“两会”、“清明节”、“五一”、“端午节”、“十一”等节假日的24小时稳定值班，坚持每日零报告工作。

(李德新　苏晓婷)

寄生虫病预防控制所

一、行政管理工作

(一)以世博为契机,围绕中心工作,提升影响力

选派专家积极参与世博会公共卫生传染病专家组,并提供技术支持。与上海出入境检验检疫局合作申请了上海口岸病原与媒介监测和检测项目,承担食源性寄生虫病检测和研究工作。与上海科技馆合作,向“迎世博科技周”提供了寄生虫标本,上海市副市长沈晓明、原上海市副市长左焕琛出席了本次科技周参观活动。

本所1号楼大修及环境改造工程项目继2009年获首期拨款后,再次经中国疾控中心、卫生部和财政部批准,获2010年度项目专款,保证了工程的一体性,年内完成项目前期的各项准备工作,顺利开工。北小楼大修改造工程完成,已投入使用。2009年完成153名在职职工的住房补贴发放工作,发放金额达1400余万元,完成了93%的职工住房补贴发放工作。

(二)人事管理

1. 人员情况

(1)截至2009年12月底,全所在册职工178人(其中待退休6人、长病假1人、居家修养2人、在岗职工169人)。专业技术人员149人,其中高级31人、中级66人、初级52人、职员12人、工人17人。本所退休职工182人,离休职工9人。返聘本所高级专家回所工作5人,外聘本所退休人员9人。

(2)2009年度接收应届高校毕业生11人(博士3人、硕士8人),自然减员8人。

2. 工资福利情况　根据国家和上海市人事局有关文件精神,对2008年度考核为合格的职工,增加一级薪级工资,自2009年1月1日起执行。本所160人列入范围,人均每月增资28元。

3. 职称、考核

(1)经卫生部专业技术职务评审,2009年本所3人取得正高级职称任职资格,6人取得副高职称任职资格,5人取得中级职称任职资格。

(2)2009年全所169人员参加年度考核,其中优秀27人、称职133人、基本称职1人,不予定级8人。

4. 部门更名和设置　经中国疾控中心同意,自 2009 年 2 月 5 日起,人保处更名为人力资源处;经中国疾控中心同意,自 2009 年 2 月 5 日起,因工作需要,本所设立保卫处。上述两个部门同时启用新的公章。

5. 选拔和任用情况　因工作需要,经过一定程序,聘任胡薇同志为寄生虫病原与媒介生物学重点实验室主任;聘任孙华荣同志为保卫处处长。免去曹建平同志寄生虫病原与媒介生物学重点实验室主任职务。

6. 人才培养

(1)按照上海市医疗卫生系统对口支援都江堰灾后重建工作总体部署,经过个人报名,层层选拔,本所杨诗杰被选派为第四批医疗队前方工作组成员,于 6 月 30 日随队赴都江堰执行 6 个月的对口支援工作。

(2)根据本所人力资源发展计划和实施办法,在总结和汲取前两年工作经验基础上,经过选拔 9 位同志分别列为人才培养对象(3 位高层次、4 位紧缺、2 位优秀青年),同时,对 2007、2008 年度培养对象进行了考核,24 名培养对象通过考核,获得下一年度滚动支助。

7. 奖惩工作

(1)所长汤林华被授予“中华预防医学会公共卫生与预防医学发展贡献奖”,并于 2009 年 1 月 9 日在北京参加了颁奖大会。

(2)副所长周晓农被授予 2007—2008 年度“卫生部有突出贡献的中青年专家”称号。

(3)重点实验室胡媛入选上海市公卫优秀青年人才培养对象,获培养经费 12 万元。

二、疾控工作

(一)血吸虫病防治

1. 配合卫生部疾控局做好省部联动等重点工作技术支持　通过组织专家挂点,选派专业人员驻点的形式,积极为湖北省提供技术支持。组织专家和专业人员多次赴仙桃、阳新、江陵、洪湖、监利和公安等县进行指导,帮助各县制定省部联动血防试点工作方案,核查试点县数据,为联系点县防治应用课题的论证和组织实施提供专家咨询和指导意见。多次配合卫生部疾控局、中国疾控中心领导开展现场调研和督导工作,积极推动省部联动工作。

配合卫生部疾控局组织专家组对云南省达到血吸虫病传播控制标准开展现场评估考核,认为云南省全省已达到血吸虫病传播控制标准,顺利实现了血防中长期规划的中期目标。

为加深各地对“以传染源控制为主的综合防治策略”的理解,更好地推进该策略的实施,配合卫生部疾控局在湖北公安、四川彭山分两期举办了全国血吸虫病县级血防办主任培训班，对各省血吸虫病重点防治县(市、区)血防办主任开展培训。

2. 积极开展各类现场专题调研和调查工作　为了解和解决目前各地血防工作存在的问题，本所组织相关专家就不同地区、不同专题开展了现场调研和技术指导，如赴江苏无锡开展血吸虫病防治策略现场调研；赴江西进贤开展洲滩禁牧现场调研；赴湖南岳阳开展洲滩林业血防开发现场调研、赴四川省眉山市东坡区开展血吸虫病健康教育现场工作调研等；受卫生部疾控局委托，组织专家组对湖南、湖北、江西、安徽、江苏、四川和云南7省进行了血吸虫病疫情资料回顾性调查、以传染源控制为主的综合防治策略评价试点及渔船民流动人口管理等工作开展了现场联合督导，及时掌握各地防控工作动态和需求，并解决各地防治工作中存在的问题。

3. 加强调查分析，为血防重点地区提供疫情预警信息和技术支持　在总结分析近3年全国血吸虫病螺情、人群病情的基础上，对2009年血吸虫病疫情进行了分析和预警，及时发现高风险地区，并提出防控措施和对策。在此基础上，组织专家开展了深入调查，进一步分析相关风险因素的成因，查找目前以传染源控制为主的综合防治措施实施中的薄弱环节。

4. 发挥技术优势，开展各类培训，提高各地防治工作水平　在湖南岳阳举办全国血吸虫病诊断技能考核竞赛，在四川举办农业血防技术培训班，进一步提高各地血防专业人员的防治工作水平，规范各项防治工作。

(二)疟疾防治

1. 为有效应对各类输入性恶性疟疫情，组织召开了输入性恶性疟诊治与管理研讨会，起草《输入性恶性疟防治指南》，制作了输入性恶性疟宣教材料。启动了《输入性疟疾的诊治与管理》一书的编写工作。为进一步加强输入性疟疾疫情报告，组织专家对四川、广西两省输入性疟疾病例的报告和管理情况开展了现场调研，在此基础上，组织编写《输入性疟疾疫情报告工作方案(试行)》，并下发各疾控机构执行。

2. 经多次调研，组织专家指导贵州省制定了该省2009年疟疾防控方案，并在贵阳组织召开了贵州省疟疾疫情和防控方案研讨会，进一步确定了贵州省2009年疟疾春季休止期治疗实施方案。组织专家分赴贵州省三都、平塘、罗甸和榕江4个重点县开展疟疾休止期服药驻点督导和巡回督导。受卫生部疾控局委托，对贵州所反映的因疫情报告体系不健全导致的疟疾疫情被低估情况进行了实地调研和核实。

3. 在青岛召开中部5省疟疾联防2009年工作年会，进一步深化5省疟疾联防联控工作机制和巩固我国中部疟疾防控成果。组织专家赴山东、湖北、江苏、河南、安徽5省开展疟疾联防工作现场检查，并提出指导和建议。

4. 为落实党和国家领导人对我国疟疾防治工作的重要批示，组织召开了我国消除策略研讨会，专题研究疟疾防治工作，研究落实批示的后续工作安排；配合卫生部，组织专家起草《中国消除疟疾行动计划(2010—2015)》和相配套的实施方案及考核办法,为全面推进疟疾消除进程提供行动指南,同时组织专家完成了消除疟疾试点方案的起草,并在浙江、上海、河南、广东等省(市)顺利启动了消除疟疾试点工作。

组织专家赴云南中缅边境开展疟疾防控情况调研;修订《抗疟药使用原则和用药方案》,拟订了2009年"全国疟疾日"宣传活动口号,制作了相关宣传材料。受卫生部派遣,选派两位专家赴喀麦隆和刚果(金)完成了为期90天的疟疾防治中心援建任务。

(三)包虫病防治

1. 全力推动中央补助地方包虫病防治项目　召开中央补助地方包虫病防治项目外科救治工作现场研讨会,会议对《包虫病外科救治项目培训视听教材》进行了修订,观摩了新疆包虫病外科救治远程会诊系统的运作流程,对中央补助地方包虫病防治项目外科治疗项目的开展起到了促进作用。

配合卫生部疾控局,在新疆乌鲁木齐召开了2008年度中央补助地方包虫病防治项目工作会议。会议对新增项目县的参会人员进行了系统培训,为推动2008年度中央补助地方包虫病防治项目各项工作的顺利开展打下了坚实基础。

2. 组织编制《包虫病防治项目实施指南》　召开《中央补助地方包虫病防治项目实施指南》修订会议,对该指南进行了修订和完善,讨论形成了《中央补助地方包虫病防治项目考核评估方案》,为科学、规范地开展中央补助地方包虫病防治项目工作打下基础。

3. 举办非项目区包虫病防治技术培训班　在青海省西宁市举办了全国非项目区包虫病防治技术培训班,学员们初步掌握了包虫病防治的基础知识和现场流行病学调查程序和步骤,为今后在非项目区开展包虫病防治工作及防止包虫病的蔓延奠定了基础。

4. 发挥专家优势,积极推动包虫病防治工作进程　配合卫生部领导,组织专家对四川省包虫病防治工作情况开展现场调研;启动《包虫病防治规划》的起草工作,组织各省完成流行县基本数据的收集工作;为落实部领导对当前包虫病防治工作的指示精神,进一步推动包虫病防治工作,积极整合自身优势,充分挖掘自身潜力,启动了寄生虫病所包虫病防治研究工作规划,开展多部门联合攻关,力争在较短的时间内,突破解决1～2个防治技术的关键问题。

组织专家对西藏包虫病防治项目工作提供技术支持和帮扶培训;对各省中央补助地方包虫病防治项目工作情况开展现场督导;赴四川省甘孜州、阿坝州分别对包虫病项目和防治试点工作开展现场技术指导和调研工作。编辑完成《2008年度包虫病防治工作报告》、《包虫病防治项目简报》等。

(四)寄生虫病综合防治示范区和土源性线虫病防治工作

寄生虫病综合防治示范区项目已实施三年,为认真总结示范区经验,配合2009年对各示范区的考核评估，召开了寄生虫病综合防治示范区数据资料整理工作会议，指导各示范区做好数据、资料的收集和整理。为了解全国寄生虫病综合防治示范区建立以来的工作开展情况及取得的成绩和经验，配合卫生部疾控局组织专家组对贵州开阳等10个2006年建立的示范区进行了考核评估。

为更科学、更规范地开展土源性线虫病防治工作，组织专家制订了《全国土源性线虫病防治技术方案》。对"贵州逾1600万人染蛔虫病"新闻报道所反映的情况进行了了解与核实，收集了贵州省土源性线虫病流行现况的有关数据资料，完成了"贵州省土源性线虫病流行现状概况"。

为总结建国60年来我国寄生虫病防治的历程和经验，由全国200多位寄生虫病防治和科研专家参与编写的《中国寄生虫病防治与研究》已基本定稿。

（五）其他寄生虫病防治工作

1. *新疆喀什地区黑热病监测工作和甘肃动物源型黑热病防治试点工作*　在分析了新疆喀什地区黑热病疫情的基础上，研讨、制定了喀什地区监测工作方案，明确了各相关单位的工作任务和职责。在新疆喀什举办了喀什地区黑热病防治和白蛉监测鉴定技术培训班，并随即启动了媒介监测工作。监测结果发现，果园、农田和荒地中白蛉密度并无明显季节消长变化，人房和畜圈白蛉数量变化随着时间消长变化较明显。目前正在开展当地人群病情调查和野生动物感染情况调查的现场工作。

受卫生部疾控局委托，本所在甘肃省兰州市召开陇南川北重点地区黑热病防治策略研讨会，提出了后续防治计划和相关调查工作安排。完成了2万条药浸项圈的制作和佩戴工作，积极探索黑热病防治工作的新模式。

2. *积极启动并推进广州管圆线虫病监测及传播预警试点工作*　配合卫生部疾控局启动"广州管圆线虫病症状监测与传播预警试点工作"，及时组织制订了相应工作方案，并提前在云南大理组织举办"广州管圆线虫病监测方案及诊断标准"培训班，为试点工作的顺利启动奠定了基础。

三、科研及项目管理工作

（一）课题执行和申请情况

努力拓宽渠道，全面推进科研项目申请工作，全年共申请到国内外课题10余项，其中传染病重大专项2项，科技支撑计划1项，国家自然科学基金2项(1项为参与)，中国疾控中心青年科研基金1项，上海市科委标准专项1项，自治区科技支疆项目1项，国际来源课题4项。共获准科研项目资助额达2125.2万元。

认真做好在研课题的管理，确保科研项目顺利开展。全年在研项目共41项，包括

“973”计划 1 项(参与),“863”计划 1 项,传染病重大专项 6 项(参与 4 项),科技支撑 4 项,国家科技基础条件平台 2 项,国家自然科学基金 8 项(参与 3 项),上海市科委项目 2 项,卫生公益专项 4 项,中国疾控中心青年科研基金 1 项,自治区科技支疆项目 1 项,中国准备第二次国家信息通报能力建设项目 1 项,纵向合作课题 1 项,国际来源课题 9 项。全年共有 10 项课题结题,其中“863”计划 1 项,卫生公益专项 2 项,国家科技基础条件平台 1 项,上海市科委 2 项,国际来源课题 4 项。在研项目总经费 7073.62 万元。

(二)成果与学术交流

由本所牵头的 2 项科研成果,“中国血吸虫病防治策略的研究”和“建立长江流域、我国湖区 GIS 血吸虫病预警系统研究”分别荣获中华预防医学会科技进步一等奖和三等奖。此外,还组织申报了中华医学科技进步奖 1 项、国家科技进步奖 1 项。全年 3 项发明专利获得授权,新申请 5 项发明专利。

举行了中华预防医学会医学寄生虫分会换届会议暨学术研讨会,共来自全国 24 个省(直辖市和自治区)46 个大专院校、疾控机构、科研院所、相关医院共计 225 人参加了会议。大会共收到学术论文 131 篇,与会代表对近年来医学寄生虫学领域科研和疾病控制的进展、动态、经验、成就和发展趋势进行了广泛的交流。通过交流和讨论不仅加深了相互了解,更新了知识,也为以后的合作奠定了基础。会议期间完成了医学寄生虫分会的换届选举工作。

组织举办了上海市寄生虫分会大会、中国热带病诊断与药物创新网络等学术活动,促进了多学科领域专家的高层交流。

四、国际合作与交流

受卫生部或商务部委托,本所分别承办了大湄公河次区域疟疾控制和消除培训班及发展中国家寄生虫病防治培训班,来自 20 个国家的 38 名学员参加了培训。受 WHO/TDR 和 WHO 驻华代表处委托,承办了环境、农业和传染病专题咨询委员会及合作伙伴第二次年会,还积极承办全球消除疟疾专家组第四次会议和上海市世界卫生组织合作中心第三次主任会议等。通过各种会议,使本所有机会在国际舞台上展现我国寄生虫病防治工作的成功经验,也为今后的国际合作打下了基础。全年在研国际合作项目 6 项,申请待批 8 项。全年出访 28 批 35 人次,来访 11 批 68 人次。

五、教育培训

完成 2009 年硕士、博士生入学复试工作,共录取硕士、博士生 8 名。全年毕业硕士研究生 6 名、博士研究生 1 名、1 名通过论文答辩。

完成上报中国疾控中心第二届学位评定委员会和各分委会换届改选的名单。汤林华、周晓农为中国疾控中心学位评定委员会委员。学位分委会由委员 13 人组成，汤林华为分委会主席、周晓农为副主席。

组织申报国家博士后管理委员会第 45 批博士后科学基面上资助项目 1 项，并获得一等资助。博士后刘琴作了“博士后科研工作总结报告”，经评审专家审核一致同意出站，该博士后于 2009 年 7 月获得了全国博士后管理委员会颁发的博士后证书。

2008 年“西部之光”访问学者姜唯声按计划已完成了一年的进修任务，达到了预期目标。

六、党群工作

卫生局系统第二批深入学习实践科学发展观活动，本所确定了以“学习落实科学发展观，提升寄生虫病防治科研能力，打造一流国家队”为活动的实践载体，围绕影响制约本所科学发展的 5 个专题，以改革创新的精神，围绕如何建设一流的国家队，推动和谐寄生虫病所的建设展开了调研分析，并在搞好本所疾控和科研业务发展、人才培养和队伍管理、科技研发工作、加强单位内部管理、节能与资源共享等问题上形成了共识，提出了 23 项整改事项。活动期间，党政主要负责人和学习实践办公室的有关同志随中国疾控中心领导赴四川省阿坝藏族羌族自治州，开展“学习实践科学发展观，为边远少数民族地区人民健康服务”的主题活动，旨在提高当地包虫病的防治水平，该活动取得了令人满意的效果。

与上海市共建是本所学习实践科学发展观活动的重点调研课题之一，也是突破本所发展的瓶颈，推动本所的科学发展上一新台阶的重要举措。经与上海市卫生局和中国疾控中心的多次沟通，目前就共建的项目和内容形成初步意见。

2009 年本所被评为“第十四届上海市文明单位”、“第九届上海市卫生系统文明单位”（已连续 22 年 11 届）。经上海市公安局检查、考核和评比，继 2007 年和 2008 年后本所再次获得 2009 年度的“上海市治安安全合格单位”荣誉称号。

（汤林华　徐仁发）

性病艾滋病预防控制中心

一、概况

2009年,性病艾滋病预防控制中心(性艾中心)在承担艾滋病防治工作任务的同时,正式承担了卫生部交付的丙肝防治工作和性病的健康教育与干预工作任务。

艾滋病防治工作以"减少新发感染,降低艾滋病病死率,提高艾滋病病人生存质量"为目标,围绕打造"艾滋病防治科学决策的数字化新时代",在全国范围内开展了艾滋病防治数据信息系统数据质量评估,有效提高了网络直报、自愿咨询检测等数据信息质量。2009年累计报告艾滋病病毒(HIV)感染者/艾滋病(AIDS)病人326 163例,其中艾滋病病人107 050例;圆满完成艾滋病疫情估计,估计结果表明我国艾滋病疫情上升趋势进一步减缓,截至2009年现存活HIV/AIDS 74万人,其中艾滋病病人10.5万人;开展重点地区、重点人数疫情调查,初步摸清我国男男性行为人群艾滋病病毒感染率约为5%,凉山州14县常住人口的艾滋病病毒感染率为0.83%;美沙酮维持治疗门诊扩展到680家,并启用"全国社区药物维持治疗智能IC卡系统",实现吸毒人群的异地服药,累计覆盖吸毒人群突破24万。由于我国社区美沙酮维持治疗短期内迅速成为全球覆盖阿片类物质成瘾者人数最多的国家,赢得了世界广泛的瞩目和肯定;认真落实"四免一关怀"政策,艾滋病抗病毒治疗人数已突破8万例。2009年在全国范围内启动二线药物治疗,2155例已经更换为二线药物。另外,第二轮艾滋病综合防治示范区在2009年正式启动;整合了第三轮、第四轮、第五轮、第六轮和第八轮项目的中国全球基金艾滋病滚动项目得到批准,将在2010年1月1日正式启动。并且,该项目将进一步纳入到国家艾滋病防治整体规划中,进一步促进艾滋病防治工作的整体、协调发展。

2009年,丙肝、性病防治工作进展顺利。已经初步摸清我国一般人群的丙肝感染率为4%,明确吸毒人群、既往有偿采供血人群、艾滋病病毒感染者和肾透析患者等人群为丙肝防治的重点人群;性病干预工作也正在逐步实现与艾滋病干预工作的整合开展。

二、业务工作进展

(一)艾滋病防治工作

为保证国家艾滋病防治数据信息质量,性艾中心对艾滋病病例报告、哨点监测、感染者/病人管理、自愿咨询检测、抗病毒治疗、社区美沙酮维持治疗和高危行为干预等相关工作的数据进行质量评估。通过省级自查和性艾中心对12个省(市)开展国家级核查,促进了全国艾滋病数据质量的提高。评估结果表明:艾滋病防治各数据质量可靠。

1. 疫情监测与检测

(1)疫情报告与估计　截至2009年12月31日,历年累计报告艾滋病病毒(HIV)感染者/艾滋病(AIDS)病人326 163例,其中艾滋病病人107 050例;死亡报告54 292例。卫生部和联合国艾滋病专题组对我国艾滋病疫情进行了评估,结果认为,截至2009年底,我国现存活艾滋病病毒感染者和病人约74万人,其中AIDS病人约10.5万人;2009年新发HIV感染者约4.8万人,因AIDS相关死亡约2.6万人。评估结果显示,我国艾滋病疫情上升幅度进一步减缓;性传播持续成为主要传播途径,同性间的传播上升速度明显;全国艾滋病总体呈低流行态势,部分地区疫情严重;全国艾滋病受影响人群增多,流行模式多样化。

(2)哨点监测　目前全国已建成艾滋病网络直报信息系统、哨点监测系统及专题流行病学调查等多种形式的综合监测系统。2009年,全国运行并上报数据的艾滋病哨点共计1318个,其中国家级哨点592个,省级哨点726个,监测吸毒者、暗娼、性病门诊就诊者、男男性行为者、嫖客、长途卡车司机、孕产妇、结核病人、青年学生等14类人群465 295人,检测454 660人,共检出HIV抗体阳性者7157例,平均阳性检出率为1.6%。

(3)自愿咨询检测(VCT)　VCT是艾滋病预防、治疗、关怀和预防母婴传播等工作的切入点和枢纽。自2002年开始建立免费自愿咨询检测点,至2009年增加至7335个。这些咨询点分布在疾控机构、综合医院、性病皮防机构、妇幼保健机构、计生机构、民政部门、乡镇卫生院和美沙酮门诊,已经形成了一个完整的咨询检测体系。共有1 630 926人次接受了检测前咨询服务,1 605 079人次接受了HIV抗体检测,20 885人初筛结果阳性,其中93.9%的人被告知了检测结果。

同时,继续在广东省广州市番禺区、山东省济南市开展"在医疗机构医务人员主动提供的检测咨询(PITC)"试点工作,通过改进工作方式,解决工作中的问题,探索更有效的PITC服务模式,提高PITC服务的可及性和规范性。根据试点工作经验,已经起草关于加强医疗卫生机构开展艾滋病检测咨询的意见已经纳入指导基层艾滋病防治工作开展的《艾滋病综合防治工作手册》中,在全国推广。

(4)男男性行为人群艾滋病综合防治试点疫情调查　2008年3月至2009年10月,开展了3次涉及全国61个重点城市5.7万人次的男男性行为人群调查,该人群全国平均HIV感染率为5.0%,高于一般人群,显著高于暗娼人群和性病病人等高危人群(不足1%)。疫情以西南地区主要城市最高,如贵阳、重庆、昆明、成都等感染率超过10%,个别达到20%;华东的上海、扬州和苏州等感染率在5.0%~10.9%;华北的北京和天津感染率在4.6%~8.3%;东北的沈阳、长春和抚顺感染率在4.3%~10.0%。在成都、重庆等主要城市,该人群疫情呈现持续蔓延的趋势,感染率已超过吸毒者,正成为当地艾滋病防控急需重点关注的人群。

(5)四川省凉山州艾滋病疫情调查　对凉山州14个县2～59岁常住人口46 454人开展艾滋病流行病学调查，HIV、梅毒和丙肝抗体阳性总检出率分别为0.83%、0.33%和1.40%。其中，4个县HIV抗体阳性检出率在1%以上，分别为美姑3.44%，金阳3.38%，越西1.72%，甘洛1.19%；彝族阳性检出率显著高于其他民族：彝族1.7%，苗族0.69%，汉族0.08%。凉山州艾滋病流行形势严峻，部分县已进入广泛流行。

(6)新报告感染者溯源调查　为准确掌握HIV病例的感染途径及二代传播的状况，对试点地区新报告的870名HIV抗体阳性者进行追溯调查，调查发现其中425例(48.9%)可能为新近感染；主要为性途径传播，占84%；新发现HIV抗体阳性者101例。

2. *艾滋病病毒感染者/艾滋病病人管理*　近几年，各级对艾滋病病毒感染者和艾滋病病人随访管理日益重视，从检测发现感染者，到对其进行随访咨询、CD_4检测、实施行为干预、提供抗病毒治疗等工作力度不断加大，艾滋病病毒感染者和艾滋病病人的随访和CD_4检测比例显著提高。截至2009年底，艾滋病病毒感染者/艾滋病病人随访干预比例由2007年的32.8%上升到74.6%；艾滋病病毒感染者CD_4检测比例由2007年的45.3%上升至54.2%；新报告的艾滋病病毒感染者配偶检测率从2007年的24.7%上升至63.4%；艾滋病病人得到规范随访、CD_4检测的比例分别由2007年的34.0%上升至78.5%、2007年的10.1%上升至43.8%；完成1次病毒载量检测的艾滋病病人比例由2008年的19.3%上升到48.5%。越来越多的艾滋病病毒感染者/病人得到了有效的随访管理。

3. *重点人群干预*

(1)经吸毒传播途径的干预　针对吸毒人群的干预，我国采取了以美沙酮药物维持治疗为主，针具交换为辅的防治策略。并且，自2009年3月以来，各省陆续启用了“全国社区药物维持治疗智能IC卡系统”，受治者持卡治疗，进一步规范并简化了门诊的工作程序，并方便了服药人员的就医和异地转诊。

2009年，全国27个省(区、市)共有680个美沙酮维持治疗门诊开诊，其中流动服药车26辆。累计治疗吸毒成瘾者241 975人，比2008年增加了6万余人。在治人数112 831人，平均每个门诊在治人数为166人。剔除转诊、重复入组及特殊原因退出等多种因素，年保持率为65.6%。在参加社区美沙酮维持治疗的病人中，艾滋病病毒感染者约占7.5%。社区药物维持治疗工作对预防疾病传播、减少违法犯罪、促进吸毒者就业及构建和谐社会都起到了积极作用。评估结果显示，参加美沙酮治疗的吸毒者艾滋病新发感染率，由没有参加治疗以前的3%～8%，下降到参加治疗后的1%以下。以2009年年初的605个门诊、每日治疗102 400人测算，2009年全国美沙酮治疗措施预防了约3900人感染艾滋病，减少了海洛因消耗约22.4吨，避免毒资消耗约83亿元人民币。作为中国政府禁吸戒毒和控制艾滋病传播的重要策略，社区美沙酮维持治疗提升了我国打击毒品和控制艾滋病的整体实力。同时,由于我国社区美沙酮维持治疗短期内迅速成为全球覆盖阿片类物质成瘾者人数最多的国家,赢得了世界广泛的瞩目和肯定,对我国社区药物维持治疗工作中取得的成绩给予了高度评价,也更好地体现了中国政府求真务实,“以人为本”和“科学发展观”的执政理念,这项工作在国际社会产生了广泛、积极的影响。

清洁针具交换工作于2003年在十余个示范区开展,增加到目前在全国不符合开展社区药物维持治疗工作条件的地区开展清洁针具交换工作。2009年,全国有477个县(区)的962个针具交换点开展工作,月均覆盖吸毒人群约3.9万人。

(2)经性传播途径的干预　以推广安全套为主的综合干预措施是控制经性途径传播艾滋病性病的有效策略。自2007年暗娼行为干预工作已经扩大到全国所有的县(区)。2009年,全国月均干预暗娼41.9万人,月均干预覆盖率42.7%;全国月均干预男男性行为人群8.6万人,干预覆盖率15.2%。国家艾滋病哨点监测数据显示:卖淫妇女最近1个月每次都使用安全套的比例已经从2004年的35%上升到2007年的42.6%,2008年的59.1%,2009年的65.7%。

4.抗病毒治疗

一线药物抗病毒治疗:2009年全国有1821个县的79 946例成年艾滋病病人接受了抗病毒治疗,比2008年扩展了247县,增加治疗病人19 562例,增幅33.3%,目前正在治疗病人63 887例。开展规范化抗病毒治疗后,艾滋病病人的平均病死率(包括治疗的和未治疗的)在逐年下降,从2003年的28.9/100人年下降到2009年6月的13.5/100人年。其中,已经接受抗病毒治疗的艾滋病病人的病死率从2004年的10.2/100人年下降到2009年6月的6/100人年;从不同的治疗时间来看,从启动治疗到开始治疗的6个月病死率最高,为22.6/100人年,之后维持在4.5/100人年。

二线药物抗病毒治疗:为保障一线药物治疗失败的患者能够继续接受免费抗病毒治疗,二线药物治疗从2007年的3省试点到2009年在全国推广,截至2009年12月底,有2155例患者接受了二线药物治疗。

儿童抗病毒治疗:从2005年启动至2009年12月底,全国累计治疗儿童艾滋病病人1793人,正在治疗1594人。覆盖全国27省的276县,比2008年上升543人。目前在治儿童病人中,服用二线药物的有85例。

耐药监测:2009年,采用WHO在全球推荐使用的二种耐药监测方法开展了耐药调查。结果显示,使用早期一线治疗方案(纯国产药)的献血员患者(随访到的病人中)在治疗60个月时,HIV耐药率在44.8%～47.6%,处于较高耐药水平;而在使用改良的一线治疗方案(国产仿制药加进口药的组合方案)开始治疗的患者在12个月时,耐药率在3.3%～9.3%,尚处于较低耐药水平。应用WHO HIV耐药警戒线的调查方法,发现我国部分地区尤其是同性恋人群中已出现HIV耐药株的低度传播,值得引起警惕。

5.示范区工作　2009年,第一轮全国艾滋病综合防治示范区工作圆满结束,第二轮示范区工作也逐步有序全面展开。第二轮示范区整合现有的全国艾滋病防治重点县(区)和目前正在开展国际合作项目的县(区)资源,设立三类示范区。其中,第一类中央重点建设示范区 51 个,第二类中央与省(区、市)共建示范区 258 个,第三类国际合作项目县约 1300 个。为贯彻落实第二轮示范区工作方案,先后组织有关领域专家赴西藏、内蒙古、河南、青海、广西、海南、河北、吉林及陕西等省份,全面了解当地示范区工作情况,督促示范区工作开展,并对当地中央重点建设示范区进行现场技术指导。

6. 监督与评估　为及时、深入了解中央转移支付经费、各项艾滋病防治措施的落实情况,发现工作中存在的问题、探讨解决办法,组织了对河北、北京、福建、天津、湖南、内蒙、江苏、宁夏、山东、上海、浙江等 11 省(区、市)的 19 个地(州、市)和 60 个县(区、市)的艾滋病防治工作综合技术督导。

(二)性病防治工作

在哨点监测人群、男男性行为人群综合防治试点工作及美沙酮门诊开展梅毒监测。结果提示哨点监测人群的梅毒阳性检出率在 0%～7.5%;男男性行为人群梅毒阳性检出率较高,约为 10%;美沙酮门诊收治病人的梅毒初筛阳性率约为 3.7%左右。并且,在开展的艾滋病干预活动中增加了性病干预内容,特别是在美沙酮门诊和 MSM 综合防治试点工作中将性病干预内容作为重要措施加以落实。另外,还在艾滋病检测网络实验室开展梅毒检测质控,共有 198 家实验室参加。

(三)丙肝防治工作

网络直报信息系统显示 200－2009 年,丙型肝炎病例报告数呈逐年递增趋势。2007－2009 年,对以艾滋病哨点监测人群为主的 23 类人群开展了 HCV 抗体检测,共检测 695 974 人。结果显示我国自然人群 HCV 抗体阳性率较低,2006 年乙肝调查人群的丙肝抗体阳性率为 0.4%;吸毒人群、既往有偿采供血人群、艾滋病病毒感染者、肾透析患者丙肝抗体阳性率较高,平均阳性率均在 10%以上。其中美沙酮维持治疗门诊吸毒人群丙肝感染率为 60.69%,既往有偿采供血人群、肾透析患者丙肝感染率较高,分别为 20.5%和 24.95%;男男性行为人群、暗娼、嫖客、男性性病门诊就诊者、结核病人等人群 HCV 抗体阳性率相对不高,约 1%左右;无偿献血人群、外来媳妇、孕产妇、青年学生、流动人口、婚前体检人群、医院就诊人群、出入境人群的 HCV 抗体阳性率接近自然人群,均在 0.50%以下。估计我国 HCV 抗体阳性人数为 690～840 万人。

三、科研与学术交流

组织申请科技成果鉴定 1 项,申报中华医学科技奖 1 项、中华预防医学科技奖 1 项。我国艾滋病高危人群基数估计方法及其在流行形势分析中应用的研究获中华医学科技奖二等奖 1 项，获中华预防医学科技奖二等奖 1 项。

在研科研课题 15 项，国家自然科学基金 7 项，科技部“973”项目 1 项，国际合作项目 2 项，传染病重大专项 4 项；卫生部应用性研究 1 项。据统计，已发表论文 134 篇，其中英文论文 36 篇，SCI 论文 30 篇，影响因子最高为 17.5。

四、教育培训

现有各类在读研究生 84 人，其中博士 28 名、硕士 56 名，联合培养研究生 24 名；博士后进站 1 名，出站 2 名；毕业博士研究生 5 名、硕士研究生 9 名，应用型研究生（MPH）6 名，协和公卫 3 名，均获得相应学位。

五、国际交流与合作

（一）外事工作

全年办理个人因公出国（赴港澳）63 批次 120 人次，访问国家和地区 20 个，共上交回国汇报及学习体会 50 余份；接待外宾来华 98 人次，其中接待外国代表团 3 批次 85 人，第五届国际合作项目经验交流会涉外代表 40 余人。

（二）国际合作项目管理

多边合作项目：包括中国全球基金项目、联合国人口基金艾滋病项目，联合国儿基会艾滋病防治项目等，各项目进展顺利，资金、预算执行良好。2009 年，在各轮中国全球基金艾滋病项目较好地实施的基础上，我国创新地成功申请了全球基金滚动持续途径艾滋病项目（RCC）。RCC 是将全球基金申请的经费和国内所有资源全面整合的一个综合项目，为期 6 年（2010－2015），项目的总目标是“扩大中国艾滋病预防、治疗和关怀服务，提高对高危人群及艾滋病感染者/病人综合服务的全面可及性”，覆盖 31 个省（自治区、直辖市），预计总经费为 5.1 亿美元，其中已批准的 2010 年经费为 5950 万美元。这是中国目前艾滋病防治国际合作项目中经费支持力度最大、最有影响的国际合作项目之一。借助该项目，在国家统一的艾滋病防治框架下，围绕各地的防治规划和活动，对艾滋病防治资源（国内、国际、地方资源）进行了有效整合和合理分配。标志着中国艾滋病防治国际合作进入新的阶段。

双边合作项目：艾滋病预防多学科应用培训研究项目（China ICOHRTA－2）、中美艾滋病防治合作项目（GAP）、中英策略支持项目、中澳亚洲区域艾滋病控制项目（HAARP）中国子项目，各项目按照计划执行。

国际非政府组织项目：克林顿基金会项目、比尔·梅琳达盖茨基金会项目均按计划执行。

六、实验室安全

接受北京市卫生局(宣武区卫生局)、中国疾控中心季度检查8次,及时落实整改工作;按照卫生部、中国疾控中心、北京市卫生局关于国庆生物安全及生物反恐工作会议、加强新中国成立60周年庆祝活动期间,北京地区实验室生物安全及生物恐怖防范工作的相关要求,落实庆典期间实验室生物安全措施,全年无实验室生物安全事故发生。

七、制定技术指南、会议、培训与应急事件处理情况

(一)制定的重要技术规范、指南、方案、操作手册、工作报告

出版了《艾滋病学》、《全国艾滋病检测技术规范(2009年版)》;制定《全国艾滋病哨点监测实施方案(试行)》及其操作手册、《2009年全国HIV/AIDS疫情估计技术指导方案》、《艾滋病抗病毒治疗信息系统管理指南(2010年版)》及操作手册、《2009年新报告艾滋病病毒感染者/艾滋病病人溯源调查试点工作方案》、《国家艾滋病二线抗病毒药物治疗工作管理方案》、《国家艾滋病二线抗病毒药物治疗技术方案》、《第二轮全国艾滋病综合防治示范区工作指导方案》、《四川省凉山彝族自治州艾滋病防治技术支持方案》、《凉山州艾滋病流行病学调查方案》、《全国艾滋病防治主要措施落实质量考评方案》,以及各国家科技重大专项课题研究实施方案、《艾滋病防治项目管理办法》(暂行)、《中克艾滋病艾滋病项目管理手册》(中英文)、《中澳艾滋病亚洲区域项目中国国家灵活项目督导与评估工作手册》(中英文)等项目管理手册;撰写了《2009年全国艾滋病疫情估计工作报告》、《2009年全国艾滋病哨点监测报告》、《四川省凉山彝族自治州14县艾滋病流行病学调查报告》、《2009年新报告艾滋病病毒感染者/艾滋病病人溯源调查报告》、《中国丙型肝炎病毒感染的流行病学调查报告》、《中国男男性行为人群艾滋病疫情调查报告》和《中国艾滋病防治工作信息》12期、《2008年全国艾滋病确证中心实验室质量考评报告》、《2008年全国HIV抗体诊断试剂临床质量评估报告》、《2007—2008年全国耐药调查报告》、《关于禁止推诿拒绝HIV感染者/艾滋病病人治疗的建议》、《2009年HIV耐药调查报告》。

(二)召开的重要会议和培训

2月,在北京组织召开全国艾滋病性病防治工作年会,总结2008年的艾滋病、性病防治工作进展,明确2009年工作重点。全国31省(自治区、直辖市)卫生厅疾控处、医政处相关负责人,疾控中心主管领导和艾滋病防治科(所)长,以及在京各国际组织共计322人参加了会议。

3月,组织召开全国艾滋病二线抗病毒治疗工作启动会,就国家免费艾滋病二线药物抗病毒治疗工作管理方案及技术方案进行培训。随后又举办三期艾滋病二线抗病毒治疗

师资培训班及二线治疗试点工作总结交流会，为重点地区培养二线治疗技术临床专家，为即将开展二线抗病毒治疗的地区提供科学指导。

4月，在成都举办2009年度耐药检测技术培训班，共70余人参加了培训，进一步在全国范围内推广耐药检测技术的规范应用。

4月，在北京和昆明组织召开了2009年新报告艾滋病病毒感染者/艾滋病病人溯源调查试点工作培训班。为准确掌握HIV病例的感染途径及二代传播的状况，在云南、广西、广东、重庆、黑龙江和辽宁6省(市)开展试点工作，各试点地(市)和县(区、市)级疾病控制中心的109人参加了会议。与会人员明确了调查目的、内容、程序和有关要求。

4月，在北京组织召开加强艾滋病医疗救治工作中医疗机构与疾控部门协作研讨会，会议就病毒载量检测问题如何加强医院和疾控中心之间的协调，保证试剂的及时供给和检测结果的上报开展了充分的讨论并达成一致，促进了参会省份医院和疾控中心就抗病毒治疗工作的沟通和协调。

开展国家科技“十一五”重大专项——儿童艾滋病抗病毒治疗课题的启动及实施工作并召开重大专项启动会。

6月，协助卫生部在京召开第二轮全国艾滋病综合防治示范区启动会议。

7月，在北京江西大酒店举办2009年全国艾滋病防治数据信息质量评估培训班。来自全国31个省(自治区、直辖市)和新疆生产建设兵团的艾滋病所/科负责人和专业人员，以及云南关爱中心、河南省卫生厅医政处治疗信息管理人员等共123人参加了培训。汇总、编印了《2009年艾滋病防治数据质量评估方案》，并就感染者随访及VCT两部分的数据质量评估指标和方法进行讲解。

8月，召开艾滋病病毒感染者和病人综合管理试点工作总结经验交流会，总结了各试点地区工作，并对《艾滋病病毒感染者、艾滋病病人综合管理方案(草案)》做了进一步修改。

10月，在湖南省长沙市组织召开了第二届民间组织参与艾滋病防治工作研讨会。会议介绍了民间组织开展艾滋病防治工作经验介绍，并对民间组织参与艾滋病防治工作中出现的问题及建议进行了分组讨论。

11月，协助卫生部在上海组织召开第五届中国艾滋病防治国际合作项目经验交流会，大会主题为“继往开来，任重道远”。

11月，在上海组织召开第三轮、第四轮、第五轮、第六轮全球基金艾滋病项目总结会。

11月，在北京召开全国MSM试点工作总结会，全国31省61个试点城市的代表和部分男男性行为人群社区代表参加了会议。

12月，在北京召开全国艾滋病监测工作总结会。全国31省疾控中心的艾滋病监测工作人员参加了会议。

(三)突发公共卫生事件处理

1. 平塘县输血感染丙肝病毒事件　2009年4月初,贵州省平塘县发生一起因历史输血致丙肝感染事件。事件发生后,卫生部主要领导高度重视,迅速成立输血感染丙肝医疗事故处理专家指导组,性艾中心1人参与专家组赴现场指导工作。

2. 黑龙江省海林市丙肝感染事件　2009年4月初,海林市政府对长汀镇宁古村、古城村两个村庄开展HCV感染流行病学调查,调查结果显示当地HCV感染率为13.7%,远高于约为3.2%的全国水平。性艾中心3人参与黑龙江省海林市长汀镇宁古村、古城村HCV感染流行病学调查专家组鉴定工作。

3. 乌鲁木齐"针刺事件"　2009年8月下旬至9月初,新疆乌鲁木齐不断发生"针刺"伤害案件。性艾中心1人参加卫生部专家组处理乌鲁木齐"针刺事件",并制定"卫生部专家组关于新疆'针刺事件'医学处理的建议"。

4. 自述疑似HIV感染人群调查　2009年10月,针对部分群众频繁反映他们在发生艾滋病相关高危行为后,出现艾滋病样症状,但反复多次检测均未检测出艾滋病抗体,也检测不到病毒核酸。结合专家意见,性艾中心、中国疾控中心现场流行病学项目、佑安医院、北医三院等领域专家对该人群开展调查研究。性艾中心3人参与起草"自述疑似HIV感染人群的调查方案"。

(四)全国性督导和基层调研与技术支持

全年举办全国性督导12次,约404人次参加了督导;赴基层调研130次,约396人次参加了调研。

八、机构设置

(一)机构设置与人事管理

性艾中心现设有办公室、监察审计室、人事党群办公室、规划财务室、实验室与后勤管理办公室、流行病学室、健康教育与行为干预室、治疗与关怀室、综合防治与评估室、参比实验室、病毒及免疫研究实验室、政策研究与信息室、国际合作项目管理办公室13个科室,以及中国全球基金艾滋病项目、中英策略支持项目、中国一默沙东艾滋病合作项目、中国——比尔·梅琳达盖茨艾滋病项目等4个独立的国际合作项目办公室。现有在职工作人员258人(学生除外),其中编制内职工113人(目前在岗106人、出国4人、外借3人),聘用人员和借调人员145人(含合同制聘用122人、返聘4人、外籍5人、借调14人)。2009年职工调入11人,调出8人。完成了人员工资、卫生防疫津贴、专家特殊补贴、岗位津贴、高风险特贴等福利待遇的发放工作;外聘人员劳动合同签订率为100%、社会保险缴纳率为100%。

(二)机构变更

2009年2月,经中国疾控中心批准,性艾中心成立监察审计室,将原由人事党群办公室、规划财务室承担的纪检检察、审计工作职能调整由监察审计室承担。进一步加强了党风廉政建设,加强了惩治和预防腐败体系建设。开展了"小金库"专项治理工作;调查3起群众举报问题;对设备物资采购招标、评标和人员招生招聘过程实施监督;开展采购管理内控审计评价及部分项目的内部审计工作。

九、党团工作

每月召开一次党委扩大会部署工作,并在性艾中心内组织开展学习实践科学发展观活动及总结大会;继续做好党员的组织发展工作,发展2名预备党员、选送1名入党积极分子参加培训班,办理党员流转手续33人次。组织募捐活动2次(共3865.2万元),知识竞赛活动1次;组织心理讲座、秋游、举办各种体育比赛等共15项。

(吴尊友　刘玉芬)

慢性非传染性疾病预防控制中心

一、主要业务工作进展情况

(一)监测工作

1. 加强死因监测技术骨干的能力建设　完成 2004 - 2008 年《全国疾病监测系统死因监测数据集》编制。4 月在西宁、杭州主办了两期死因监测技术暨死因漏报调查培训班,共培训省及疾病监测点死因监测技术骨干 260 人。对陕西、北京、上海、吉林、云南和青海的死因监测工作进行了督导、调研,针对现场工作中发现的问题进行了指导,并对其工作提出针对性建议。

2. 筹备 2010 年行为危险因素监测　出版《2004 年中国慢性病及其危险因素监测分析报告》;2007 年监测报告初稿已经完成。

在 2004 年和 2007 年监测方案基础上,借鉴美国等先进监测经验,与部分省疾控中心的慢病监测专家进行研讨,进一步完善了 2010 年监测方案。

(二)慢性病社区综合防治

1. 科学推进"中央补助地方慢病综合干预控制项目"　2009 年"中央补助地方慢病综合干预控制项目"扩大至全国 31 个省、自治区、直辖市和新疆生产建设兵团的 64 个社区,覆盖总人口约 125 万人。慢病中心作为国家项目技术负责单位,2009 年度工作重点是加强队伍能力建设;发展人群危险因素干预适宜技术和工具;完善技术规范,加强项目督导和指导;开展综合评估,加强信息管理和利用,总结和推广社区干预成熟技术和经验。

2. 发展和推广慢病干预自我管理技术　慢病患者自我管理是在专业卫生人员的协助下,充分发挥和调动患者自我效能,减少医疗资源压力、提高慢性病患者生活质量有效的慢病防控策略。2009 年加强科学评估,明确工作重点,编写完成《上海社区高血压患者自我管理项目调研方案》,4 月在上海召开了慢性病自我管理现场研讨会,会议要求继续做好自我管理等慢病适宜技术的探索工作,开展社区慢病自我管理试点,认真总结经验,分层次、分阶段地稳步开展社区慢病防控工作。2009 年慢病中心开展了社区高血压自我管理试点工作,与上海复旦大学专家联合完成了标准化培训教材《高血压自我管理指导手册》,并对试点地区人员进行培训,提高了基层开展慢病防控的能力。

（三）淮河流域癌症综合防治项目工作

慢病中心在淮河流域癌症综合防治项目中承担实验室综合管理和癌症健康教育、健康促进工作。通过有关技术方案实施及评估方案制定和人员能力建设，搭建了实验室的信息管理系统（LIMS）平台并开始运行，促进了淮河项目实验室样品检测分析信息化、网络化进程。开发了针对不同人群、多种形式的癌症预防及培训材料，针对基层医生进行师资培训和推广培训，针对普通居民进行预防癌症的健康教育，推动了淮河地区癌症的早期发现和预防工作。

（四）逐步完善伤害监测系统，拓展合作领域，加强伤害预防控制工作

认真总结 2006－2008 年开展的以医院为基础的伤害监测工作，经反复论证，提出了与死因监测相结合的人群伤害综合监测工作方案。完成 2006、2007 年伤害监测年报初稿。

与质检总局、公安部、国务院妇儿工委等部门，WHO、UNICEF 等国际组织和全球儿童安全网络等非政府组织广泛合作，不断拓宽伤害预防控制工作的研究范围和干预内容。与全球儿童安全网络－中国联合发布《儿童和青少年伤害预防：WHO 行动计划（2006－2015）》中文版。

（五）联合国糖尿病日主题宣传活动

2009 年，第三届联合国糖尿病日的宣传主题为“糖尿病教育和预防”，为响应联合国的号召，受卫生部疾控局委托，慢病中心协助制定了全国宣传活动方案，设计制作并下发相关宣传资料，包括活动海报（一套四种）和宣传折页（一套三类），为各地开展宣传活动提供技术支持。同时，为做好各地活动总结和评估工作，慢病中心协助卫生部收集、整理全国活动资料，编制“第三届联合国糖尿病日——中国在行动”全国宣传活动画册。

（六）组织起草《四级疾控中心慢性病防治工作规范》

为进一步提高疾控机构的能力建设，发挥疾控机构在慢性病防治工作中的作用，明确相关工作的任务和职责，受卫生部疾控局委托，在“疾控体系建设”研究成果的基础上，慢病中心组织专家起草《四级疾控中心慢性病防治工作规范》。历时 8 个月，经过反复讨论修订，于 2009 年 5 月底完成《规范》初稿并上报中国疾控中心。

二、科学研究

2009 年共申请科研项目 16 项，目前在研的“十一五”、“863”等项目共 8 项，在国内外专业期刊上发表学术论著（文）6 篇，主编专业书籍 10 部。此外，为了营造学术氛围，提高

业务人员的专业素养,2009 年我中心邀请国内外慢病领域知名专家,举办慢病预防与控制相关高层次学术交流活动 7 次,主题新颖、内容充实。

(一)科研项目

1. 重要慢性病风险评估体系与干预适宜技术研究及应用　该项目为国家“十一五”重点课题,于 2009 年 3 月正式启动。课题以肥胖和糖尿病为切入点,通过建立肥胖、糖尿病的风险评估模型,开发有针对性的群体和个体慢性病行为危险因素控制适宜干预技术,并在社区慢性病防治中进行应用。目前,已经完成的工作:①建立了肥胖、糖尿病风险评估模型的方法;②开发了十余种针对肥胖、糖尿病及其他慢性病的适宜技术及干预工具;③召开了适宜技术应用现场工作讨论会,确定了北京、天津、浙江及深圳四个干预现场,明确了现场的入选标准及时间安排。

2. 环境遗传毒性物质暴露和效应评估关键技术项目　该项目为国家“863”计划资源环境领域“十一五”重点项目,慢病中心作为项目组织单位,于 2009 年 1 月 19 日启动。4 月,组织项目承担单位在河南省沈丘县开展现场调研、环境水样的采集及现场富集工作。共完成 5 个采样点(其中江村镇 3 个、曹里乡 2 个)的调查和选择,每个采样点采集水样 400 升,并使用 HLB 固相萃取柱进行了现场富集。

3. 西部农村地区人群主要慢病疾病负担和防控策略研究　该研究是在卫生部的领导和支持下,由慢病中心与中华预防医学会联合开展的研究项目。项目通过对我国已有全国大型调查数据分析,了解我国西部农村地区主要慢病及危险因素的流行和疾病负担情况、西部地区现有政策、策略和卫生资源等情况,梳理出我国西部农村地区慢病疾病负担现状和防控中存在的问题;选择青海省西宁市农村地区为研究现场,以高血压、糖尿病为切入点,开展实证干预策略研究,提出我国西部农村地区慢病干预的适宜技术和方法。该项目于 11 月月正式启动。

4. 中国糖尿病管理模式探索项目　做好项目的总结工作,制作项目通讯,撰写项目结题报告,并在卫生部与 WDF 联合主办的“中国在行动—糖尿病国际论坛”上制作了“中国糖尿病管理模式探索项目展板”,介绍项目成果,宣传糖尿病疾病管理的新理念,糖尿病一体化模式的新模式和新实践,获得了良好影响。

5. 产品伤害医院监测与分析研究项目　2009 年 1 月,慢病中心与国家质检总局缺陷产品管理中心合作进行的“国家产品伤害监测模式研究项目”结题,取得了项目的预期目标。基于双方的良好合作及产品伤害监测的要求,慢病中心与国家质检总局缺陷产品管理中心签订了 2009 年“我国产品伤害医院监测与分析研究项目”协议,目前项目已启动。

6. 中国道路交通伤害流行趋势及影响因素研究项目　为探索我国道路交通伤害的变化发展趋势及相关影响因素,在标致雪铁龙集团的支持下,启动了“中国道路交通伤害流行趋势及影响因素研究”项目。合作双方已签订协议,制定了研究方案,目前项目已经正式实施。

(二)学术交流活动

1. 中心型肥胖预防与控制科学大会 2009 年 6 月 25—26 日,由中国疾控中心慢病中心、国际生命科学学会(ILSI)中国办事处和中国疾控中心营养食品所共同主办的“中心型肥胖预防与控制科学大会”在北京隆重召开。会议的主题为“关注腰围,远离慢性病”。参加会议的国内外专家就肥胖相关研究和控制的最新进展、肥胖控制关键技术、干预措施及相关政策进行了交流,就中国人控制腰围的重要意义进行了探讨,促进了多部门、多学科共同应对肥胖和相关慢性病给我国人民带来的危害。

2. 慢病预防与控制策略高层研讨会 2009 年 9 月 12 日,慢病中心与中华预防医学会慢病预防与控制分会在京召开慢病预防与控制策略高层研讨会,会上围绕新医改中的慢病防治政策、慢病优先防控领域及多部门合作机制,公共财政与医疗保险对慢病防治的保障与支撑等内容进行了深入的探讨和交流。与会专家一致认为慢病防控需要卫生、教育、民政、劳保等多部门紧密协作,全社会共同参与,形成协调联动的工作体系,才能更好地推动慢病防治工作顺利开展。

3.“医改新形势下慢病预防与控制:理论与实践”专题论坛 中华预防医学会第三届学术年会于 2009 年 10 月 26—28 日在北京召开。10 月 27 日,慢病中心、中华预防医学会与慢性病预防控制分会等联合举办了“医改新形势下慢病预防与控制:理论与实践”专题论坛。围绕我国新医改与慢性病预防控制所面临的机遇和挑战,从慢病防控在社区卫生服务的定位、绩效评估,以及慢病监测、适宜技术、信息技术等理论层面探讨了新医改下如何加强慢性病预防控制工作。理论探讨拓宽了视野,明确了慢病防控的发展方向。经验介绍启发了大家的工作思路,对实际工作有很大的指导意义。

4.“国际慢病防控的成功典范一芬兰经验分享”报告会 2009 年 12 月 12 日,慢病中心与中华预防医学会慢性病预防与控制分会举办了“国际慢性病防控的成功典范——芬兰经验分享”报告会。此次报告会特别邀请了国际慢性病防控的领军人物、北卡计划的主要负责人、芬兰国立卫生福利院院长 Pekka Puska 教授介绍芬兰成功的慢性病防控经验。此次交流活动给我国的慢性病防控工作者以启发,为我国发挥社区卫生服务机构的预防功能,实现从源头上降低疾病危险因素的新型健康管理模式提供一定的借鉴。

三、国际合作与交流

加强与原有合作伙伴的交流与合作,积极拓展新的合作伙伴,不断推进慢病防控领域的双边和多边合作进程。2009 年,共接待来访外宾 9 批,17 人次;因公出国共 12 批,14 人次,其中出国访问、考察、交流 4 人次,出席国际学术会议 8 人次,进修、培训、项目合作 2 人次。

2009 年慢病中心积极开展与世界卫生组织、美国疾控中心、加拿大公共卫生署等国际组织的合作。

(一)世界卫生组织合作中心申请工作

完成世界卫生组织慢病社区综合防治合作中心续任申请工作,已提交世界卫生组织,原则上已经通过了申请。

(二)中国慢性病前瞻性研究项目

积极推进项目第二阶段的合作,按照 2003 年中国疾控中心与英国牛津大学签署的协议,继续保持中国疾控中心和英国牛津大学双方合作,中国疾控中心中英项目办公室纳入慢病中心进行管理。

(三)与美国疾控中心在慢病领域的合作取得进展

慢病中心组团参加了美国疾控中心主办的 2009 年美国行为危险因素监测大会及培训,在会上报告了中国行为危险因素监测工作,双方讨论了利用电话调查在中国开展行为危险因素监测的合作事宜;美国疾控中心慢病预防与健康促进中心医学事务副主任 George Mensah 等 3 人访问慢病中心,并召开了糖尿病预防与控制专题学术报告会,双方就糖尿病经济负担研究合作事宜进行了讨论。

与美国疾控中心慢病中心联合向美国 NIH 申请建立中国行为危险因素监测系统项目。

(四)推进中加合作

与加拿大公共卫生署合作,向双方科技部递交了“中国肥胖流行趋势、干预措施及相关政策的研究”项目申请书。2009 年 11 月,慢病中心承办了中加慢病预防与控制研讨会。会上双方就两国慢病流行情况、慢病相关政策与策略、慢病监测、慢病干预活动、慢病相关研究等专题进行了报告和讨论。双方在人员能力建设、高血压防控及肥胖相关研究等领域开展合作达成了初步共识。

四、教育培训

2009 年,慢病中心毕业研究生 5 人,目前在读 14 人,分属于疾控中心科研型、协和公卫、MPH、联合培养硕士和博士生 5 个类别。

组织安排了慢病中心科研型研究生专业课和专业英语课授课工作;组织完成《慢性非传染性疾病》和《社区卫生与初级卫生保健》两门课程的授课任务。

五、内部管理

（一）推进慢病中心“三定”工作

2008年9月，中国疾控中心完成对慢病中心新一届领导班子的组建。新一届领导班子将尽快搭建科学合理的慢病中心组织结构、明确慢病中心主要职能和内设机构职责及完成人员配置作为重中之重。在2008年中国疾控中心发展框架的基础上，结合国家慢病工作发展需要，经过从上至下、由下至上的反复讨论和充分酝酿，完成了慢病中心“三定”方案并于4月底上报。

（二）成立慢病中心团支部

鉴于慢病中心青年职工较多的特点，于2009年4月成立了慢病中心团支部，为青年搭建了交流平台。

（三）烟草控制室整体并入中国疾控中心控烟办公室

根据中国疾控中心关于成立控烟办公室的通知，中国疾控中心决定成立中国疾控中心控烟办公室，慢病中心原承担的控烟工作纳入该办公室，慢病中心取消烟草控制室，该室工作人员调入中国疾控中心控烟办公室。

（四）加强梯队建设，稳步发展队伍

2009年慢病中心共聘用工作人员14名，其中在编职工12名，外聘人员2名；调出在编职工6人，解聘外聘人员5名。目前慢病中心正式职工42人。慢病中心人员队伍年轻，缺乏经验。2009年招聘了监测室、综合防治室负责人，加强了中层干部队伍建设；引进具有海外留学和工作经验人员6名，同时充实和调整职能部门人员，加强和发挥职能部门管理与协调的作用。

（五）制定和完善27项规章制度

以中国疾控中心各项规章制度为依据，借鉴其他单位相关制度，结合慢病中心工作特点，初步制定和完善了27项规章制度，在8月初开始试行。

（六）档案整理及数字化发展

2009年，慢病中心对成立以来的档案进行了整理和数字化加工。共整理案卷460盒、卷内目录5130条、对5800页档案进行了扫描，并形成了档案数字化记录。将3460个重要档案进行了WORD文档或PDF文档的挂接，建立了慢病中心档案数据库，实现了档

案查询从手检到机检的转变,也为日后开展网络实时查询和数据资料共享奠定了基础,提高了慢病中心档案管理质量与档案利用价值。

六、"小金库"专项治理及财务专项检查

慢病中心领导高度重视"小金库"专项治理和财务专项检查工作,成立了以赵文华常务副主任为组长的"小金库"治理领导小组和治理办公室。治理办公室按照卫生部、中国疾控中心的部署和要求,完成动员部署阶段、自查自纠阶段、重点检查阶段、整改落实阶段的各项工作。

治理办公室先后下发了4个相关文件,全面动员部署工作;为保证工作深入开展,信息畅通,治理办公室设立了举报电话,编发了6期简报。张贴了四部委印发的《小金库治理工作举报奖励办法》的通知、小金库治理工作政策问答。在重点检查阶段,提交了慢病中心2007年至2009年7月的财务账目,接受了中国疾控中心检查小组在内部控制制度建立与执行、银行账户2009年管理等8个方面的重点检查。检查结果未发现慢病中心存在违反法律法规及相关财务制度的现象,未发现设立小金库现象。督导小组对慢病中心所做的工作给予了表扬。在整改落实阶段,财务处调整了给各部门下发进度表的做法,从10月份开始把明细账按月下发给各部门。

七、党群工作

慢病中心党支部根据2009年党支部工作计划,组织落实了中国疾控中心党委关于学习实践科学发展观活动的各项工作要求和任务;组织理论学习,促进党风廉政建设;加强党的组织建设,严格党费收缴管理;加强文化建设,创建和谐慢病中心;加强职工法制教育,创建精神文明单位。党群工作促进了慢病中心的改革、发展和稳定。

(赵文华　孙新　姜勇　白雅敏　段蕾蕾
茅欣　姜琦　赖建强　王卓群)

营养与食品安全所

一、行政管理工作

(一)人力资源管理

1. 人员状况　营养与食品安全所人员编制300人,现有职工239人,其中各类专业技术人员201人,占全所职工的86%(高级技术职称人员87人,占专业技术人员总数的43%;中级技术职称人员55人,占专业技术人员总数的27%,初级技术职称人员60人,占专业技术人员总数的30%)。专业技术人员中31人(15%)具有博士学位,55人(28%)具有硕士学位,42人(21%)具有学士学位,其他学历73人(36%)。现设行政职能处室7个,业务处室18个。

2. 领导班子人事变动　2009年11月起,马冠生副所长前往世界卫生组织工作,为期11个月。

(二)技术支撑工作

按照卫生部、中心领导"边工作、边建设"的指示,营养食品所借助《食品安全法》实施契机,组建了应急办公室和监测与风险评估室,加强了监督技术室人员配置,同时启动全所营养与食品安全两大领域处室职能划分与机构设置整合工作。通过组织专题工作研讨会等各种形式,统一全所干部职工思想,认真调研各处室工作,听取全所职工意见,调动全体职工的主观能动性,积极思考新形势下营养食品所的任务职责、职能定位、关键领域与技术及工作机制体制建设。2009年下半年,通过充分讨论和论证,启动了处室职能与机构设置整合工作。

(三)开展"小金库"专项治理和财务检查工作

按照中央关于"小金库"专项治理文件精神及卫生部关于开展"小金库"专项治理和财务检查的工作方案,营养食品所成立了"小金库"专项治理和财务检查领导小组及工作办公室。通过检查,虽然营养食品所不存在"小金库"行为,但也暴露出存在的问题和不足。对此,所领导高度重视,组织了专题所务会暨党政联席会和中层干部会,对整改措施、整改工作安排和责任部门作了研究和部署,提出了整改工作的要求,通过加强制度建设、集中采购、固定资产、对外合作、预算管理等多项措施,建立了逐级负责的监督制度,提高了执行力度。

(四)强化制度建设和内部管理,提高工作效率

2009年营养食品所进一步建立健全各项管理制度和内部控制制度,对《职工手册》和《制度汇编》再次进行梳理和修改。《职工手册》现已完成并下发至每位职工。

(五)固定资产管理

2009年上半年,营养食品所完成了全所固定资产逐件贴签工作,并全面核对了所有数据,2009年底已基本做到固定资产账账相符、账物相符。按照工作需要,利用预算资金和积极自筹资金,添置必要的仪器设备,2009年固定资产完成新增仪器638件,金额590余万元的入账建档工作,完成了科研楼100余万元新添置属固定资产类家具的核对登记入账工作。

(六)集中采购管理

通过由相关职能部门积极调研中心其他所的情况,根据实际情况,营养食品所制定了“政府集中采购工作管理办法(试行)”和“一般物资采购供应管理办法(试行)”,并制定了采购流程图,实行集中管理、集中采购工作程序和工作流程,进一步明确采购权限,严格审批,规范采购行为。

(七)对外合作合同(协议)管理

营养食品所要求相关职能部门要各负其责,加强对外合作合同(协议)管理,认真落实逐级审核程序和律师审核程序,健全对外合作合同(协议)登记备案制度,切实做到全部对外合作合同(协议)有审核、有审批、有登记、有备案。

(八)预算管理

在加强预算管理的基础上进一步加大当年各项预算执行力度,营养食品所财务部门加强了预算执行的监督检查,建立了预算执行控制措施,定期向所领导和项目负责人通报经费使用情况。避免了超预算、无预算支出行为。在财务收支上做到以收定支,收支平衡,保证重点,统筹兼顾,确保各项预算资金能够按照预算进度执行,发挥资金应有作用。

(九)财务内控措施

针对中国疾控中心检查组提出的营养食品所内部财务管理出现的问题进行了整改,在不相容职务相分离、财务资料的归档、财务制度落实、会计科目核算、报账依据的合规性等方面结合实际工作进行整改,保证财务管理各方面合规、合理。

(十)综合治理工作

始终坚持“稳定保科研、安全保效益”的指导思想,不仅在思想上重视综合治理工作,而且通过逐级签订责任书、修订补充了应急预案、采取多种形式加强宣传教育、强化安全检查等多项具体措施,提高了职工群众群体防范意识和防范能力,为所内各项工作的正常开展提供了有力保障。为了确保工作安全,提高职工安全意识,多次对各处室进行安全检查,清除隐患,各处室认真对待,积极配合做好防火、防盗工作。在重大节日、重大活动期间,加强安全管理,加强节日期间的值班制度,提高职工群众群体防范意识和防范能力。严格交通安全管理,对机动车驾驶员及职工进行交通安全教育,通过知识答题等形式,强化交通安全意识和消防知识。一年来做到交通安全无违章、无事故,连续被评为区级交通安全先进单位。计划生育继续达到三个百分百;在安全保卫、消防等综合治理工作中均未发生责任事故,连续被评为地区和朝阳区安全先进单位。

二、技术支撑工作

(一)为全面落实《食品安全法》赋予的职责,协助卫生部、中国疾控中心起草国家食品安全风险评估专家委员会章程及组建方案、国家食品安全风险评估中心组建方案,承担风险评估专家委员会秘书处工作

按照卫生部、中国疾控中心的部署和要求,营养食品所先后组织起草了国家食品安全风险评估专家委员会章程及组建方案。组织国家食品安全风险评估专家委员会委员的推荐、信息整理和管理工作,协助卫生部拟定专家入围条件,函请工业和信息化部、农业部、质检总局、中国科学院、中国医学科学院及有关大专院校分别推荐专家候选人,经过部门推荐和严格筛选,建立了由113名专家组成的风险评估专家库,并遴选出第一届国家食品安全风险评估专家委员会备选委员42名,在卫生部网站正式公布,向社会各界广泛征求意见。

卫生部根据《食品安全法》的规定,组建了由42名委员组成的第一届国家食品安全风险评估专家委员会,并于2009年12月8日在京举行了第一届国家食品安全风险评估专家委员会成立大会。营养食品所10位专家成为国家食品安全风险评估专家委员会委员,该委员会秘书处设在营养食品所。

为了使第一届国家食品安全风险评估专家委员会备选委员掌握法律赋予其主要职责、委员会的组织结构及工作机制,加强与国内外风险评估相关机构、组织的沟通与交流,切实承担起国家食品安全风险评估任务,秘书处积极组织多次国内外监测与风险评估专业技术培训和研讨,先后与德国、荷兰及欧盟等组织了中德、中荷、中欧食品安全监测与风险评估研讨会。通过培训,使各位专家对自己肩负的重任、食品安全风险评估的工作程

序、风险评估与风险管理的关系等内容有了更清晰的认识,为下一步按照相应程序独立开展风险评估工作打下基础。

营养食品所还组织制定2010年委员会工作计划和优先评估项目,编写了国内外风险评估机构介绍、《食品安全风险通讯》等风险交流材料;筹建了专家委员会信息交流平台,制定了食品安全风险评估程序,起草了食品安全风险评估指南,确定了食品中镉、铝、硼酸、甲醛等10种物质作为食品安全优先评估项目。

为了更好的完成食品安全技术支撑任务,营养食品所组织起草了国家食品安全风险评估中心组建方案,并参与了卫生部多次部长办公会及人事司、监督局、规财司等组织的会议,为相关机构的组建提供了技术准备。

(二)为全面落实《食品安全法》赋予的职责,协助卫生部、中国疾控中心起草食品安全国家标准审评委员会章程及组建方案等技术文件

为落实《食品安全法》的规定,履行卫生部职责,拟在现有卫生部食品卫生标准专业委员会、全国食品添加剂标准化技术委员会基础上,吸收全国农药标准化技术委员会、农业部全国兽药残留专家委员会,以及其他各部门、社会各界的技术力量,组建食品安全国家标准审评委员会。营养食品所协助卫生部、中国疾控中心起草食品安全国家标准审评委员会章程及组建方案等技术文件。目前,食品安全国家标准审评委员会的筹建方案已经得到卫生部认可。秘书处挂靠营养食品所。营养食品所协助卫生部组织召开了审评委员会成立大会暨第一次审评委员会会议,审议了乳品质量安全标准等食品安全国家标准。审评委员会下设食品、食品添加剂、食品相关产品、污染物、微生物、营养与特殊膳食食品、检验方法与规程、生产经营规范、农药残留、兽药残留等10个分委会。第一届委员会350名委员中,营养食品所有委员33名。

(三)主持完成或参与完成《食品安全风险评估管理规定》等技术文件的起草

协助卫生部主持完成了《食品安全风险监测管理规定》、《食品安全风险评估管理规定》、《食品安全风险监测评估工作机制和制度建设》、《地方卫生系统风险评估能力建设调研方案》,参与完成了《食品相关产品新品种行政许可暂行管理规定》、《进口无食品安全国家标准食品行政许可暂行管理规定》、《食品检验机构认证管理办法》、《食品检验机构资质认定条件和检验规范》等技术文件。

(四)组织起草《全国疾控机构食品安全技术支撑工作(讨论稿)》技术文件

按照中国疾控中心要求和部署,根据学习《食品安全法》的体会,结合疾控机构工作规

范，营养食品所组织起草了《全国疾控机构食品安全技术支撑工作（讨论稿）》技术文件，作为2009年全国省级疾控中心主任会议的技术资料，为各级疾控机构正确认识和深刻理解《食品安全法》赋予的食品安全技术支撑的职责、任务和下一步工作重点提供了参考。

（五）完成国家食品安全风险监测计划制定指导原则（草案）、卫生系统食品安全风险监测体系建设方案和2010年食品安全监测计划和监测方案

《食品安全法》规定国家建立食品安全风险监测制度，卫生部会同国务院有关部门制定、实施国家食品安全风险监测计划，营养食品所组织完成了国家食品安全风险监测计划制定指导原则（草案）和卫生系统食品安全风险监测体系建设方案，组织起草了2010年食品安全风险监测计划和监测方案。

（六）组织开展食品安全监测工作

按照卫生部的部署，组织开展全国食品污染物监测和食源性疾病致病因素监测，为了更好的做好数据统计分析工作，完善全国食品污染物监测网样本采集与数据网络直报系统，组织了两次全国培训班，针对样本采集的原则、采集方法、采集数量、监测点的选择及全国食品污染物监测填报系统的操作进行培训，进一步规范样本采集和数据上报环节的工作。2009年完成17个省的食品污染物监测计划和22个省的食源性疾病致病因素监测计划，对消费量较大的60余种食品、常见的79种化学污染物和致病菌进行常规监测，获得近10万个监测数据。

（七）继续做好食品安全标准与风险评估工作，为卫生部食品安全综合协调提供技术支撑

在卫生部、中国疾控中心的领导下，营养食品所组织专家积极研究、及时应对，先后对制定乳与乳制品之外的食品中三聚氰胺限量值、干制水产品甲醛限量标准、进口食品及食品添加剂适用标准、餐饮食品卫生安全标准、中加双方联合通报硒元素风险评估结论、蔬果复合农药残留情况、鲜（现）榨果汁监管、奶粉中高氯酸盐限量，欧共体富马酸二甲酯通报、脲醛树脂问题、乳品中β—内酰胺酶检验方法、饮用水中添加矿物质、婴儿配方粉中钙磷比例、进口乳制品检出高含量苯甲酸、食品中1,4－二氧杂环己烷的初步风险评估、中国五城市鱼翅中汞超标、台湾水果输往大陆农残限量、方便面调料包辐照问题、婴幼儿配方食品中DHA和ARA问题、“鳕鱼”食用安全性、食品中十二烷基苯磺酸钠、皮革水解物检测方法、小麦粉及相关制品中溴酸钾应急监测方案制定、食盐加碘安全性、“无隔膜法”电解生产丁二酸安全性、转植酸酶玉米的食用安全性、食用植物油脱色剂的安全性等提出了回复建议，为卫生部及时准确做好食品安全综合协调、食品安全风险监测与评估、食品

安全标准等工作提供了有力的技术支持。

(八)承担打击违法添加非食用物质和滥用食品添加剂专项整治工作专家委员会秘书处工作,完成专项整治工作技术支撑任务

根据国务院统一部署,自 2008 年 12 月份开始,卫生部会同工业和信息化部等 9 部门联合开展了全国打击违法添加非食用物质和滥用食品添加剂专项整治工作。营养食品所承担了专项整治工作专家委员会秘书处工作。专家委员会全面参与到专项整治的各项活动中,为专项整治活动提供了大量信息和技术咨询。专家委员会定期组织召开专家组成员会议,讨论专项整治中遇到的各种技术问题;组织制定了 3 批食品中可能违法添加的非食用物质和易滥用的食品添加剂品种名单,涉及到非食用物质 29 种、滥用食品添加剂 12 种;制定了食品中有毒有害非食品原料判定原则;制定了全国打击违法添加非食用物质和滥用食品添加剂专项整治抽检工作指导原则和抽检方案;完成地方和国家专项抽检工作的数据收集和统计分析工作;组织建立乳及乳制品中 β—内酰胺酶检验方法,开展 β—内酰胺酶本底研究;参与氟苯尼考案件、精氨酸案件的处理等,充分发挥了专家委员会的技术支撑作用。

(九)承担全国食品安全整顿办公室专家组秘书处工作

为落实国务院关于集中开展食品安全整顿的部署和要求,加强整顿工作的协调指导,卫生部牵头,农业、工商、质检、食品药品监管等共 15 个部门组成了全国食品安全整顿工作办公室,其中专家组秘书处设在营养食品所。秘书处自 8 月份成立以来,从完善制度、组建队伍、拟定工作计划和方案等入手,先后起草了《国家食品安全整顿办公室专家组组建方案和工作制度》,从各部门推荐的专家中遴选出在食品安全风险监测、评估、标准制定、检测等领域经验丰富的 129 名专家组成专家组。2009 年 9 月,全国食品安全整顿工作办公室专家组召开成立大会暨第一次工作会议。来自卫生部、工信部、农业部、公安部、商务部、质检总局、工商局和食品药品监督管理局等部门共计 90 余名专家参加了会议。经专家组研究讨论,提出了建议新公布的食品中可能违法添加的非食用物质和易滥用的食品添加剂名单,以及用于考核评估的违法添加非食用物质和滥用食品添加剂名单(第四批黑名单),提出了声称功能食品中可能违法添加的化学药品物质名单及列入考核评估的化学药品物质名单,此外,专家组还对卫生部公布的前三批“黑名单”提出了修改建议。同时提出专家组 2010 年工作重点和计划,参与制定了专项整顿督查抽检方案和考核评估方案,并对专家组近期工作重点和下一步整顿工作提出了建议和意见。

(十)国务院卫生保障工作

按照 2009 年国务院卫生保障工作方案要求,保障工作进展顺利。通过食堂现场采

样、食品调料抽检，根据计划开展相关项目检验，样品量近400份，检测指标达50余项。同时组织相关专家提供了食品安全和膳食平衡指导。

（十一）成功组织第41届国际食品添加剂法典委员会会议

2009年3月16—20日，我国作为主持国的第41届国际食品添加剂法典委员会(CCFA)会议在上海成功召开，卫生部陈竺部长出席开幕式并发表致辞。营养食品所作为第41届国际食品添加剂法典委员会主持国秘书处承担了会议承办工作。来自55个成员国和1个成员组织、25个国际组织观察员的231名代表参加了本届会议，包括来自FAO/WHO国际食品法典委员会(CAC)和FAO/WHO联合食品添加剂专家委员会(JECFA)秘书处的高级官员。中国派出了由卫生部等相关部委14人组成的代表团参加了会议。本次会议共包括13个议题，中国代表团重点对食品添加剂通用标准(GSFA)，(JECFA)优先评价的食品添加剂名单、食品加工助剂的使用原则等给予了关注，并在会上发表了意见。

（十二）积极参与淮河流域癌症综合防治工作

根据淮河流域综合防治工作的总体技术要求，营养食品所组织专家参加了中国疾控中心开展的局部区域环境医学调查工作和现场实验室的考察。在河南省沈丘县完成了25份肿瘤高、中、低发地区双份饭的采样工作。

（十三）开展中国履行POPs公约成效评估母乳监测

针对履行关于持久性有机污染物(POPs)的斯德哥尔摩公约国家实施计划要求，营养食品所组织开展了以膳食摄入与机体负荷为指标评估我国人群POPs暴露水平工作。2009年在北京、上海、湖南采集母乳样品约100份。采用同位素稀释技术，开展斯德哥尔摩公约规定的持久性有机氯农药的GC－ECD分析技术研究，建立符合母乳监测要求的分析方法，参加WHO组织的分析质量保证考核。采用HRGC－HRMS技术开展二噁英等具有POPs毒性的持久性有毒化合物的监测，为我国的履约成效评估提供可靠依据。

（十四）完成食品安全突发应急现场调研和检测任务

营养食品所先后派出专家赴贵州参与“洋奶粉”可能致婴幼儿泌尿系结石事件处置，承担了婴幼儿泌尿系样品成份检测分析；派出专家赴陕西凤翔开展儿童铅中毒的现场调研工作，采集食物样品20余份，迅速完成了铅、镉应急检测任务，为溯源中毒原因提供依据；先后多次承担了各地送检的50余份奶粉中三聚氰胺、三聚氰酸、致病菌及营养成份的应急检测任务，为相关事件的快速处理提供了很好的技术支持，获得了上级部门的表扬。

三、参与起草和修订营养与食品安全领域的标准、法规及管理办法

(一)组织开展乳品质量安全标准修订,完善乳品质量安全标准

作为完善乳品质量安全标准工作专家组承担单位,营养食品所承担了专家组工作相关的组织管理及日常工作任务,通过开展对乳品标准使用过程中存在或可能发生问题的调查、国内外婴幼儿配方食品及乳品产品标准的比较研究,对我国现有的乳品国家及行业强制性标准、配套检验方法、生产经营相关规定,以及正在制(修)订过程中的上述三类标准及有关规定进行了逐项梳理和清理,形成的乳品质量安全标准框架。专家组工作于2009年1月启动后,共召开了4次全体工作会议、15次工作组/起草组会议,基本完成了标准制修订阶段的工作任务,本次完善乳品质量安全标准工作梳理我国现行和正在制定过程中的乳品相关标准160余项,提出产品标准、生产规范和检验方法三类乳品安全标准征求意见稿75项,目前这75项标准正在卫生部网站征求意见,并已向WTO成员进行了通报。秘书处组织处理了国内、国际通报2300余条意见,乳品质量安全标准已通过第一次食品安全国家标准审评委员会审查。

(二)开展食品卫生标准专业委员会秘书处工作

2009年,食品卫生标准专业委员会秘书处共组织召开了食品容器包装材料分技术委员会、产品及卫生规范分技术委员会、微生物分技术委员会等3次分技术委员会会议,1次全体委员会会议。共审查标准66项,通过食品卫生标准专业委员会审查的有33项,其中《食品容器、包装材料用三聚氰胺一甲醛成型品卫生标准》已颁布实施。

(三)开展食品添加剂标准化技术委员会秘书处工作

2009年,全国食品添加剂标准化技术委员会共召开卫生组会议5次,评价食品添加剂新品种15个,扩大使用范围使用量的食品添加剂156个。审查了3个食品添加剂质量规格标准,完善了《食品添加剂使用卫生标准》信息查询数据库。

秘书处还组织焙烤、饮料等十多个行业协会对本行业内食品工业用加工助剂的使用情况开展了调查工作,包括各行业正在使用的加工助剂的使用范围、使用量、残留量、质量要求等。目前调查工作已经基本完成,为将来标准修订过程中完善加工助剂的使用规定奠定了基础。

(四)开展中国食品法典委员会秘书处日常工作

2009年以来,中国食品法典委员会秘书处按时组织各类法典委员会的参会报名工作,卫生部共有25人次参加了9个国际食品法典委员会的会议。秘书处于CAC大会、

CCNFSDU及CCFH会前组织了预备会，邀请中国食品法典委员会相关成员单位及部分企业对会议主要议题进行多方磋商，以形成代表国家立场观点的意见。秘书处编发了期《中国食品法典通讯》。秘书处还做好CODEX罗马秘书处与国内相关专家的信息沟通工作，并承担了第32届CAC大会文件的中文翻译工作。

（五）开展WTO/SPS通报评议工作

截至2009年10月31日，营养食品所共收到卫生部转来与食品安全相关的SPS措施通报186项，其中与卫生部门职能密切相关的有63项，涉及食品添加剂、食品接触材料、污染物、食品标签、农兽药残留、食品进出口法规、动植物检疫、产品技术法规，以及转基因食品等。对其中比较重要的食品添加剂、真菌毒素、污染物、食品接触材料等6项通报组织相关人员向卫生部提出了评议意见。

2009年处理国外对我国通报标准的评议2份，分别是《再制干酪卫生标准》中的微生物指标，以及《蒸馏酒及其配制酒卫生标准》中关于龙舌兰酒甲醇限量规定。此外，还参与处理卫生部转来的TBT通报3项。

（六）组织完成多项食品安全标准制（修）订和标准宣贯、培训工作

营养食品所组织完成了《保健食品中α—亚麻酸的测定》、《保健食品中EPA、DPA、DHA的测定》、《食品安全性毒理学评价病理学检查技术要求》、《食品安全性毒理学评价程序和检验方法》、《人体试食试验基本原则》、《保健食品功能学评价程序》和《可用于生产普通食品的菌种名单》及《可添加于婴幼儿配方食品中的菌种名单》等30多项国家标准的制定和修订工作。

营养食品所还多次组织了国家标准培训班，对相关企业、各级疾控和监督机构的人员进行了培训指导。

（七）积极参与相关政策、法规、管理办法的制定、起草和征求意见

营养食品所组织专家起草了卫生部《国民营养改善管理办法》草案、《食品相关产品新品种行政许可暂行管理规定》，积极组织专家对《中华人民共和国食品安全法实施条例》、《保健食品监督管理条例（草案）》、《食品检验机构资质认定条件（征求意见稿）》、《食品检验工作规范（征求意见稿）》、《保健食品试验注册检验管理办法（征求意见稿）》、《保健食品试验注册检验规范（征求意见稿）》和《乳制品工业产业政策（修订）（征求意见稿）》等法律、法规、管理办法提出了修改建议或意见。

（八）积极做好标准咨询服务

作为国家食品安全标准审评委员会秘书处，2009年，营养食品所继续承担了大量的

有关食品卫生标准、食品添加剂标准、食品包装材料及其制品标准、食品卫生规范等相关标准法规的来函、来电咨询工作，前来咨询的既有卫生部、质监局等政府部门，也有绿色和平组织等国际组织，还有国内外众多食品企业和广大的消费者。

四、营养领域工作

(一)承担或参与的“十一五”国家支撑计划——《营养膳食对健康影响的研究》项目各课题进展顺利

营养食品所承担和参与的《营养膳食对健康影响的研究》项目，是营养领域首次获得国家科技支撑计划资助的课题。2009 年，经过营养食品所的持续努力，该项目中《我国成年人膳食能量代谢及关键技术研究》、《我国重点人群铁、钙需要和膳食评估营养研究》、《我国儿童维生素 A 需要量及膳食评估新技术研究》、《贫困农村地区儿童营养缺乏改善适宜技术的研究》、《以膳食营养为主的儿童肥胖综合防控技术的研究》、《营养膳食对健康影响的研究——营养与健康策略研究》等课题均按计划进展顺利。

(二)起草卫生部《国民营养改善管理办法》草案

受卫生部疾控局的委托，营养食品所承担《国民营养改善管理办法》草案起草任务，“办法”明确规定了各级卫生行政部门和疾控机构的营养工作职责、机构设置、人员配备以及应当开展的营养工作等。营养食品所与营养学会一起进行了营养规章的起草、研讨及修改等工作，先后组织召开了五次专家会议，邀请卫生部、儿基会、营养学会、大专院校、相关省市疾控中心和营养食品所营养领域的专家，征求各方面的意见。营养食品所有关人员承担完成了大量会议组织、文献查阅、意见汇总、条款撰写和修改等工作，按期完成了工作计划。

(三)组织开展 2009 年中国疾控中心应急体系建设“建立贫困地区 0～5 岁儿童营养与健康状况相关危险因素的监测及数据信息系统”项目

按照中国疾控中心的部署，2009 年继续开展 13 省(自治区)30 个县(市)的 0～5 岁儿童营养健康状况相关危险因素的监测工作，并逐步完善我国贫困地区 0～5 岁儿童营养健康状况相关危险因素的监测与数据信息系统。该项目已经按照项目总体计划完成了各项工作。

(四)组织开展中国居民营养与健康监测工作

2009 年，由国家财政支持的中央补助地方营养与监测项目在 8 省(直辖市)试点工作正式启动。营养食品所组织了监测方案的专家论证、监测工作手册的编写、询问调查问卷及开展预试验。除在全国8省(直辖市)16个县(市)16 000余人中开展询问调查、健康体检、实验室检测的常规监测外,还在北京、广东开展了"三种膳食调查方法的比较性研究",在山西、贵州开展了"两种血红蛋白检测方法的比较性研究"。为评价我国8省16县(市)居民的营养健康状况提供依据,先后派出11个小组共22人次分赴7省13个县市(区)进行了现场督导。通过该项目的执行,将把营养调查工作转变为每年开展的营养监测工作,定期在全国范围内收集国民营养与健康状况信息,分析和发现存在的营养与健康问题及相关危险因素,为政府部门制定改善居民营养健康问题的政策提供建议,同时也对落实卫生部"营养工作规范"及各级营养工作的能力建设、推动全国将营养与健康工作都具有重要作用。

为了更好的开展2010年中国居民营养与健康监测工作,营养食品所于2009年11月举办了一期全国疾控机构营养监测实验室检测技术与质量控制方法培训班,开展了维生素A、维生素D、血脂、血糖、血红蛋白检测方法与质量控制的培训。

(五)开展2008年地震灾区特殊人群营养状况评估与营养应急干预

在2008年分别对四川理县、茂县、绵竹及甘肃康县、陇南市武都区共5个严重灾区部分乡镇(村)的居民安置点的婴幼儿、学龄前儿童、中小学生、孕妇、乳母等脆弱人群进行了营养与健康状况抽样调查的基础上,在联合国儿童基金会的资助下,营养食品所开展了对四川、甘肃、陕西3省灾后5岁以下儿童及育龄妇女营养状况和健康状况的调查,派出多位专家赴地震灾区进行灾后营养调查工作,组织人员培训,在灾区开展妇女、儿童的营养状况调查,进行了问卷、体格测量,并将抽取的静脉血进行铁蛋白、维生素A、25－OH－D和叶酸水平的检测。这些工作将为综合评估地震灾区儿童与育龄妇女的营养健康状况、为进一步开展营养干预提供基础数据。受卫生部疾控局的委托,营养食品所于2009年1月11－5日,在四川成都举办了"灾后营养支持培训班"。参加培训班的人员来自广东、江苏、上海、山东、浙江、北京、河南、山西、福建、湖南、湖北、安徽、天津、黑龙江、重庆、吉林省疾控中心、深圳市疾控中心等17个援建省、直辖市,以及受灾地区四川、甘肃、陕西省,共计72名学员。通过培训,使培训班学员提高了对灾后营养工作重要性的认识,获得了许多新的信息,更新了观念,增强了工作技能。根据调查结果情况,项目组开展了后续的营养干预工作,以微量营养素策略和标准的开发及营养立法的推动,进一步收集强化食品和补充剂的证据,以减少多种微营养素缺乏症,致力于促进"健康中国2020"在营养方面的发展。

(六)继续开展全国疾控系统营养工作培训

为了深入贯彻《营养工作规范》,受卫生部疾控局委托,在联合国儿童基金会的支持下,营养食品所和中国营养学会联合举办了6期全国疾控系统营养工作培训班,全国省、市级疾控中心 300 余人参加了培训。

培训班由多名知名营养专家授课,培训班的内容对今后的营养工作有很强的实用性和指导意义,在各级疾控系统取得了好的示范效果。

(七)继续开展营养强化工作

2009 年,营养食品所继续承担了应用铁酱油预防和改善中国铁缺乏及缺铁性贫血、强化面粉等营养强化工作。在贵州、江苏、河北、广东、吉林、北京、广西、山东、浙江省(市)开展生物学监测、市场调查、宣传教育和社会营销等铁强化酱油的推动工作;完成针对政府、面粉生产企业、营养师及消费者的强化面粉宣传册设计和中国强化面粉工作状况宣传片制作。

(八)组织《食品营养标签管理规范》释义的培训

按照卫生部要求,营养食品所负责主持《食品营养标签管理规范》释义的编写,2009 年正式印刷出版。为做好释义的解释、宣传工作,于 7 月在浙江省杭州市组织召开专题培训班,120 余名疾控部门、质检部门、企业法规部门人员参加了培训。通过培训,学员加深了理解、促进了《规范》的实施。针对《规范》实施过程中提出的问题,营养食品所召开了专家会议,并听取了卫生部领导的意见和建议,组织撰写了《食品营养标签标识标准》。

(九)开展《中国儿童青少年零食消费指南》宣传活动等多项营养工作

受卫生部疾病控制局委托,营养食品所在完成"中国儿童青少年零食消费指南"的研究和编制工作后,又编辑出版了《零食图谱》,制作了宣传教育手册和小扇子,并制定了在北京、湖北、山东等地中小学校开展零食指南宣传教育活动的计划,于 9 - 11 月先后在 3 个社区和 6 所中小学校开展了宣传教育活动,受到了教师和学生的欢迎,起到了很好的知识和健康理念的推广作用,将在 12 月完成终期调查,进行前后效果比较。营养食品所还组织开展了"中国健康与营养调查"项目、慢病预防膳食干预工作、公共餐饮技术支持、中小学生饮奶效果的跟踪检测、青少年营养机制干预研究、全民健康生活方式行动在学校中的开展等多项营养工作。

(十)积极开展营养科普教育工作

为了更广泛的宣传营养与健康知识,提高大众的营养与健康知识水平,2009 年应邀参与报纸、期刊、电视、网络等多种媒体的采访 20 余次,进行大众营养与健康知识的宣传。

通过各种项目,设计和编制了大量营养科普宣传资料,发放到民众手中,2009 年先后制作宣传资料 20 余种,发放 10 000 余份。

同时,探索公共餐饮的膳食指导和技术支持,针对机关工作人员慢病发病率高的现状，在对国家机关食堂用餐情况和菜肴进行调查、分析基础上，通过宣传画册、设计食谱等形式，对食堂餐饮进行膳食指导，取得了良好效果。

五、科学研究

（一）课题管理与科技奖励

1. *课题验收* 营养食品所承担的“十一五”科技支撑计划“食品安全关键技术”项目中《食品添加剂安全性评价研究》、《食品新资源与功能食品的安全性评价及检测技术》、《化学污染物暴露评估技术研究》、《持久性有毒污染物检测技术研究》、《突发公共事件预测预警与智能决策技术研究——大规模食物中毒及其引发综合事件预测预警研究》、《重要食品安全相关标准的研究与制定》和《重大活动中食品安全保障技术研究及示范》7个课题，于2009年7月顺利通过科技部验收。

2. *在研课题的管理* 2009年营养食品所承担的64项课题全部按计划进行，包括国家重点基础发展规划项目（“973”项目）1项；国家高新技术发展计划（“863”计划）5项（其中我单位承担3项，参加2项）；“十一五”科技支撑计划7项，其中负责承担“营养膳食对健康影响的研究”项目课题5项（另外参加2项）、“食品安全关键技术”1项（另外参加1项）；国家自然基金15项；其他国家级重点项目3项；转基因重大专项课题3项；卫生部有关司局及其他省部级资助课题10项；中国疾控中心青年科研基金1项；国际合作课题19项（其中承担儿基会课题6项）。

3. *新课题申请* 2009年度营养食品所通过多渠道积极参加22项课题的申请，截至到年底，获准各类基金资助合计16项：其中包括国家自然基金项目4项（其中2项为青年科学基金）；国家级重点项目2项，其中包括转基因重大专项课题1项，卫生公益性行业科研专项基金1项（食品安全应急与监测预警技术研究和应用），另外参加1项（农药风险评估综合配套技术研究）；达能营养宣教基金项目1项；肯德基餐饮健康基金2项；卫生部有关司局资助课题3项；国际合作课题2项，共获得经费资助2738.3万元人民币和16万美元。

4. *科技奖励* 2009年，营养食品所共有5个科研项目获得中华预防医学科技奖，其中《中国居民营养状况调查》获得一等奖；《食品安全快速检测系列方法与设备研究》获得二等奖；《富硒大蒜的开发及其安全性和临床前应用研究》和《我国儿童少年钙营养状况及干预研究》两个项目获得三等奖；另外北京大学公共卫生学院申报、营养食品所参与的项目《中国学龄儿童少年BMI超重/肥胖筛查标准的建立和应用》获得一等奖。

2009年，营养食品所共有2个科研项目获得中华医学科技奖，其中《中国居民营养与健康状况调查》和《重要食品安全事件原因的快速确证技术及其分析毒理质谱库建立》均获得中华医学科技奖三等奖。

(二)办好科技期刊为疾病控制和学术交流服务

《中国食品卫生杂志》具有较高的学术价值,是中国食品卫生界的权威杂志,为中国科技和中文核心期刊。2009 年刊登文章 130 篇,标准、法规文件及其他 78 篇,共出版约 120 万字,其中重大课题文章刊出率为 80%,基金论文比 45%。2008 年度影响因子 0.828,总被引频次 903,他引率 0.940,五年平均被引频次 549,五年影响因子 0.854。《中国食品卫生杂志》于 2008 年 12 月已被收入《中文核心期刊要目总览》,成为中文核心期刊。2009 年 6 月获得 2007—2008 年度中华预防医学会系列杂志优秀期刊一等奖。

《卫生研究》编辑出版 6 期,每期发表约 47 篇文章,约 39 万字,共出版 225 万字,刊登文章约 280 篇,其中重大课题刊出率为 70%,高于国家优秀期刊标准。继续被 CA、IM、MEDLINE、AJ 和中文核心期刊等国内外著名数据库收录。2008 年度年总被引频次 1654,影响因子 0.704;五年影响因子 0.744。

《国外医学卫生学分册》全年共刊发文章 90 篇,70 万字,其中营养学 47 篇,占 53%,环境卫生 13 篇,占 14%,职业卫生 26 篇,占 29%,其他 4 篇。省部级以上基金项目资助文章 54 篇,占 60%。本刊 2009 年的期刊评价数据:总被引频次 793,影响因子 0.622,五年影响因子 0.889。2008 年入选“卫生部直属单位职称评审有效期刊”名单及“中文核心期刊要目总览”。

(三)论文与论著

均不完全统计,营养食品所 2009 年职工发表英文论文 37 篇,中文论文 123 篇,主编、参编论著 14 部。

六、国内外交流合作

(一)派出

2009 年共派出出国人员 58 批,108 人次,出访国家 20 余个,其中包括赴台湾人员 2 批,19 人次。长期出国人员 1 人,长期出国回国人员 1 人。在派出人员中,参加国际会议人员 81 人次,执行课题协作及访问、考察、学术交流任务人员 26 人次。

根据国际食品法典委员会的安排,营养食品所分别派有关人员参加了 2009 年国际食品法典的有关会议:“第 30 届分析和采样方法委员会会议”、“第 3 届食品污染物法典委员会会议”、“第 25 届一般原则法典委员会会议”、“第 37 届食品标签法典委员会会议”、“第 32 届国际食品法典委员会”、“食品法典委员会抗菌药物耐药性政府间工作组第 3 次会议”、“第 31 届营养与特殊膳食法典委员会会议”、“食品法典委员会第 41 届会议”。另外为了加强国际交流,还派员参加了“第 71 届 FAO/WHO 联合食品添加剂专家委员会会议”、“食品安全国际研讨会”、“第19届国际营养大会”、“第8届国际事务数据会议”、“亚洲地区强化面粉会议”、“第五届海峡两岸毒理学研讨会”、“第二届海峡两岸食品安全专家会议”和“大湄公河次区域卫生与动植物卫生检验检疫合作第二轮区域磋商会”等重要会议。

（二）引进

2009年接待来访外宾3批，10人次，接待顺访外宾20余人次。

七、教育培训

（一）在职职工培养

营养食品所十分重视在职人员的能力培养，采取多种形式提高职能部门管理人员和专业技术人员的水平和实践能力，除了派出人员参加国内各种专业培训外，还利用各种途径开展国外培养，其中长期出国培训2人，短期出国培训9人。鼓励在职职工攻读研究生学位，2009年全所在职硕士1人，在职博士7人。

（二）研究生培养

目前全所在读研究生52人，其中硕士24人，博士28人，博士后3人。

（三）研究生毕业

组织了全所2006届7名硕士研究生、10名博士研究生、5名MPH研究生的毕业论文答辩工作，每位研究生均在按期完成科研任务的基础上，提交了高质量的研究报告和毕业论文，在答辩中获得了答辩委员的较高评价，其中博士生施致雄的毕业论文《食品中六溴环十二烷和四溴双酚A的检测技术与暴露评估》获得中国疾控中心优秀研究生论文二等奖。组织召开了学位分委员会会议，对2009年毕业研究生的学位论文进行了审议，送交中国疾控中心学位委员会审议并全部通过。

（四）其他来源研究生及进修人员的培训管理

2009年在营养食品所的委托培养研究生共计20人，今后每年仍将有一定数量委托培养研究生来营养食品所从事研究工作；通过与中国疾控中心教育培训处和所内各业务科室联系，2009年安排协和公卫研究生和MPH研究生4名入所进行课题研究，接受各类进修培训人员共计10人。

八、技术服务工作

（一）样品受理及技术档案工作

严格按照质量管理体系的要求,有条不紊地进行样品受理和对外咨询服务工作。2009年1—11月,完成244个样品受理,涉及功能评价、安全性评价、菌种鉴定、菌种毒力试验、稳定性检测等检测项目。

(二)质量体系运行有效

1. 内审　按照管理体系要求,2009年4月组织所内审员对管理体系进行内审,通过内审员的督查和审核,共查出一般不符合项50余项,涉及12个科室,主要集中在检验报告原始记录修改、记录不规范;相同项目室间原始记录格式不统一、实验室内检验相关仪器使用记录信息不全、给溯源带来困难等问题。对存在不符合项的处室,下发整改通知,限期整改,整改结果由内审员跟踪并验证。此次内审对保证营养食品所质量管理体系的有效运行起到了积极作用。

2. 盲样考核　为保证检测结果准确并提高检验人员检测能力,结合营养食品所承担项目开展了质控样品盲样考核工作。盲样考核样品包括购自FAPAS的标准品及留样复测,项目包括:维生素A、维生素E、水分、氮、锌和钙,通过分析、比对,检测结果在合格范围内,检测结果良好。

3. 实验室管理系统(LIMS)筹备工作　LIMS项目被列入2009年营养食品所重点工作计划,于2009年2月正式启动。2009年4月,组织了从LIMS的概念、核心背景、功能、优势和系统概况等方面的全所职工培训,加深了全所职工对LIMS的认识与了解。7月,组织召开营养食品所LIMS需求讨论会,开展营养食品所需求调研工作。10月,组织召开LIMS全所信息员会议,启动静态数据整理工作,并同时开始局域网建设工程招标。目前,已经基本完成LIMS软件建设、基本完成LIMS配套设施建设、局域网建设。

九、党群工作

(一)2009年,营养食品所继续加强党的思想建设,坚持理论学习,提高党员干部的理论水平和工作能力

1. 继续搞好学习实践活动整改落实阶段工作、巩固和扩大学习实践活动成果,认真做好总结测评　2009年初,继续深入学习实践活动,认真开展了各阶段和各环节的工作,深入总结经验,切实查找不足认真进行整改,同时进行满意度测评和“回头看”等工作。

以科学发展观为指导,在整改落实阶段,结合本单位实际制定整改落实方案,推进体制创新,加强和完善制度建设,进一步做好对现有政策措施和规章制度的“废、改、立”工作。

召开深入学习实践科学发展观活动总结大会,组织开展职工群众满意度测评,对本所学习实践活动满意、比较满意的占97.8%,实事求是检验和评价活动实效。

做好学习实践活动整改落实“回头看”工作，营养食品所党委对照《深入学习实践科学发展观活动整改落实方案》的责任分工，对整改措施逐条进行梳理，求真务实，注重解决突出问题，对整改落实做出公开承诺，使整改落实工作落到实处。

2. 坚持中心组理论学习制度　在理论学习中，所党委以中心组理论学习为重点，2009 年，所党委先后多次组织中心组成员进行理论学习，结合自身工作特点，交流学习体会，在提高自身政治理论水平上下功夫，在指导和推动所的发展建设上下功夫。每位中心组成员结合学习十七届四中全会精神撰写一份学习心得。

3. 加强党的组织建设，提高党组织的凝聚力和战斗力　一是按照党委工作计划，上半年筹备了所党委、纪委换届选举的各项工作。经各党支部和广大党员两上两下推荐，所党委集体讨论确定了党委委员、纪委委员候选人预备人选，并已上报中国疾控中心党委。二是在支部建设上，继续以深入开展创建学习型党支部教育活动为契机，进一步加强党的思想、组织和作风建设，使之经常化、制度化。按照所党委要求，各支部组织党员干部认真学习相关文件，并组织党员、职工参观了《西藏民主改革 50 周年大型展览》、《内蒙古新疆广西宁夏西藏自治区成就展》；开展了学习吴大观同志先进事迹的活动，通过这些活动推进了学习型党支部建设，使大家进一步增强学习实践科学发展观的自觉性、坚定性。三是在建党 88 周年之际，组织召开了“七一”党员大会，同时安排了党课教育，并通报了学习实践活动“回头看”情况。四是继续做好组织发展工作和积极分子培养教育工作，2009 年共发展 7 名同志为预备党员，3 名预备党员转正，2 名积极分子参加了培训。五是加强离退休干部党支部建设，关心和爱护老党员和生活困难党员，在春节和国庆节前夕，对老党员和生活困难党员进行了走访和探望。

4. 开展党员评议工作　按照所党委年度工作计划，2009 年 11 月中旬开展了以“加强党性修养，树立良好的工作作风”为主题，进行了党员民主评议，评议安排了学习动员、自我评议、征求意见、民主评议、总结鉴定等工作步骤。

5. 坚持民主集中制，严格执行“三重一大”制度　营养食品所领导班子在涉及人、财、物等重大问题上不折不扣的执行“三重一大”制度。2009 年 8 月上旬，中纪委监察部驻卫生部纪检组监察局领导到营养食品所检查贯彻落实“三重一大”制度的执行情况，充分肯定了贯彻落实情况。

6. 坚持党风廉政建设，加强党风廉政建设的学习和宣传，加大反腐倡廉的力度　一是认真抓好领导干部廉洁自律的各项工作。所党委、纪委十分重视党风廉政建设，严格地执行“收支两条线”的规定，严格执行卫生部、中国疾控中心的有关规定。二是针对惩治和预防腐败体系建设情况进行了自查和互查。根据中国疾控中心纪委关于印发《中共卫生部党组关于对惩治和预防腐败体系建设情况进行检查的通知》精神，营养食品所党政领导高度重视，认真组织对本所关于对惩治和预防腐败体系建设的情况自查，同时与环境所进行了互查，并将自查情况报告上报中国疾控中心纪委。积极组织参加中国疾控中心党委举办的纪念改革开放 30 周年征文活动。营养食品所推荐的 8 篇征文均获奖项。同时参加了中国疾控中心纪委组织开展的《深入学习实践科学发展观扎实推进惩治和预防腐败体系建设》的征文活动。营养食品所组织上报了 5 篇征文,其中 4 篇征文获卫生直属机关纪委征文三等奖。

(二)加强职工思想政治工作,营造和谐的工作氛围,创建文明单位工作再上新台阶

1. 强化职工思想教育,多种形式开展活动　在加强职工思想学习上,以多种形式开展教育活动,组织党员、干部学习中央、卫生部、中国疾控中心等相关文件和政策,同时将文件下发到各党支部、科室,在学习的基础上,每个季度组织职工以学习的重点内容为主要内容的知识答题活动,参加答卷合格率均为 100%。

2. 坚持编辑出版每月一期的《工作简报》,定期更换宣传橱窗板报　通过《工作简报》和橱窗板报,及时向职工通报了所的党群工作、科研动态、工作简讯,使职工及时了解所内各项工作动态,并为离退休职工每月邮寄工作简报及中国疾控中心报,使老同志们也能了解所里的工作进展。为加强《工作简报》的宣传力度,提升报道能力和水平,所党委年初组织通讯员召开总结暨培训会,根据投稿数量及质量,评选表彰了 2008 年优秀通讯员,并认真听取大家的意见和建议,对简报进行了改版更新。

年初,为继续全面的宣传报道学习实践活动的进展情况,继续编辑出版《学习实践活动工作简报》8 期,自学习实践活动以来,共出版 23 期专题简报。

利用宣传板报先后展出了《新春联欢会》、《党的光辉历程》、《庆祝建国 60 周年》、《国庆盛典》、《职工摄影展》、《职工培训、第五届职工运动会、秋游照片展》等板报,用图片及照片形式展示了营养食品所职工的丰富多彩的文化生活,营造了积极向上的工作氛围。

3. 举办职工摄影比赛　为庆祝建国 60 周年,"十一"前举办职工摄影比赛,全所职工积极参与。

4. 编辑出版《改革开放三十周年征文》汇编　在纪念改革开放三十周年之际,举办了《纪念改革开放三十周年》主题征文,职工纷纷投稿,将征文编辑成册,下发到每个处室及为每位撰稿者。

5. 在庆祝建国六十周年之际,做好维稳工作　建国六十周年之际,营养食品党委按照卫生部、中国疾控中心的要求,部署了维稳工作,要求全体党员干部要充分发挥模范带头作用,深刻认识维护稳定工作的重要性,共同维护稳定。

做好稳定工作的同时,在崇尚科学远离邪教的斗争中,所党委高度重视,不放松对职工和学生的政治思想教育,同时采取措施,逐级负责,消灭死角,密切关注职工思想动态,不使一个职工掉队。继续组织与当年的新职工和学生签订《远离邪教》责任书;在重要节日、敏感日期妥善安排稳定值班,保持高度警惕,防患于未然。强化单身宿舍管理,定期检

查，强化安全防范工作，共同维护安定团结的大好局面。

6. 做好职工培训工作，编辑出版《职工手册》 为进一步使职工了解行政工作程序，方便工作的顺利开展，2009 年 10 月中旬，所党委组织了两期职工培训。所办公室、计划财务处、人力资源处、条件服务处以图文并茂的方式分别就公文处理、大额资金使用、用印审批等程序、财务相关规定、人事相关规定和采购、固定资产管理相关程序规定等做了详尽介绍，并编辑出版《职工手册》，使职工进一步明确办理相关事务须遵守的制度和履行的手续。

7. 丰富职工文体生活，关心群众，营造宽松和谐环境 一是活跃职工生活，开展文体活动。2010 年初，营养食品所举办了春节联欢会，通过娱乐形式展现了营养食品所职工健康、积极向上的精神面貌。二是按照党群工作计划顺利开展了各项活动。2009 年 4 月初举办了第四届乒乓球比赛；9 月下旬举办了第五届职工拔河比赛暨趣味运动会；10 月初，举办了职工摄影展；10 月中旬组织职工秋游“玉渡山”并进行了采摘活动；12 月初举办了第四届羽毛球比赛；所工会还积极组织职工参加中国疾控中心举办的羽毛球比赛、时装表演比赛等各项活动。

8. 关注职工生活，关注特殊人群 及时了解职工的健康状况，对产妇和生病住院的职工及时走访看望，送去所里的关心和问候。积极为因病生活困难的职工申请困难补助；“春节”、“十一”前夕，慰问走访困难党员、离退休老干部，送去了组织的关怀和温暖；三八妇女节来临之际，为全所女职工精心制作贺卡，送上祝福；八一建军节所里每位退伍军人都收到了贺卡及礼物。每逢节日前夕为职工发放食品及生活物品，使大家感受到节日的气氛，方便职工的生活。

（韩宏伟 严卫星 陶婉亭 刘艳君 周雪飞）

环境与健康相关产品安全所

一、卫生保障和突发公共卫生事件处理

(一)国庆饮用水安全卫生保障

建国60年大庆期间,本所按照中国疾控中心要求,成立相关工作组,检测仪器设备使其处于运行状态,以应对"国庆"期间突发的饮用水安全事件。2009年9月22、28日,按照上级部门要求,所工作人员对天安门城楼的饮用水进行了2次采样。对采集的4份水样的3项微生物指标、35项常规理化指标、43项水质非常规理化指标和95项其他水质理化指标进行了检测,获得数据2261个。检测数据为60年大庆天安门城楼饮水安全提供依据。

(二)甲型H1N1流感应急工作

在我国出现甲型H1N1流感输入病例后,所消毒中心三位专家即被抽调到中国疾控中心甲型H1N1流感防控技术准备组,参与制定了《甲型H1N1流感疫源地消毒指南(试行)》等技术文件,为科学、合理地对甲型H1N1流感流行区域的消毒提供了技术指导。

(三)旱灾防病工作

2009年2月,全国有429万人、207万头大牲畜因旱灾发生饮水困难,国家防汛抗旱总指挥部于2月5日宣布启动Ⅰ级抗旱应急响应。为保证居民能得到基本生活需要的安全卫生的饮用水,本所组织专家积极参与中心旱灾防病应急工作,组织制定了《旱灾期间生活饮用水消毒指南》。

(四)二氯异氰尿酸钠和三氯异氰尿酸消毒剂的安全性评价

2009年1月,受卫生部监督局委托,本所承担了二氯异氰尿酸钠和三氯异氰尿酸消毒剂的安全性评价任务。环境所实验室工作人员经查阅国内外有关二氯异氰尿酸钠和三氯异氰尿酸作为饮用水消毒剂的安全性评价资料,收集分析全国二氯异氰尿酸钠和三氯异氰尿酸等饮用水消毒剂的生产和使用情况,参照《原料乳与乳制品中三聚氰胺检测方法》(GB/T 22388—2008),对江苏、山东、河北、广西等省抽检的9个饮用水消毒剂中三聚氰胺含量进行了检测;采用液相色谱串联质谱法(LC/MS/MS),对南京2个宾馆使用三

氯异氰尿酸作为二次供水消毒剂消毒的饮用水中三聚氰酸含量进行了检测。环境所实验室工作人员还利用二氯异氰尿酸钠和三氯异氰尿酸作为饮用水消毒剂模拟饮水消毒过程，采用液相色谱串联质谱法（LC/MS/MS）对三聚氰酸的生成进行了实验室研究。《饮用水消毒剂三聚氰胺杂质含量及饮用水中三聚氰酸含量检测结果》和《饮用水消毒剂在饮水消毒过程中三聚氰酸生成实验研究结果》上报卫生部。

（五）铜水表铅的安全性评价

受卫生部卫生监督局委托，2009 年 3 月，环境所承担了铜水表铅的安全性评价任务。实验室工作人员根据《生活饮用水输配水设备及防护材料卫生安全性评价规范》（2001），对湖北省卫生厅和浙江省卫生厅送检的 7 种水表进行卫生安全性检验，完成了《水表样品信息表和检验结果》报告。工作人员还按美国 NSF61 和我国现行规范，对国家质检总局送检的 18 种水表进行卫生安全性评价和检测，并对 2 种铜水表铅溶出进行现场模拟试验，完成了《我国铜水表铅溶出卫生安全性评价报告》，起草并上报了《铜水表铅的安全性评价规范》。

（六）太阳能热水器的安全性评价

2009 年 5 月，受卫生部卫生监督局的委托，环境所承担了太阳能热水器的安全性评价任务。工作人员制定了太阳能热水器的安全性评价方案，并赴现场采集太阳能热水器水样，对 13 个水样 74 项水质指标进行实验室检测，完成安徽省阜阳市太阳能热水器使用情况初步调查。

（七）盐城水污染事件调查

2009 年 2 月 20 日，江苏省盐城市发生自来水厂水源污染及全市大面积停水事件。受中国疾控中心委托，本所承担了协助当地卫生行政部门对水污染事件进行处理的任务。主要工作包括：

1. 指派鄂学礼等四位专家赴现场，对排污化工厂、受污染的城西自来水厂进行调查；对饮水水质监测、疾病监控、信息报告及医疗救援工作进行调查并提出改进建议；对盐城市疾控中心实验室水质检测进行技术指导；帮助市应急卫生组制定《盐城市城西水厂恢复供水水质卫生应急监测方案》；现场采集 2 批水样共 6 份（末梢水 3 份、水源水、出厂水和污水各 1 份）。

2. 按照《生活饮用水卫生标准》（GB5749－2006）、《生活饮用水标准检验方法》（GB/T5750－2006），采用气相色谱质谱法（GC/MS）和液相色谱串联质谱法（LC/MS/MS），对采集的 6 份水样中 137 项有机物（43 项 GB5749－2006 规定的指标和 94 项其他指标）含量进行了检测。

3. 完成《盐城水污染事件水质检测结果的报告》。

(八)食盐苯胺类化合物分析

2009年3月,受卫生部监督局委托,本所承担了食盐苯胺类化合物的分析工作。实验室工作人员参照《水质苯胺类化合物的测定》(GB 11889—89)标准,采用N-(1-萘基)乙二胺偶氮分光光度法,对中国疾控中心公卫处送检的6份食盐样品中苯胺类化合物含量进行了检测;参照《纺织品禁用偶氮染料的测定》(GBT 17592—2006)标准,采用气相色谱质谱法,对食盐样品中禁用的24种芳香胺偶氮染料和苯胺含量进行了检测,建立了"食盐样品中苯胺和联苯胺液相色谱串联质谱测定方法",并用此方法,完成了对食盐样品中苯胺和联苯胺含量的测定,同时向卫生部上报了《食盐中苯胺类化合物检测结果》。

(九)陕西汞污染时间事件调查

2009年4月,受卫生部监督局和中国疾控中心委托,环境所对新华社《国内动态清样》(第1350期)"南水北调水源地旬阳县境内汞污染严重"报道中汞污染健康影响情况进行了初步调查。

调查共采集环境样品8份(包括污染的河水样品6份、饮用水样品1份和汞矿尾矿库附近排洪涵洞水样1份),土壤样品2份,粮食样品2份(玉米和稻谷样品各1份),职工尿样品3份,当地居民尿样品2份。

检测结果表明,环境样品、土壤样品及尿样品中汞含量未见异常增高,但带壳稻谷中汞含量超标严重(49倍)。因此,当地是否存在汞污染,污染程度如何,尚需进一步调查。环境样品、土壤样品及粮食样品中锑含量均较高,其中一份河水样品的锑含量超标104倍,但人体尿中锑浓度并不高,提示当地可能存在锑污染。

鉴于陕西省旬阳县汞锑矿区汞、锑是否对居民健康造成不良影响尚不清楚,所内专家提出了对当地汞、锑污染情况及健康影响开展调查及评价的建议。

(十)化妆品中二噁烷的安全性评价

2009年3月,受国家食品药品监督管理局委托,环境所实验室工作人员采用顶空气相色谱—氢火焰检测器法(GC—FID)和顶空气相色谱—四极杆质谱检测器法(GC—MS),对在北京采集的101种化妆品和日用化学品样品中的52种及北京市日化研究所送检的21种化妆品、日用化学品相关表面活性剂原料进行1,4—二氧杂环己烷(二噁烷)定性、定量检测。检测结果为国家食品药品监督管理局对强生婴幼儿产品含二噁烷的事件的处理提供了基础数据。

(十一)邳州市境内河道水砷污染调查

2009 年 8 月,受卫生部监督局和中国疾控中心的委托,本所承担了对江苏省邳州市境内河道水砷污染情况进行调查的任务。调查人员制定了邳州市境内河道水砷污染调查方案,现场调查了邳州市境内河道水砷污染情况,采集、测定了 10 份饮用水砷的含量;完成并上报了《邳州市境内河道水砷污染调查总结报告》。

(十二)承德市兴隆县铅中毒事件调查

2009 年 7 月,根据卫生部监督局《关于核实河北省兴隆县铅污染情况的函》(卫监督食便函〔2009〕226 号)的要求,本所派专家随中国疾控中心调查组对河北省承德市兴隆县铅中毒事件进行调查。调查人员采集了兴隆县孤山子乡沙坡峪村的饮用水、土壤样品,对饮用水和土壤中铅含量进行了测定(各 4 份),完成上报了承德市兴隆县铅中毒事件调查总结报告。

(十三)陕西省凤翔县长青镇部分儿童血铅超标事件情况调查

根据卫生部监督局下达的任务要求,本所于 2009 年 8 月 13－15 日派专家前往陕西省凤翔县,对凤翔县长青镇部分儿童血铅超标事件情况进行了调查。调查人员通过了解当地环境与居民健康现状,采集当地居民居住环境中空气、饮用水、土壤、粮食等样品进行实验室检测,分析了造成当地儿童血铅超标的原因及存在的问题,提出了对保护儿童避免铅污染危害,开展健康影响调查的建议。

(十四)内蒙古赤峰市饮用水污染事件处理

受卫生部卫生监督局委派,本所专家参加卫生部专家组,于 2009 年 8 月 4—6 日,到内蒙古赤峰市调查水污染事件的处理情况并给予技术支持。专家组实地查看了水源地受污染井群、自来水厂水处理设施与采取措施情况,应急预案等。在充分了解情况后,针对水污染后期特点提出了加强供水系统清洗的饮水卫生监督监测,检验水源的隐孢子虫和贾第鞭毛虫,督促自来水厂改善消毒剂投加技术等意见与建议,得到赤峰市领导与卫生局同仁的认可与落实。

二、环境与疾病监测

(一)空气污染与疾病监测

2009 年,监测点按照监测工作方案,较好地完成了监测任务。

(1)资料收集　在补充和完善 2000—2008 年资料的基础上,继续收集 2009 年的相关资料,包括:①人口学资料(性别、年龄别人口资料);②空气质量资料(SO_2、NO_2、CO、PM10逐日浓度);③气象资料(逐日温度、相对湿度、气压、降水量、风速等资料和风玫瑰图);④个案死因资料(监测点所在城市的全市死因资料和监测点所在社区死因资料);⑤监测点所在城市和区的概况资料。通过对收集资料的分析,已经获得了各监测点所在城市近8年气象因素变化趋势,包括逐年温度、逐月温度、温度范围、常年主导风向、逐日湿度;各监测点所在社区空气污染物变化趋势,包括:逐日、逐月变化、各种污染物的超标率(或超标天数所占的比例)以及各监测点(所在城市或社区)疾病情况变化趋势,包括死亡资料的逐月变化趋势、死因顺位、年龄别死亡率等。

(2)室内外空气的主动监测　开展室内外空气的主动监测,主要监测的污染物包括居住区大气中PM2.5、O_3、CO(每月),居室内空气甲醛、挥发性有机化合物(VOCs)和CO_2,并购置了一批采样和监测仪器,加强监测能力建设。

(3)疾病监测　继续建立和完善社区居民健康档案;在监测点所在社区和学校完成了部分居民、学生的症状体征监测继续进行资料的录入和分析。

(4)出生缺陷和生长发育出生队列监测　继续在太原、南京开展出生缺陷和生长发育出生队列监测。

(5)召开空气污染与疾病监测点2008年度工作总结会　会议总结了近年来空气污染与疾病监测的工作情况,表彰了先进,提出对监测点要进行量化考核评估,完善空气污染与疾病监测点考核评分办法,增加考核频次,实行"末位淘汰制",加强监测点经费的管理。会议还要求各监测点制定2009年年度工作计划和中期发展规划。

(6)组织召开空气污染与疾病监测点工作外部专家评估会　会议邀请疾控系统外的相关领域专家对8个监测点近几年的工作进行了量化考核评估。形成了"领导重视、任务目标明确、多部门合作机制建立、质量控制、培训、工作任务完成、监测数据质量"等方面的评估意见。

(7)编制了空气污染与疾病监测信息系统软件　9月在南京举办了空气污染与疾病监测信息系统应用培训会议。培训会后针对用户提出的意见对系统进行了修改和完善,该系统将用于2010的监测数据网络直报。

(二)城市饮用水卫生监测

2009年,城市生活饮用水卫生监督监测工作在全国15个省市82个县市开展。在水质监测方面,82个县市全国共建立3157个监测采样点,其中市政供水出厂水276个、市政供水二次供水1104个、市政供水末梢水1418个;自建水厂出厂水118个、自建水厂末梢水241个,共监测22 856个样品。在水性疾病监测方面,建普通监测点70个,哨点监测66个(含医院、学校和幼儿园)。获得水性传染病监测数据214 030条、死因监测数据23 4334例、医院水性疾病监测数据23 115条、学校学生水性疾病监测数据11 048条、幼儿园儿童水性疾病监测数据 7841 条。

监测工作通过对各监测点使用监测信息管理软件发现的问题进行整理、分析，进一步完善了城市生活饮用水卫生监督监测信息管理系统软件。

（三）医院感染监测

2009 年，本所继续开展医院消毒与感染控制监测工作。2009 年初召开工作会议，进一步完善监测方案。目前共有监测省市 8 个，分别是黑龙江、吉林、山东、江苏、上海、浙江、湖北、广东。监测内容包括医院基本情况、疾控中心与感染控制有关的基本情况、医院历年院内感染发病情况、医院布局与设备、医院消毒器械、中心供应室清洗消毒耗材、手术室空气质量、物体表面消毒情况、手卫生情况、内镜消毒情况、口腔器械卫生情况、感染性废物收集处理情况、医院废水处理情况、传染病隔离和医院防护用品使用情况等，全年共进行监测 4 次，监测三甲医院 10 家、二甲医院 16 家，收集监测数据 5 万余个。

（四）化妆品皮肤不良反应监测

2009 年，本所继续开展化妆品不良反应监测工作。截至 2009 年 11 月底，各监测机构共报告化妆品不良反应 1925 例。监测工作还重点开发了网络版化妆品不良反应信息管理系统，并计划对监测机构进行培训和试用。

三、标准的制定与修订

（一）环境卫生标准

2009 年，本所组织了三次会议，讨论《公共场所卫生标准》、《公共场所检验方法标准》、《公共场所设计规范》和《公共场所管理规范》的修订和制定，完成了物理因素、化学污染物、空气微生物、公共用品用具微生物、集中空调等五大类 70 个检验检测方法标准的修订征求意见稿的起草。组织两次会议，讨论《垃圾处理场无害化卫生标准》、《公共厕所卫生标准》等 4 项农村环境卫生标准的修订。4 项标准已通过环境卫生标委会的审议，并上报报批稿。本所还完成 12 项卫生防护距离标准的修订，并对《农村生活饮用水量卫生标准》、《生活饮用水输配水设备及防护材料的安全性评价标准》等 20 余项水质卫生标准及涉水产品卫生标准进行修订。对 46 项空气卫生标准和卫生检验标准方法进行修订，完成空气中化学污染物的限值标准的修订，检验方法标准在进行方法的比对验证。

（二）化妆品卫生标准

2009 年，本所组织有关单位对《化妆品卫生标准》进行修订；对《化妆品卫生化学检验方法标准》进行验证；完成《化妆品安全性评价方法》、《化妆品术语与定义》等 20 余项标准的修订和制定,并通过化妆品标委会的审议;组织开展《化妆品危险性评估指南》、《眼刺激试验替代方法》、《皮肤刺激性—腐蚀性体外替代实验方法》研究。

(三)消毒标准

2009年,本所组织了修订《消毒技术规范》;承担《消毒剂毒理学安全性评价原则和程序》、《消毒标准体系表》、《消毒剂原料和禁限用物质通用技术要求》和《消毒剂通用技术要求》4项标准的制定工作。

四、卫生监督抽检

(一)消毒产品

按照卫生部2009年国家卫生监督抽检计划,本所承担2009年消毒产品国家卫生监督抽检结果的收集、汇总、报告。2009年消毒产品卫生监督抽检共抽检湿巾、抗抑菌洗剂、戊二醛消毒液和次氯酸钠类消毒液、食具消毒柜共5批1012个批次的产品,有57个次的省、自治区、直辖市参与抽检工作,报送数据16 336个。消毒检测中心及时分析汇总数据,共向卫生部监督局上报抽检工作报告4份。

受卫生部监督局委托,本所制定了《消毒产品中糖皮质激素(glucocorticoid)测定—液相色谱—串联质谱法》、《消毒产品中抗生素(antibiotics)测定—液相色谱—串联质谱法》和《消毒产品中氯霉素(chloromycetin)测定—液相色谱—串联质谱法》3种检测方法。《消毒产品中糖皮质激素(glucocorticoid)测定—液相色谱—串联质谱法》作为2009年抽检消毒产品中抗生素和糖皮质激素的检测方法,已由卫生部办公厅于2009年4月15日发布。先后对卫生部抽检的81种消毒产品中8种抗生素和6种糖皮质激素进行了检测。

(二)涉及生活饮用水安全产品

按照卫生部2009年国家卫生监督抽检计划,2009年抽检的涉及生活饮用水安全产品包括水质处理器、水表、生活饮用水化学处理剂三类。2009年共有30个省上报了抽检情况。抽检的470个涉及生活饮用水化学水处理剂产品中,合格产品数为389个,合格率为82.8%;不合格产品数为81个,不合格率为17.2%。81个不合格产品中,无有效的涉及饮用水卫生安全产品卫生许可批件的32个;卫生安全性检测结果不合格的有49个,其中有4个既无卫生许可批件,卫生安全性检测也不合格。2009年,本所还对检验机构开展相关培训和质量控制。

五、公共卫生服务

(一)产品测试

2009年，本所合计受理检验样品2124件，其中，受理化妆品749件，消毒产品43件，涉水产品235件，中央空调清洗设备4件，检验技术市场服务样品1093件。

（二）技术培训

根据卫生部监督局和中国疾控中心的要求，本所成功举办了第五期公共场所集中空调通风系统卫生学评价培训班和第八期公共场所集中空调通风系统专业清洗机构评价培训班，经考核，达到了预期的培训目的，学员们完成了学习任务并获得了相关培训证书。

2009年本所完成了国家继续医学教育项目“室内环境检测技术应用研讨会”并提交总结报告。

2009年，本所接收中国疾控中心进修生3批共8人，接收环境所进修生4批共6人。中国疾控中心进修生第一批4人，来自大连、湖南、甘肃、新疆疾控中心，第二批3人，来自吉林、青海、新疆疾控中心，第三批1人，来自西藏疾控中心，环境所进修生6人，来自重庆、深圳、大连和盐城等疾控中心。

（三）技术支持

接受环境卫生、化妆品和消毒卫生标准等优越性咨询，就卫生防护距离卫生标准的适用性提出6份解释函。

按照卫生部和中国疾控中心的要求，对《当前国家鼓励发展的环保产品设备（产品）目录（2009年修订）（征求意见稿）》、《国务院关于进一步加强产品质量安全工作的决定》（征求意见稿）、《地下水质量标准》（征求意见稿）、《商请对饮用水添加物开展风险评估的函》、《化妆品许可检验规定》、《环境监测管理条例》（征求意见稿）、《车内空气中挥发性有机物浓度要求》等提出意见。

按照卫生部监督局要求，对《关于建立以健康保障为中心的环境标准制度的建议（第3666号）》、《关于控制空气污染保障居民身体健康的建议（第6775号）》、《关于建立健全超市购物用具定期消毒制度及加大监管力度的建议（第7870号）》、《关于修订公共场所卫生管理条例的建议（第4292号）》、《关于进一步加大对家庭旅馆管理的建议（第4384号）》等5份全国人大代表议案和《关于建立以公众健康保障为中心的环境标准制度的提案（第0289号）》、《关于加强美容美发行业价格与卫生监管的提案（第0206号）》等2份政协委员提案提出处理建议。

（四）环境影响评价

2009年，本所受海淀区卫生局、宣武区卫生局、中国医学科学院病原生物学研究所、中国医学科学院基础医学研究所、北京中元环能科技有限公司、相马科学仪器（北京）有限公司、北京川乡宴餐饮有限公司、北京嘉和一品企业管理有限公司等单位委托，开展环境影响评价工作47项。按国家有关标准，在实施现状监测、类比分析和环境影响分析的基础上，完成相关环境影响报告表的编制。

（五）信息服务

2009年，本所更新了网络设备，搭建了实验室信息管理系统工作平台；收集整理网站信息，发布信息600余条；收集整理了2000—2008年化妆品名称、生产厂家、批准文号等信息8000余条；向中国疾控中心提供了盐城水污染事件有关信息；向卫生部监督局提供富马酸二甲酯相关资料。2009年度，环境所网站在中国疾控中心组织的由第三方网站专业评测机构评测评比中成绩优异，获总分第二名。

（六）技术评估

根据《公共场所集中空调通风系统卫生管理办法》(卫监督发〔2006〕53号)及相关规范和《卫生部办公厅关于进一步推进公共场所集中空调通风系统卫生监管工作的通知》(卫办监督发〔2009〕99号)的要求，本所受中国疾控中心委托，完成了2家卫生学评价机构、19种专用清洗设备、8家甲级专业清洗机构的技术评估或技术评估复核工作。

（七）重要会议

1. 第四届东亚及东南亚区域环境与健康高层会议　2009年3月25—26日，由世界卫生组织、联合国环境规划署组织，环境所承办的第四届东亚与东南亚区域环境与健康高层会议在北京举办，东亚和东南亚14个国家（文莱、柬埔寨、中国、印度尼西亚、日本、老挝、马来西亚、蒙古、缅甸、菲律宾、韩国、新加坡、泰国和越南）的环保部及卫生部司局级干部，国际合作机构代表（如世界银行、亚洲发展银行、联合国亚太经济与社会委员会、联合国儿童基金会等），观察员及区域主题工作组（TWGs）主席等85名代表参加会议。

高层会议作为区域环境与健康论坛的一部分，回顾了参加会议国家实施国家环境与健康行动计划（NEHAP）取得的进展，汇报了区域主题工作组工作计划实施情况，讨论了第二届部长级区域环境与健康论坛筹备工作。卫生部副部长陈啸宏、环保部副部长吴晓青出席会议并发表演讲。

2. 卫生部环境与健康专家委员会年度会议　为贯彻执行《国家环境与健康行动计划(2007—2015)》，进一步推进环境与健康工作的发展，根据卫生部环境与健康专家委员会章程规定，受卫生部监督局委托，本所于2009年6月21—23日在深圳市召开卫生部环境与健康专家委员会年度会议，卫生部环境与健康专家委员、广州市卫生厅、深圳市卫生局及深圳市疾控中心共计40人参加会议。会议讨论并确定了根据《国家环境与健康行动计划(2007—2015)》制定的行动计划实施方案。

3. 全国公共场所集中空调卫生监督评价清洗消毒技术交流及设备展览会　为贯彻

落实《卫生部办公厅关于进一步推进公共场所集中空调通风系统卫生监管工作的通知》精神，总结交流《公共场所集中空调通风系统卫生管理办法》实施以来各地在开展公共场所集中空调通风系统卫生监督、卫生学评价和清洗消毒工作方面采用的先进技术和取得的经验，环境所与中华预防医学会环境卫生、卫生工程、消毒3个分会于2009年8月，在北京联合举办全国公共场所集中空调卫生监督评价清洗消毒技术交流及设备展览会。来自省、直辖市、计划单列市、省会城市卫生监督所和疾控中心专业技术人员、专业清洗机构、专用清洗设备生产企业、有关专家共计180人参加了技术交流会，23家企业参加了设备展览会。技术交流会就集中空调系统污染与人体健康、卫生管理与卫生监督、卫生评价与风险管理、污染控制及清洗消毒技术等问题进行了广泛的讨论和交流。

六、环境与健康研究

（一）科研项目与科研经费

2009年，本所组织申报国家自然科学基金6项、北京市自然科学基金1项、环保公益性行业科研专项1项、卫生行业科研专项项目建议书3项、中国疾控中心中青年科研基金项目5项。提交甲型流感项目建议书1项，北京市科委流感建议书1项。

2009年列入环境所科研计划的课题42项，总经费987.72万元。科研课题包括“十一五”国家科技支撑计划项目9项(作为牵头单位项目3项)，环保公益性行业科研专项1项、环境保护部项目1项、863计划1项，国家自然科学基金2项，北京市自然科学基金1项，中国疾控中心青年基金项目1项，国际合作项目3项、科研院所专项1项，卫生部委托项目10项，横向合作项目12项。“十一五”国家科技支撑计划项目为本所2009年科研工作重点，主要有“公共场所空气传播疾病监控技术研究”、“空气污染对儿童哮喘影响的评估技术”、“我国重点环境化学污染物健康危害监控技术研究”、“农村安全供水水质检测与水源性疾病监测技术及设备开发”、“淮河流域水污染与肿瘤相关性评估”、“建筑室内生物污染控制与改善关键技术研究”、“监测检测专用仪器产业化示范”、“农村安全供水消毒技术与装置开发”、“环境污染健康损害判定标准研究”等。

（二）主要课题研究进展

1. 我国重点环境化学污染物健康危害监控技术研究　2009年，按照课题任务书的要求开展各项工作。课题组采用在同一样品中同时对多种有机氯农药和PCBs进行净化分离的方式，建立了血清中POPs测定方法。血清中POPs类物质，尤其是PCBs等痕量污染物的分析在我国尚属空白，在国际上也只有极少数的发达国家实验室具备该类物质的分析能力；采用酶水解、同位素内标定量的LC/MS/MS法，建立了尿样中邻苯二甲酸酯代谢产物的测定方法，通过严格的实验室质量控制和方法比对，使分析结果具有较好准确度;通过对部分省级实验室的培训,使当地实验室的检测能力有较大提高,该方法已用于尿中有机物代谢物的测定。

为贯彻落实国务院“关于重金属污染防治综合实施方案”,本所协助卫生部监督局组织编制了“环境重金属污染健康危害监测和评估方案”。方案要求在我国重金属污染重点防控区域高风险人群开展重金属人体负荷和健康危害监控,从而逐步建立环境重金属污染健康危害风险评估体系和相关疾病预防体系。本项目所建立的重金属人体负荷监测技术将直接应用于重金属污染综合防治工作中;建立和完善的全程质量控制保证体系已经被纳入《生物监测质量保证》(GB/T 16126—1995)的修订内容。

2. *公共场所传染性疾病监控技术研究* 2009 年,本所完成了公共场所传染性疾病监控技术研究课题的全部现场工作。目前课题已进入数据分析、总结和课题验收阶段。完成的主要工作包括:①上海市 4 个区 100 家公共场所集中空调系统环境问卷调查(包括卫生管理、系统设置、清洗维护情况等)、空调冷却水检测,20 家公共场所空调风管、空调送风、室内空气检测和 400 名人群问卷调查、生物样品采集分析;②江苏省常州市、苏州市各 20 家公共场所集中空调风管、空调送风、室内空气检测和 400 名人群问卷调查、生物样品采集分析;③150 份空调冷却水嗜肺军团菌快速检测试剂盒现场应用实验;④建立了气溶胶、风管积尘、土壤等介质中嗜肺军团菌分子生物学检测方法以及军团菌气溶胶采样、分离培养方法。

3. *室内空气污染对儿童哮喘影响的评估技术研究* 2009 年,本所继续开展室内空气污染对儿童哮喘影响的评估技术研究。

(1)完成了病例一对照研究的数据分析 通过问卷调查,对总 IgE 水平,尘螨、花粉、霉菌等特异性 IgE 水平的检测数据分析,以及代表性家庭室内空气污染物监测数据的分析表明,除家族遗传过敏史,对尘螨、霉菌过敏,暴露于环境烟草烟雾是儿童哮喘的危险因素外,总挥发性有机化合物(TVOC)、甲苯、苯乙烯也是儿童哮喘的危险因素,而且随着这些空气污染物浓度的上升,儿童患哮喘的危险性增大;另外研究结果提示即使这些室内污染物的浓度处于室内空气质量标准范围内,仍可对儿童哮喘产生影响。

分析哮喘儿童和非哮喘对照儿童 STAT6、BCL6、GATA3、TRPV1,以及 TSLP 基因 SNP 等位基因频率及基因型差异,利用 χ^2 检验和 Logistic 逐步回归对室内空气污染物与基因多态性的交互作用对儿童哮喘易感性影响进行分析。结果显示,哮喘儿童及对照儿童 rs4790522 及 rs4790521 基因型差异存在显著性($P<0.05$);室内 TVOC 浓度与 TRPV1 基因 SNPrs4790522 杂合子 A/C 基因型及 rs4790521 显性纯合子 TT 基因型对儿童哮喘影响具有相乘交互作用($P<0.05$)。TRPV1 基因 3′—UTR 多态性是影响中国北京儿童哮喘的重要遗传因素,室内 VOCs 浓度与 TRPV1 基因多态性对儿童哮喘易感性影响具有协同作用。

(2)建立了儿童出生队列和儿童生物样本库,完成了出生队列的随访 在北京、武汉和天津完成了孕妇及新生儿出生队列问卷调查，采集了新生儿脐带血；采集了有过敏史或哮喘家族遗传史的孕妇胎盘血，进行了预处理后冻存备检。完成了出生一年后的队列儿童的随访，以及每个城市队列中随机抽取的家庭的室内空气质量监测。

(3)完成了空气污染物对哮喘主要信号分子表达影响的检测技术、SNP 评价哮喘遗传易感性的技术规范。

4.“863”重大项目“突发大气污染事件模拟与风险控制技术”子课题“突发性大气污染事件人群健康风险评估技术” 2009 年，本所在“863”重大项目“突发大气污染事件模拟与风险控制技术”子课题“突发性大气污染事件人群健康风险评估技术”研究中，根据沿江化工企业的特点，建立了“典型污染物特征、健康危害及应急处置数据库”。典型污染物包括硫化氢、氨、氯、卤代烷(氯仿、氯乙烯)、液化气(丙烷)、天然气、小分子烯烃(乙烯)、乙炔、苯胺、苯酚、硫化氢苯系物(以甲苯为重点)、腈类(乙腈、丙烯腈)、燃油(以汽油为主)、硝基苯类(三硝基甲苯、二硝基甲苯)、醇类(以甲醇为主)、酸雾(硫酸、盐酸、硝酸)、颗粒物(多环芳烃、炭黑)等共 30 种。数据库的内容包括化学品的理化特征、危险特性、毒理学资料、污染来源、迁移转化、化学品的健康危害、代谢和降解、残留与蓄积、相关标准、检测方法、应急情况的处理、灭火、中毒急救方法等。课题组查询了国家安全生产监督管理总局和环境保护部门的有关资料，收集了历史上突发性大气污染事故案例，初步建立了“危险化学品事故数据库”。课题组通过对国内外相关文献及软件的分析，包括美国 EPA 研发的 CAMEO 软件、挪威研发的 SAFETI 软件等，筛选确定了化学品泄漏、火灾、爆炸三类突发事故的伤亡风险评估模型。

5. 淮河流域局部区域环境医学调查聚集区调查 2009 年 2 月，本所组织淮河流域局部区域环境医学调查技术组分别对江苏射阳和山东汶上聚集区环境医学调查工作进行了督导和现场调研；3 月，沿淮 4 省中开展癌症高发聚集区环境医学调查的沈丘、西平、埇桥、颍东、射阳、汶上 6 个项目县(区)完成局部区域环境医学调查工作，并上报了调查数据；4 月，技术组对调查数据进行反清洗、质询和分析工作。至 6 月，技术组获得了调查县聚集区村落示意图、GPS 定位信息文件、政府基础统计资料等重要数据和文件。为下一步工作的展开打下了坚实的基础。

为保障环境医学调查工作的顺利开展，2009 年下半年，技术组在总结前期 6 个区县高聚集区环境医学调查工作的基础上，组织相关专家对《局部区域环境医学调查技术方案》和《淮河流域局部区域环境医学调查现场督导工作手册》进行了修订；举办二期培训班；对河南省沈丘县、西平县、安徽省寿县、埇桥区局部区域环境医学调查项目组织管理、工作进展、资料完整性与准确性、质量控制等内容进行了督导检查。

完成水样中特征污染物，包括环境内分泌干扰物(6 种邻苯二甲酸酯、8 种壬基酚聚乙氧基醚和双酚 A)、口服避孕药(8 种雌激素)的检测，获得 525 个分析数据。

上报 2008－2009 年河南省沈丘县 21 个水样丰、平、枯水期三批水样中雌激素、邻苯二甲酸酯、壬基酚聚乙氧基醚和双酚A的1575个测定结果。

七、教育与培养

2009年我所新招收博士研究生4人，涉及相关研究方向为环境卫生、环境医学，环境污染物对细胞代谢、基因表达的影响；硕士研究生4人，涉及相关研究方向为微生物检测技术与健康影响研究，环境流行病学、环境分析化学。招收博士后1名，研究课题为“全球气候变化对人体健康影响研究”。

组织2007级7名硕士研究生和1名公共卫生硕士的开题报告和中期考核工作，8名研究生均达到继续培养的要求，课题工作目前均进展顺利。

本所推荐了金银龙研究员和白雪涛研究员作为中国疾控中心学位委员；本所与改水中心组成第三届学位委员会第四分委会，分委会委员由13名研究员组成，金银龙研究员担任第四分委会主任。

组织完成了2006级研究生毕业论文答辩工作。2009年环境所共有7名硕士研究生，3名博士研究生进行毕业论文答辩。答辩工作结束后，组织召开中国疾控中心第三届学位分委会第四分委会第一次会议。会上审核了2006级8名硕士毕业生和3名博士毕业生、2005级1名博士生的学位授予工作，12名学生均以全票通过学位审核，顺利取得学位。

根据中国疾控中心要求，开展环境所博士后流动站评估工作并提交相关审核材料。完成2010年研究生招生目录导师的简历更新汇总工作。组织研究生学习中国疾控中心下发的各类相关文件。

八、国际交流合作

(一)短期出国访问

2009年，本所短期出国(境)考察及参加研讨会共14人次，出访地区分别为：日本、巴西、德国、韩国、泰国、越南、美国、菲律宾、马来西亚等9个国家。出访人员出席的会议和参加的国际合作交流包括：应巴西国家检测局邀请赴巴西参加WHO烟草实验室网络第四届会议；应国际全球环境变化人文因素计划组织邀请赴德国参加2009国际全球环境变化人文因素计划会议；应世界卫生组织邀请赴马来西亚参加供水卫生工作会议；应世界卫生组织邀请赴韩国参加第四届环境与交通区域论坛；应世界卫生组织邀请赴韩国参加第三届儿童环境与健康国际会议；应亚太地区健康影响评估会议组委会邀请赴泰国参加2008亚太地区健康影响评估会议；应世界卫生组织邀请赴菲律宾参加亚太地区环境卫生部长级会议筹备会；应美国耶鲁大学邀请赴美国参加国际环境与职业卫生培训研究项目交流，赴越南参加应对气候变化与新发病经验交流研讨会；赴日本考察净水器及离子整水器的卫生管理等。

（二）长期出国访问

2009 年，本所长期出国（境）执行任务共 2 人/次，出访地区为美国，任务是参加美国卫生研究所（NIH）支持的关于空气污染与人群健康项目培训。

（三）世界卫生组织西太平洋地区供水与环境工作组

本所是世界卫生组织西太平洋地区供水与环境工作组的主席单位，金银龙研究员为主席。该主题工作组由亚洲 14 个国家组成，旨在推动各国对水与环境卫生污染危害的意识，加速完成各国相关活动以达成水与环境卫生千年发展计划。2009 年主题工作组完成了东南亚国家水与环境卫生发展状况调查。

（四）国际合作项目

1. 城市水质与水性疾病、空气质量与相关疾病的监测及管理　本项目为 WHO 与中国的 2008—2009 年双年度合作计划，主要目标在中国选择试点地区进行城市饮用水质量和水性疾病监测、空气污染与相关疾病监测，以总结监测点工作经验，并探索适合在中国使用的监测模型。2009 年在佛山举办城市饮用水质与水性疾病监测培训班，在南京和佛山建立饮用水质与水性疾病监测点，到美国考察城市饮用水质与水性疾病监测工作。

2. 西班牙基金“气候变化与健康”项目　2009 年在 WHO 专家的支持下，本所在西班牙基金“气候变化与健康”项目中完成了“气候变化和健康”培训材料的编写、翻译和印刷，按计划举办了 1 个国家级培训班和 2 个区域级培训班。

3. 中美环境卫生人才培养项目　2009 年 4 月 25—27 日，本所与美国耶鲁大学联合在江苏省苏州市举办中美环境流行病学交流培训班。来自全国 13 个省、市的 80 余名环境流行病学专业工作者参加了本次培训，并获得了由中国疾控中心与耶鲁大学联合颁发的培训结业证书。美国耶鲁大学公共卫生学院院长 Brian P. Leaderer 及 3 位环境卫生领域的知名教授对环境流行病学研究设计、研究方法、研究案例分析等方面做了讲解。

九、实验室安全管理与质量控制

（一）举办实验室安全周

本所于 4 月 20－24 日开展了第三届实验室安全周活动。安全周期间，举办了《可感染人类的病原微生物菌毒种或样本运输管理规定》、《中华人民共和国消防法》、《实验室化学安全管理》和《实验室医疗废物处理》等专题讲座；分析与梳理了实验室安全管理工作中存在的主要问题；开展了实验室安全实际操作培训与应急演练，并形成培训、演练的影像记录;发放了《环境所实验室安全操作手册》;组织完成了医疗废物收集处理合格供应商变更的调研、评价、合同签订及处理流程疏通等工作。

按照中国疾控中心生物安全的有关规定,本所组织毒理室、微生物室和消毒中心等科室50名职工到协和医院进行"从事病原微生物的工作人员"健康体检。

(二)开展内部审核与管理评审

本所组织完成实验室质量管理体系的内部审核,完成质量管理体系文件的符合性和质量管理体系运行的有效性评审,对人员的技术能力进行笔试,对现场试验内部质量进行监控考核。组织完成本所2009年度质量管理体系的管理评审。

(三)参加能力验证计划

本所组织参加CNAS组织的CNAST0423水中8种有机氯农药检测能力验证计划和NILPT－0187水中COD的测定(限高锰酸钾滴定法)。

十、行政管理

(一)规章制度建设

2009年,本所对12项不合理的规章制度进行了修订,制定了28项规章制度。制(修)定的规章制度涉及综合管理、人力资源管理、财务管理、科技管理、党务管理、后勤管理等。

(二)所务管理

2009年,本所班子成员共召开了17次所行政办公会议,内容包括研究工作安排、经费预算、规章制度建设、人事管理、科技开发管理、中层干部任命、实验室能力建设等。

2009年,本所共召开了6次中层干部会,内容包括研究和布置2009年工作、落实"小金库"检查工作、总结2009年上半年工作、落实"国庆"期间的卫生安全保障、预算执行情况检查、实验室质量管理等。

2009年接待司局以上领导来所检查、指导、落实工作9人次。

(三)人事管理

至2009年底,本所正式在编人员226人,其中正高30人(研究系列25人,技术系列5人);副高42人(研究系列18人,技术系列24人);中级67人(研究系列32人,技术系列35人);初级50人(研究系列48人,技术系列2人);行政管理人员10人;技术工人12人;后勤服务处15人。

2009 年接收硕士生 6 名、本科生 5 名。6 名硕士生中有 4 名为我所培养的研究生。

2009 年有 10 名同志退休，其中正高 2 名、副高 3 名、中级 1 名、管理人员 1 名、工人 3 名。

按照有关离休人员待遇有关问题的通知要求，对本所 15 名离休干部的基本离休费和生活补贴在清理核查的基础上进行了发放。

（四）财务管理

1. 收入情况　2009 年财政批复经费共计 3010.93 万元，其中基本经费 1510.93 万元、项目经费 1500 万元。

2. 支出情况　2009 年基本经费支出 1529.7 万元，其中事业费支出 1065.7 万元，购房补贴 291.22 万元，提租补贴 39.39 万元，住房公积金支出 133.39 万元。

2009 年项目经费支出 2566.54 万元（含 2008 年未支出的 1393.79 万元）。

2009 年职工医药费（垫支）支出 156.36 万元。截至 2009 年底医药费累计超支 332.96 万元。

至 2009 年底，所内垫支专家特贴和高风险共计 1470.39 万元，其中 2007 年专家特贴 479.31 万元、高风险 37.33 万元；2008 年专家特贴 464.15 万元、高风险 34.67 万元；2009 年专家特贴 448.19 万元、高风险 6.75 万元。

3. 完成了“小金库”专项治理和财务检查各阶段的工作　遵照中央及四部委文件精神，本所认真开展“小金库”专项治理和财务检查工作。根据工作要求，建立了专项治理工作组织机构，成立了环境所“小金库”专项治理工作领导小组和办公室，制定了自查阶段的工作方案，设立举报信箱、举报电话和举报邮箱，采取多种形式开展宣传教育工作。工作领导小组组织审计和财务人员分两组对本所经常组织会议的近 9 家宾馆、饭店进行了寻访，并及时地进行了自查自纠。检查工作中，先后组织召开了 2 次专项治理工作领导小组成员会议，专题研讨部署工作；召开了 2 次中层以上干部会议，学习、动员、部署治理检查工作；就自查中发现的问题召开了 3 次所务会议，研究讨论落实整改。所治理领导小组办公室，在自查、重点检查阶段，针对发现的问题能及时上报并组织整改，按时上报阶段报告及各种报表。

（五）党的工作

1. 开展学习实践科学发展观活动情况　按照卫生部、中国疾控中心的部署，本所于 2009 年 1 月 5 日至 2 月 15 日组织开展了制定整改落实方案、集中解决突出问题、完善体制机制和建立、健全规章制度 3 个环节的整改落实阶段的工作。

(1)制定整改落实方案　对分析检查阶段提出的 40 个问题和建议制定了整改落实工作分解表。对于整改难度较大，需要较长时间解决的 16 个问题，按照“四明确一承诺”的要求,组织制定了整改落实工作方案,纳入 2009 年环境所工作重点进行整改落实。

(2)集中解决突出问题　按照学习实践活动领导小组的部署，把有关改善工作条件和涉及职工切身利益等问题作为整改阶段工作的重点内容，责成相关部门纳入重点工作任务尽快进行了边整边改。目前已经解决了 10 个问题，使整改落实工作取得阶段性实效。

(3)完善体制机制、建立健全规章制度　本所党委办公室对党委、纪委、党支部的规章制度进行了认真清理、修订和补充,经过征求党委、纪委委员和党支部书记的意见,重新确定 7 项制度为党委工作制度,3 项制度为纪委工作制度,5 项制度为党支部工作制度。

(4)开展深入学习实践科学发展观活动工作总结和测评　组织召开全体在职党员、职能部门和业务科室负责人、民主党派代表、离退休党支部书记共 92 人参加的环境所深入学习实践科学发展观活动总结大会。提出了环境所深入学习实践科学发展观活动整改工作方案,并对学习实践科学发展观活动工作进行了总结。经测评满意和比较满意的占 92%。

(5)落实学习实践科学发展观活动整改落实“回头看”工作　组织召开职能部门负责人会议,传达并学习了卫生部和中国疾控中心关于“回头看”的通知和相关文件,听取了各部门负责人关于落实学习实践科学发展观活动整改措施的工作情况的简要汇报,布置落实了开展“回头看”的自查工作。

2. *召开环境所党的工作会议*　2009 年 4 月 3 日组织召开了 2009 年环境所党的工作会议。会议总结了 2008 年环境所党的工作,并对 2009 年党委工作进行了部署。

3. *开展党的思想建设*　起草制定了 2009 年党委中心组学习计划。中心组成员学习了胡锦涛总书记在党的十七届四中全会上的讲话,学习了《中共中央国务院关于深化医药卫生体制改革的意见》、《医药卫生体制改革近期重点实施方案》和《政府工作报告》。

组织职工参观了《西藏民主改革 50 周年大型展览》;组织老党员参观了《平津战役纪念馆》。

组织在职党支部参加了中央国家机关工委基层党组织建设工作创新经验征文活动。

成立宣传领导小组、工作小组,确定了宣传报道员,并进行了业务培训。进一步规范了组稿、审稿和投稿要求;制作宣传展板(报道两会、科学发展观、医药卫生改革、永远跟党走等)共 4 期;制作开展学习实践科学发展观活动《工作简报》4 期。

4. *开展党的组织建设情况*　根据工作需要,对第三支部书记和委员进行了调整;对党支部委员等党务干部进行了党的基本知识培训;继续组织各党支部开展创建学习型党支部活动;组织青年进行科技知识讲座。

按计划组织各党支部对入党积极分子进行教育培养,发展 1 名新党员,对 12 名发展对象进行考核、政审,对 3 名预备党员进行考察、转正。

选派 7 名入党积极分子参加卫生部直属机关党委举办的 2009 年度入党积极分子培

训班。

5. 开展纪检监察工作情况　对仪器设备、办公家具招投标、采购管理内部控制、研究生复试等工作进行监督；对本所2010预算经费进行审查；组织各党支部开展“深入学习实践科学发展观，扎实推进惩治和预防腐败体系建设”征文活动；对本所开展的采购管理内部控制审计工作和“小金库”进行监督；开展了惩治和预防腐败体系自查工作，撰写了自查工作报告，并与营食所进行了互查；接受卫生部惩治和预防腐败体系督查组对本所的工作检查。

6. 稳定工作、精神文明建设及其他工作　坚持稳定工作值班制度；在元旦、春节期间组织党员干部慰问老党员和困难党员5人；起草制定了《环境所甲型H1N1流感疫情防控工作方案》；围绕建国60周年参与开展了文艺宣传活动；上报中国疾控中心党委“全国劳模、全国先进工作者情况统计表”。

（六）群众、离休人员和共青团工作

1. 工会工作　开展评选优秀工会干部、优秀工会积极分子、优秀工会小组、优秀工会小组长和优秀职工之友活动；走访慰问困难职工，并对特别困难的职工给予补助；组织职工春节联欢，表演文艺节目、游戏和幸运抽奖等活动；组织职工参加中国疾控中心工会举办的乒乓球比赛，取得女子团体第三、男子团体第四的成绩；组织职工参加中国疾控中心举办的羽毛球比赛，本所两支羽毛球代表队分别取得冠军和第三名，举办了第四届职工趣味运动会，增设了广播体操的表演，有150多人次参加了不同项目的比赛；组织职工参加卫生部直属单位的庆祝建党八十八周年和建国六十周年的歌咏选拔赛，取得了“优秀节目奖”和卫生部、食品药品监督局、中医药局党委共同举办的歌咏比赛三等奖；参加中国疾控中心举办的首届时装表演活动；举办环境所职工第三届职工摄影展。

组织全所职工和离退休职工247人进行年度体检。

2. 离退休工作　举办有120多名离退休职工参加的老干部春节团拜会；走访慰问生病住院的离退休职工；组织离退休职工参观奥运场馆鸟巢和水立方，参观昌平碓臼峪；组织离退休支部的党员到天津参观平津战役纪念馆；召开“离休干部座谈会”，宣讲卫生部有关提高离休补助金事宜，解释有关政策和规定；组织离退休职工参加“卫生部举办的庆祝建国六十周年”知识答题活动；组织本所7名老同志参加中国疾控中心老干部处组织的“老年合唱队”。

3. 计划生育工作　组织全所职工为实行计划生育的贫困母亲捐款；组织全所女职工参加“贯彻学习中国妇女第十次代表大会”有奖答题活动；被潘家园街道办事处评为“计划生育合格”单位。

4. 共青团工作　开展了“和谐青春，共献爱心”学雷锋志愿者服务活动，组织青年到潘家园社区、80岁以上的老人家里开展志愿服务。

组织青年足球队;组织青年参加党支部组织的各种学习、交流活动,组织参加中国疾控中心举办的"英语角"活动;组织部分单身职工参加了北京电台"玫瑰之约大型白领单身青年联谊会"。

(七)安全保卫工作

宣贯《中华人民共和国消防法》,落实"六个必查、六个一律、六个凡是",夯实工作基础,做到"预防为主,消防结合";完成222灭火器的置换、新换。

完成了南纬路、潘家园两个工作区危险化学品库房的地标验收;完成了剧毒危险化学品使用国家登记中心的申报工作,按程序办理了剧毒危险化学品购买证。

编辑印刷了涵盖24项安全管理措施的环境所安全保卫规章及应急联络手册,确定了总安全员负责的工作机制,做到了安全责任无空白,安全防范责任落实到研究室,落实到人。

接受属地公安分局、派出所的各项安全管理检查,剧毒危险品库的月查,卫生部安全生产督导组、中国疾控中心后勤管理处、宣武公安分局、朝阳公安分局及属地辖区治安派出人员的若干次检查,各项检查均未发现较大问题。

按要求落实了本所的人防、技防、物防具体安全管理工作;补充完善了各项组织机构,及时处理了两起应急事务。

建国60周年大庆期间、加强安全值班安排管理,及时调整人员配备,详细填写值班记录,定时准点按要求向上级有关部门汇报本所维稳安全状况并报平安。

(八)后勤和档案管理

按规定核发131位职工共计291万元的住房补贴;核发37人物业费、104人供暖费;核报医药费150余万元;对南纬路工作部分实验室和办公室进行了装修;组织4名职工参加北京市的义务献血。

按照保密工作要求,对本所237台电脑和131个移动介质进行了安全检查。收集整理11个课题档案和19个研究生课题档案;收集整理48个专题照片档案;对档案室进行装修、改造。

十一、秘书处工作

1. 卫生标准委员会秘书处　本所为卫生部环境卫生标准专业委员会、消毒标准专业委员会和化妆品标准专业委员会三个秘书处的挂靠单位。

2009年,组织召开了三个标委会年度工作会议,审查了34项环境卫生标准;7项消毒标准、22项化妆品标准;上报14项消毒卫生标准和18项化妆品卫生标准。

2. 中华预防医学会分会秘书处　本所为中华预防医学会环境卫生、卫生工程和消毒三个分会秘书处的挂靠单位。2009 年，三个分会与环境所联合举办了“全国公共场所集中空调通风系统卫生监督、卫生学评价与清洗消毒技术交流会暨设备展览会”；在 2009 年 10 月 26 - 28 日的中华预防医学会第三届学术年会期间，三个分会共同承办了“健康与环境”分会场，共征集人群健康影响、健康风险评价、气候与健康、消毒及污染控制技术等领域论文 100 多篇，分会场报告 20 篇，共有 6 篇论文分别获得“优秀论文”和“优秀青年论文”。

完成了《公共卫生与预防医学学科发展研究报告（2009 - 2010）》中环境卫生学发展报告的起草；建设中国医疗卫生消毒网，录入各类资讯 2 万多条，接受会员注册 4000 多人。

3. 卫生部环境与健康专家委员会秘书处　本所为卫生部环境与健康专家委员会秘书处挂靠单位，为更好落实由卫生部等 18 个部委签署的《国家环境与健康行动计划（2007 －2015）》，组织全国有关专家完成了《国家环境与健康行动计划实施方案》（草案）的起草。

（金银龙　姚孝元　耿莉　刘颖）

职业卫生与中毒控制所

一、职业卫生与中毒控制工作概况

2009 年,本所在中国疾控中心领导下,紧紧围绕自身工作职责和疾控任务,以技术支撑、中毒救治等工作为依托,积极协助卫生部和中心做好各类突发职业病事件、化学中毒事件、职业病诊断与鉴定管理、职业卫生防治、监督能力建设、职业病报告与管理、基本职业卫生服务试点工作、职业卫生监督抽查、职业卫生技术服务机构管理、建设项目职业危害评价和职业病防治宣传教育等技术支持工作,推动了职业卫生工作持续、稳定和健康发展。

二、职业卫生技术支撑工作

(一)协助卫生部和中国疾控中心,积极应对张海超尘肺病事件及相关后续工作

积极了解事件情况,跟踪事件进展,向政府提供技术支持,派出专家参与事件处理,为有效应对该事件发挥技术支撑作用。

7 月 13 日,本所获知互联网转载的《东方今报》有关河南省新密市张海超"开胸验肺"求证尘肺病的报道后,与河南省郑州市职防机构联系了解事件进展情况,及时向中国疾控中心、卫生部监督局领导作了汇报并密切关注相关媒体报道。7 月 24 日,根据卫生部、中国疾控中心要求,李涛所长、李德鸿、邹昌淇研究员组成卫生部专家组随同卫生部张海超"开胸验肺"事件联合调查组赴郑州提供技术支持。专家从尘肺病 X 线诊断、病理诊断以及现场职业卫生学角度,对郑州市职业病防治所张海超尘肺病诊断等技术问题进行了技术指导,为张海超尘肺病事件的调查处理提供了有力的技术支撑。根据卫生部新闻办安排并经中国疾控中心同意,7 月 28、30 日,本所有关专家作客中央电视台东方时空栏目并接受中央电视台新闻周刊栏目采访,简要介绍了卫生部联合调查组在河南省工作情况以及专家组开展的相关技术工作,对公众非常关心的职业病诊断问题进行了解释。

(二)参与处理云南水富县返乡农民工患尘肺病事件

3 月 16 日,互联网报道云南水富县 12 名返乡农民工先后患怪病死亡事件。本所获知后,迅速响应,及时应对,立即与云南省疾控中心联系,在初步了解事件基本情况后,立

即向中国疾控中心、卫生部汇报，积极建议卫生部进行督导。3 月 17 日晚，按照卫生部、中国疾控中心要求，紧急派人赴安徽凤阳了解现场情况，赴云南水富指导职业病诊断鉴定工作。在党中央、国务院和卫生部领导对云南水富县返乡农民工罹患尘肺病作出批示后，又先后派出数批专家前往安徽凤阳和云南水富，开展职业危害调查工作并协助指导当地做好患者的诊断和救治工作。在卫生部、中国疾控中心领导下，明确了事件的原因，及时救治了患者，稳定了社会，为事件的平稳处理做出了贡献。事件后期，本所还派出专家前往四川泸州，对四川泸州在安徽凤阳务工的农民工职业病诊断问题给予了技术指导。

（三）参与河南平顶山市可疑尘肺病事件调查处理

根据李克强副总理和卫生部领导在《河南平顶山尘肺病患者累计已超万人》（国内动态清样第 3210 期）上的批示精神，卫生部监督局组织调查组深入平顶山煤矿进行调查核实，本所派出专家一同前往，抽查、核实了部分观察对象和尘肺病人的标准片，对领导关注的疑似尘肺病、无尘肺 O＋等概念、我国尘肺病诊断标准与国际标准对比情况等作了答疑释惑，同时对当地职业病防治机构的建设发展提出了建设性意见。

（四）参与深圳市农民工尘肺病群体性事件的督导与处理

5 月，湖南耒阳农民工疑似尘肺病人到深圳维权，事件发展到胁持深圳市职业病防治院副院长和当地派出所所长到市政府示威。本所及时了解到相关信息，立即向卫生部监督局和中国疾控中心有关领导作了汇报。随后派出专家随同卫生部监督局对事件的处理进行调查督导。12 月，湖南张家界农民工以同样的事由到深圳维权。根据中国疾控中心领导指示，派出专家赶赴深圳，调查了解事态基本情况和存在问题，专家对当地职业病防治机构的处理提出了技术建议，并对今后类似事件的整体解决提出了建议。

（五）参与处理四川泸州陈天志尘肺病诊断事件

8 月 7 日，受卫生部委托并经中国疾控中心同意，本所李德鸿研究员作为卫生部专家组组长前往四川省成都市，协助指导当地职业病诊断鉴定机构对泸州陈天志尘肺病进行诊断。

（六）筹备和组织《职业病防治法》宣传周活动

受卫生部委托并经中国疾控中心同意，负责拟定了 2009 年《职业病防治法》宣传周活动方案，确定 2009 年度《职业病防治法》宣传周活动主题为“保护农民工健康是全社会的共同责任”。

(七)开展基本职业卫生服务试点工作

卫生部自2007年以来在全国10个省、自治区、直辖市的19个区(县)开展了基本职业卫生服务试点工作,目前已经进入中期评估阶段。作为试点办公室,本所制定了评估方案并先后派出4批专家和年轻工作人员随同卫生部、中国疾控中心和卫生部卫生监督中心领导前往安徽、重庆、贵州和广西开展中期评估工作。根据试点工作领导小组的要求和部署,积极做好试点扩大方案的草拟工作,并着手准备新试点启动会相关事宜。

(八)开展当前我国职业病危害现状分析和相关技术方案草拟工作

为认真贯彻党和国家领导人、卫生部领导针对近年来发生的群体性职业病事件的重要批示精神,本所认真组织国内有关专家多次研究讨论,对当前我国职业病危害现状作了初步分析并提出相关工作建议。组织、动员全所力量,承担了职业健康状况调查方案、职业病防治能力建设方案、全国农民工职业健康关爱工程试点方案等技术方案的编制工作;起草了陈竺部长给温家宝总理关于加强职业病防治工作建议的信函(代拟稿)。

(九)按照卫生部、中国疾控中心领导指示,紧密结合当前职业病防治工作实际,组织有关专家开展职业病防治机构能力建设方面的研究工作

围绕国家、省级、市级以及区县级职业病防治机构的功能定位、主要任务、绩效考核体系以及保障条件等展开了充分的研究,初步提出职业病防治机构能力建设方案。

(十)围绕卫生行政部门职业卫生工作职能,做好职业健康检查、职业病诊断的技术指导与咨询工作

为进一步加强职业病诊断与鉴定机构、职业健康检查机构的建设与管理,协助卫生部监督局在全国范围内开展了职业健康检查、职业病诊断与鉴定工作现状调查,并对调查资料按类别进行汇总、上报。通过调查,基本掌握了我国职业健康检查机构、职业病诊断机构的现状,了解了职业健康检查和诊断队伍情况,对于职业健康检查和职业病诊断工作的科学决策提供了依据。

(十一)规范职业病诊断鉴定工作

根据卫生部要求,负责起草了《职业病诊断工作指南(讨论稿)》,为编制《职业病诊断工作指南》,收集有关职业病诊断和鉴定工作存在的问题和建议相关文献资料近200篇,精选45篇汇编成册。在广泛征求职业病防治机构、疾病控制机构及有关部门意见的基础上,形成报批稿。

（十二）根据《国务院信访工作条例》和《卫生信访条例》相关要求，做好信访工作

认真做好卫生部、中国疾控中心以及各省市职业病诊断、技术咨询的信访接待及人民来信答复等工作。2009 年以来，云南水富县返乡农民工患尘肺病、河南郑州张海超“开胸验肺”等事件在暴露职业病防治和诊断中存在问题的同时，也使职业病问题成为社会关注的热点问题，尤其是“开胸验肺”事件后产生的连锁效应使职业病诊断信访问题日渐突出。为积极应对职业病信访问题，维护社会和谐稳定，尤其是确保国庆 60 周年欢乐祥和的社会氛围，根据卫生部、中国疾控中心、属地公安部门相关要求并结合 2009 年职业病诊断信访事件增多的情况，积极采取多项措施：一方面落实信访工作相关要求，进一步改进信访接待工作方式。对通过电话、电邮方式反映职业病诊断问题的，做好电话记录、情况简介并及时送呈主管领导阅示；对前往本所上访反映相关问题的上访人员，认真做好接待安抚工作，涉及技术、政策问题的，请有关技术人员协助解答；对北京等地职业病诊断老上访者，及时向中国疾控中心和属地公安部门反映，积极做好应急处置工作。另一方面，针对职业病诊断信访增多的现象，为做好信访答复工作，所领导高度重视，指定所内信访部门和职业病诊断鉴定技术指导委员会相关人员认真做好登记、答复事宜。所领导定期组织职业病诊断鉴定技术指导组共同研究人民来信回复工作。2009 年，共答复人民来信 31 件，接待来自北京、江西、内蒙古、湖南、湖北、安徽、江苏、新疆、河南、贵州、黑龙江等新老上访者 30 次，电话接待近千次职业病诊断鉴定咨询、技术服务咨询等。

三、中毒事件应急处理及现场指导工作

4 月，河北保定地区发生不明化合物中毒事件。根据中国疾控中心领导指示，派闫慧芳研究员等连夜赶赴事发地，协同当地疾控中心开展现场检测工作，并在很短的时间内确定不明化合物为四乙基铅，及时将检测结果告知北京朝阳医院。为协助中毒人员的救治，本所派出张寿林研究员赴北京朝阳医院参与四乙基铅中毒患者的医疗救治工作，对中毒病人的病因诊断和救治起到重要作用。

4 月派遣鲁锡荣主任医师等前往吉林指导地方对吉林省通榆县某学校发生学生接触农药中毒事件开展危害评估工作；5 月 5 日本所鲁锡荣主任医师等再次赴吉林指导该事件的处理工作。

4 月 10 日，派张寿林研究员等前往吉林指导协助地方对吉林省蛟河市实验小学发生课桌椅甲醛超标事件开展危害评估工作。

5 月 8 日，吉林化纤集团有限责任公司职工发生接触不明化学物质事件，按照卫生部和中国疾控中心要求，及时派张寿林研究员等前往吉林现场协助处理并开展危害评估工作。

8 月 5 日,内蒙古赤峰市制药股份有限公司装运液氨的专用槽罐车发生泄漏事件,受中国疾控中心委派,孙承业副所长、马沛滨主任医师、张宏顺副主任医师会同首都医科大学附属朝阳医院专家连夜驱车赶往赤峰,协助当地卫生部门开展医学处置工作。

9 月 5 日,受中国疾控中心指派,孙承业副所长会同中国疾控中心性艾中心和北京安定医院专家组成卫生部专家组,赴乌鲁木齐协助、指导当地开展“针刺事件”调查工作。在乌鲁木齐期间,制定了《关于新疆“针刺事件”医学处理的建议》并与当地专家进行了交流。

9 月 7 日,甘肃兰州飞龙公司废油加工点发生含甲苯、二甲苯及硫醇气体泄漏事件。9 月 9 日,受中国疾控中心委派,马沛滨主任医师会同首都医科大学附属朝阳医院专家组成卫生部专家组,协助当地开展医学调查和处理工作。

儿童铅中毒的应急处理工作。针对近年来部分地区发生的儿童铅中毒事件,本所一方面积极做好实验室检测的技术储备工作,另一方面,按照卫生部和中国疾控中心的统一部署及要求,积极协助有关部门和地方做好技术指导及应急处理工作。1 月,派专家赴江苏省疾控中心协助开展邳州儿童铅中毒事件相关检测工作并提出工作建议;7 月和 8 月,对江西省上饶市弋阳县南岩镇童家村和陕西凤翔儿童血铅诊断、救治提供技术咨询和指导;8 月,本所派专家赴湖南省,会同卫生部专家组对湖南武冈市和益阳市资阳区儿童铅中毒开展技术指导和技术支持工作,针对发现情况提出相关建议。

积极建立相互合作协调机制。针对近年来群体性突发化学中毒事件频发现象,为及时收集相关信息,有关部门密切追踪网络信息,定期汇总收集国内外发生的化学中毒和职业病危害突发事件信息;高度关注了深圳龙岗工业盐酸泄漏、浙江缙云有毒固体泄漏、湖南耒阳砷中毒和新疆敌鼠盐等中毒等事件,并就事件进展情况积极给予地方技术支持。

为做好本所应急队员应急处置能力建设,1 月、2 月、4 月和 8 月组织全所应急队员就河北遵化一氧化碳中毒、江苏邳州儿童铅中毒、内蒙古赤峰市制药股份有限公司装运液氨的专用槽罐车发生泄漏、吉林等地发生的中毒事件开展案例讨论,提高了队员的应急处置意识。

四、职业卫生技术指导与管理工作

(一)职业卫生技术服务机构现场认证工作

对申请建设项目职业病危害评价机构资质认证的郑州市职业病防治院等 6 家单位开展了现场评审。

(二)职业卫生技术服务机构资质认证和续展工作

对申请建设项目职业病危害评价机构资质续展的中石油安全环保技术研究院等 7 家单位开展了现场评审。协助卫生部做好化学品毒性鉴定机构资质续展工作,制定了化学

品毒性鉴定机构续展工作程序、统一考核标准和考核表，完成了北京市疾控中心等13家申请化学品毒性鉴定机构续展材料的准备工作

(三)做好职业卫生专家库管理工作

对2008年认证专家的抽取情况进行了总结，提交了第2期专家库专家培训情况报告；收集整理了2批职业卫生专家库专家(共313人)备案材料的个人信息并上报卫生部。

(四)组织开展2009年度全国职业卫生检测实验室比对工作

对血铅、滤膜锰、活性炭管中三氯乙烯、粉尘中游离二氧化硅含量进行比对检测。全国76家疾控中心及企业相关实验室参加了考核，共返回结果227项，其中合格171项，合格率71.8%。39家职业卫生技术服务甲级资质机构全部参加了比对。开展了滤膜铅、镉、锰、锌、冻干牛血中铅、镉、冻干人尿中铅、活性炭管中苯、甲苯、二甲苯、正己烷、三氯乙烯、四氯乙碳、苯乙烯标准物质复制和定值工作。

(五)技术咨询服务

向湖北省疾控中心、重庆市职业病防治院、中石化安全工程研究院、兵器工业卫生研究所等20多个疾控机构、职业病防治机构、卫生监督机构以及行业、企业职业卫生机构提供了建设项目职业卫生评价技术咨询服务。

五、职业卫生培训、宣传与教育工作

(一)职业病诊断医师培训

2009年共举办全国职业病诊断医师及师资培训班5期，参加培训人员575人，其中尘肺病诊断医师资格培训班3期(武汉、沈阳、郑州)，377人；职业中毒诊断医师师资培训班1期(合肥)，112人；物理因素职业病诊断医师师资培训班1期(六安)，86人。

(二)西部职业卫生骨干培训

为加快我国西部职业卫生事业发展，逐步缩小东西部职业卫生服务与管理水平差距，2009年重点面向西部职业卫生专业人员开展培训，分别在银川、贵阳举办西部职业卫生骨干培训班，共241人参加培训。

(三)企业管理人员与专业人员培训

进一步深入开展企业职业危害预防控制培训班，分别在深圳宝安、甘肃天水、广西平果举办企业职业危害预防控制培训班4期，共培训490人次。1月和4月，先后在北京召

开GE项目总结暨研讨会，对2005—2008年项目实施情况进行了总结，研究探讨了如何继续深化2009—2011年职业危害预防控制培训工作方案。与香港中文大学联合举办了英文高级职业卫生培训班。

(四)中毒事件现场处置及与化学中毒检测技术培训

10月，在福建厦门同期举办了中毒事件现场处置及中毒救治研讨班和职业卫生与化学中毒检测技术研讨班。培训班围绕我国职业病防治工作与形势回顾、职业病危害风险评估思路及方法介绍、职业病诊断与标准应用等问题授课。来自各有关机构的120名代表参加了培训。

(五)尘肺病事件调查

张海超、陈天志尘肺病事件暴露了在职业病诊断、鉴定方面存在的技术问题，特别是对职业卫生与职业病诊断标准的理解执行问题。为帮助职业病防治机构和职业卫生专业技术人员正确理解和运用国家职业卫生与职业病诊断标准，职业卫生标准委员会、职业病诊断标准委员会分别于8月和9月组织召开了职业病诊断标准培训班和职业卫生标准宣贯会，全国28个省、自治区、直辖市近60家单位的136名代表参加了培训和学习。

(六)职业卫生技术服务相关人员培训

5月召开了“职业卫生技术服务(甲级)机构法人暨质量管理研讨会”，108人参加会议(包括12位技术机构法人)；6月举办“职业卫生技术服务机构专业技术人员培训班”，培训专业技术人员230人，考试合格率74%；10月举办“职业卫生技术服务机构专业技术人员换证培训班”，223人参加培训并考试。

(七)研究生教育培养工作

2009年招收博士研究生3名，硕士研究生5名；组织接收MPH学员2人、USPH学员1人。1名博士研究生、6名硕士研究生顺利完成研究生答辩毕业。

2009年接收3名进修人员，接收国内访问学者1人，国外联合培养硕士研究生1人。

六、职业卫生与中毒控制科研工作

(一)在研课题

2009年，本所主持或参与的科研课题22项，其中“十一五”国家科技支撑计划项目4项(1项分题主持)、卫生行业专项1项、国家自然科学基金课题9项、国际及港澳台合作课题2项、“863”分题1项、所青年科技基金项目5项；除1项“十一五”国家科技支撑计划项目和1项国家自然科学基金项目根据工作需要延期结题外，其他科研课题均按计划进行。

（二）申报课题

2009年，本所组织申报各类课题、项目、建议、需求共计19项，其中国家级项目主要有：卫生行业科研专项经费1项、国家自然科学基金项目7项、WHO合作意向4项、国家外专局项目2项、科研院所技术开发研究专项资金申请1项、科技部科技基础性工作专项“十二五”需求4项。在申报的7项国家自然科学基金项目中，4名青年专业人员分别申请的4项面上项目获得资助。郑玉新研究员负责组织的1项卫生行业科研专项获得资助，该项目组织了我国10个优势单位参加，进行职业卫生监测和健康监护的转化性研究。

（三）科研进展与结题情况

《卫生安全重要技术标准研制》课题按照项目计划要求执行。截至12月底，已有8项国家标准正式发布，300项标准形成报批稿，9项国家职业卫生标准已完成审议正在组织报批，30项标准完成送审稿，征求意见稿12项，2项规范完成调研，完成标准初稿9项，研究报告2部，出版专著2部，发表论文49篇，国家专利1项。

《高危险职业危害监测预警与防治技术研究》课题已经完成审计工作和结题验收准备工作。本课题组出版专著5部、发表科研论文34篇，建立了国家职业卫生标准数据库，取得2项计算机软件著作权；获得国内专利授权2项，其中获得国内发明专利授权2项；研制国家标准3项；完成《突发职业危害事故应急预案》；培养博士研究生2名，硕士研究生18名，并在烟台等地建立了示范基地。

《大型企业职业病防治理论体系的创建和防治模式》、《重要职业病和职业危害调查与防治技术研究》7月通过卫生部主持、中国疾控中心组织的科技成果鉴定，并分别被评为中国职业安全健康协会科学技术奖一、三等奖。

科技部专项课题《重金属和有机溶剂对工人健康损害的预防控制研究》初步建立了血液、尿液和唾液的采样规范，建立了无机元素和有机化合物的检测方法，并对合作实验室进行了相关培训，已经完成大部分地区的样品采集工作。

卫生部公益课题《突发化学中毒事件第一现场处置关键技术研究》，中毒现场快速检测技术研究》，建立了ICP－MS检测多种金属元素技术，血液中多种农药同时测定的GC－MS检测技术，尿液中三氯乙酸测定的气相色谱技术；形成了标准操作规程并进行了人员培训，完成大部分地区的样品收集工作，初步建立了生物样本库。

《国有大中型企业职业病防治机构变迁对职业病防治工作的影响》项目，积极开展进行现场调研。截止到目前共填表调查13个省、直辖市的178家大中型企业，现场调查和深度访谈7家企业和部门。撰写《体制改革对企业职业病防治机构的影响》、《加强企业职业病防治机构变迁研究的必要性》论文2篇。

《流动女工职业危害预防控制》项目已完成在深圳、济南、六安、杭州、武汉和天水等地的现场调研工作。

2008年底中标的5项所级青年科技基金项目于1月份正式启动。

2009年度,报送国家自然科学基金项目进展报告8份,1项国家自然科学基金项目、1项美国INS课题、1项引进国外技术、管理人才项目,在完成各项工作后正式结题。

(四)获奖情况

由李涛研究员承担的“冶金行业职业病危害分析与控制技术研究”获2008年国家安全生产监督管理总局安全生产科技成果二等奖。2009年,组织申报了中华医学科技奖、中华预防医学会科技奖各1项,其中由郑玉新研究员主持的“基于生物标志物的多环芳烃致危险度评价”项目获2009年中华预防医学会科学技术奖二等奖。《大型企业职业病防治理论体系的创建和防治模式》、《重要职业病和职业危害调查与防治技术研究》通过2009年中国职业安全健康协会科学技术奖初评,分别被评为中国职业安全健康协会科学技术奖一、三等奖。

全年,本所科研人员共发表论文93篇,其中外文8篇,发表论著6部。

(五)科技人力储备工作

2009年推荐国家清洁生产专家库专家3名,推荐医疗卫生领域科研项目评审专家11名。

(六)学术交流工作

为加强本所内部及对外交流,2009年组织学术交流活动4次,为专业人员特别是青年学者提供及时了解相关专业新技术、新方法、新观点的机会和交流平台,使之开阔了眼界、拓展了思维。6月16日,聘请WHO驻华办事处环境与职业卫生负责人Pillay Mukundan博士,作了“劳动者健康全球行动计划”的行动报告;6月25日,邀请美国Hammer—CMC研究所Dr. Tong Zhou作了“毒理学与安全性评价领域研究”为主要内容的学术报告;9月24日,在中国疾控中心昌平新址召开全所职工参加的学术报告会,李涛所长在题为“我国职业病发病形势及特点”的报告中介绍了我国职业病发病形势、特点、近期发生的职业病事件及所内工作开展情况等。11月19日,聘请性病艾滋病中心副主任汪宁教授,作了“艾滋病流行病学调查与职业卫生”的学术讲座。12月23日,聘请北京大学詹思延教授,作了系统综述与Meta分析的学术讲座。

（七）中毒救治与应急相关科研工作

《常见有毒动物、植物、真菌标本库建设》项目在完成各项基础工作后，于 10 月 30 日进行了验收。本项目入库有毒动物图片 105 种计 450 张，有毒植物图片 200 种计 1334 张，有毒蘑菇图片 15 种计 55 张，中草药图片 901 种计 1020 张。所有图片均进行了加密处理。

《化学毒物危害计算机辅助诊断系统》项目共收集 1994 - 2008 年杂志上发表的中毒病例报道及中毒事件报告文献 5480 篇，现已完成 1650 篇文献临床症状、体征的归纳整理。

《毒物数据库二期》已于 9 月完成项目验收。该项目共收集整理农药信息 787 条、产品信息 7871 条、毒素信息 65 条、有毒蘑菇及真菌信息 65 条、细菌信息 20 条、有毒植物信息 630 条、有毒动物信息 135 条，中毒专家信息 300 条及与毒物相关的生产供应商信息 4753 条。

《有毒动植物标本库》自 2007 年启动以来，已收集有毒动物实物标本 110 种、有毒植物实物标本 150 种、有毒真菌实物标本 20 种。标本类型包括浸制标本、剥制标本、干制标本、包埋标本、蜡叶标本和模制标本，同时标本库还建有有毒生物图片库和信息库，以供查询使用。该标本库的建立填补了国内外该领域的空白，建立了我国有毒生物鉴定网络，为今后进一步开展有毒生物鉴定技术研究和针对医务人员开展有毒生物鉴别培训奠定了良好基础。

七、职业病与中毒预防控制工作

（一）职业病报告管理

完成 2008 年职业病统计报告工作。根据 2008 年全国职业病报告工作会议要求，各省按时完成 2008 年职业病数据的报告及省级审核工作。经过近 1 个月的国家级数据审核、反馈及报卡人核对、修正，3 月完成了《2008 年全国职业病报告发病情况》的撰写并上报中国疾控中心，为 4 月卫生部召开的职业卫生专题新闻发布会提供了数据基础。为支持各省职业病报告工作，进一步完善全国职业病危害因素监测和网络系统，本所从工作经费中拿出 32 万元用于补助各省开展职业病报告相关工作。4 月、8 月和 12 月先后完成了 2009 年第一、二、三季度急性职业中毒报告发病情况并上报中国疾控中心。加强职业病数据的利用价值，为政府决策提供科学依据，2009 年，为安徽、云南、深圳等地发生的多起群体尘肺事件提供近年报告数据，为了解上述事件发生地区近年的职业卫生工作状况及职业病发病情况提供了参考数据。

(二)淮河肿瘤预防控制项目

8月,中国疾控中心为本所参加淮河肿瘤预防控制项目实验室挂牌。在完成项目要求的各项实验室工作的同时,派30人次参加现场采样和样品分析处理工作。在项目进行过程中,加强对地方疾控部门的业务指导、培训和帮助,基本建立了"现场工作以当地疾控工作人员为主,结果分析工作以本所科研人员为主"的工作模式。

(三)健康促进企业试点项目

继续在部分企业开展健康促进企业试点项目。完成了"顺义牛栏山酒厂"等试点企业健康促进干预督导工作;启动北重阿尔斯通(北京)电气装备有限公司、神华国华北京热电分公司、天津一汽丰田发动机有限公司等企业健康促进试点项目并开展了现场调查工作;组织编写"健康促进企业"试点项目宣传折页;在上海市金山区开展企业现场调研及试点企业选点工作。

(四)职业病危害评价工作

《火力发电厂职业病危害评价指南》、《液晶显示器件建设项目职业病危害关键控制技术》、《煤炭开采行业职业病危害评价指南》课题工作,已完成现场调查工作。《建设项目职业病危害分类标准》已通过卫生部职业卫生标准委员会审查。

(五)毒理学检测数据库建设

化学品毒性评价资料数据库通过发放"职业健康危害化学物质优先序列调查表",用加权法筛选出15种职业健康危害化学物质,现正进行数据的整理汇总;职业性皮肤病图谱研制工作已确定图谱框架并完成了部分典型病例的收集。

(六)职业卫生信息工作

《职业卫生与中毒控制信息》编印发行7期。根据工作需要,专门编印《2009年两会关注职业病专刊》和《"保护农民工健康高层论坛"专刊》两期专刊。

(七)中毒预防控制工作

为了解中国疾控中心化学中毒应急相关工作情况,解决实际问题,12月15日,在侯培森副主任陪同下,卫生部卫生应急办公室梁万年主任及有关处(室)领导一行莅临职业卫生所,对本所"中毒应急能力建设"情况进行调研。梁万年主任、侯培森副主任等领导先后考察了职业卫生所理化检测室、有毒生物标本库、中毒控制中心和国家化学中毒救治基地远程会诊中心。在工作汇报交流会上,李涛所长作了"强化能力建设,提升化学中毒突发事件应对水平”的工作报告，简要介绍了本所历史沿革、学科单元设置、中毒控制中心发展历程、存在的问题及今后工作的思考等。孙承业副所长、蒋绍峰实习研究员分别介绍了山东汶上县不明原因疾病病因调查和吉林通榆县学生接触杀虫胶反应事件的应急处理案例情况。在参观并听取情况汇报后，卫生部应急办领导充分肯定了中心和职业卫生所长期以来对各类突发中毒事件开展的技术支持工作，并就下一步中毒应急控制工作提出了建议和要求。

协助卫生部承担常见化学中毒解毒药储备和调用的任务，全年共协调调用解毒药物7次。

（八）“国家化学中毒救治远程会诊系统”项目

该项目于6月通过最终验收。该系统使国家级化学中毒救治基地与省级化学中毒救治基地能够完成即时沟通、突发事件会商和患者医疗救治远程会诊等工作，通过远程会诊系统平台实现了事件现场与中毒控制相关机构的信息多途径沟通和管理，实现各中毒控制机构及事后现场之间实时协作会诊、交互式讨论、远程培训等功能。该系统投入使用后，已成功实现与黑龙江省第二医院、沈阳市第九医院、重庆市职业病防治院等单位的远程会诊，实现了移动通信和固定电话参与会诊及视频会诊VOD点播功能；完成了与北京市疾控中心、解放军307医院、首都医科大学附属朝阳医院的连接测试；成功开展了10余次中毒事件的远程会诊。

八、职业卫生与中毒控制技术咨询与服务工作

（一）中毒热线服务

2009年度，继续面向公众及专业机构医务人员提供24小时中毒相关热线信息咨询服务4162例，较2008年同期咨询量有明显增加。通过电话咨询向咨询者提供相关信息和临床处置指导，促进了中毒事件的处理，受到基层医院和患者及患者家属的好评。2009年度，在完成中毒热线服务的同时，努力提升服务质量，建立了咨询服务数字化管理制度，所有咨询内容均纳入数据库并设立审查，及时发现问题并予以解决。

（二）中毒科普宣传

为了解公众对急性中毒互救知识的知晓情况，本所会同石家庄市急救中心、北京市朝阳区疾控中心分别于7月和10月在石家庄市和北京市朝阳区开展了社区公众急性中毒自救互救情况调查活动，共调查社区居民600人。

此外，结合公众的需求和关注的中毒相关热点问题，本所专家在《健康报》、《北京晚报》等媒体上撰写了10余篇通俗易懂的大众科普文章，编写了《家庭急性中毒图解手

册》。

(三)建设项目及工作场所职业病危害检测与评价

2009年度,共开展建设项目预评价5项,控制效果评价5项,对上述评价项目均开展了职业卫生现场调查、类比企业调查和职业病危害因素现场检测。其中,厦门海沧港区集装箱泊位工程职业病危害等3项预评价项目已完成,福建大唐宁德发电公司一期工程职业病危害控制效果评价等7项控制效果评价、预评价工作尚在开展中。

(四)化学品毒性评价工作

2009年受理检验样品456个,其中毒理样品436个;承担检验项目532项,完成检验报告1113份(包括102份英文报告);理化毒检样品20个,发出检验报告42份。

(五)毒物检测工作

执行中毒检测24小时值班制,完成公安部物证鉴定中心等单位送检的生物样品16份,检测项目为铊。5月,承担湖南省益阳儿童血铅中毒事件86份血样检测的实验室比对工作。

九、重要工作会议和学术活动

4月20日,组织召开了中德职业性皮肤损伤及其防护干预合作项目研讨会,推动了本所与德国社会事故保险局职业安全卫生研究所的合作。

4月24日,由卫生部等4部门联合主办、本所承办的保护农民工健康高层论坛在北京举行。全国政协副主席张榕明出席论坛并讲话。卫生部部长陈竺,国务院农民工工作联席会议办公室主任、人力资源社会保障部副部长杨志明,安全生产监督管理总局副局长杨元元,全国总工会副主席张鸣起同志作了主题演讲。用人单位代表和农民工代表作了发言。世界卫生组织驻华代表处、国际劳工组织中国和蒙古局代表应邀出席论坛并致辞。会议取得一定效果,引起社会的广泛重视。会后,张榕明副主席专门给李克强副总理致信,提出加强职业病防治工作。为做好相关技术支持工作,本所投入一定人力、物力,从会议主题、内容、资料及会场等作了精心的筹备,为会议的圆满召开提供技术支持。

9月26日,配合中国疾控中心,在南京召开全国职业病报告工作会议。会议期间,来自全国各省级职报单位的30余名代表讨论了《职业病及职业卫生信息监测与报告管理办法》(征求意见稿)。

为进一步推动亚洲各国在职业卫生与职业病防治领域的合作与交流,10月13日在北京成功举办"第三届亚洲职业卫生与安全研究所会议"。11个国家和地区分别作了国家和地区的职业卫生与安全报告,16名专家作了技术报告,与会专家还参观了中国疾控中心新址和中石化燕山石化职业病防治院。会议展示了亚洲各国职业卫生与安全领域的研究成果，交换了各自的学术观点，对进一步推进亚洲各国职业卫生与安全工作，建立网络平台，提出了建设性意见和建议。来自印尼、日本、韩国、蒙古、马来西亚、菲律宾、泰国、越南，中国香港、澳门及中国大陆在内的11个国家和地区的40位专家学者参加了会议。

受卫生部委托并经中国疾控中心同意，10月19日，本所承办了全国化学中毒救治基地工作研讨会，会议针对化学中毒救治基地建设存在的问题、解决方案、建立全国中毒救治基地网络工作机制和模式、下一阶段工作重点展开了讨论。全国31家中毒救治基地和部分特邀专家参加了研讨会。

10月20－22日，在北京承办第八届亚太医学毒理学大会，大会共发表交流报告40个、壁报10篇。200多名代表与会，其中境外参会代表80人。

11月23日在广西南宁组织召开全国职业病防治技术工作会。卫生部监督局陈锐副巡视员、中国疾控中心侯培森副主任和广西自治区卫生厅尤剑鹏副厅长出席会议并讲话。会议听取了广东省职业病防治院、重庆市职业病防治院、河南省职业病防治研究所所作的工作报告。与会代表分成疾控中心组和职防院（所）组围绕如何发挥专业技术优势做好职业病防治工作技术支撑、如何构建高效、畅通的职业病防治技术网络、如何应对当前制约职业病防治工作的技术问题等议题展开了认真而热烈的讨论。会议认为，当前职业病防治工作受到社会的高度关注，《国家职业病防治规划》已经发布，职业病防治工作面临重要的发展机遇。应紧紧抓住机遇，提高认识，准确定位，主动工作，在卫生部领导下，按照职责分工进一步提升职业病防治工作水平。

十、国际交流与合作

（一）出访及来访

2009年，接待外宾来访18批80人次，分别来自联合国、美国、韩国、日本、加拿大等国际组织、国家和地区。在频繁的国际交流活动中，规范因公出访及外宾接待管理工作程序，在提高本所的学术水平的同时，也提升了本所在国际职业卫生领域中的学术知名度。

2009年，因公出访20批33人次，出国任务以参加国际会议、考察交流、培训学习、项目合作等多渠道发展为特点。受卫生部委派并经中国疾控中心同意，李涛所长等作为卫生部监督局领导随行专家，参加了10月27日在瑞士日内瓦召开的国际劳工组织职业病名单修订会议，会议通过了劳资及政府三方提出的职业病名单，并建议2010年ILO理事会议通过。10月18—24日郑玉新副所长参加在日内瓦举办的WHO职业卫生合作中心会议，讨论工人健康全球行动计划。

（二）对正在执行的国际合作项目进行管理

上报国家外国专家局2010年度引进国外技术、管理人才项目计划2项。

(三)与美国 Hammer 研究所签署合作备忘录

确定了在科学研究、人才培养和学术交流等方面的合作框架。

十一、挂靠学会工作

(一)职业卫生标准委员会

标准制(修)订。2009 年发布职业卫生标准 1 项,向卫生监督中心报送标准 8 项,标委会审议通过标准 20 项(含已报批标准)。

标准体系研究及科研。开展职业卫生标准体系、工作场所有毒物质信息指南、化学物质职业接触限值、物理因素职业接触限值研制规范及建议等研究。在积累多年研究,以及现行国家相关法律法规、追踪国外标准体系内容及广泛征求职业卫生标委会委员意见基础上,提出当前我国职业卫生标准体系。

追踪国际标准。收集并翻译了欧盟、南非、日本、香港等地的职业接触限值标准及有关制定依据,并与 ACGIH 的 Documentation for TLV、Documentation for BEIs 进行了比对,为调整和制(修)订我国职业接触限值提供科学依据;追踪美国、英国、中国台湾和香港、ILO、WHO 等关于工作场所艾滋病防护标准;追踪 ISO、NIOSH、OECD 等关于纳米的技术标准,参加了 OECD 组织的纳米材料生产工作组第五次会议。

标准的宣传贯彻。利用挂靠单位《职业卫生与中毒控制信息》平台宣贯职业卫生标准。在挂靠单位的网站上设立专版,发布职业卫生标准,使政府部门、用人单位、技术机构能准确掌握国家标准的执行情况,做好标准的宣贯。

(二)职业病诊断标准委员会

根据卫生标准制(修)订工作计划安排,对新制(修)订的 10 项诊断标准开展了预审和终审。9 月,组织开展了全国职业病诊断医师培训,对近 2 年制(修)订的新标准进行了培训。

(三)职业病诊断鉴定技术指导委员会

职业病诊断鉴定技术指导委员会针对近年来,尤其是“开胸验肺”事件发生后各地职业病诊断问题上访和人民来信日益增多的情况,积极做好人民来信的回复工作。就四川陈天志职业病诊断等疑难诊断问题,根据卫生部监督局指派并经中国疾控中心同意,职业病诊断标准委员会主任委员李德鸿研究员赴四川协助指导当地职业病诊断鉴定机构开展工作。

（四）中华预防医学会劳动卫生与职业病分会

4月在杭州举办劳动卫生与职业病分会30周年暨第10次全国劳动卫生与职业病学术会议。此次会议以“防治职业病，共享健康工作”为主题，7名专家作了主题发言，15篇论文进行了大会交流，54篇论文分9个分会场进行了口头交流。会议期间召开了第二届中日国际石棉危害研讨会，14名中日学者进行了交流。大会共有450名代表参加，收到学术论文424篇。12月18日，分会召开换届会议，选举了分会新一届主任委员、副主任委员、常务委员和委员。李涛所长被选为第六届分会主任委员。

（五）中华预防医学会职业病专业委员会

10月11日，在福建厦门召开了第十八次全国职业病学术交流大会。会议收到218篇论文，其中大会交流41篇。来自全国30个省市职防机构、卫生监督机构、大专院校和工业行业系统的312名代表与会。会议期间职业病专业委员会召开了全体委员会议，通报了专业委员会相关工作情况。

（六）中国职业安全健康协会职业卫生专业委员会

5月，职业卫生专业委员会秘书处接待了美国工业卫生协会（AIHA）新任总干事皮特一奥尼尔先生等来访，双方洽谈了合作意向。根据中国职业安全健康协会新一届理事会的工作安排，职业卫生专业委员会积极做好新一届委员会的换届工作，11月11日在厦门召开2009年学术会议暨工作年会，同时举行了第四届专业委员会换届会议。

（七）中华预防医学会卫生毒理分会

组织筹办第九届卫生毒理分会学术会议；与第四军医大学共同筹备2012年第13届国际神经毒理协会会议和第12届神经行为方法及其在职业与环境健康中的作用国际研讨会。

（八）中国毒理学会工业毒理委员会

召开了第五届工业毒理学专业委员会换届改选会议，郑玉新研究员当选新一届主任委员；会同中华预防医学会卫生毒理分会组织编写了《毒理学百科全书》。

十二、安全管理工作

（一）实验室安全管理

为进一步加强本所实验室安全管理工作，提高实验室工作人员安全责任意识，保障实验室持续安全,根据中国疾控中心实验室安全周活动要求,本所开展了以"持续安全,和谐发展"为主题的第三届实验室安全周活动。为做好国庆 60 周年实验室安全工作,先后组织召开实验室安全工作培训班和工作会议,进一步增强安全意识,做好实验室安全管理工作。

(二)剧毒化学品安全管理

根据剧毒化学品管理有关要求并结合本所工作实际,从预防和落实两个方面加强对剧毒物品的管理工作。上半年本所投入 1 万余元,为标本库安装安全防护设施。3 月,由属地公安部门委托劳动安全卫生评价中心对地标进行剧毒物品库验收工作获得通过;4 月,协助属地公安部门开展了一次剧毒化学品规范化管理的实地演练。

(三)消防安全管理

为做好地下室消防安全工作,安装了烟感报警器和温感报警器并配备了 10 个灭火器,同时对地下照明灯和电路进行了改造。于 3 月、7 月、12 月在全所开展了火灾隐患的排查治理工作;完成一年一度灭火器维修保养工作。为做好国庆期间全所消防安全工作,于 9 月 24 日在中国疾控中心昌平新址组织全所职工《消防安全知识讲座》培训,加强防火知识普及教育,进一步提高全所职工消防安全意识。

(四)加强值班管理与安全检查工作

严格落实值班及安全检查制度,自 9 月 10 日至 10 月 10 日,认真履行 24 小时安全行政值班制度,对重点部位加大检查力度。根据卫生部和中国疾控中心要求,认真做好安全检查工作。编写安全知识手册,组织全所职工学习并结合学习组织知识答题。

十三、职业卫生与中毒控制能力建设工作

(一)局域网建设

自 2008 年 12 月开展局域网建设施工以来,在中国疾控中心信息中心的大力支持下,各项工作进展顺利。4 月,局域网正式进入试运行。同时,开展了网络设备调试及规划网络地址,并在广泛调研的基础上,借鉴中国疾控中心及相关单位管理经验,制定下发了《职业卫生所网络管理规范》(试行)。目前本所局域网已正式投入使用。

(二)人力队伍建设

为完善学科单元发展,推动职业性呼吸系统疾病防治工作开展,组织筹建职业性呼吸系统疾病研究室,招聘相关专业人员。引进了一名临床中毒救治高层次人才。

根据工作需要，组织开展了毒理室负责人招聘工作和实验动物室外聘人员岗位竞聘工作。12月聘任王海涛同志任所人力资源处处长、刘清君同志任所毒理室副主任；完成质量控制办公室主任民主推荐工作。

（三）实验室质量管理工作

7月27日，接受北京市卫生局对本所开展的职业卫生技术机构监督检查，在人员资质、仪器设备条件、质量体系、检验样品保管等项目上顺利通过检查组考核。针对检查组提出的化学品毒性鉴定机构甲级资质证书已过有效期问题，已向卫生部提出续展申请。

8月2日，顺利通过卫生部专家组对本所开展的化学品毒性鉴定机构资质续展的现场评审。

（四）设备购置

全年共购置仪器设备157台，总金额806.95万元，其中专用设备70台，总金额571.06万元；一般设备87台，总金额235.89万元。

十四、行政管理工作

（一）新闻采访

为做好职业病防治与职业卫生的新闻宣传工作，尤其是职业病事件发生后做好新闻舆论的正面引导工作，根据卫生部和中国疾控中心的安排，本所先后安排所领导和有关专家接受中央电视台、《人民日报》、《工人日报》、《健康报》等电视、平面媒体采访10次。

（二）合同审查

继续做好全所各类法律合同、协议等审查工作，加强全所各项工作法制化、规范化建设，完善了合同审批程序。全年共审查各类合同、协议55份。

（三）档案工作

根据中国疾控中心要求，制定了《职业卫生所档案工作突发事件应急处置预案》（试行）并编制了职业卫生所档案工作突发事件应急处置流程图；同时于4月12日对全所档案进行了全面细致的检查，结合检查中的问题进一步规范档案管理相关制度，强化档案工作领导责任。2009年整理历史遗留档案1300卷。收缴2008年各类档案229卷。

（四）保密工作

根据所领导和部门负责人变化情况，及时调整保密委员会成员及保密办公室成员；根据卫生部、中国疾控中心要求并结合本所工作实际，认真开展了全所保密工作宣传教育活动及计算机、存储介质安全大检查，对全所磁介质进行了逐一登记；为进一步增强职工保密意识，刊发 1 期保密宣传栏并编写了《职业卫生所保密知识测试题》，组织全所职工答题。

(五)住房补贴

根据国管局文件精神和中国疾控中心通知要求，做好本所住房补贴发放工作，对符合住房补贴发放条件的职工从职称、工龄、住房面积等方面进行了严格核定、公示。经所住房补贴发放小组审核确认并提交所长办公会讨论决定，2009 年度共发放住房补贴职工 42 人次、计 109.4 万元。

(六)“小金库”专项治理工作

根据中国疾控中心要求并结合本所工作实际，成立“小金库”专项治理和财务检查工作领导小组，认真开展“小金库”专项治理和财务检查工作。7 月和 8 月先后接受审计署、卫生部和中国疾控中心对本所开展的专项检查，没有严重违纪违规行为。对检查中发现的一般问题，及时根据整改要求进行了整改，完善管理制度并分别于 11 月 11 日和 23 日将本所“小金库”专项治理和财务检查整改落实情况上报中国疾控中心。

(聂武　滕林　李涛)

辐射防护与核安全医学所

一、概况

(一)人事与财务

1. 人事　2009年根据学科发展的需要,对研究室设置进行了调整。组建了辐射流行病学研究室和辐射检测与评价室;撤销了个人剂量监测与健康管理室、辐射检测与评价一室和辐射检测与评价二室。

机构调整后,设有8个职能处室(所办公室、人力资源处、财务处、科技处、质量管理办公室、党群工作处、后勤管理处、保卫处),10个专业处室(核事故与放射事故应急办公室、辐射防护与建设项目评价室、政策标准研究室、放射诊疗设备质量控制实验室、辐射流行病学研究室、放射生物学研究室、毒理学研究室、辐射检测与评价室、信息中心、科技成果推广处,和后勤服务中心。

2009年度在职职工151人,离退休职工174人,其中所领导4人,中层干部26人。年内接收新进三生10人、军转干部1人;引进1人。

2009年10月20日,卫生部人事司任命苏旭为中国疾控中心辐射防护与核安全医学所所长,任命王志林为中国疾控中心辐射防护与核安全医学所党委书记。

7月14日,中国疾控中心任命孙全富为辐射防护与核安全医学所副所长(试用期一年)。

8月19日,本所聘任张伟为毒理学研究室副主任(试用期一年);8月26日,经考核任命杨昌跃为人力资源处副处长(试用期一年);10月30日,任命吉艳琴为辐射检测与评价室主任、任命刘建香为辐射流行病学研究室副主任。

2. 财务　全年完成收入预算4404.44万元的88%;完成年度支出预算4850.39万元的82%;专项工作经费完成94%。

(二)规章制度完善与执行情况

2009年度,为进一步规范干部职工的工作行为,将完善规章制度建设列入《学习实践科学发展观整改落实方案》。全年新制定《办公自动化系统运行管理规定》、《研究生管理规定》、《综合治理管理办法》、《档案管理办法》、《信息化建设管理暂行办法》和《监控设施管理办法》等6个规章制度。对《公文处理规定》、《合同管理规定》、《职工请假、休假及考勤管理办法》、《青年所长基金管理办法》和《档案利用制度》等 5 个规章制度进行重新修订。全年召开党政联席会、所务会、所长办公会等各类会议 22 次,对所内重大决策、重要干部任免、重要项目安排和大额度资金的使用进行了研究,做出会议决定 63 项。

(三)项目招标与合同审查管理

在招标采购工作中,严格按照国家的有关法律规定履行招标程序,顺利完成 400 万元仪器设备和物资的采购工作。纪检、审计人员全程参加项目招标,未发现违法违规行为。

根据本所合同管理规定,对万元以上的 97 份合同草本的"签约必要性"、"经费使用的合理性"以及"相关条款的合规合法性"进行了审查,法律顾问出具审查意见 97 份。各职能处室负责人和审计人员严格把关,依据工作职能加强了送审合同主要内容的程序审查,从工作程序上杜绝各类违法违纪行为的发生。

(四)保密安全与信息管理

2009 年度把工作中的信息安全作为保密安全管理的重点内容,逐级签订了计算机安全保密责任书、定期组织专人对涉密计算机和非涉密计算机进行了安全检查。加强了涉外合同和公开发表论文的保密审查,组织了"计算机操作泄密隐患演示"的专项培训。2009 年未发生保密安全责任事故。

年内,完成中英文网站全新改版,梳理完善了对外发布信息的审查程序。在保障网络运行安全的前提下,做好信息更新,及时反映放射卫生领域的最新动态与所内工作信息。

(五)放射工作人员职业健康管理

根据《放射工作人员职业健康管理办法》要求,建立了所内放射工作人员健康档案,每年均安排放射工作人员职业健康体检和新从事放射工作人员的岗前体检,同时按有关规定对放射工作人员定期进行了个人剂量监测。

二、业务工作进展

(一)履行技术支撑与技术指导职能

1. 参与放射卫生重要法规、预案的修制定　2009 年《放射损伤防治管理条例》被列为国务院二档立法计划。受卫生部委托,完成了《放射损伤防治管理条例》(征求意见稿)的起草工作,开展了"国外放射损伤防治立法情况调研"、"我国放射防护现状调研"、"国内外放射事故调研"和"11 省市部分医疗机构放射诊疗防护情况调查"等立法调研工作。在向卫生部提交的相关调研报告中,用大量详实的调研结果与调查数据说明了我国放射诊疗的防护现状和国外放射损伤防治管理的立法情况,论证了放射损伤防治管理立法的必要

性与紧迫性。此项工作的开展，对保障我国核能与核技术应用的可持续发展，保障人民群众健康权益具有重要的现实意义与深远的历史意义。

协助卫生部修订了《卫生部核事故和辐射事故卫生应急预案》。组织专家对《职业病防治法修改意见》、《职业病防治规划》、《放射性物品运输安全许可管理办法》、《职业性放射性疾病诊断工作指南》、《放射性物品分类和名录》和《放射卫生监督调查制度》等提出修改意见与建议。

2. 承担放射卫生领域的监督管理任务

(1)放射卫生监督管理的技术支持　作为国家级专业技术机构，承担完成了放射卫生年度计划、重要通知的起草和放射卫生领域内重要专项调研等工作。全年总计提交技术文件 83 份。其中包括技术方案 5 个、专项工作报告 13 份；技术规范/应用指南 27 个、工作建议 12 份；全国性工作计划 2 份；其他技术文件 24 份。

受卫生部委托，组织专家完成了对吉林大学卫生检测中心等 4 家单位“建设项目职业病危害评价(放射防护)资质(甲级)”的现场考核工作。

针对境外媒体关于我国核试验对参试人员及周围居民健康影响的不实报道，组织专家依据大量事实，写出了专项报告，为相关政府部门驳斥不实报导和恶意攻击提供了技术支持。

(2)协助卫生部开展“11 省市医疗机构放射诊疗防护情况调查”　2009 年 8 月，为做好《放射损伤防治管理条例》的立法调研，切实掌握目前我国医疗机构放射诊疗防护情况，卫生部在全国 11 个省份组织开展了医疗机构放射诊疗防护调查工作。本所负责该项调查的技术方案制定与调查结果的分析评价，同时承担了调查的技术指导与头部 γ 刀、X 刀和核医学设备的检测工作。

本次调查在天津、河北、山西、内蒙古、辽宁、江苏、山东、河南、广东、四川和甘肃等 11 省/市进行，共调查了 269 家医疗机构。检测了其中 148 家的放射治疗设备、161 家的 X 线机和 13 家的核医学设备。调查工作于 2009 年 9 月完成，本所在对调查数据进行系统分析后，向卫生部提交了《11 省市医疗机构放射诊疗防护情况调查报告》。

3. 放射卫生专业培训与技术指导　为进一步提高全国放射卫生专业人员的整体水平，在充分调研的基础上，根据实际需求，有针对性地调整了培训内容。按计划完成了 7 个全国性培训班/专业会议。共计 686 人参加了培训，其中 425 人获国家级继续医学教育一类学分证书。本所培训班的授课内容与师资水平得到了各省放射卫生专业人员的认可。

组织专家和专业人员近百人次赴多省市进行了现场调研和技术指导。先后开展了“内蒙、上海核辐射救治基地情况调研”、“朝核试验延吉应急准备”的调研与评估。组织开展了“放射性核素 γ 能谱分析方法”、“个人剂量监测技术质量控制”、“生物剂量估算”和“水中总放射性分析”等 4 项全国性技术比对。全年有 13 名省级疾控中心人员来所进修。

4. 建设项目职业病危害评价与技术服务　2009 年度进一步规范建设项目职业病危害评价工作,严格评价报告书的技术审核与程序管理。完成了 14 份建设项目职业病危害评价报告书的编制。受卫生部委托,组织专家对其他技术机构编制的 20 份建设项目职业病危害评价报告书进行了审查。

在放射防护器材防护质量检测管理、医用设备检测服务及质量控制等方面做了大量工作。全年对外出具各类检测报告 408 份、校准报告 221 份。

(二)放射卫生标准委员会

放射卫生标准委员会根据 2009 年工作计划,开展了放射卫生防护国家标准和行业标准的清理工作,完成了标准审查、报批等工作;编制了《放射卫生防护标准应用指南》、《放射卫生相关法律、法规及文件汇编》和《标准工作相关法律、法规及规范性文件汇编》。

标委会秘书处再次更新了放射卫生防护标准、法规以及相关文献的汇编光盘;对挂在本所网站上的放射卫生防护标准及一览表、标准历次版本表、标准发布通告等及时更新,年内点击量已超过万次,对放射卫生标准的宣贯起到积极作用。

(三)核事故医学应急工作

1. 配合卫生部,做好“五个一”工程　2009 年卫生部应急办公室把加强核及辐射突发事件卫生应急作为卫生应急工作的重点内容之一,确定了修订《卫生部核事故和辐射事故卫生应急预案》、下发《关于加强核和辐射突发事件卫生应急工作的通知》、举办“核电厂模拟事故医学应急演练”、拍摄“应急演练示范片”和召开“全国首次核和辐射突发事件卫生应急工作会议”的“五个一”工程。卫生部核事故医学应急中心围绕“五个一”工程,做了大量扎实有成效的工作,受到了卫生部应急办公室的多次好评。

2. 完成核与辐射突发事件的应急响应　受卫生部卫生监督局委托,组织专家指导宁波金固公司金属扣件放射性物质超标事件的处理,编写了《中国输英金属扣件放射性污染事件人员受照剂量调查和医学处理方案》。

2009 年 5 月,朝鲜进行了第二次核试验。在核试验当天,卫生部核事故医学应急中心立即成立北京专家组和延吉专家组,开展了朝鲜核试验放射卫生预警监测。本中心在此次事件中的应急响应速度与检测评价能力,得到了相关单位的充分肯定。

3. 做好核与辐射医学应急保障的基础工作　在总结“5・12”大地震卫生应急工作经验和 2008 年北京奥运卫生保障经验的基础上,为做好建国 60 周年的核与辐射医学应急保障,组织开展了核和辐射应急医学救援队演练、按计划完成核和辐射应急物资储备,对核和辐射损伤救治基地建设进行了技术指导。

4. 解放军 307 医院加入卫生部核事故医学应急中心　2009 年 1 月,卫生部正式批准解放军 307 医院加入卫生部核事故医学应急中心,成为该中心的第三临床部。6 月 10

日,陈啸宏副部长出席了在解放军307医院举行的卫生部核事故医学应急中心第三临床部揭牌仪式并作了重要讲话。第三临床部的成立,进一步理顺了医学应急工作的指挥协调机制。

(四)科学研究与公共卫生专项工作

2009年度围绕公众和政府关注的公共卫生热点开展了核事故医学应急与救援、辐射危害因素检测与评价、放射性职业危害控制等科学研究,22项在研课题进展顺利。年内有1项课题获国际原子能机构支持、2项获军控核查办支持、6项获卫生部政策法规司标准研制项目支持、2项获中国疾控中心青年基金项目支持。有6项重点科研课题通过了相关部门组织的项目验收,其中科技部社会公益项目"非铀矿山放射性职业危害评价与控制研究"和《放射诊疗中质量控制技术与医用安全评价研究》获得验收优秀的评价。"辐射危害因素检测与评价"、"辐射流行病调查与辐射健康效应评价"、"核与放射突发事件医学应急技术研究与应急准备"等9大项(44个子项)的公共卫生专项按计划完成。

组织召开了2009年科技奖励暨学术年会;组织编制了《中国疾控中心辐射安全所2008年度学术论文集》。全年共发表学术论文86篇。

根据本所科技奖励办法对2008年度11项获资助的课题组、在正式刊物上公开发表学术论文的56名作者和2部科技著作作者给予了奖励。

(五)编辑出版

1.《中华放射医学与防护杂志》 2009年度,《中华放射医学与防护杂志》按时发刊,文章质量不断提高。同时继续推进该杂志的网络化进程,建立了期刊网站,实现论文出刊1个月内便可在互联网上查询中英文摘要,对扩大杂志影响起到积极作用。

2.《中国放射卫生进展报告》 为真实记载、全面总结建国以来放射卫生工作的发展变化,组织编辑了《中国放射卫生进展报告》。该报告组稿范围广泛,包括卫生系统、军队、核工业、大学、研究院所等诸多从事放射卫生工作的机构与部门。

3.公共卫生信息监测通报与核应急信息特刊 为使政府相关部门及时了解放射卫生的相关信息,全年收集整理、编辑印制了50期《公共卫生事件(放射卫生)媒体相关信息监测工作通报》。

《辐射与健康通讯·放射卫生与核应急信息特刊》编辑出版12期。

三、教育培训

(一)研究生培养

研究生培养工作按计划完成,全年指导、培养研究生24名,其中硕士研究生18名,博士研究生6名。为使研究生管理工作更加规范化,开发研制了“研究生培养管理系统”,年底已投入试运行。

（二）职工在职教育

本所努力为职工提供多渠道的学习机会,在工作岗位上积极进取已形成风气。2009年度对新进职工进行了岗前培训,组织职工参加苏州大学放射卫生与防护培训班。年内有2名职工考取硕士研究生,有11名职工获得专业技术证书。

四、国际交流与合作

2009年为开拓视野,继续加强国际交流,与世界卫生组织等保持密切联系,积极开展双边合作。全年接待外宾5批,12人次。20人次出访日本、韩国、奥地利、瑞士等国参加放射卫生领域的国际交流。

2009年5月,苏旭研究员被选举连任亚洲辐射研究协会副主席。7月,岳保荣研究员成为国际放射防护委员会第3委员会委员。

五、实验室安全管理与能力建设

（一）实验室安全管理

实验室安全管理工作认真贯彻落实相关法规和各项规章制度与上级要求,对放射防护安全管理体系再次完善,修订了《实验室安全应急预案》,起草了《放射源和含放射性设备购置审批程序》和《辐射安全所放射防护管理办法》,逐级落实各项实验室安全管理责任,对实验室人员进行了实验室安全培训。

截止到2009年12月31日,所内共有112件放射性同位素、5台含源装置、3台射线装置。根据“北京市环保局关于加强全市放射性废物和闲置废旧放射源管理的通知”的要求,完成了所内闲置废旧放射源(废物)的固化、封装与送贮存工作。总计送贮2种9枚废弃的放射源,17种58瓶放射性废物。由于认真落实放射源安全管理的各项措施,对放射源使用进行动态管理,做到了放射源账物相符,全年未发生放射源安全管理事故。

年内根据所领导分工,孙全富副所长负责本所放射防护领导小组工作。

（二）通过计量认证现场评审

12月26－27日国家计量卫生评审组对本所申请的计量认证复查和扩项进行了现场评审。评审组认为,单位领导重视实验室管理体系建设,管理层对《实验室资质认定评审准则》理解正确,组织实施基本到位,文件控制规范,所申请的10类检测产品、84项参数具有出具客观、科学检测报告的技术能力。现场评审组一致同意中国疾控中心辐射安全所通过计量认证复审和扩项现场评审。

六、重要会议

(一)卫生部召开首次全国核和辐射突发事件卫生应急工作会议

2009 年 10 月 21 - 23 日,卫生部在南京召开首次全国核和辐射突发事件卫生应急工作会议。卫生部尹力副部长、国务院应急办、国家核应急办、卫生部有关司局、卫生部核事故医学应急中心和全国各省级卫生厅局有关领导出席了会议。17 个核和辐射损伤救治基地及有关医疗卫生机构负责人参加了会议。

会上,尹力副部长全面回顾总结了我国核和辐射突发事件卫生应急工作,分析了当前工作现状和今后一个时期面临的新形势,提出了进一步加强核和辐射突发事件卫生应急机制和能力建设的工作要求。卫生部核事故医学应急中心苏旭主任做了题为"卫生部核事故医学应急中心应急准备与响应"的专题报告,国家核应急专家徐玉明教授介绍了目前我国核和辐射应急工作的形势与进展,总后卫生部及 6 个省分别介绍了核和辐射突发事件卫生应急准备与响应工作的开展情况。会议安排与会代表观看了核事故卫生应急演练示范片,参观了江苏省田湾核电站。

会议的成功召开,增强了全国各省市应急机构做好核和辐射突发事件卫生应急工作的意识和信心,对科学、规范、有效地开展核和辐射医学应急工作起到了积极促进作用。

(二)中华医学会放射医学与防护分会召开会议换届改选

2009 年 12 月 3 - 7 日,中华医学会第八次全国放射医学与防护学术研讨会在昆明召开。会议期间完成了中华医学会放射医学与防护学分会换届改选工作,选举产生了中华医学会放射医学与防护学分会第八届委员会。苏旭研究员当选为中华医学会放射医学与防护学分会第八届委员会主任委员,岳保荣研究员当选为侯任主任委员。

七、奖励与荣誉

2009 年 5 月,苏旭研究员被亚洲辐射研究协会授予"辐射研究贡献奖"。

(苏旭　李晓颖)

农村改水技术指导中心

一、项目管理和业务工作

(一)全国农村集中式饮水安全工程水质卫生监测

2000 年联合国首脑会议通过《千年宣言》,制定了千年发展目标:到 2015 年将没有享有安全饮水人口的比例减少一半。为实现这一目标,我国政府结合国情制定了《全国农村饮水安全工程"十一五"规划》,农村饮水安全工程水质卫生监测工作旨在配合这一规划的开展,更好地了解农村目前的水质卫生状况,为政府了解农村饮水工程改善提供信息,推动进一步改善农村公共卫生与环境状况。

根据国家《全国农村饮水安全工程"十一五"规划》的目标和全国爱卫办下发的《2008 年中央补助地方公共卫生专项资金——农村改水改厕项目技术方案:农村饮水安全工程水质卫生监测》的要求,在全国 30 个省(不包括上海)及新疆生产建设兵团的范围内,针对《全国农村饮水安全工程"十一五"规划》及《2005－2006 年农村饮水安全应急工程规划》已建成的 30 000 处农村集中式饮水安全工程的水质进行卫生监测。全国共有 29 个省、自治区、直辖市和新疆建设兵团的 1650 个县(市、区)参与。本次共获得监测数据约 400 万个,获得水质分析数据 200 万个左右。目前已完成监测工作,并形成《2009 年农村集中式饮水安全工程水质卫生监测报告》。

(二)全国农村饮水水质卫生监测

全国农村饮水水质卫生监测于 1993 年开始,十余年来在各级卫生行政部门和疾控中心的努力下,已经形成了比较完善的农村饮用水水质卫生监测体系,2008 年开始建立并运行常规监测的网络直报系统,到 2009 年网络直报系统运转明显得以改善,使得我们能及时了解农村饮用水水质卫生监测结果和掌握工作进展,多年来的监测积累的成果为我国了解农村饮用水水质卫生状况提供了很好的基础资料和信息。

按照《全国农村饮水水质卫生监测方案》的要求,监测将覆盖全国 31 个省份及新疆生产建设兵团,根据我国广大农村现状及技术条件,抽取具有代表性的县和监测点,建立全国农村饮用水水质卫生监测网络。主要目标是:掌握农村饮用水水源类型、取水方式、分类覆盖人口及其变化;掌握饮用水水质卫生状况及其变化。近年来参与的监测县已经占全国县级行政区划的 25%以上。2009 年全国 30 个省(自治区、直辖市)和新疆生产建设兵团(西藏未报)的 719 个县市区开展了 2009 年全国农村饮用水水质卫生监测工作，通过网络直报系统上报了监测结果(数据记录共计 28 万余条)。该监测结果为我们掌握近年来的农村饮水水质卫生状况提供了大量的信息和基础资料。

(三)全国农村学校水和环境卫生设施现状调查

全国农村学校水和环境卫生设施现状调查工作主要是通过开展农村学校水与环境卫生现状调查，了解我国农村学校供水、饮用水、厕所、垃圾、污水等卫生设施现状，掌握学生与其相关的卫生需求，研究发现农村学校卫生设施建设与管理中存在的问题，为规划我国农村学校安全饮水、环境卫生设施建设和改进学校卫生基础设施提供基础资料。此项工作于 2007 年 11 月 15 日启动，2008 年完成了 16 个省 96 个县的现场调查和数据收集、整理工作。2009 年主要工作包括：1－5 月完成调查数据的分析、汇总，并完成调查报告的初稿；6 月 9－13 日召开了总结会。

调查结果显示：农村学校供水设施不完善，水质合格率低；农村学校有卫生厕所的比例较低；农村学校垃圾收集系统比例较低，污水随意排放比例较高；学生喝生水比例较高，在学校的便后洗手率低，对经水和粪便传播疾病的知识掌握程度低；学生肠道寄生虫感染率较高

(四)腹泻疾病负担与环境卫生干预措施研究

腹泻是当今全球的公共卫生问题之一，在我国急性传染病发病中也比较多，流行最广。因此，改水、改厕措施对于腹泻病的作用，客观评价改水、改厕的防病效果，对指导该地区腹泻病的预防控制工作非常必要。国内外大量研究表明，以改善供水状况和提供卫生厕所为手段的干预措施能够有效控制腹泻在农村地区的流行。

本次研究目的是掌握农村地区腹泻发病情况及腹泻患者的经济负担，摸清农村改水改厕现状及不同类型供水设施和厕所的建设、运行成本，探讨改水改厕控制腹泻的健康效果，为政府制定防控腹泻政策和合理配置卫生资源提供依据。本研究采用横断面调查方法，对象分为目标人群和目标人群的家庭供水、家庭厕所。研究结果显示，农村供水与卫生设施的改善在控制和预防腹泻病方面具有重要作用，农村居民置身于未改水改厕环境下患腹泻的机率高于完全改水改厕环境下患腹泻的概率，农村地区居民患腹泻的原因有近一半归结于未改善供水和厕所条件。

(五)地震灾区灾后水与环境卫生现状调查

地震灾区灾后水与环境卫生现状调查工作主要是通过调查了解灾区目前的水与环境卫生状况和需求，发现存在的问题，提出合理的改进方案和建议，为灾区下一步高效、有序地开展水与环境卫生工作提供科学依据。

调查包括居住区情况调查、学校基本情况调查、入户调查和学生调查。居住区调查包括一般情况、医疗卫生服务情况、饮用水情况、公共厕所情况、垃圾和污水收集处理情况等;学校调查包括一般情况、医疗卫生服务情况、饮用水情况、厕所情况、垃圾和污水收集处理情况等;入户调查包括一般情况、饮用水情况、个人卫生常识、厕所情况、家庭环境卫生情况等;学生调查包括个人卫生知识、对学校环境卫生和厕所的看法、近 3 个月肠道传染病发病情况等。

地震灾区灾后水与环境卫生现状调查工作于 2009 年 5 月启动,6—10 月通过查阅文献、相关专家讨论等完成研究的工作方案,11 月在四川省什邡市、北川县、青川县完成了现场调查工作,12 月底前完成数据资料的录入、整理。整个调查计划 2010 年 6 月完成调查报告。

(六)贵州省农村学校学生肠道寄生虫感染影响因素研究

贵州省农村学校学生肠道寄生虫感染影响因素研究工作主要是研究贵州省农村学校学生寄生虫感染情况;了解当地农村学校的环境卫生状况和家庭环境卫生现状及土壤虫卵的污染情况;评价学生个人卫生知识水平和家庭的卫生知识及卫生行为现状;探讨学校、家庭因素及个人卫生行为对学生寄生虫感染的影响,为寄生虫高发区学生寄生虫感染的预防控制提供科学依据。

调查计划在寄生虫高感染的贵州遵义县的 10 所学校开展现场调查,对学校及四年级学生进行粪便寄生虫卵的检验,根据粪检结果全部粪检阳性者均选为病例,选择同学校、同年级的粪检阴性的学生作为对照,针对选择的学生进行家庭环境卫生调查并取土壤进行寄生虫检测,分析学生肠道寄生虫感染的影响因素。

现场调查包括学校调查、学生调查和家庭调查 3 部分,学校调查主要是了解学校水与环境卫生情况调查、供水及学生饮水情况和厕所使用管理及粪便处理情况;学生调查主要是了解学生的卫生知识、卫生行为和健康教育情况等;家庭调查主要包括家庭基本情况、家庭供水及饮用水情况厕所使用管理情况及粪便处理情况、家庭垃圾和污水处理情况、家长的卫生知识和卫生行为等。实验室检验:学生肠道寄生虫检测、学生家庭土壤寄生虫检测。

此项工作于 2009 年 6 月启动,2009 年 7-9 月通过查阅文献、专家讨论等完成研究工作方案,2009 年 10-12 月完成现场调查工作。

(七)塑料再生集散地邻苯二甲酸二(2—乙基)己酯人群氧化性 DNA 损伤研究

通过对塑料再生集散地特征性的环境内分泌干扰物邻苯二甲酸二(2—乙基)己酯(DEHP)的外环境暴露水平,以及研究对象血中氧化应激酶学指标和尿中 8—OHdG 水平的研究，了解塑料再生资源集散地从业人员 DEHP 环境暴露对机体氧化性 DNA 损伤的影响，探讨尿 8 - OHdG 反映特定环境暴露早期遗传损伤的可行性，本研究以南方某市一个有近 20 年塑料收购/拆解历史的集散地为暴露区，以距该地上风向约 50km 处无明显相关污染源的一个农业区为对照区。其中，暴露区的管理模式主要为塑料再生拆解企业的工业园，同时还存在相当数量的个体塑料、轮胎等废旧品拆解、加工作坊的生产模式并存。

研究结果显示，再生资源集散地的职业人群水和土壤 DEHP 的暴露水平要高于对照区居民，职业因素是影响研究对象血清 SOD、MDA 和 GAH - Px 和尿中 8 - OHdG 含量变化的主要因素。尽管尿中 8 - OHdG 也可能会受到塑料再生集散地其他污染物的影响，并非 DEHP 特异性的生物标志物，但 DEHP 暴露组人群机体氧化应激水平较高，已经表现出氧化性 DNA 损伤。

主要研究成果已通过《邻苯二甲酸二(2 -乙基己基)酯环境暴露与人群健康研究进展》、《塑料拆解地区水环境中 DEHP 检测》和《塑料再生集散地邻苯二甲酸二(2 -乙基)己酯人群氧化性 DNA 损伤研究》等 3 篇论文发布。

(八)中国西部村镇水与环境卫生项目

中国西部村镇水与环境卫生项目在贵州、甘肃省 4 个项目县 8 个项目村开展，项目目的是通过在项目村实施环境卫生基础设施建设和健康教育，实现项目村饮用水安全和环境卫生问题的综合改善，改善农村生活条件、促进西部地区经济发展。项目主要内容是开展安全饮水、环境卫生改厕和健康教育三位一体的活动。

2009 年 4 月项目启动，5 - 7 月完成基线调查，2009 年 8 月至 2010 年 8 月完成供水设施建设、环境卫生设施建设和健康教育工作，2010 年 9 - 10 月项目总结、验收，2010 年 11 - 12月项目效益评估。

(九)ITT 水印计划项目

学校安全饮水和环境卫生是我国公共卫生问题中的一个重要环节，部分地区的学校卫生设施不符合卫生标准，学校生活用水被粪便污染所导致的肠道传染病流行等事件时有发生。为了逐步完善学校的安全饮水工程建设、环境卫生、健康教育三位一体的发展模式，中国妇女发展基金会与 ITT 合作，在学校实施安全饮水、环境卫生与健康教育项目，改水中心为项目的技术支持单位。

项目在河北、江苏、云南省 3 个县实施，主要在 8 所小学建设、完善学校的供水设施和环境卫生设施，并在学校开展饮水和环境卫生相关的健康教育及健康促进活动。

2009 年 3 - 5 月完成了《项目执行方案》和《基线调查方案》，6 月完成了《基线调查方案》的培训，7—9 月撰写了基线调查报告，8 - 9 月完成项目学校学生饮水宣传杯的制作和发放,10－11 月完成项目学校学生宣传折页的制作和发放。

(十)二期星巴克与“母亲水窖”合作项目

2007 年星巴克咖啡公司与中国妇女基金会合作开展了星巴克与“母亲水窖”合作项目,改水中心为技术支持单位,项目取得了很好的效果。2009 年星巴克公司与中国妇女基金会合作开展了二期星巴克与“母亲水窖”合作项目,项目主要工作是在重庆、宁夏、广西和新疆等地区 7 个县 14 个项目村进行卫生健康培训。2009 年 3－6 月完成了《项目实施方案》和《基线调查方案》,7－11 月,完成了基线调查数据的录入、分析以及项目中期评估报告。

(十一)百事基金项目

改水中心作为技术支持单位,参与中国妇女发展基金会与百事基金合作开展百事基金项目。项目主要是为贫困的农村人口提供安全方便的饮用水和开展与水相关的卫生健康知识和卫生行为的培训。旨在通过项目的实施,使受益群众饮用安全卫生方便的饮用水,提高受益群众的卫生健康意识,提高他们的健康水平和生活质量。

本次百事基金项目是在甘肃省白银市景泰县开展,主要解决两个农村社区安全饮用水问题,开展环境卫生基础设施建设和健康教育。项目执行周期为 2009 年 9 月至 2010 年 12 月,2009 年 9－12 月项目地区评估、基线调查和项目培训。

(十二)百事基金会地震灾区饮水工程项目

2008 年四川发生地震,为解决灾区农民饮水安全问题,中国妇基会利用百事基金会捐赠的 30 万美元,在四川地震灾区建设安全饮用水项目,改水中心为技术支持单位。项目在四川省仁寿县、中江县、会理县和阆中市开展,项目目的是以解决灾区农民饮水为龙头,引导多种经营,提高群众生产能力,增加收入;通过开展社区动员和培训,增强受益地区农民尤其是妇女的卫生与健康意识,改善她们的生产生活条件,提高农民的生活质量和健康水平。项目主要内容是为灾区建设安全饮水工程建设和相关的健康教育。

项目周期为 2009 年 5 月至 2010 年 10 月,2009 年 6－7 月完成了《百事基金会地震灾区饮水工程项目实施方案》和 4 个供水工程的审核。

二、教育培训与研究生管理

1. 协助卫生部举办农村饮水安全工程卫生学评价技术培训班两期。

2. 2009 年毕业博士研究生、硕士研究生各 1 名,毕业联合培养硕士研究生 1 名,新招收硕士研究生 2 名,目前共有在读硕士研究生 5 名,公共卫生硕士研究生 5 名。

三、国际交流与合作

(一)国际交流活动

3月2-6日派员参加了由亚洲开发银行举办、在菲律宾马尼拉召开的《发展中国家环境卫生大会》;

4月5-10日派员参加了由卫生部与儿基会组团赴孟加拉达卡举办的减轻饮水砷中毒危害国际经验交流会;

4月4-19日派员参加了由瑞典国际发展署资助、在印度班加罗尔举办的环境卫生的生态学方法的选择培训班;

7月29-31日派员参加了WHO组织的、在越南河内举办的联合监测项目培训会,统一了千年发展目标中的统计方法和指标定义;

9月21-24日派员参加了在爱尔兰召开的国际家庭水处理与安全储水网——技术会议;

11月1-6日派员参加了在日本名古屋召开的第九届亚太地区甲状腺学术会议。

5月4日,世界卫生组织北京代表处的环境卫生顾问裴雷博士(Dr Mukundan Pillay)和项目官员姜凡晓女士到改水中心就有关农村水与环境卫生项目开展和实施情况进行了座谈;

12月1日WHO专家Hossain和WHO亚太区专家于到改水中心,讨论我国农村改水改厕的监测指标等技术问题。

(二)国际合作项目

1. 不安全水、卫生设施、卫生行为的疾病负担与水、卫生设施改善的成本效益研究
由联合国儿童基金会资助。本研究的主要目的是了解农村人群水与环境卫生相关疾病的发病现状及其流行特征和了解饮水干预措施在控制水与环境卫生相关疾病的成本效果及疾病负担,为我国的农村改水改厕规划提供科学依据。研究的省份为河南、浙江和四川省,在地域上代表了我国的东中西部。

研究方案初稿于2009年5月经专家审核,6月正式启动。现场调查工作于7-9月在各地展开,现场调查按照疾病负担和改水改厕成本内容分为三大部分:腹泻直接医疗负担部分、腹泻直接非医疗负担和间接负担部分,以及改水改厕成本部分。现场调查结果按照统一数据库录入后于11月份上报。目前已经完成现场调查。

2. 农村集中式供水饮水安全计划试点推广研究　由WHO资助,以WHO饮水水质准则“饮水安全计划”的原理为基础,采用半定量法将可能性与风险后果结合对发生风险的严重程度进行评估,并采取相应的应对或控制措施。

改水中心于2006年在浙江和山东两省开展了农村实施饮水安全计划试点工作,为推广前期实施经验和推动农村供水水质风险管理(尤其是西部地区),2009年在北京、重庆、河南、广西和宁夏开展了试点研究的推广工作。试点推广是将WSP这一水质管理系统工具与当地水厂的实际情况结合起来,提高农村水厂管理水平,保障农村饮水水质安全。

2009年7月和9月召开了项目启动和经验交流会。主要目的包括在农村小型集中式供水中更好使用和推广"饮水安全计划"水质管理工具;对试点工作的效果进行评价;为饮水安全计划方法在中国农村集中式供水水厂的推广做准备,并进一步修改完善农村集中式供水水厂风险管理方法。

通过项目实施提高试点推广地饮水安全计划的实施能力和试点水厂的风险控制及水质安全管理能力,将影响饮用水水质风险的可能性降至最低,达到保障农村集中式供水水质安全和预防水性疾病发生或流行的目标。目前已经基本结束,由于建立风险管理机制需要时间体现效果,预计明年将对实施效果进行进一步研究和总结。

3. 编制《参与式农村环境卫生与个人卫生传播培训手册》 由联合国儿童基金会资助,编制适合卫生部门使用的卫生知识传播培训手册。培训手册的主要内容包括:参与式方法的概念、常用方法和应用场景;参与式方法操作的七个步骤及主题活动内容;饮水卫生知识、厕所与粪便管理、垃圾污水管理、农村庭院与住宅卫生知识和个人卫生核心知识。培训手册从农村群众,尤其是妇女、儿童现状和需求出发,实际应用性较强,对社区群众能力建设具有积极的指导意义,是农村地区开展环境卫生知识培训的技术指南。

培训手册的编写于2008年9月启动并于12月底完成了培训手册的初稿,2009年2月19—20日召开了《参与式农村环境卫生与个人卫生传播培训手册》专家研讨会,4月15—18日在四川省北川县完成了现场预试验工作,9月完成了本手册的印刷出版和发放。

4. 爱生学校水与环境卫生标准制定 由联合国儿童基金会资助。制定标准的主要工作是对农村学校水与环境卫生状况综合分析,研究制定学校水、环境卫生核心卫生信息和主要卫生指标,确定农村学校饮水安全关键指标和环境卫生重点控制指标,制定并出台《爱生学校水与环境卫生标准》,以提高和改善农村学校的饮水和环境卫生质量。2009年1—3月完成了爱生学校水与环境卫生标准初稿,4月2日召开了《爱生学校水和环境卫生标准专家研讨会》,9月28日召开了《爱生学校水和环境卫生标准审议会》,10月完成了《爱生学校水和环境卫生标准(试行)》定稿,报全国爱卫办和联合国儿童基金会。

四、人物荣誉

张荣同志获中华预防医学会公共卫生与预防医学发展贡献称号。

(陶勇　赵平)

妇幼保健中心

一、全国妇女儿童保健技术指导及培训

(一)妇女常见疾病保健工作

制定《全国妇女常见病筛查工作规范》、《妇女常见病筛查管理办法(讨论稿)》,《妇女常见病筛查技术指南》。启动了“工业企业接触职业危害因素女职工保健工作干预项目”。编写印发了《工业企业女职工生殖健康保护指南》、《女职工劳动保护读本》及《女职工劳动保护手册》,并在项目地区组织相关培训。编写并印发《乳腺癌防治宣传手册》、《孕产期妇女甲型 H1N1 流感防治指南》、《农村妇女“两癌”检查项目管理方案》、《农村妇女宫颈癌检查项目技术方案》、“农村孕产妇住院分娩补助项目督导评估标准(试行)”、“农村妇女宫颈癌检查项目督导评估标准(试行)”及“增补叶酸预防神经管缺陷项目督导评估标准(试行)”。编写了《宫颈癌检查技术操作手册》、《农村妇女宫颈癌检查项目技术培训方案》,并于 2009 年 9 月完成了对全国 31 个省(市、自治区)的省级人员宫颈癌检查相关技术的培训。开展“中国人口健康援助工程一妇女健康促进活动”,为项目单位提供临床医疗设备援助、开展生殖道感染防治技术的培训及相关应用性研究。参与卫生部妇幼保健机构院内感染管理工作专项督查工作。

(二)孕产期保健工作

修订完善《全国孕产期保健工作规范》、起草《孕产期保健管理办法(讨论稿)》。编写《产科出血防治适宜技术培训教材》、《产科出血防治适宜技术培训大纲》及《产科出血防治乡村医生手册》,并对 22 个省的省级人员进行了产科出血防治适宜技术省级师资认证培训。编写《产科出血防治适宜技术指南》,筹备出版。

(三)预防艾滋病母婴传播工作

工作覆盖面由原有的 130 个地(市、州)333 个县(市、区)扩大到 150 个地(市、州)453 个县(市、区),并开展了对艾滋病感染孕产妇及所生婴儿的综合干预服务。修订了《预防艾滋病母婴传播技术指导手册》、《预防艾滋病母婴传播》(教材),进一步指导预防艾滋病母婴传播工作在全国范围内开展。对相关项目地区及新增 120 个县的县级医疗保健机构专业人员约 750 人次进行了预防艾滋病母婴传播技术培训及信息管理培训。强化信息管

理,组织多次信息管理与信息系统使用专项培训及研讨会,目前信息系统的使用已覆盖到全国29个省及新疆生产建设兵团的265个地(州、市)、893个县(市、区)。启动并运行"预防艾滋病母婴传播管理信息网络直报系统"。召开了2009年全国预防艾滋病母婴传播工作年会,及时总结工作成效、经验及面临的挑战。对6个省(自治区)12个地(市)共12县(市、区)进行了监督指导。定期对各省预防艾滋病母婴传播婴儿抗病毒药品使用情况进行统计,根据各省实际需求调配下发药品。参与起草联合国大会特别会议报告、《全国艾滋病检测技术规范》、《全国艾滋病免费抗病毒药品供应管理办法》、《全国艾滋病免费抗病毒药品供应管理指南》、全球基金滚动基金项目申请及实施计划,参与全国艾滋病疫情估计等工作。

(四)儿童保健工作

组织制定《儿童保健技术规范》、《全国儿童保健工作规范》、《全国0~3岁儿童体检规范》。修订《托幼机构卫生保健工作规范》,增加卫生评价标准,并赴贵州、河南和云南等省各级托幼机构进行调研。组织专家编写《托幼机构保健人员培训教材》、《儿童溺水干预指南》,编写、印发《婴幼儿家庭保健》。组织开展中国母乳喂养婴儿生长速率监测与标准值研究、全国0~6岁儿童期单纯肥胖症干预研究、儿童保健技术研究、城市4~6个月不同喂养方式婴儿缺铁性贫血状况的研究、中国西部四省儿童微量营养素补充项目、新生儿窒息复苏培训项目等儿童保健服务相关规范。

(五)妇幼保健机构信息化建设

完成了2008年度全国妇幼保健机构资源与营运状况检查调查工作并撰写报告。完成了全国第四次卫生服务调查妇幼卫生部分数据分析及报告,完成了中国疾控中心死因监测中孕产妇死亡和儿童死亡部分的分析报告。在四川成都、辽宁大连和山西太原3个城市开展了生命登记系统的试点工作。举办了两期淮河流域出生及出生缺陷监测工作诊断技术培训班、一期出生及出生缺陷监测数据分析培训班。开展淮河流域出生及出生缺陷监测工作的督导与评估。研究、制定基于健康档案与区域卫生信息平台的妇幼保健信息系统技术解决方案。参与卫生部《基于健康档案的区域卫生信息平台技术解决方案》项目,对天津市妇幼保健信息系统进行了评估和验收。参与编写《卫生部健康档案基本数据集编制规范(试行)》、《健康档案基本架构与数据标准(试行)》。

(六)《中国妇幼卫生杂志》筹办工作

《中国妇幼卫生杂志》于2009年5月由国家新闻出版总署正式批准由原《中国医学文摘—卫生学分册》更名,妇幼中心为该杂志的承办单位。2009年完成杂志编辑委员会的筹备和成立工作。确定各省联系人,并组织组稿、审稿、召开定稿会等稿件管理工作。现已完成2010年第1、2期稿件组织工作。

(七)母婴保健法律法规证件管理工作

协助卫生部开展2010年度母婴保健法律证件印制采购项目的招标采购工作。编写《出生医学证明管理工作培训教材》,对各地证件管理人员进行培训,规范各地证件管理。启动《出生医学证明》信息化建设工作。开展母婴保健法律证件的督导评估。制定母婴保健法律证件生产、发运计划、经费预算、真伪鉴定等日常事务性管理工作。

二、对外交流与合作

(一)国际合作项目

1. 西班牙千年发展目标基金文化与发展项目妇幼卫生子项目　制定并下发项目执行文本,文本内容包括项目背景、项目地区和目标人群、项目目标、行动策略,以及项目的组织与实施等内容。3月在贵州省雷山县对项目实施方案和调查问卷进行了预实验。4月召开项目启动会。5-6月,在6个项目县开展了基线调查。组织专家对"母子保健包"内容进行改编。为各项目县配备了车辆1部,为县、乡、村三级妇幼保健服务机构配备了新生儿暖箱、儿童三用体重秤和卧式量床等医疗设备。

2. 儿基会项目

(1)预防艾滋病母婴传播项目　7月启动卫生部/联合国儿童基金会/国际药品采购机制预防艾滋病母婴传播合作项目。举办3期预防艾滋病母婴传播业务及项目管理培训班,共覆盖120个项目县(市、区)。举办两期管理信息系统培训班,共覆盖62个县(市、区),共计培训600余人。11月分别在四川省南江县和云南省盈江县、瑞丽市开展预防艾滋病母婴传播工作效果评价的现场调查和定性研究工作。

(2)母子系统保健项目　召开年度总结会;编写《新生儿危重症救治乡村医生手册》和《新生儿危重症救治乡级培训教师手册》,8月举办新生儿危重症救治省级师资认证培训班,来自11个项目省的31名省级师资参加了培训,11-12月对重庆、广西、贵州以及内蒙古4省(市、自治区)共8个项目县进行督导,为新疆、甘肃、内蒙、广西4省(自治区)共16个县配备基本产儿科医疗设备,为12个项目省发放维生素A。

(3)灾后重建支持项目　2-3月,完成了四川省、陕西省及甘肃省受灾严重的14个项目县的基线调查工作,并撰写基线调查的中英文报告。6月和10月分别对陕西省宁强县、略阳县、甘肃省舟曲县、四川省绵竹市、什邡市、安县和平武县的项目工作执行情况进行了督导。举办"产生行为效果的交流培训班",7省共41人参加了培训。举办母子系统保健国家级培训班,8地(市)14个项目县的80人参加培训。

(4)城市流动人口妇幼保健服务项目　召开年度总结会,举办"城市流动人口妇幼保健服务试点项目管理”培训班，共32人参加培训；开展项目地区的督导检查。

(5)国家级孕产期保健管理指南开发项目　6－7月起草“孕产妇危重症病例评审规范”并不断完善。8月在广西壮族自治区对“孕产妇危重症病例评审规范”进行了现场预试验，并根据预实验的结果进一步修订，上报卫生部。12月举办2期师资培训班，对全国22个省(市)的80名妇产科、麻醉科、护理部高级专业技术人员进行了培训。

3. 人口基金项目

(1)生殖健康/计划生育第六周期项目　召开项目年度会议。举办6期专业技术人员培训，内容包括未婚青少年妊娠预防与保健、社会性别意识、反对针对妇女暴力的医疗干预能力、青少年心理辅导技能等。组织编写《青少年友好服务心理辅导培训手册》，修订《青少年保健门诊服务指南》、《未婚青少年妊娠预防与保健服务指南》及《反对针对妇女暴力的医疗干预指南》。对8个项目地区进行了监督指导，组织5个项目地区的交叉互访活动。开发孕产妇保健动画片、《怀孕与分娩》凹凸挂图等新形式的宣传资料，收集项目地区民间文艺材料用于生殖健康宣传，并对青少年生殖健康教育网站进行修订和测试。为项目地区配发生殖健康模型。

(2)生殖健康应急服务项目　编写了我国紧急情况下的生殖健康服务培训系列讲义，并对全国各省级及地震灾区县级相关专业人员进行了相关培训。组织翻译并出版了《紧急情况下最基本、最初始生殖健康服务包(MISP)——远程学习教程》、《难民环境下的生殖健康——国际组织和机构间合作现场手册》、《人道主义紧急情况下性别暴力干预指南》、《紧急情况下生殖健康服务物品包》等。组织编写了适合我国国情的《生殖健康应急服务指导手册》和《生殖健康应急服务物品包》。

(3)人口基金南南合作培训项目　提供紧急情况下最基本生殖健康服务包(MISP)培训模块开发基本信息。组织相关专家编写人口基金南南合作国际培训班的教材和讲义。

4. 中澳项目

(1)中澳探索农村地区妇女常见病防治策略模式　2009年7月正式启动，完成基线调查及项目地区省、县两级的妇女常见病防治技能师资培训工作，建立信息管理体系并初步完成健康教育培训计划的制定。

(2)改善乡村两级卫生机构诊疗规范的策略研究项目　项目于4月启动，4－5月在山西和重庆开展了基线调查，并撰写调查报告。开发“乡村两级医疗机构诊疗规范”、“乡村两级医疗机构管理及服务规范相关制度”。分别对山西和重庆项目地区乡村两级医疗机构的医务人员进行了诊疗规范和合理用药方面的培训，两地项目地区共约80余名乡镇卫生院医生和乡村医生参加了培训。11月组织人员赴澳大利亚考察了农村卫生工作。

(3)探索农村地区建立新生儿窒息复苏有效机制试点项目　3月组织专家对4个项目县进行了基线调查；4月召开项目启动会；5月举办中澳项目管理培训班；7月举办2期师资培训班；9月对山东省和黑龙江省进行了项目督导。对4个项目县的县级医疗保健机构的医务人员进行操作考核。为项目县配发培训教具12套并下发培训教材200册，挂图40套，培训手册900册。

(4)促进中国农村贫困地区儿童保健系统管理　完成项目地区的快速评估和基线调查，制作并印刷了项目所需培训教材及家长宣传材料。完成了项目省、市、县、乡级培训班，开展省、市级和国家级督导，完成了阶段性报告并通过中澳项目办审批。

5. 嘉道理项目　举办项目地区卫生局局长管理知识培训班、组织农村社区卫生服务工作实地考察。编写并下发《参与式健康教育培训者手册》、举办参与式健康教育培训班，4个项目省(自治区)共80余人参加此次培训班。开展入户调查、组织村民开展参与式需求评估活动。组织专家对项目乡镇卫生院卫生服务人员、乡村医生进行健康管理相关内容的业务培训。制定了高血压综合防治方案，并编制成册。向居民宣传控盐限盐、防治高血压的知识，累计发放控盐勺8万4千余枚。举办国家级社会性别意识培训班，共90余人参加了此次培训。指导各项目地区开展关爱妇女行动，如以宫颈癌和乳腺疾病筛查为主的"妇科疾病免费检查"活动、以规范产前检查和产后访视为核心的育龄妇女工作督导、以"防治出生缺陷"为主的孕产妇健康教育和免费推广活动等。制定社会性别意识宣传折页并向居民发放。累计发放折页约15万份。组织16个项目县内124名业务骨干参加进修。组织各县117名来自临床、护理、公共卫生专业、医院管理等领域专家驻乡蹲点。指导各项目县建立贫困救治制度，各项目乡镇卫生院结合实际工作开展贫困人口医疗费用减免活动。开展了项目中期评估、督导评估、印发四期项目简讯、撰写基线调查报告、筹备设备招标采购工作。

6. 世界卫生组织项目

(1)"生殖健康领域医生主动提供艾滋病检测与咨询服务"项目　完成《生殖健康领域医生主动提供艾滋病检测与咨询服务指南》初稿的撰写，并在两个项目地区云南和深圳举办了启动暨培训班、进行了基线调查。

(2)农村卫生能力建设项目　制定设备申请计划并协助世界卫生组织进行设备采购工作。撰写项目总报告(中英文)并提交详细的财务报告。

(3)卫生领域社会性别、平等及人权的国家状况报告　组织专家撰写"卫生领域社会性别、平等及人权的国家状况报告"初稿，召开研讨会，进行多方论证。

7. 卫生部—默沙东合作项目　4月到四川省凉山州布拖县进行现场调研，评估当地工作开展情况，制定并建立符合当地情况的预防艾滋病母婴传播服务模式，提供技术指导及技术支持。帮助凉山地区完成了"凉山州艾滋病防治实施方案(2009—2011)"预防艾滋病母婴传播的内容。组织专家多次到布拖、昭觉等重点县进行技术指导、开展人员培训。扩大凉山地区孕产妇获得艾滋病病毒检测和咨询服务的覆盖面，促进更多感染艾滋病病毒的孕产妇得到规范干预。

8. 中美艾滋病防治合作项目　编写《预防先天梅毒与艾滋病母婴传播试点实施方

案》,于 10 月启动“预防艾滋病母婴传播与先天梅毒防治整合试点项目”,并对项目地区相关工作管理人员及专业技术人员进行了培训。在《全国艾滋病检测技术规范(2009 版)》基础上,组织专家编写我国《婴儿 HIV 感染早期诊断服务指南》。

(二)国内横向合作

1. 与金佰利(中国)有限公司合作,在北京、上海分别组织 2 期“围产期女性抑郁症项目研讨会”。

2. 与北京聚源创新产业有限公司合作,协调“检测和遗传评估服务体系”在全国妇幼保健机构内的应用,并开展相关培训。

3. 与贝亲婴儿用品(上海)有限公司合作,于 2 月启动母乳喂养咨询室项目。制定项目方案,确定项目试点单位。组织开展试点机构基线调查,联系项目单位,建立并装修母乳喂养咨询室。编写《母乳喂养咨询师培训教材》和《母乳喂养常见问题及咨询指导》。举办 3 期母乳喂养咨询师培训班,各项目单位共有 139 人参加了培训。

4. 与惠氏公司合作,继续开展孕期健康教育项目。下发了《孕期健康教育指南》、《孕期健康教育项目汇编》等资料。3 月在浙江大学妇产科医院举办了现场观摩和经验交流。12 月在三亚举办师资授课比赛。

5. 与雀巢公司合作,继续开展儿童早期综合发展项目。收集各项目单位的工作总结、照片和影视资料,整理分析项目终期数据,撰写项目总结报告和项目汇编,组织专家编写《辅食添加健康教育活动实施手册》和《亲子活动实施手册》。9 月召开项目总结大会。

6. 与宝洁有限公司合作,8 月启动中国婴儿睡眠健康促进研究项目。在全国选取 10 家医疗机构,对 400 例婴儿生后 1 年进行睡眠监测。目前已完成研究人员国家级培训和预实验,10 个监测点均严格按照项目方案要求开始研究对象收录、现场监测及数据上报等工作。

三、应用性研究

(一)“妇幼保健机构建设标准”研究

组织召开“妇幼保健机构建设标准”专家研讨会 3 次,组织制定“妇幼保健机构建设标准”设计方案,并通过专家研讨会、现场调研等方式不断修改并最终确定图集的内容和形式,目前已完成全部图集初稿的绘制并完成撰写“妇幼保健机构建设标准设计概要”。

(二)多部门合作促进青少年生殖健康服务提供与利用的干预研究

完成贵州凯里、江苏盐城、山东即墨、黑龙江穆陵项目县的基线调查,制定项目干预方案,并在项目地区下发。举办项目地区青少年保健门诊服务人员强化培训班。开展交叉互访活动，了解干预地区干预活动的开展情况。

(三)贫困边远和少数民族地区预防艾滋病母婴传播服务与相关卫生资源整合策略的探索

完成项目实施方案、现场调研、数据分析，并撰写调查报告。

(四)针对妇女暴力医疗干预试点研究

在湖南浏阳、河北承德两个试点县开展针对妇女暴力医疗干预试点工作，两县试点医疗机构开展了健康教育活动，并对服务对象进行筛查，发现受暴妇女后提供医疗干预和转介服务。

(五)民族地区妇幼卫生工作绩效评价指标体系研究

制定项目实施方案，进行专家咨询、召开研讨会，完成“民族地区妇幼卫生工作考核评估标准(试行)”。

修改完善“县级妇幼卫生绩效考核评估标准”，并分别在甘肃平凉、河北徐水、浙江桐乡进行现场模拟考核验证。目前已完成“县(市、区)妇幼卫生工作考核评估标准(试行)”，并提交卫生部。

(六)妇幼卫生服务包成本测算项目

通过召开专家研讨会及专家咨询，开发完成“妇幼卫生基本服务包”并建立成本测算方法。

(七)中国农村初级卫生保健发展纲要(2011—2020)评价指标体系研究

通过文献检索、专家咨询和专题小组讨论，开展现场调查等活动，完成了课题总报告和第三轮初级卫生保健指标体系框架(中英文)的撰写。

(八)农村卫生服务模式研究

通过文献检索、专题小组讨论、现场调查、专家研讨会等活动，探讨了我国农村卫生服务模式转变的必要性和可行性、农村卫生服务模式转变的可行路径及相关支持条件，为政策制定提供参考依据。

(九)乡镇卫生院规划设置研究

与华中大学同济医学院合作，通过召开课题方案研讨会、两轮专家咨询和专家研讨会、现场调查、数据分析等，制定了各类乡镇卫生院的规划设置标准，促进卫生资源的有效配置,改善和提高区域内卫生综合服务能力。

(十)乡村医生养老保障机制研究

在我国现有养老保险制度的基础上,选择设立适合我国国情的乡村医生基本养老保障制度及具体方案,在嘉道理慈善基金会的资助下,妇幼中心与华中大学同济医学院合作,开展了一系列研究活动如文献检索、专家研讨会、现场调查、分析调查资料、撰写课题研究报告。

(十一)艾滋病母婴传播模式及综合预防策略研究

完成后续现场工作,补充现场实验室数据,分析总结,撰写论文。

此外,还承担了"预防艾滋病母婴传播信息数据分析及利用"、"预防艾滋病母婴传播项目效果评价研究"、"预防艾滋母婴传播综合干预技术研究"、"妇幼保健网络为基础开展预防艾滋病母婴传播干预策略研究"、"全国预防艾滋病母婴传播成本测算研究课题"等应用性研究工作。

四、制定技术指南、会议、培训与应急事件处理情况

制定技术规范、指南、方案、操作手册、管理办法等共118个。举办全国性会议18个,参加人数约2526人。举办各类培训班29次,培训人数3130人次,内容涉及多个领域,提高了省级专业技术人员及项目地区技术人员的工作能力;赴基层调研129次,约410人次参加了调研。

五、内部管理工作

(一)内部制度建设

修订并出台妇幼中心行政工作会议制度、公文处理办法、印章管理办法、内部审计制度。制定举办会议/培训班、工作任务委托书/合同的签署、固定资产采购及处置、办公用品采购及领用、印刷、档案管理等多个办事流程。加强飞机票订票管理。

(二)人力资源管理

完善人事管理制度,制定了《妇幼中心聘用人员考核办法(试行)》和《妇幼中心干部人事档案材料收集归档规定》。组织开展了部门职能及岗位职责核定工作,通过对部门职能以及岗位分析,编写了《部门职能说明书》和《岗位说明书》。完成岗位聘任(微调)前期准备工作,完成了在编职工岗位聘任摸底测算工作,编制摸底测算方案。加大人才的引进,2009年接收毕业生和调入人员5名。组织招聘面试和考核选拔11次,共计32人次;办

理调入和调出、聘用和解聘手续16人次。组织完成2009年度新职工培训工作。

（三）财务管理

修订《妇幼中心报账审批权限的规定》、《妇幼中心费用报销规定》、起草了《无财政标准的相关费用报销标准的规定》、《中央单位财政票据使用情况自查报告》、《中央政府采购执行情况专项检查的自查报告》等内部控制制度。

加强预算编制及执行的管理，建立健全领导责任制。2009年组织编制各类经费预算、决算共12次。加强对科研项目资金的管理与核算，对因汇率变化或项目调整导致的项目申请时总预算发生变化的情况，根据工作开展情况重新调整和申请每年度经费预算，并严格按照预算执行。建立预算执行情况月报告制度，每月初向主管领导汇报专项经费执行情况，及时督促执行进度缓慢的项目。2009年工作经费的预算执行率达到100%。

积极落实小金库专项治理和财务检查工作。与各部门负责人签订责任书，开展部门内部自查、到宾馆核查流水账单、对上下级单位之间相互转移资金重点检查等活动。目前尚未发现违法违规问题。加强和完善会议费、印刷费、培训费等容易产生小金库的支出管理。

配合审计署、卫生部规划财务司等部门进行相关业务审计。得到上述审计、检查部门的充分肯定。

规范资产采购、调拨、报废等程序。加强固定资产的自查和清查管理，2009年开展大规模固定资产清查2次，确保了固定资产账账相符、账卡相符、账物相符。

（四）科研、继续教育管理

完成中国疾控中心第一届学术年会的组织工作；完成科技人员技术档案建档工作；完成妇幼保健中心2008年度发表论文、出版论著的统计及奖励。组织中国疾控中心首届青年基金的申报工作，12月底前完成第二届青年基金的申报、上报2008年度发展状况调查。

完成科技部2008年度科技项目及科研机构调查统计工作；完成2008年度国家科技基础条件资源调查工作；完成2009年硕士研究生、博士研究生的复试工作，共招收科研型硕士研究生2名。组织2名研究生开题、9名研究生答辩，上交学位审核材料。完成2010年研究生招生计划，计划招收9名研究生，其中博士1名，硕士8名。完成2010年推免研究生的复试工作。

组织完成妇幼中心2008年继续医学教育4个项目的备案工作、2009年国家级继续医学教育项目的申报工作，共申报7个项目。2009年共发放学分证700多册。

(五)外事工作

规范外事工作,随着妇幼中心的不断发展壮大,国际交流合作的日益频繁,严格按照卫生部和中国疾控中心的文件精神,做好外事相关工作的管理,办理出国出访手续11人次。

(六)妇幼中心门户网站及系统维护

门户网站的日常维护;发布工作动态等信息共132篇。

完成了妇幼中心工会论坛的搭建、防垃圾邮件网点和VPN升级等工作,保障了妇幼中心各系统的正常运行。

(七)党群工作

2009年5月13日,成立党群工作办公室,承担着妇幼中心党总支、纪检监察、审计、工会、团支部和中国卫生思想政治工作促进会妇幼保健分会秘书处的工作。组织党员、领导干部深入系统地学习了党的十七大、十七届四中全会、温家宝同志十一届人大二次会议《政府工作报告》及胡锦涛等中央领导同志的重要讲话,召开了以"加强领导干部党性修养,树立和弘扬良好作风"为主题的党员领导干部民主生活会。举办了"领导力"的专题辅导讲座。进一步完善党员管理电子信息库的管理。认真执行民主集中制原则,完善党总支、行政领导班子议事规则和工作规则,修订会议制度,进一步明确"三重一大"事项的具体内容。筹备文明部室、文明个人评选活动。2009年有2名积极分子被列为发展对象,2名递交入党申请书人员被列为积极分子,1名人员参加了卫生部直属机关党委举办的入党积极分子培训班。完成换届选举工作,产生新一届团支部委员会。

(郭浩岩 王晓颖)

挂靠单位工作概况

地方病控制中心

一、地方病防治

（一）中央补助地方公共卫生专项资金地方病防治项目

协助卫生部组织执行了2008年度中央补助地方公共卫生专项资金地方病防治项目，制定了技术方案，并开展了项目启动、培训、技术指导和督导检查等工作。

2月12－13日，2007年度中央补助地方公共卫生专项资金地方病防治项目总结暨2008年度项目启动会议在湖南长沙召开。会上，总结了2007年度项目执行情况，讲解了2008年度项目管理方案和技术方案。

8月24－30日，卫生部组派4个项目督导组，分赴江西、河南、湖北、湖南、四川、云南、青海和西藏等8个省、自治区开展了现场督导检查，撰写了督导检查报告。

在2007年度项目完成后，地病中心编印了“2007年度中央补助地方公共卫生专项资金地方病防治项目子项目技术报告”和“2007年度中央补助地方公共卫生专项资金地方病防治项目各省报告”，并发放至相关单位和各项目省份。

协助卫生部编制了2009年度中央补助地方公共卫生专项资金地方病防治项目管理方案和经费预算，目前正在起草2009年度项目技术方案。

（二）沿海地区居民碘营养状况调查

在卫生部疾控局的统一部署下，2009年初组织有关专家制定了“沿海地区居民碘营养状况调查方案”，并通过了国内相关专家论证。为统一调查方法，5月16－18日举办了沿海地区居民碘营养状况调查启动会。6月起各项目省卫生厅负责部署调查工作。目前，福建、浙江、辽宁省按照调查进度要求已完成现场调查、实验室检测、数据录入工作，正在进行数据汇总分析；上海正在进行现场调查工作。

（三）2008年度全国碘缺乏病防治工作总结会

卫生部疾控局于2009年1月5－7日在上海市召开了2008年度全国碘缺乏病防治工作总结会。地病中心总结了2008年度碘缺乏病高危地区监测及应急补碘措施落实情况，安排部署了实现消除碘缺乏病目标考核评估工作。

(四)碘缺乏病信息管理系统建设试点工作研讨会

为掌握碘缺乏病病情和干预措施的落实情况,直接、快速、准确、规范地上报全国的碘缺乏病数据,为卫生行政部门决策和指导防治科研工作提供科学依据,于7月20—23日在黑龙江省伊春市举办了碘缺乏病信息管理系统建设试点工作研讨会,4个项目省份专业人员及有关特邀专家参加了会议。会议主要讲解了碘缺乏病信息管理系统建设需求和方案,并进行了深入的讨论。

(五)氟砷检测实验室质量控制

按照卫生部的要求,地氟病所研制了水氟、水砷、尿氟和尿砷的外质控样品,并在新监测方案培训会上发放给各省级和县级地方病防治机构,开展实验室氟砷检测质量的考核。

为了更好地开展全国氟砷检测实验室质量控制工作,氟病研究所狠抓氟砷检测实验室的管理,正在进行国家氟砷参照实验室检测质量认证的备检工作。

(六)青海省儿童大骨节病防治项目

根据2008年国家疾控中心大骨节病防治工作计划,以及"十一五"科技支撑项目进展需要,大骨节病研究所与青海省地方病控制所及贵德县、兴海县疾控中心相关专业人员组成课题协作组,于9月5-20日赴青海进行了现场干预实验工作。首先对贵德县2008—2009年换粮、补硒工作做初步总结,据初步统计,换粮和补硒儿童X线阳性检出率均有所下降(控制在10%以下),而对照点阳性率仍在10%以上。启动了兴海县儿童病情干预试验,选择兴海县唐乃亥乡作为实验点,对该乡上、中、下村在校儿童进行了基线调查,确定在下村作为换食大米和补硒干预点,采购和下发了干预用的大米,青海省地方病所负责硒碘盐的供应,干预时间暂定为一年。

(七)大骨节病易地育人政策的调研

国务院扶贫办牵头,由卫生部、教育部相关人员组成的联合调研组,分别于3月和7月赴甘肃省和政县、陕西省长武县以及青海省贵德县开展儿童大骨节病易地育人可行性调研,地病中心大骨节病所参加了此次调研。地病中心作为技术支撑单位,对三省病区现状和异地育人防治工作撰写了分析报告,建议首先在青海省贵德县的重病区开展易地育人工作。国务院扶贫办采纳了该意见,于10月30日在青海省贵德县启动了异地育人防治大骨节病项目,这将有利于进一步加速我国儿童大骨节病控制的进程。

二、重点地方病监测、年报统计及标准工作

(一)全国重点地方病监测

1. 起草新监测方案　地病中心多名专家参加了卫生部组织的全国重点地方病监测方案起草工作。受卫生部疾控局委托，于5月22－23日在辽宁省大连市组织召开了全国重点地方病监测方案研讨会，来自全国的地方病专家针对新的监测方案进行了研讨，形成了方案初稿。后经多次研讨，并征求了全国地方病相关专业人员的意见，形成了新的监测方案，现已由卫生部颁布实施。

2. 新监测方案培训　受卫生部委托，9月20－22日地病中心在湖北省武汉市组织召开了全国地方病监测方案培训会。全国各省份地方病防治专业人员共130余人参加了会议，会上讲解了新的监测方案，培训了监测相关技能，并对新的监测方案进行了研讨。

（二）年报统计工作

1. 2008年度地方病年报统计工作　完成了2008年度地方病防治工作调查表数据收集、核对、汇总工作，并于2009年2月25－28日在福建省泉州市组织召开了全国地方病年报统计工作会议，并撰写了2008年地方病病情现状与防治动态分析报告。

2. 修订《全国地方病防治工作调查表》　根据卫生部文件“关于修订全国卫生业务统计调查制度的要求”有关精神，组织地病中心专家对《全国地方病防治工作调查表》进行了修订，对年报表的数据指标项目进行深入详细地讨论，并进行了增减，更新了填表说明，同时确定新版的年报数据将以数据库格式收集，使新修改的年报表更科学、准确、全面地反映全国地方病病区范围、病情与防治措施的落实情况，为全国地方病防治工作提供决策依据。

（三）标准工作

1. 卫生部地方病标准专业委员会2009年度工作会议　11月23－24日，卫生部地方病标准专业委员会2009年度工作会议在北京召开。会议通过了7个标准送审稿，并提出了2010年标准制（修）订计划。

2. “食用盐碘含量”和“大骨节病诊断”标准评审会　4月28日，卫生部地方病标准专业委员会“食用盐碘含量”和“大骨节病诊断标准”评审会在北京召开，对“食用盐碘含量”的内容进行了讨论，并审查了“大骨节病诊断标准”。经过认真讨论，对两项标准提出了具体修改意见。

3. 标准上报　按时上报了“地方性氟中毒控制标准”、“克山病病区基本控制标准”、“克山病病区判定和类型划分标准”、“克山病治疗原则和疗效判定标准”、“大骨节病病区判定和划分标准”、“食用盐碘含量”和“大骨节病诊断标准”7项标准，准备在2009年内完成“大骨节病诊断标准”的上报工作。

4. 2009年地方病卫生标准制修订计划　向卫生部卫生监督中心上报了“2009年度地方病卫生标准制（修）订计划”，并已获得批准。2009—2010年拟制（修）订“煤及土壤中氟测定方法”、“地方性克汀病和地方性亚临床克汀病诊断标准”、“大骨节病治疗效果判定”及“水源性高碘地区和地方性高碘甲状腺肿病区的划定”4 项标准。

三、技术支持

(一)起草全国重点地方病“十二○五”防治规划

为保证我国地方病防治工作持续、有效和协调发展，卫生部疾控局决定编制《全国重点地方病“十二○五”防治规划》。地病中心协助卫生部组织相关专家起草了《全国重点地方病“十二○五”防治规划》(初稿)，并经过卫生部地方病专家咨询委员会氟砷专家组、碘缺乏病专家组、大骨节病专家组和克山病专家组的讨论，提出各病“十二○五”防治规划。

(二)针对媒体“补碘过量”报道、信函及领导批示的相关工作

2009 年下半年，媒体报道称部分地区甲状腺癌等疾病发病率上升与“补碘过量”有关，也有一些来自民间和医学界关于“沿海居民是否应该补碘？甲状腺疾病频发是否与碘营养过量有关?”等等一系列质疑，针对上述热点问题，从我国碘缺乏病的防治现状、沿海地区食盐加碘前人群碘营养状况、加碘后甲状腺疾病的问题、通过建立碘缺乏病监测——反馈机制实现科学补碘、国际上对加碘防治碘缺乏病重要性与安全性评价，以及近期碘缺乏病防治策略的调整等方面起草了一系列意见。主要包括“进一步做好无碘食盐供应和管理工作实施意见”、“加强在水源性高碘地区和高碘病区采取防治措施的建议”、“实施《食用盐碘含量》国家标准的指导意见”和“对上海市市民王友成同志致陈竺部长来信的回复意见”等。

(三)起草技术文件与报告

1. 起草了西藏、青海、新疆、海南、重庆、四川、甘肃、云南 8 个省(区、市)和新疆生产建设兵团省级碘缺乏病评估的具体方案。

2. 按照中国疾控中心要求，起草“新时期我国生物安全战略与法规研究”项目环境安全子项目的地方病防控报告。

3. 根据卫生部疾控局地病处要求收集和整理青海、西藏和四川阿坝等藏族地区近 5 年大骨节病病情数据、防治现状，并对今后工作需求进行分析，撰写了相关报告。

(四)专项调研

1. 针对贵州省燃煤污染型氟中毒防治部省联系点的工作进行了现场调研，完成了调研报告；针对媒体所报道的贵州省炉灶质量问题开展了现场调研。

2. 参与炉灶维修补贴幅度及补贴机制的调研工作；参与低氟砖茶价格补贴幅度及补

贴机制的调研工作。

3. 针对改炉改灶需求、低氟砖茶生产现状等开展了专项调研。

4. 国务院发改委、工信部、卫生部组织了盐业体制改革联合调研，地病中心参加了赴西藏自治区拉萨、山南、日喀则、林芝 4 个地区的调研工作，撰写了调研报告。

5. 赴云南省宣威市对可疑大骨节病病区进行核查，排除了大骨节病的可能，并撰写了调研报告。

（五）其他

1. 对山东省在东明县开展的甲状腺疾病调查进行现场指导。

2. 协助新疆完成中央转移支付项目的甲状腺 B 超检查任务。

3. 参与了砖茶抽检不合格问题的部委研讨会；针对茶叶流通协会的关于砖茶相关标准研制的提议进行了技术反馈。

4. 协助卫生部对“温家宝总理批示有关陕西成人大骨节病治疗现状的上访”批文进行了答复。

5. 按照卫生部安排，参加了美国科学杂志亚太地区主编组织的大骨节病防治工作进展研讨，并对其拟发表的有关大骨节病防治研究进展一文“A Medical Mystery in Middle China”提出了修改意见。

四、科学研究

（一）中标科研课题情况

2009 年组织申报国家、省、市等各级各类课题 20 余项，其中中标国家自然科学基金课题 2 项，一项是“碘营养水平对妊娠期甲状腺功能调节机制及胎盘摄碘能力的影响研究”；另一项是与省肿瘤所联合中标的“砷诱导肝细胞恶性转化与组蛋白修饰的关系”。

（二）在研课题管理情况

目前，地病中心共承担各级各类课题共 58 项，其中国家“十一五”科技支撑计划项目“大骨节病综合预防措施”正在开展现场调查工作，按照课题年度计划已完成阿坝、青海等地区的现场调查；“我国不同地区碘缺乏病防治关键技术的研究”已完成福建、甘肃、安徽、山东、吉林、重庆、新疆和新疆兵团等 7 个省（自治区）的现场调查工作，目前正在开展实验室检测工作；“砷暴露与健康效应及其评估技术研究”项目顺利进行，完成了针对内蒙古自治区砷中毒病区的流行病学调查和生物样品采集工作，目前砷中毒分子生物标志研究取得一定进展，已获得十余个可能的生物标志物信息，正在深入开展验证工作。国家自然科学基金等课题均按计划进行。

(三)科研课题结题情况

国家自然科学基金面上项目“不同碘营养水平对哺乳期乳腺摄碘能力影响的机制研究”、“T－2毒素致关节软骨损伤的分子机制研究”项目工作已经完成,正在准备结题。

五、人才培养

(一)研究生培养

1. 2009年地病中心招收硕士研究生22名,博士研究生3名。毕业博士3名、硕士研究生13名。目前地病中心在读硕士研究生49名,在读博士研究生11名。

2. 完成了研究生选修课“地方病学”、“流行病学方法与应用”、“医学分析质量控制”的教学工作。

3. 在研究生学院的组织下,完成了2006级研究生答辩、2007级研究生中期考核、2008级研究生开题,以及2009级研究生的面试及入学等工作。

4. 组织文献抄读70余次,平均每位研究生作报告2～3次。

(二)博士后培养

2009年入站博士后5名。目前,共计入站博士后14名,预计2009年出战博士后2名。

(三)继续教育项目

1. 2009年执行国家级继续教育项目3项,即全国第八届地方性氟/砷中毒学术交流会、地方病的预防控制与管理培训班和全国地方病防治健康教育技能培训班。

2. 申报2010年国家级继续医学教育项目2项。

(四)地方病防治人员培训

1. 10月29日至11月2日,在江苏省苏州市举办了全国地方病防治业务骨干培训班。本次培训班聘请了国内知名流行病学、项目管理、健康教育和新闻传播等专家做了专题讲座。

2. 受卫生部委托,8月14－20日在宁夏自治区银川市举办了西部地区地县级地方病骨干培训班,来自西部地区县级疾控中心人员50余人接受了培训。

3. 9月12－15日,在哈尔滨举办了全国地方性氟中毒诊断技术培训班,本次培训班邀请了国内知名的影像学专家及临床骨科专家授课,聘请了国内地方性氟骨症诊断标准及氟斑牙诊断标准的修订人讲解相关标准,并组织专家组对各省代表所带来的X线片进行了集体阅片。本次培训班理论联系实践，收到了良好的效果。

4. 3月对广东、海南两省的实现消除碘缺乏病目标县级考核评估工作业务骨干进行了培训。

5. 对四川省阿坝州疾控中心大骨节病专业人员和阿坝州卫校的教师共计46人进行了培训。

6. 参加了相关省份和单位组织的培训教学工作。

(五)其他

1. 承担了2005级预防医学专业本科生流行病学中地方病学的教学任务。

2. 派出2名青年教师赴美国学习。

3. 组织地病中心2009年新进职工4人参加学校的岗前培训。

六、学科建设

(一)2009年"211工程"建设项目资金申请

组织专家起草了哈尔滨医科大学2009年"211工程"建设项目资金申请书，并和公共卫生学院的专家一起答辩，地病中心获资助金额13万元。

(二)黑龙江省高校病因流行病学重点实验室检查

9月按照黑龙江省教育厅的要求，上报黑龙江省高校病因流行病学重点实验室检查自评材料；11月通过黑龙江省教育厅对省高校重点实验室验收、评估和评审。

(三)准备申报国家重点学科

组织专家准备重点学科建设材料，12月向学校汇报国家重点学科的学科进行建设情况，准备在2010年申报流行病与卫生统计学国家重点学科。

(四)实验室建设

通过日行贷款和中央补助地方病项目购置新仪器5台，即Forma－86C ULT超低温冰箱、戴安U3000高效液相色谱仪、Leica冰冻切片机、岛津CS－9301PC型薄层色谱扫描仪和美康公司355S型硬组织切片机。

(五)编写教材和专著

1月在人民卫生出版社出版了《全国重点地方病监测(1990－2006)》。2009年组织相关专家编写了地方病专业教材——《地方病学》。

七、健康教育

（一）第 16 届防治碘缺乏病日

起草了第 16 届全国防治碘缺乏病日通知、活动方案，参与设计主题宣传画。确定活动日的主题是“全社会共同努力，持续消除碘缺乏病”。与广电总局协调，在《健康时空》栏目 5·15 前后播出碘缺乏病危害科普节目与公益广告。

（二）地方病防治宣传教育资料库建设工作

2009 年继续面向全国卫生行政部门及地方病防治专业机构收集地方病防治宣传教育资料并进行整理，对部分优秀作品在地病中心网站上进行了公布。

（三）全国地方病防治健康教育技能培训班

9 月 20－23 日，在贵阳市举办了全国地方病防治健康教育技能培训班，来自全国省级地方病防治单位从事健康教育相关工作的人员共 68 人参加了培训。

（四）其他

完成了《中国卫生改革开放 30 年：重点地方病控制部分》和《建国 60 年成就展：重点地方病防治部分》撰稿工作。完成了大骨节病科普宣传片的终审、制作、发行工作。

八、学术交流

（一）10 月 24－26 日

在山西省太原市，组织召开了中华医学会地方病学分会第八届全国地方性氟砷中毒学术会议。来自全国各省、直辖市、自治区地方病防治机构、高等院校、疾控中心等单位和专业技术人员共 85 人参加了本次会议。本届学术会议共收到论文 108 篇。

（二）《中国地方病学杂志》

被中国学术期刊评价委员会评为中国 311 种权威学术期刊之一。

（三）地病中心

数位专家参加了在日本召开的第九届亚大地区甲状腺学术会议和在中国召开的地方病与地质环境国际研讨会。在会上同国内外同行进行了学术交流，尤其是与地质学专家协商共同在地球化学性疾病的防控方面开展协作。

九、国际合作

（一）减轻砷中毒项目

1. *中国地方性砷中毒防治地理信息系统的建立与培训* 开发了中国地方性砷中毒防治地理信息系统，该系统将我国地方性砷中毒防控数据与资料直观反映在GIS平台上，使数据资料与地理信息资料有机的结合在一起，实现了数据的垂直上报、授权管理、直观分析及多层次应用等功能。为了更好地推广应用该套系统，举办了地砷病防治地理信息系统应用培训班，向各项目省代表培训了软件的使用与管理。

2. *举办了ACCESS软件培训研讨会* 在联合国儿童基金会的资助下，2009年5月10－13日举办了ACCESS软件培训研讨会，来自全国20个省份从事地方性砷中毒防治工作的专业技术人员参加了会议。会上，讲解了ACCESS数据库基础、表、查询、窗体、报表、数据访问页、宏等几方面操作技术，介绍了ACCESS数据库制作实例：水砷数据库的建立步骤。

3. *参加亚洲地区减轻砷危害经验交流会* 2009年4月5－11日，地病中心专家参加了在孟加拉召开的亚洲地区减轻砷危害国际经验交流会，在会上介绍了我国地方性砷中毒预防与控制现状。

（二）碘缺乏病项目

1. *碘缺乏病防治策略国际研讨会* 9月6日协助卫生部在北京组织召开了碘缺乏病防治策略国际研讨会。会议邀请了联合国儿童基金会、世界卫生组织、持续消除碘缺乏病网络、全球营养改善联盟等有关国际组织代表，以及国内外地方病学、营养学、内分泌学等不同领域专家、代表参加会议，交流了碘缺乏病最新进展和防治经验。

2. *碘盐推广效果评估* 为评估碘盐补贴效果、总结经验，在西藏和新疆开展了碘盐补贴效果评估工作。

3. *碘缺乏病健康教育* 按照卫生部疾控局统一部署，在西藏、新疆、甘肃、青海、四川、云南、海南和重庆8个项目省（市）开展了碘缺乏病健康教育理论和技能培训工作，培训对象为各项目省碘缺乏病防治重点市县的卫生局主管领导、疾控机构分管领导和科室负责人及专业技术骨干，共培训业务骨干450余人。

十、其他

撰写了《中国地方病防治史展》初稿，并组织专家论证修改，成立了中国地方病防治史展筹备工作组。完成了《中国地方病防治史展》布展竞标工作，并设计了布展方案，目前展览馆装修工程基本完成。

完成了2009年中心各所处室网页的更新工作，及时报道了地病中心工作新闻。向全国卫生部门发行了7期《地方病动态》，使全国各级卫生领导了解我国地方病的防治进展。

向省卫生厅上报于维汉院士评选建国60年100位科学家成就材料。

（地方病中心提供）

性病控制中心

一、协助出台政策及技术文件

为进一步加强全国性病防治工作，尤其是加强梅毒控制工作，性病控制中心专家协助卫生部领导起草了《中国预防与控制梅毒规划(2009－2020年)》，初稿于2009年5月开始广泛征求专家意见。此外，性病中心还起草了《梅毒疫情上升与淋病疫情下降相关原因调查实施方案》、《性病实名制病例报告可行性调查实施方案》、《医疗机构性病服务专题调研方案》等技术文件，为修订《性病防治管理办法》提供科学依据。

二、性病疫情监测

(一)制定监测工作目标与计划，下发工作要求及技术文件

2009年1月制定了全国性病监测工作计划，3月制定了《2009年全国性病疫情监测工作要求》和《2009年全国性病监测点监测工作要求》，5月组织召开全国性病监测工作会，并下发《性病监测实施方案》，对技术文件进行汇编。

根据全国性病监测方案和现场工作需要，在2008年监测工作基础上，于2009年4月下发《性病监测工作督导实施方案(试行)》，并于5月下发《全国性病疫情管理工作季度与年度考核指标评分办法(试行)》。2009年10月将性病诊断标准、性病实验室检测方法、病例报告实施方案、漏报调查方案、督导方案等技术资料汇编成《性病诊断标准与实验室检测方法及相关管理文件与要求工作手册》，并下发全国。

(二)及时开展全国及监测点性病疫情分析与反馈

根据《全国性病监测方案》要求，对全国网络直报的梅毒与淋病疫情按月、按季度、半年和年度进行疫情分析，对全国105个性病监测点的性病疫情按季度和年度进行分析，并撰写分析报告，在规定时限内上报卫生部，同时，将上述分析报告反馈至全国各省及105个国家级性病监测点。

(三)开展性病监测的督导与技术支持

2009年分别对以下4省6个国家级性病监测点进行督导：包括湖南省岳阳楼区国家性病监测点(7月7－11日)、黑龙江省黑河市和哈尔滨市南岗区国家性病监测点(7月

27 -31 日)、贵州省兴义市与都匀市国家性病监测点(9 月 23 - 28 日)、青海省西宁市城西区国家性病监测点与刚察县和天峻县(11 月 10 - 14 日)。督导内容:落实 2009 年性病监测工作情况;性病疫情管理情况,包括性病病例的记录、传染病报告卡填写、传染病疫情登记簿记录、网络报告与审核、数据分析与反馈、病例报告的准确性与完整性、疫情管理制度等。被督导的单位包括监测点性病疫情管理机构、综合医院、妇幼保健院、民营医疗机构等,针对督导中发现的问题提出解决办法,及时撰写督导报告反馈到被督导地区。

(四)对全国性病疫情管理工作进行季度与年度考核

为提高全国性病疫情报告质量,根据《全国性病疫情管理工作季度与年度考核指标评分办法(试行)》,从 2009 年第 3 季度开始对全国 31 个省份的性病疫情管理工作进行季度与年度考核,考核指标包括:性病病例报告的及时性、准确性、完整性、性病疫情分析报告与工作总结、反馈情况等。考核后及时将考核结果上报卫生部,同时反馈到 31 个省份疾控中心或皮肤性病防治所,并抄送至各省卫生厅疾病控制处,为加强和促进性病疫情管理工作发挥重要的作用。

三、性病检测、实验室质量控制

(一)淋球菌耐药检测工作

对 2008 年度全国淋球菌耐药监测网络淋球菌耐药监测结果进行收集、汇总和分析,完成中国 2008 年淋球菌耐药监测及质量控制工作报告,从全国 14 个监测点收集 1397 株淋球菌临床分离株,是 20 年来参加耐药检测省份最多及收集菌株最多的一年;完成 2008 年度 WHO 西太区耐药检测报告及分析;完成南京地区 2009 年淋球菌耐药标本检测约 147 株、山西 46 株、新疆 10 株,接收重庆 95 份淋球菌耐药标本,同时已经收集部分耐药监测点 2009 年的耐药资料;2009 年共制备淋球菌耐药质控品 90 份,发放全国 15 家耐药监测点,分别为广西、广东、广州、天津、深圳、湖北、福建、上海、辽宁、海南、新疆、陕西、四川、浙江、江苏等;室间考核样本计 45 份、抗生素粉计 60 份,并向湖北、深圳、福建、辽宁、天津、江苏、广州等耐药监测点提供耐药参考菌株计 21 份;开展淋球菌对阿奇霉素的敏感性监测,对 160 株淋球菌分离菌株进行检测,初步掌握我国淋球菌对阿奇霉素的敏感性;完成 7 家淋球菌选择性培养基采购及初步评估;接受 WHO 西太区的质控标本 8 株及 WHO 参考菌株 2 株,传代保存计 300 份,并计划在 12 月份完成质控品的检测及报告;传代保存非淋球菌标准株计 300 份。

(二)全国实验室质量控制工作

完成 2009 年度梅毒、淋病、沙眼衣原体实验室检测质量控制品工作,其中制备梅毒质控品 220 份、淋球菌质控品 1200 份;沙眼衣原体质控品 1100 份。本次活动由中国疾控中心性艾中心正式发文,参加单位为省级性病中心实验室、全国淋球菌耐药监测点、全国性病疫情检测哨点及部分自愿参加的性病检测实验室室间质评工作的机构。按计划完成对全国各省级实验室和监测点中心实验室发放质控品和收集结果。

(三)试剂评估

对全国目前梅毒、淋病、沙眼衣原体的有关常见的商品化试剂盒情况进行了调查,调查结果表明,目前市场上有关淋病、沙眼衣原体的检测试剂的审批、生产比较混乱;12 月份组织对 2009 年度我国目前市售的梅毒商品化试剂盒进行评估。

四、学科发展特色

2009 年 6 月 1－11 日,在江苏省、广西壮族自治区、广东省、海南省相继举办国家科技重大专项课题启动暨培训会,标志着重大专项课题在 4 省的正式启动。6 月 23 日至 7 月 11 日,课题组专家分别赴广东、广西、江苏、海南的 7 个研究点城市进行了 2 次培训,对参与课题实施的相关人员进行了课题操作层面的培训,并正式启动基线调查。8—10 月,课题组专家分别赴广西、广东、江苏和海南完成第一次督导,给予现场技术指导,解决课题实施中遇到的问题。11 月,性病控制中心组织干预点的 10 名省、市级课题实施机构的检验人员参加全国性病实验室技术培训班,为课题实验室检测和质量控制提供技术支持。12 月在广东省皮肤性病防治中心协调下,以深圳市和广州市分别为干预点和对照点,启动实施 MSM 人群课题研究活动。

2009 年性病中心以梅毒控制为切入点,进一步加强对性病(尤其是梅毒)科学研究。开展了基本控制梅毒的模式及其推广、以筛查为重点的梅毒防治项目、梅毒螺旋体对阿奇霉素耐药基因分析及流行病学研究、梅毒免疫相关基因的单核苷酸多态性的研究、梅毒临床诊疗的研究及性病门诊预防服务的试点研究等 30 余项学术研究,以全面推进我国性传播疾病学科领域的发展。

五、信息平台建设及对外宣传

全年编发《性病情况简报》10 期 15 000 册,分发到全国各省市性病防治机构及国家性病监测点等;定期完成性病中心网站的更新与维护,全年共刊登各类信息 115 篇(其中防治动态 48 篇、疫情监测 37 篇、中心概览 18 篇、实验检测 12 篇),访问量为 163 988,点击数为 3 308 424;接待性病艾滋病热线求询者 1500 余人次,录入咨询个案调查表 200 余张;创建第五届全国传播疾病防治学术研讨会会议网站,积极组织筹备 2010 年性传播领域学术盛会。

完成医科院布置庆祝建国 60 周年纪念画册“人物卷”、“成就卷”的编撰工作,中国性病防治成就等2篇分别收录入医科院建国60周年画册。

全年接待卫生部、中国疾控中心考察指导2批6人次，国际组织访问2批6人次，各省级性病防治机构及国家性病监测点来访5批22人次。

六、重要会议与培训

(一)全国性病监测工作会议和性病疫情管理培训班

2009年5月26－27日在南京召开2009年全国性病监测工作会议。来自卫生部、中国疾控中心的领导、全国31个省份及105个性病监测点的相关领导与工作人员共173人参加会议。会议内容包括总结通报2008年全国性病疫情报告工作、2008年全国性病监测点监测工作、2008年全国淋球菌耐药监测工作等；交流与讨论性病监测工作中存在的不足与问题、性病监测工作的经验；部署2009年性病监测工作。同时在会上进行性病疫情管理、性病诊断标准及报告要求的培训。

(二)全国淋球菌耐药监测会议

2009年4月13－15日，在上海召开2009年全国淋球菌耐药监测研讨会。参加本次会议的代表分别来自全国24个省(直辖市、自治区)的疾控中心、皮肤病防治所、部分医院等机构78名代表。会议主要就如何进一步加强中国淋球菌耐药检测及研究工作邀请相关人员做报告，内容包括：中国2008年淋球菌耐药监测及质量控制工作总结；《深圳市淋球菌耐药监测项目》工作实施体会；上海淋球菌耐药基因研究工作介绍；淋球菌对头孢曲松耐药基因研究进展及2008年全国淋球菌耐药监测试验室间质评结果分析、2009年质评工作说明与要求等。

(三)全国性病实验室质量管理工作会议

2009年4月11－13日，在上海市组织召开“2009年全国性病实验室质量管理工作研讨会”。来自全国30个省/直辖市的性病防治机构(疾控中心/皮肤病防治机构)、参加2008年全国性病实验室室间质评医疗机构、通过国家性病规范化门诊验收的医疗机构、部分全国性病监测点及性病控制中心近100名代表参加本次会议。会议重点对2008年全国开展性病实验室管理工作进行总结，并部署2009年全国开展性病实验室管理的工作重点。

(四)2009年度全国性病实验室技术工作组会议

2009年4月11日，第五届全国性病实验室技术工作组会议在上海召开，中国疾控中心性病控制中心张国成、陈祥生副主任，部分专家组成员和性病参比实验室全体工作人员参加会议。会议主要内容:《全国性传播疾病检测工作管理办法》进展、省级性病中心实验室验收方案;试剂评估工作;《全国性传播疾病检测技术规范》编写大纲讨论、美国北卡大学 NIH 梅毒耐药检测项目介绍。

(五)性传播疾病高层论坛

2009 年 8 月 28－29 日,由中国医学科学院主办、中国医学科学院皮肤病研究所(中国疾控中心性病控制中心)承办的"性传播疾病高层论坛"在南京召开。中国科学院强伯勤院士、中国工程院巴德年院士莅临论坛;原卫生部副部长、中华预防医学会王陇德会长、卫生部疾控局郝阳副局长等领导,中国医学科学院詹启敏副院长、中国医学科学院病原生物学研究所金奇所长,中国医学科学院医药生物技术研究所蒋建东所长、中国医学科学院皮肤病研究所王宝玺所长等出席论坛,国家科技重大专项"防治性病对预防艾滋病的作用研究"课题实施项目省有关专家、代表参加本次论坛。本次论坛是我国性传播疾病学科领域内最高层次的研讨活动之一,该课题是迄今为止我国性病防治研究获得的最大经费支持。

七、教学工作

1. 2009 年性病中心招收博士 3 人,硕士 1 人;在读博士 7 人,硕士 2 人;毕业博士生 1 人。

2. 2009 年举办性病相关领域全国性培训班 15 期,覆盖全国 31 个省,培训 600 余人次。

3. 作为性病控制中心临床基地和中国皮肤科医师协会性病临床培训基地,全年接收性病临床或检验进修生 72 名,为全国各级医疗机构和疾控机构培养一批技术骨干。

八、科研成果

(一)科研项目

2009 年,性病中心在研或完成课题/项目 32 项,其中包括:国家科技重大专项 3 项,国际合作项目 23 项,科技部公益基金 1 项,江苏省"六大人才高峰"资助项目 1 项。

(二)发表论文、著作

国内外期刊发表论文 30 余篇,主编专著 1 部(《性传播疾病的实验室诊断》),参编专著有《性传播疾病》、《卫九项目总结与评估》、《社区生殖道感染与艾滋病防治工作指南》、《性病门诊医务人员外展工作手册》等。

（三）获奖成果

中心参比实验室2009年度获得国家实验室认可证书；张国成荣获中国预防医学会公共卫生与预防医学发展贡献奖，王荷英等开展的“非淋菌性尿道炎中生殖支原体的研究”荣获2008年度江苏省科技进步三等奖；王千秋等开展的“性病病征处理的有效性评价、应用和推广”项目获南京市科学技术进步二等奖。

（性病控制中心提供）

麻风病控制中心

2009 年，中国疾控中心麻风病控制中心根据卫生部疾控局麻风病防治项目委托协议书的要求，完成了麻风病中央本级项目工作。

一、2009 年全国麻风病防治工作年会

3 月在湖北武汉组织召开 2009 年全国麻风病防治工作年会。卫生部疾控局、中国疾控中心应急办和中心有关领导，各省卫生厅疾控处、疾控中心和包括新疆建设兵团在内的 30 个(除天津、宁夏外)省、直辖市、自治区、中国麻风防治协会、马海德基金会的有关领导及代表 93 人出席会议。会议报告 2008 年度全国麻风病疫情及流行状况，交流防治工作经验，部署 2009 年麻风病防治重点工作。

二、防治工作

(一)全国麻风病细菌学检查培训班

5 月和 11 月，分别在湖南省永顺县和福建省漳州市举办全国麻风病细菌学检查培训班，培训 25 个省、市级麻防实验室检测骨干 40 余名。

(二)综合性医疗机构皮肤科医师培训

利用省级皮肤科年会为综合性医疗机构皮肤科医师提供麻风病防治知识培训。6—11 月，参加湖北、云南、江西和新疆自治区举办区域性皮肤科年会，共培训皮肤科医师 600 余人。

(三)全国麻风防治工作督导

麻风病控制中心专家多次深入四川、云南、贵州、湖南、广东、广西、陕西、浙江、江苏等省麻风病现场督导检查，了解各省(直辖市、自治区)麻风病防治工作情况和规划实施进度。完成西南省份新发现病人神经炎防治督导评估、中央财政转付的麻风防治项目督导、低流行省份麻风防治评估和福建、江西、广西等省麻风病“十一五”规划中期评估现场检查等工作。

(四)重点地区麻风防治技术培训和现场指导

2009 年度，麻风病控制中心多次组织专家赴云南、贵州、四川、广西、广东、海南、江

西、湖南、湖北、河南、山西、安徽、江苏、浙江、山东、内蒙古和河北等省参加实施中央财政转付的麻风防治项目业务培训，培训各级麻风防治人员和皮肤科医师约 2150 人。

（五）麻风健康教育模式试点现场指导

2009 年度，指导贵州、浙江、安徽、江西、湖南等省有关现场，开展麻风健康教育模式试点。利用三级防治网开展基层医疗机构和综合性医疗机构皮肤、神经科的诊室健康教育，以及学校健康教育是今后较为符合成本效益比的麻风病健康教育模式。

（六）麻风药品的分发和管理

2009 年度，麻风病控制中心收到 WHO 提供麻风 MDT 药品 2 批，按要求进行了妥善保藏。3 月和 5 月按各省需治病例数对药品进行分发。全年向西部地区麻风反应病人提供抗麻风反应药物反应停 48 人份（960 瓶）。

（七）麻风疫情监测与管理

3 月和 8 月，分别完成 2008 年度、2009 年上半年麻风疫情资料的统计并上报卫生部和 WHO。2008 年度，全国 27 省、市、区新发现麻风病患者 1763 例（发现率 0.12/10 万），15 岁以下儿童 40 例（占 2.48%），Ⅱ级畸残 357 例（占 22.1%）。2008 年底有麻风现症患者 6658 例。全国有 288 个县（市）麻风患病率＞1/10 万，其中 48 个县（市）患病率＞1/万。2009 年，全国除天津、内蒙、黑龙江、宁夏和新疆兵团未报告新病例外，其他 27 省、市、区新发现麻风病人 1745 例[发现率 0.12/10 万，其中传染性较强的多菌型病人 1055 例（占 66.1%），15 岁以下儿童 39 例（占 2.44%），Ⅱ级畸残 364 例（占 22.8%）]；发现率前 5 位的为西藏、云南、贵州、海南和四川。目前仍有麻风现症病人 6603 例，有 278 个县（市）麻风患病率＞1/10 万，其中四川、云南、贵州、西藏、湖南尚有 46 个县（市）患病率＞10/10 万。麻风病流行分布的重点仍然在云南、贵州、四川、西藏、湖南、广东、广西和海南等省（市）。同时还有一些新的疫点出现，防治形势依然严峻。2009 年度，按计划进行了麻风防治管理信息系统软件开发。

（八）麻风复发及耐药监测

2009 年度，麻风病控制中心继续开展麻风复发及耐药研究。4 月起参加 WHO 在 MDT 后复发病人中开展的麻风耐药监测，要求各省市对 MDT 复发病例取材送检。7 月在云南、江苏等现场收集疑似耐药标本 3 例，至 12 月底共收集标本近 20 例送参比实验室检测。

(九)麻风现场病例发现模式试点

麻风病控制中心组织专家指导和帮助江苏盱眙、安徽金寨、湖南桑植、湖北鹤峰、江西遂川和贵州黔西进行病例发现模式试点,开展改良消除麻风运动。包括参加项目启动会,培训乡村医务人员、宣传麻风病防治知识、参与可疑病人会诊和督导等。

(十)麻风神经损害及反应现场研究

2009 年度,麻风病控制中心重点指导和帮助贵州、广西、江苏、广东、湖北、安徽、云南、湖南和浙江省开展神经炎防治工作。救治神经炎 534 例,已完成治疗 415 例,泼尼松治疗神经炎有效率 91.4%。继续在云南文山州开展雷公藤多甙治疗麻风 2 型反应的现场研究和随访,4 月新增江苏省姜堰市作为研究现场。全年两地共完成 10 余例 2 型反应患者的收治、治疗观察和标本收集。

(十一)麻风畸残手术矫治

严良斌参加湖南、陕西、广东和安徽等省麻风手术项目协调会。6 - 11 月,组织国家手术医疗队,分别在云南、广东、贵州、陕西、安徽、江西和湖南省麻风现场,为 1245 例麻风畸残者实施了防盲治盲术、手足面功能重建术及防癌变手术。

(十二)WHO 统一联合化疗试点随访

2003 年 11 月,在云南省文山州和贵州省黔西南州、毕节地区和安顺市针实施UMDT试点,治疗 6 个月停药连续观察 5 年。目前研究仍在跟踪随访阶段。

(十三)制定麻风病防治管理和技术方案

协助卫生部制定《全国麻风防治规划(2006－2010 年)中期评估方案》(3 月);2009 - 2010 年 8 省麻风畸残矫治手术项目指导手册(4 月);关于加强毕节试验区卫生事业发展(麻风病防治)合作协议(4 月);云、贵、川 3 省麻风病防治部省联动方案讨论稿(4 月);麻风防治规划中期督查方案和现场操作手册(9 月)。2 月,应外交部国际司要求,撰写“中国麻风病防治现状,有关消除歧视所做的工作及所面临主要问题”的报告。5 月,制定 2009 年中央转赴麻风项目管理方案和经费预算。12 月,向卫生部报告 2009 年 1 - 10 月全国麻风病防治工作进展情况及 2010 年麻风病防治工作计划。

(十四)科普宣传及麻风节活动

1 月 8 日,麻风病控制中心组织召开 2009 年世界防治麻风病日座谈会。1 月中旬参加安徽省麻风节现场活动。2 月 25 - 27 日麻风病控制中心领导陪同卫生部陈竺部长深入贵州省黔西县麻风新村慰问麻风病患者和麻风防治工作者，并召开防治工作座谈会。5月完成中国麻风病防治现状宣传片的制作；编印下发《麻风防治资讯》3期6200册，对“麻风病”网站进行维护。

（十五）国际交流及学术活动

接待WHO西太区、荷兰麻风救济会、比利时达米恩基金等非政府麻风组织官员、友好人士访问（8人次）；4月，余美文赴印度参加WHO全球麻风病防治规划研讨会；6月，张国成、余美文参加WHO在上海举办的麻风管理员培训班；10月，张国成、沈建平赴法国参加WHO全球麻风耐药监测研讨会。3月，4人参加中国麻协第六届理事大会和学术会议（北海），张国成当选中国麻风防治协会会长，严良斌、沈建平选为常务理事，3人大会做麻风专题报告；5月，1人参加北京第一届热带病论坛；9月，2人赴延吉参加全国麻风学术年会，1人做大会报告。

（十六）中国—荷兰麻风病防治合作项目

在项目省开展卫生系统研究，有3项于2008年执行的项目已经结题；继续支持西藏防治工作。6月、9月在湖南和安徽麻风现场举办中—荷麻风一体化现场培训；11月，在黄山举办麻风病防治师资培训班2期，培训省级麻风防治骨干27名；支持2名省、市级麻风防治人员赴西藏麻风现场开展防治工作督导。

（十七）申报课题及发表论著

2009年度，申报江苏省自然科学基金课题“江苏北部村庄环境中麻风杆菌的检测和分布特点”；申报WHO课题“在中国开展麻风病耐药监测的研究”获得经费约29 000元。2009年在专业杂志上发表中、英文论文9篇，其中严良斌4篇、沈建平3篇。

（麻风病控制中心提供）

结核病防治临床中心

一、结核病专科医院工作

结核病专科医院工作是国家结核病防治规划的重要组成部分。进一步规范结核病专科医院诊疗工作、发挥专科医院优势是结核病专科医院工作的重心。

(一)筹备结核病专科医院调查

为了解目前结核病专科医院的现状,为下一步专科医院工作会议计划提供信息,临床中心组织筹备了结核病专科医院调查。该调查将涵盖全国所有地市及以上结核病专科医院(传染病医院、胸科医院)。目前调查表设计工作已经结束,即将开展预调查。

(二)筹备结核病专科医院工作会议

该次会议将有利于全国结核病专科医院工作的可持续发展。为此,临床中心除开展调查外,还准备了专科医院工作会议倡议书、结核病专科医院工作计划等相关会议材料。

二、技术支持

(一)《抗结核药品不良反应诊疗手册》出版

抗结核治疗过程中出现的药品不良反应及其诊疗是困扰防治人员尤其是基层人员的严重问题。在上级主管部门的领导和支持下,临床中心组织编写的《抗结核药品不良反应诊疗手册》正式出版。该书出版后受到广大结核病防治人员及医务人员的好评。

(二)图书编写、翻译和修订

1. 受卫生部—礼来公司耐药结核病项目委托,组织编写《耐药结核病培训教材》。该教材吸取国内外经验,范围涵盖耐药结核病的流行、患者发现、治疗、管理与感染控制等方面。

2. 编译出版了WHO《耐药结核病规划管理指南2008版》和美国结核病中心《耐药结核病临床医生使用指南》,该书对了解耐药结核病的规划管理及技术方面帮助较大,将有利于我国耐药结核病防治工作的进一步开展。

3. 与中华医学会结核病学分会合作,对已经出版的《临床技术操作规范——结核病分册》和《临床诊疗指南——结核病分册》进行修订。

（三）积极参与全球基金耐药结核病项目工作

1. 为全球基金耐多药结核病项目培训班提供师资　结核病防治临床中心分别为1月12－14日和7月14日，举办的全球基金耐多药结核病项目培训班承担培训授课任务，为项目提供技术支持。

2. 参加全球基金耐药项目督导　共计15人次参加全球基金耐药结核病项目督导，保证了项目需要。

三、培训

（一）召开全国耐药结核病学术大会

与中华医学会结核病学分会合作，于6月13－14日在广州召开了全国耐药结核病学术大会，近300人出席了会议。大会以耐药暨结核病诊治为主题，邀请了国内外知名结核病专家进行专题讲座。本次会议是4月份召开的全球耐多药结核病高负担国家部长级会议后，我国首次举行的大规模的全国性耐药结核病学术会议，对我国耐多药结核病防治水平的提高起到积极推动作用。

（二）组织广西壮族自治区结核病诊疗培训班

为帮助基层结核病防治工作的提高，6月1－5日在北京为广西壮族自治区举办结核病诊疗培训班。来自广西壮族自治区41个县级疾控中心的科长或副科长共计46人参加。本次培训是继2007年在北京成功举办第一期诊疗培训班后，举办的第二期培训。至此，广西壮族自治区各县级疾控机构结防科负责人基本全部接受过结核病诊疗培训，基层人员的业务素质均得到进一步提升。

（三）举办全国结核病临床技能培训班

为提高一线结核病防治工作临床医生诊治能力，应对结核病控制三大挑战，探讨有效的培训形式，4－6月举办了为期3个月的全国结核病临床技能培训班。19个省、自治区、直辖市的20余位学员来到临床中心参加学习。本次采用了临床实习与理论学习相结合的培训方式，授课占1/3时间，实习占2/3时间。培训课程包括结核病的诊断鉴别诊断、耐药结核病的诊断与治疗、一些常见重症结核病的处理、不良反应的处理、结核病细菌学诊断等。该次培训班是培训方式的一次大胆尝试，收到良好效果，为今后举办类似培训班提供了宝贵经验。

(四)举办抗结核治疗不良反应诊疗培训班

结合《抗结核药品不良反应诊疗手册》的出版,抗结核治疗不良反应诊疗培训班于 10 月 21 - 25 日在山西省太原市成功举办,来自 30 个省的 90 名学员参加了学习。本次培训通过师生互动、现场答疑、理论与实际紧密结合等方式,围绕常用抗结核药品特性及不良反应;药物不良反应;抗结核药品不良反应分类及临床表现;耐药结核病不良反应;抗结核药品不良反应的处理原则及方法;不良反应登记报告;常见不良反应有关症状的鉴别诊断等内容进行了系统培训。通过培训,提高了学员理论水平和抗结核不良反应早期发现及处理能力。

(五)为各地提供技术咨询和教学

为帮助各地结核病培训工作,先后派遣师资 30 人次赴各地进行结核病培训工作。

四、健康教育

(一)组织开展 3·24 大型专家义诊和健康咨询活动

3 月 24 日,在北京举办 3·24 大型专家义诊和健康咨询活动。本次活动针对结核病防治知识制作了科教宣传片和宣传展板、发放宣传手册,使更多的患者了解国家结核病防治政策,了解科学正确的防治知识,增强自我防治意识,动员全体社会成员携手共抗结核。本次义诊咨询活动得到广大患者和群众的积极响应,共有 200 人次患者进行咨询和诊疗。

(二)媒体宣传

先后组织专家接受中央电视台、北京电台、《凤凰周刊》、《财经》杂志关于结核病控制的专访。

(三)参与《中国防痨史》的编写

积极参与《中国防痨史》的编写工作,目前临床中心负责部分内容初稿已基本完成。

(四)网络宣传

利用临床中心网站,积极进行结核病防治信息宣传及咨询。目前,临床中心教学及培训所有材料均可在网上自由下载。同时开展的网络咨询板块也受到防治人员、患者及网民的热烈欢迎,浏览量明显提高。

(五)《结核病防治健康教育》发行

继续出版《结核病防治健康教育》两期,改版的《结核病防治健康教育》更贴近基层。

五、人力资源

1. 能力建设 为进一步提高临床中心人员的综合素质和能力，临床中心人员分别参加了卫生部国合司举办的 WHO 合作中心培训班、结控中心和 WHO 联合举办的耐药结核病临床培训、WHO 举办的感染控制培训班、领导力培训班等。2009 年共计 20 人次参加各项全国培训。

2. 人员调整 因工作需要先后有 6 名人员调离，1 名调入。

六、督导与国际交流

1. 督导 2009 年，临床中心先后有 40 人次参与卫生部疾控局、贷款办、全球基金等组织的各项督导。

2. 国际交流 2009 年，临床中心有 7 人次出国参与学术交流，接待 30 人次国际专家访问。

七、科研

（一）“十一五”重大专项的申请与组织实施

组织实施“十一五”重大专项 3 个课题，包括《耐药结核病治疗方案研究》、《复发结核病治疗方案研究》和《耐药结核病发生及预警因素研究》。先后举行了启动仪式、督导及培训，保证了课题实施质量和进度。

（二）北京市科委结核病防治新技术课题

该课题围绕新技术、关注其可行性，内容涉及新诊断技术的评估与推广、流动人口及学校的结核病患者发现与管理新模式等。在成功申请基础上，临床中心联合北京市相关单位进行具体实施。

八、国家参比实验室工作

（一）实验室网络建设

全国结核病实验室网络中的各级实验室建设工作按照国家结核病防治规划的需要顺利进行，各级实验室运转正常，以县为单位的涂片 EQA 覆盖率维持在 100%，国家级按计划对各省级结核病参比实验室进行了药敏试验熟练度测试，省级参比实验室按照要求对省内开展药敏试验的实验室开展了专门的质量保证工作。

2009 年 7 月与美国疾控中心专家一起召开实验室网络建设研讨会。

(二)全国结核病耐药性基线调查工作

2009 年在完成全国结核病基线调查数据分析工作基础上，多次组织专家撰写调查报告，目前该报告已经完成。

(三)全国结核病实验室工作会议

2009 年 4 月 27 日召开全国结核病实验室工作会议，安排和部署 2009 年的重点工作和主要工作，修订《中国结核病实验室网络发展计划(2008－2013 年)》，并向各省级参比室下发了药敏标准接种环。

(四)培训

为继续加强全国结核病实验室的质量保证工作，提高实验室工作者的培训技能，2009 年 6 月与达米恩基金会联合举办了结核病实验室培训师培训技能的培训；2009 年 7 月组织了全国省级结核病实验室认证和认可培训，为下一步逐步开展实验室认证准备了师资，奠定了基础；为提高实验室管理水平，加强网络实验室运行能力，2009 年 8 月与 WHO 联合举办了全国结核病实验室管理者培训班。

(五)技术支持与质量保证

印发《痰涂片镜检培训教材》和修订后的《中国结核病防治规划痰涂片镜检质量保证手册》，进一步明确了各级实验室在涂片镜检质量保证中的职能及技术要求。

对开展结核病耐药性监测的陕西、吉林和云南 3 省进行了菌株运送培训，组织了专项督导，目前耐药监测省工作进展顺利。

对河南、浙江、广东、山东和黑龙江等全球基金项目省进行了督导。

建立了全国各级结核病实验室设施、设备、人员状况等数据库。

为了使有条件开展培养、药物敏感性试验的实验室更规范地开展工作，依据各级实验室职责和工作内容的不同，印制并下发了《痰涂片萋尼氏染色示意图》、《痰涂片荧光染色示意图》、《涂片质量示意图》、《结核菌培养示意图》、《结核菌药敏示意图》。目前正组织专家修订和编写《痰培养标准化操作程序》、《药敏试验标准化操作程序及质量保证手册》、《结核病实验室生物安全手册》。

(六)项目管理

卫生部－梅里埃基金会结核病防治项目和卫生部－盖茨基金会结核病防治项目－新诊断技术子项目顺利开展，完成了实施方案、工作计划、项目点评估等前期准备工作。

(结防中心提供)

鼠疫布氏菌病预防控制基地

一、业务进展

1. 鼠疫防治 2009年，在青海省海南州兴海县发生1起人间鼠疫，发病12例，死亡3例。内蒙古、云南、甘肃、西藏、青海、四川、新疆、宁夏、广西等9省（区）50个县（市、旗）发生动物鼠疫疫情，其中31个县（市、旗）分离出鼠疫菌178株。判定动物IHA阳性血清268份，判定RIHA阳性材料75份。判定新疆维吾尔自治区乌鲁木齐市米东区为新的疫源县。至2009年底，全国鼠疫疫源县达到296个，疫源地面积为1 436 573km²。

2. 布氏菌病防治 2009年全国报告病人37 104例，疫情分布在24个省（市、区）的892个县（市、区、旗）。发病人数排在前6位的省份为内蒙古16 551例、山西4768例、黑龙江4724例、吉林3452例、河北3218例、陕西911例。

3. 督导检查 2009年7月30日青海省兴海县发生重大鼠疫疫情，本基地派人于7月31日随同卫生部副部长尹力、卫生部应急办副主任梁万年赴疫区，指导青海省开展疫区处理工作，至8月8日疫区解除封锁，较好地控制了疫情。

深入湖北宜昌、重庆丰都等三峡库区开展鼠疫风险性评估的调研工作。深入宁夏盐池进行鼠疫监测调研。派出人员深入陕西、宁夏、西藏鼠疫监测点及动物鼠疫疫区开展督导及疫区处理情况调研，督导报告及时上报国家疾控中心。

2009年分别对山西、河南、山东、辽宁、黑龙江、吉林等省的布病国家监测点进行了督导检查和业务指导。

4. 技术咨询 协助中国疾控中心召开全国鼠疫监测工作会议。参加国家疾控中心在宜昌召开的三峡大型水利工程建设传染病流行潜在传播危险性评估研讨会；甘肃、青海、新疆、内蒙古4省（自治区）7市鼠疫联防会议；南方10省区鼠疫联防会议；长爪沙鼠联防会议；中国疾控中心第一届学术研讨会；全国鼠疫疫情分析会；中华预防医学会鼠类及体表寄生虫学研讨会等。

完成《鼠疫防控应急手册》的修订和出版工作。参加起草“全国鼠疫防治工作情况汇报”，作为卫生部部务会议专题研究全国鼠疫防治工作的会议材料。根据卫生部2009年第13次部务会议的决定，参加起草“关于加强鼠疫防控工作的实施意见”、“鼠疫防控体系能力建设项目计划”、“鼠疫防治专项经费测算”，3份材料已上报卫生部。

完成了《全国布病防治规划》、《布鲁氏菌病监测标准》、《全国布病监测方案》、《全国布病监测考核标准》的制（修）订。

5. 全国布病干预试点工作　全国布病干预试点工作实施3年，于2009年2月在吉林省白城市召开干预试点工作评估总结会议。中国疾控中心、中国疾控中心鼠布基地、卫生部布病专家组部分成员、黑龙江省疾控中心、洮南市卫生局和疾控中心、龙江县卫生局和疾控中心等20余人参加会议。

中国疾控中心及布病专家组成员对布病干预试点工作给予充分的肯定。干预试点工作基本达到了预期的工作成效和目的。

6. 人员培训　为提高监测工作能力，加强队伍建设，结合全国布病监测工作会议，对全国布病监测点专业人员进行了流行病学、实验室诊断等方面的业务培训。

二、党群工作

深入开展学习实践科学发展观活动。按照省委和厅党组的统一部署，在省卫生厅学习实践科学发展观活动领导小组的指导下，所党委加强领导，精心组织，周密安排，广大党员以高度的政治责任感、饱满的政治热情和良好的精神状态，积极投身到深入学习实践科学发展观活动中，历时近半年的时间，较好地完成了准备环节、学习调研、分析评议、整改落实、总结和测评等五个阶段的工作，达到了“干部受教育、发展上水平、科研上台阶、群众得实惠”的目标要求，全所各项工作取得了明显成效。

加强领导班子建设。开展创建“和谐班子”活动，坚持以邓小平理论和“三个代表”重要思想为指导，全面贯彻落实科学发展观，树立正确的政绩观，从完善、落实制度机制入手，增强班子的整体合力，构建坚强和谐的领导集体，全力推进各项工作的开展。通过创建活动加强了与职工群众的沟通，进一步完善了党委议事制度，提高了党委会的质量，做到大事讲原则，小事讲风格，使决策民主化、科学化，充分发挥整体合力作用，提高班子领导能力。形成了一个团结、干事、廉洁、富有战斗力的和谐班子。

三、获奖情况

获2007－2009年吉林省精神文明建设先进单位；1人获得吉林省劳动模范称号，1人获得白城市劳动模范称号。

（浦清江）

儿少/学校卫生中心

一、业务工作

1.《中国2008年法定传染病发病与死亡报告》——学校传染病发病情况分析 2008年38种法定报告传染病中，学生共报告发病625 178例，死亡467例，报告发病率为275.87/10万，报告死亡率为0.21/10万，病死率为0.07%。其中，甲乙类传染病报告发病数266 265例，报告死亡数465例；丙类传染病报告发病为358 913例，死亡2例。乙肝、肺结核、痢疾、麻疹和甲肝是导致学生群体发病的前5位甲乙类传染病，占全部发病人数的87.8%，其中乙肝占总发病人数的38.2%。

2. 中国工程院医药卫生学部重点咨询项目——“医药学科发展现状及前沿发展方向”研究报告 报告主要包括儿童青少年体质和营养、儿童青少年社会心理健康问题研究和儿童青少年健康素养与常见病防治3个方面。

3. 编辑出版《2008年学生体质健康监测结果公告》 2008年学生体质健康监测在北京等17个省(自治区、直辖市)、40个学生体质健康监测站及270个监测点学校开展。本次监测对象为7～22岁汉族城乡男女学生及藏族男女学生，监测人数为168 345人。监测项目包括身体形态、生理机能、身体素质、健康状况等4个方面的16项指标。

4. 学校预防艾滋病健康教育 以教育部预防艾滋病学校健康教育培训基地，承担青海“中国－联合国儿童基金会学校预防艾滋病教育项目”技术支持，西藏自治区“中国－联合国儿童基金会学校预防艾滋病教育项目”评估，并承办“2009年世界艾滋病日宣传活动暨中等职业学校预防艾滋病教育教学资料赠送仪式”。

5. 科普宣传 积极组织中心教职员工参加编写儿童青少年卫生教学参考书、科普读物、内部教材等。组织教职员工配合中央电视台、北京电视台录制科普节目多次；组织教职员工为中小学教师、学生及其家长进行免费科普讲座数次；积极组织教职员工撰写科普读物，在各种宣传媒体上发表大量科普文章。目的是普及儿童青少年身心健康的相关知识，帮助儿童青少年掌握做出选择健康的生活方式的能力和技巧，进而保护和促进儿童青少年身心健康。

二、教学工作

1. 教学师资 儿少/学校卫生中心共有教职工20人，其中教授5人，副教授5人；具有博士学位7人、硕士学位6人；具有博士生导师资格3人、硕士生导师资格10人。

2. 理论课教学　本学年度儿少/学校卫生中心承担了 14 门北京大学医学部本科生、研究生理论教学工作，全年总学时数达到 348 学时，接受教学的总人数达到 862 人次。教学对象为公卫研究生，还开设了针对校内、校际本科生的选修课。

3. 本科毕业生专题实习　2009 年在儿少/学校卫生中心进行了毕业生专题实习的本科生共 5 名，实习内容包括查阅文献、立题和撰写开题报告、方案设计、编写问卷、现场调查、资料整理、数据分析、论文写作等，学习了社会学科研工作的基本方法，同时注意培养学生的协调工作能力与合作态度。

4. 研究生培养　2009 年度儿少/学校卫生中心共毕业研究生 12 名，其中博士毕业 1 名、硕士毕业 11 名。

三、科研工作

1. 科研项目　2009 年度儿少/学校卫生中心申请了来自卫生部、教育部、国家科技部、国务院防艾办、国家自然科学基金委、联合国儿童基金会及公司合作课题等 27 项科研项目，申请科研经费共约 285.21 万元人民币。

2. 发表论文　2009 年度儿少/学校卫生中心工作人员以第一作者和通讯作者共发表学术论文 55 篇，其中在国外刊物上发表 SCI 论文 6 篇，国内核心期刊上发表论文 49 篇。

3. 出版各类教材及科普读物　2009 年度儿少/学校卫生中心共出版各类教材、著作及科普读物等 7 部，其中教材 5 部、科技专著 2 部。

4. 获奖情况　2009 年 9 月 10 日，季成叶教授牵头的“中国学龄儿童少年 BMI 超重/肥胖筛查标准的建立和应用”获中华预防医学会科学技术一等奖。

2009年度儿少/学校卫生中心申请科研情况

序号	姓名	项目名称	金额（万元）	项目来源	起止年
1	马　军	以运动监测指导为基础的儿童肥胖干预模式研究	9.56	法国达能营养科学基金	2009－2011
2	李榴柏	《儿童少年血红蛋白筛检标准》修订	5.0	卫生部政策法规司	2009－2010
3	李榴柏	儿童跌倒干预技术指南	3.0	中国疾控中心	2009－2010
4	星　一	第五轮全球基金学校预防疟疾教育项目工作经验交流会	3.0	教育部	2009－2010
5	马　军	学生体质健康调研方案制定	20.0	教育部	2009－2010
6	马迎华	2009年中国/联合国儿基会学校预防艾滋病教育项目和学校水、环境卫生与个人教育项目总结培训	6.45	教育部	2009－2009
7	余小鸣	深圳市外来务工青年生殖健康现状研究及干预	2.0	广东省科技计划项目	2009－2010
8	陈晶琦	预防儿童虐待现况评价	2.0	WHO	2009－2010
9	陈晶琦	初中生预防校园暴力教育研究	3.0	北京市教育科学“十一五”规划课题	2009－2011
10	陈晶琦	教育部《系列中小学健康教育教师教学指导用书》	1.5	人民教育出版社	2009－2010
11	朱广荣	教育部《系列中小学健康教育教师教学指导用书》	9.99	联合国教科文组织	2009－2009
12	马　军	2009年卫生标准年度工作经费	9.0	卫生部政策法规司	2009－2010
13	李榴柏	儿童青少年跌落伤害干预技术指南》编写	3.0	中国疾控中心	2009－2010
14	马迎华	高中健康教育教师指导用书编写	1.5	人民教育出版社	2009－2009

续表

序号	姓名	项目名称	金额	项目来源	起止年
15	马迎华	预防艾滋病培训手册修改与印刷	3.3	河南省郑州市救助保护流浪少年儿童中心	2009-2009
16	马　军	使用自然光液晶电视与普通液晶电视后视觉疲劳程度对比研究	10.0	中华预防医学会	2009-2009
17	马迎华	青海、西藏学校预防艾滋病教育项目	10.0	教育部	2009-2009
18	马迎华	在医学生中开展征集校外青少年预防艾滋病健康传播作品的活动	6.0	国务院防艾办	2009-2010
19	宋逸	儿童健康心理行为学校健康促进活动:自我认识能力—同理能力	3.5	首都儿科研究所	2009-2009
20	余小鸣	城市务工青少年生殖健康友好服务需求评价及干预研究	8.8	世界卫生组织	2009-2009
21	陈晶琦	预防儿童性侵犯研究	6.5	联合国儿童基金会	2009-2010
22	余小鸣	中小学健康教育课程资源研究	20.0	联合国儿童基金会	2009-2010
23	季成叶	脂肪细胞因子在能量调节系统对青春期启动和调控作用中的机制研究	35.0	国家自然科学基金	2009-2012
24	马　军	以膳食营养为主的儿童肥胖综合防控技术的研究("十一五"子项目)	78.0	中国疾控中心	2009-2010
25	马　军	儿童青少年健康发展政策研究	5.0	中国疾控中心	2009-2009
26	马　军	对学生体质监测系统和突发公共卫生事件上报系统拓展与更新	19.0	教育部	2009-2010
27	马　军	全民健康生活方式行动在学校的开展	1.2	中国疾控中心	2009-2009
合计			258.21		

四、组织会议及参加会议情况

2009年度儿少/学校卫生中心共组织召开全国性学术交流会、学术论坛、工作会议等15次。中心教职员工参加国内外会议99人次，其中国内会议89人次、国际会议10人次。

2009年度儿少/学校卫生中心举办(承办)的主要国内学术会议

序号	承办单位	会议名称	地址	参加人数	会议时间
1	儿少中心	教育部2009年世界艾滋病日宣传活动	北京	300	2009.11.27
2	儿少中心	中华预防医学会第三届学术年会——儿少分会	北京	50	2009.10.1
3	儿少中心	卫生部疾控局学校卫生监测工作研讨会	北京	20	2009.4.19－22
4	儿少中心	学校预防艾滋病健康教育经验交流研讨会	北京	40	2009.8.19－22
5	儿少中心	学校卫生标准研讨会	北京	15	2009.11.11
6	儿少中心	《学校卫生综合评价》标准研讨与预审会	北京	10	2009.12.4
7	儿少中心	教育部、卫生部全国学校卫生工作研讨会	北京	30	2009.1.22
8	儿少中心	教育部全国学生近视眼防治网上知识问答启动暨专家论证会	北京	15	2009.4.16
9	儿少中心	2008全国学生体质健康监测工作总结会	北京	70	2009.04.27
10	儿少中心	教育部农村寄宿制学生膳食营养状况调研网络培训会	北京	200	2009.05.27

(儿少中心提供)

精神卫生中心

一、职能部门调整

精神卫生中心经过提名、讨论、征求本人意见，对执委会的人员进行了换届调整。新增6人，目前总人数有33名，由各大精神病院的主要负责人担任，聘期2年。11月22日在执委会会议上由卫生部疾控局副局长孔灵芝颁发聘书。

二、国家财政部、卫生部重点项目进展

中央补助地方重性精神疾病管理治疗项目(686项目)第Ⅴ期:国家项目办设在精卫中心。2009年由财政部补助全国112个示范区(覆盖人口9688万)4179万元，比2008年增加1444万元。有22个省的省级、地市级及区县级地方政府配套经费共计823.61万元，47个示范区的精神病院自筹经费共计398.93万元。

本项目继续在老项目示范区内实施针对重性精神疾病的管理治疗，包括精神科诊断复核、登记重性精神疾病患者并建档立卡、随访有肇事肇祸倾向的患者、对贫困病人免费给药、免费化验、免费服药后免费疗效评价和治疗方案调整、免费应急处置、免费住院治疗，以及家属护理培训和肇事肇祸病人社区管理培训。对于新增的58个项目示范区主要任务是建立组织管理队伍、接受培训和熟悉流程。截至2009年9月底，108个示范区建立了基本工作机制。

3月国家项目办及项目专家组和督导组对老项目示范区进行了1次骨干培训;9月对新增的项目示范区进行了2次培训。

8月完成项目区内解锁患者信息的收集，共收集解锁患者信息273个，为了解关锁患者及其家庭状况，以及项目今后的发展提供了依据。

咨询法律顾问，多方面征求专家意见，于9月出台了《686项目服务知情同意书》，为项目示范区开展工作提供了安全保障。

卫生部疾控局局级和处级领导、国家项目督导组及医疗组成员19人次共督导5个省的11个示范区，其中行政督导2次，技术督导3次。

三、政策及法律研究

协助卫生部疾控局和妇社司对《国家基本公共卫生服务规范》中的《重性精神疾病管理服务规范》部分进行了3次修改，于10月初出台。截至目前有陕西省、河北省、辽宁省、

安徽省等省项目办已经受本省卫生厅委托，制定本省的基本公共卫生服务规范——重性精神疾病部分，努力争取本省的重性精神疾病管理费用。

作为686项目的拓展工作，受卫生部疾控局委托完成组织编写《重性精神疾病管理治疗工作规范》，并于11月下发各省。

对2002-2009年国家的精神卫生相关政策进行梳理和解读，并将所有相关政策汇编成《中国精神卫生相关政策文件汇编》，在精卫中心网站上提供免费下载。

举办卫生行政管理人员精神卫生政策培训班两期，各地厅、局卫生部门领导140余人参加。编写培训教材16万字。培训内容主要包括：精神卫生体系建设、服务模式、保障机制和政策解读等。为推动各地精神卫生工作的开展，起到了积极的作用。

配合精神科医师协会（CPA）和挪威医学会（NMA）在南京举办了中挪精神卫生伦理和立法宣传骨干培训班，参加人员60余名。同时受国务院法制办和卫生部疾控局委托，整理提交了《国外精神卫生立法比较》和《精神卫生工作存在的问题及立法解决措施》等参考资料，并参与了法制办主持的关于非自愿医疗、心理咨询和治疗的管理等立法专题讨论会。为推进国家精神卫生立法提供了技术支持。

四、信息与监测

负责“全国精神疾病信息系统”的常规维护，及时解决686项目区的问题，并为部分项目区提供当地需要的数据。随着示范区的增多，原先的管理级别设计已经不能满足使用需要。根据项目分级管理，强化省项目办管理职能的精神，“全国精神疾病信息系统”进行了扩容和管理分级的重新设置。

与领导和专家进行了有关信息系统升级的论证，国家项目办征求专家和计算机系统管理员意见，已向卫生部提交信息系统升级的报告。

五、培训

卫生部精神卫生机构疾病防治能力师资培训项目：由卫生部疾控局精卫处主持、督办，精卫中心协调，举办教师培训班和集体备课会、负责教材和课程设计，分别在北京、上海、长沙、成都四地针对686项目示范区举办11个培训班，覆盖了133家医院，共656人接受培训。各示范区分别组建一支10人左右的骨干师资，锻炼了国家级的青年教师队伍，形成了一套先进、高效的培训方法和内容，成为686项目的培训品牌。

中国—挪威精神卫生法宣传骨干Ⅱ期培训班：4月22日配合中国医师协会精神科医师分会和挪威医学会在江苏省南京市培训56名来自全国的精神卫生法国家级宣传贯彻讲员，这支队伍今后将成为我国宣贯精神卫生法的中坚力量。

中国大陆—香港—墨尔本联合社区精神卫生培训：共组织9批来自19个省市41家专科医院的103名学员赴香港参加培训。主要学习香港精神卫生服务模式、ISP（个人服务计划)、CPS(社区精神科服务)等。

精神病学临床诊断骨干培训班:于7月和10月成功举办两届,共培训13个省市精神卫生机构的35名骨干医生,强化精神病学规范化临床诊断技术和DSM－IV诊断系统的应用。

灾后儿童心理保护的能力建设培训:7月,墨尔本大学圣文森特精神卫生中心、墨尔本大学亚联中心和墨尔本Alfred医院的专家,与国内专家一起对70余名来自全国的精神卫生人员进行了为期3天的培训,主要内容为介绍灾难对儿童的影响、如何识别这些影响、如何保护受灾儿童及相关技能训练等。

重性精神疾病的平衡康复与健康教育培训:11月中旬,美国哈佛大学全球卫生和社会医学系的人类学教授、波士顿大学Sargent健康和康复学院的精神康复专家与国内的精神卫生专家,对55名来自全国的精神卫生人员进行了为期4天的培训,主要内容包括平衡治疗康复概念与循证基础、精神疾病的耻感消除、基于康复的检查技巧一生平图训练及针对家属的健康教育等。

六、合作交流

WHO农村妇女自杀与农药问题相关研究项目:深入考察了农药经营者和使用者对于农药安全保管的知晓率和人员中毒急救知识的掌握率,应对农药中毒抢救培训手册的理解程度,农村急救部门对于农药中毒抢救技术的掌握程度及解毒药的配置情况。

WHO泰国精神卫生体系考察项目:由卫生部官员及精神科专家组成考察团,于3月访问了泰国精神卫生行政管理部门、精神卫生专科机构、城市与农村的社区精神卫生网络及特殊人群的精神疾病医疗机构,深入了解泰国精神卫生政策及服务体系。

卫生部—联合国人口基金会(UNFPA)汶川震后社会心理支持项目:由芬兰政府资助。于2月正式启动,为期1年。项目针对四川省6个极重灾区县(北川、安县、什邡、绵竹、都江堰、青川)的基层卫生人员、妇联干部和老龄委工作人员进行心理急救和心理卫生知识的培训及督导,并以村级干部为对象,进行12场集体心理干预。已完成全部6个地区的培训和干预;举办了灾后青少年社会支持专家咨询会和多场督导会议;编制灾后心理援助教材一套,被卫生部采用在全国范围内的社区发放,取得了良好的社会效益。

中澳卫生与艾滋病项目——重性精神疾病管理治疗流程与人力资源配置标准开发项目:通过成立编写小组、资料收集与文献回顾、举办专家研讨会及意见征求会,项目产出了重性精神疾病管理治疗技术流程;另以开发国内重性精神疾病管理治疗人力资源配置标准为目的,于2009年7月赴广东省新会沙堤医院及新会区大泽镇、河北省第六医院及其下辖的清苑县进行国内现场调研,并组成包括卫生部疾控局精神卫生管理处的官员、精神科专家及人力资源负责人在内的考察团,于8月赴澳大利亚墨尔本,考察了维多利亚州精神卫生服务状况及圣文森特成人精神卫生服务人力资源的状况、管理与流程;在国内与国外调研的基础上，于9月和10月举办两次专家研讨会，最终撰写出河北及广东两省的重性精神疾病管理治疗人力资源配置标准草案，并将于2010年依照此配置标准开展预实验。

协助WHO西太区办公室从686项目示范区选择人员赴韩国参加为期1月的社区精神卫生培训。

国外学者来访：哈佛大学医学院人类学教授Myron Belfer于8月来访，就“保护受灾儿童”项目中的研究问题进行了探讨。新西兰—澳大利亚皇家精神病学会主席Ken Kirkby教授于9月来访，进行了为期1个月的学术交流活动，并探讨了如何加强与中澳政府间合作的问题。哈佛大学医学院社会医学系Alasdair S. Donald教授于9月中旬来访，进行了专题讲座“基于人类学方法的精神科临床问诊”并参与人类学小组的讨论。挪威医学会国际事务部高级顾问Bjorn Oscar Hoftvetd与急诊服务部高级顾问Eline Thorleifsson于11月中旬来访，就中国—挪威合作项目的未来规划与设计进行了探讨。

七、科学研究

精神创伤后应激障碍的识别技术与干预模式研究：国家“十一五”重大支撑计划课题。对4000例精神创伤后受试者的创伤后应激障碍高危因素进行研究并提供早期干预，澄清高危因素，确定病理特征，明确诊断识别的具体指标与路径，建立PTSD早期预测模型、综合诊断标准与干预模式。由7个临床研究单位分别完成抽样与研究程序，精卫中心作为其中一个研究单位负责收集部分样本，并完成指定任务。

中国精神卫生医院社区一体化服务的卫生经济学评估：为WHO 2008－2009年度常规预算项目，对中国精神卫生医院社区一体化服务进行了历史经验回顾，并对686项目部分示范区实施了卫生经济学评估。

中国—荷兰精神分裂症遗传学研究：精卫中心与荷兰Utrecht大学医学中心合作项目，由荷方出资，项目目标是识别贡献于精神分裂症及相关障碍发展的易感基因。精卫中心承担了研究平台建设、研究质量控制和项目进度管理等工作，通过严格的质量控制措施切实提高国内13家合作单位的科学研究能力。

八、财政管理

协助卫生部疾控局精神卫生管理处完成精神卫生中央本级经费的预算申请、项目督导和项目决算。

协助卫生部疾控局精神卫生管理处申请2010年686项目经费，内容是深化2009年的项目内容。已获批经费5000万元。

（精卫中心提供）

老年保健中心

一、撰写国家层面的战略规划

1. 负责撰写卫生部“国家老年基本公共卫生服务内容与技术规范”。

2. 负责撰写卫生部“国家老年基本公共卫生服务表”。

3. 负责撰写科技部“国家老年医学发展战略框架研究”。

4. 参与撰写科技部、民政部、卫生部、人口计生委、中医药管理局共同负责的“发展老年福祉科技战略研究报告”。

5. 负责撰写中国疾控中心“老年人跌倒伤害干预指南”。

6. 负责撰写中国疾控中心“中国公共卫生第三卷实践篇老年卫生”。

7. 负责撰写中国疾控中心“中国公共卫生第三卷实践篇糖尿病干预控制”。

8. 负责撰写北京市“临床细胞分子遗传学专业检测认可标准”。

9. 参与撰写国家自然科学基金委医学科学部申请代码(循环系统、呼吸系统、老年医学)。

二、国家发明专利

获得国家发明专利:已授权9项、正在申请4项。

1. 杨泽等:与衰老相关退行性疾病的线粒体ND3基因SNPG10310A分子标记、检测方法及试剂盒。国家发明专利(200910082377.5)。

2. 杨泽等:检测线粒体ND1基因单核苷酸多态性的方法、试剂盒及其应用。国家发明专利)(200910076367.0)。

3. 杨泽等:与衰老相关退行性疾病的线粒体ND3基因SNPG10320A分子标记、检测方法及试剂盒。国家发明专利(200910081562.2)。

4. 蔡剑平等:产毒型霍乱弧菌特异性基因序列实时荧光三重TaqMan聚合酶链反应快速检测体系。国家发明专利(200910076535.6)。

三、开展的基因诊断项目

1. 感染性疾病病原微生物的基因检测(10项)。

2. 移植配型及辅助诊断相关的基因检测(2项)。

3. 个体化治疗相关的基因检测(2项)。

四、科研课题及经费

1. 科技部重大新药创制科技重大专项(2008ZX09312－005)“心脑血管疾病新药临床评价技术平台研究”子课题。蔡建平,50 万。

2. 科技部重大新药创制科技重大专项(2008ZX09312－005)“心脑血管疾病新药临床评价技术平台研究”子课题。黎健,40 万。

3. 国家自然科学基金课题(30971395)“多因素综合作用下的血糖变化趋势判定研究”。张铁梅,31 万。

4. 中国工程院与国家自然科学基金委课题(U0970184)“我国主要慢病防治新方法新技术的发展战略研究”。张铁梅,20 万。

5. 国家自然科学基金课题(30972709)“AS 关联基因的鉴定及其分子机制研究”。杨泽,33 万。

6. 国家自然科学青年基金课题(30900627)“硫氧环蛋白－1 对氧化性低密度脂蛋白致内皮细胞损伤的保护作用及其分子机制研究”。陈北冬,20 万。

7. 中华骨髓库“HLA 基因分型检测质量控制项目”。蔡剑平,334 万。

8. 人事部课题“整合素与老年性糖尿病的关系”。赵艳阳,3 万。

9. 北京市自然科学基金课题“整合素在胰岛细胞老化过程中的作用”。赵艳阳,11 万。

10. 卫生部课题“老年人跌倒伤害干预指南”。史晓红,3 万。

11. 中国疾控中心项目“老年保健相关政策研究”。张铁梅,5 万。

12. 北京医院博士启动基金课题“整合素和胰岛细胞存活率的关系”。赵艳阳,2 万。

13. 北京医院博士启动基金课题“赖氨大黄酸延缓血管内皮细胞衰老的作用及其机理研究”。林雅军,2 万。

14. 科技合作项目“保健品人体功能评价”。胡刚,165 万。

五、学术论文

2009 年共发表论文 73 篇,其中 SCI 13 篇,国内核心期刊 60 篇。

六、研究生培养

1. 中国医学科学院、北京协和医学院博士生导师:黎健、张铁梅、杨泽、蔡剑平。

2. 北京大学医学部博士生导师:黎健、杨泽、蔡剑平。

3. 卫生部北京老年医学研究所硕士生导师:齐若梅、王抒、李宁华、董军。

4. 培养研究生 68 名、博士生 26 名、硕士生 42 名、博士后 2 名、本科生 3 名。

七、继续教育

1. 北京市东城区继续教育项目“生命科学在重大临床疾病研究中的研究进展”。10次;

2. 研究人员——研究结果秀讲座共13次;

3. 研究生学术沙龙共7次;

4. 2009年成立了博士俱乐部。

八、国际交流

1. 邀请或接待美国、英国、加拿大、法国、瑞士、日本、韩国等国家47位外宾来访,进行学术交流,建立合作关系。

2. 与美国和瑞士的有关实验室建立合作关系,选派2名博士生分别到美国和瑞士学习1年。

3. 参加国际、国内学术会议,介绍我们的研究结果,提高影响力。2009年在国际会议发言10人次,全国学术会议大会发言15人次。

九、学术研讨会与培训班

12月在北京与中国疾控中心慢病处共同主办“全国老年痴呆综合防治研讨与培训班”。为国家继续教育项目,授予国家一级学分10分,共有120人参加。

10月在北京与中国医师协会培训部和北京老年医院共同主办“老年医疗服务体系建设研讨班”。为国家继续教育项目,授予国家一级学分10分,共有100人参加。

4月在北京与中华医学会肠外肠内营养学分会、卫生部北京医院、北京医学会肠外肠内营养专业委员会、中国临床营养杂志、中华老年医学杂志共同举办“第二届全国老年疾病营养支持的循证应用学术研讨会”,共有300人参加。

10月在北京与中国疾控中心共同主办“老年跌倒干预技术指南研讨会”。

(老年中心提供)

人事人物

中国疾控中心各级领导

中心领导

主　　任：王　宇

党委书记：梁东明(2009年6月起)

党委副书记兼纪委书记：宫新生

副 主 任：侯培森　杨功焕　杨维中　刘剑君

机关处室负责人

中心办公室	主任：王　健	副主任：王　林 副主任:2006.11 主任(政研办):2010.00
人力资源处	处长：沈　平	副处长：李　黎 2009.12—副处 2010.8—正处 张学清
规划财务处	处长：张　雁	副处长：刘丽芳
国际合作处	处长：强正富	副处长：冯　琳 王晓琪
科技处	处长：董小平	副处长：黄　辉
实验室管理处	处长：武桂珍	副处长：赵赤鸿
设备条件处	处长：高贵凡	副处长：张戈屏
教育培训处	处长：刘开泰	副处长：周海城
基建处(内设工程建设办公室)	处长：张利民	
工程建设办公室(正处级)		副主任：郭　达 (正处级)
二期筹建办		副处长：蔡立群 (主持工作)

后勤管理处	处长:杜　光	
新址管理办公室	主任:刘剑君(兼)	副主任:谭吉宾
审计处	处长:袁灵华	
科技开发办公室	主任:王茂武	副主任:陈　晨
学术出版编辑部	主任:胡永洁	
保卫处	处长:陈　峰	
党委办公室	主任:李志新	副主任:孟宪平
纪检监察办公室	主任:曹进华	管新建　白雪平 纪委办公室纪律检查员(正处级)
群众工作处	处长:李新焕	副处长:王　莉
离退休人员管理处		副处长:田占平
后勤服务中心		副主任:栗　波 王彪峰
公共卫生政策研究办公室	主任:徐　缓	
公共卫生监测与信息服务中心	主任:马家奇	副主任:苏雪梅 周脉耕 傅　罡
免疫规划中心	主任:梁晓峰	副主任:王华庆 罗会明
公共卫生管理处	处长:倪　方	副处长:刘东山
慢性病防治与社区卫生处		副处长:施小明
结核病预防控制中心	主任:王黎霞	副主任:成诗明 陈明亭
疾病控制与应急处理办公室	主任:冯子健	副主任:王子军 余宏杰 李　群
流行病学办公室	主任:阚坚力	副主任:么鸿雁
全国12320公共卫生公益电话管理中心	主任:谭　枫	副主任:李　蓉
控烟办公室		副主任:姜　垣

直属单位所级领导

单位	领导	副职
传染病预防控制所	所　　长:徐建国 党委书记:孟繁逊	副所长:边志强 卢金星 张建中 阚　飙
病毒病预防控制所	所　　长:李德新	副所长:梁国栋 毕胜利 舒跃龙
寄生虫病预防控制所	所　　长:汤林华 党委书记:蔡继红	副所长:周晓农 许学年 潘嘉云 曹建平
性病艾滋病预防控制中心	主　　任:吴尊友 党委书记:韩孟杰 党委副书记:刘康迈	副主任:刘中夫 孙江平 汪　宁
慢性非传染性疾控中心	常务副主任:赵文华 (正处级)	副主任:孙　新
营养与食品安全所	常务副所长:严卫星 (正处级) 党委书记:高玉莲	副所长:马冠生 王竹天 李　宁
环境与健康相关产品安全所	所　　长:金银龙 党委副书记:张全增	副所长:白雪涛
职业卫生与中毒控制所	所　　长:李　涛 党委书记:徐春梅	副所长:周安寿 郑玉新 孙承业

辐射防护与核安全医学所	所　　长:苏　旭 党委书记:王志林	副所长:岳保荣 孙全富
农村改水技术指导中心	常务副主任:陶　勇 党总支书记:陶　勇	副主任:田永建
妇幼保健中心	主　　任:张　彤 党总支书记:王临虹	副主任:王临虹 金　曦

挂靠单位所级领导

单位	领导	领导
地病中心	主　　任：孙殿军 助　　理：申红梅	副主任：徐秀玉 　　　　周　晋
性病中心	主　　任：王宝玺 党委书记：张　烈	常务副主任：张国成 副　主　任：陈祥生
麻风病中心	主　　任：王宝玺 党委书记：张　烈	常务副主任：张国成
结核临床中心	主　　任：许绍发	副主任：张宗德
鼠布基地	常务副主任：张洪信	副主任：丛显斌
儿少中心	主　　任：马　军 支部书记：马迎华（兼）	副主任：马迎华
精卫中心	主　　任：黄悦勤	常务副主任：马　弘
老年中心	主　　任：黎　健	副主任：张铁梅

全国政协委员

王　宇	中国疾控中心
邵一鸣	中国疾控中心性艾中心
严卫星	中国疾控中心营养食品所
李　蓉	中国疾控中心

院　　士

侯云德	中国疾控中心病毒病所
曾　毅	中国疾控中心病毒病所
洪　涛	中国疾控中心病毒病所
高守一	中国疾控中心传染病所
陈君石	中国疾控中心营养食品所

专家咨询委员会

陈春明	中国疾控中心(主任委员)
戴志澄	中国性艾协会
陈育德	北京大学医学部
余森海	中国疾控中心寄生虫病所
胡鞍钢	清华大学国情研究中心
赵　凯	北京生物制品研究所
彭瑞骢	北京大学医学部
蔡仁华	卫生部卫生经济研究所
戴光强	安徽省政协

首席专家

曾　光	流行病学首席专家
邵一鸣	艾滋病首席专家

大事记

大 事 记

一 月

1月1日，第一轮中国全球基金结核病滚动项目启动，项目滚动至2015年12月31日。该项目以“通过加强高质量的DOTS抗击中国结核病疫情的总目标为减少中国结核病的发病率和死亡率”为宗旨，将继续为支持和补充我国结核病防治规划服务。

同日，2008年版《中国结核病防治规划实施工作指南》在全国结防系统内全面启用。

1月5日，中国疾控中心党委全委扩大会暨深入学习实践科学发展观专题汇报会召开。

1月9－12日，以国内外关注的新发和再发传染病的预防和控制关键技术为重点的第二届中国疾控中心“团山论坛”在北京召开。来自法国Sanit－Atoine医院和国内研究机构的14名专家，围绕衣原体、土拉、艰难梭菌、巴尔通体、鼠疫、霍乱、猪链球菌、空肠弯曲菌和媒介生物等多个领域进行专题报告。

1月10日，环境所完成江苏省二氯异氰尿酸钠和三氯异氰尿酸饮用水消毒及生产情况现场调查。

1月12日，病毒病所接受卫生部对SARS毒种库、BSL－3实验室实验活动的专项检查。

1月13日，中国疾控中心组织召开邳州儿童铅中毒事件处理研讨会，职业卫生所专家结合江苏省疾控中心血铅检测情况，提出对邳州儿童铅中毒事件的处理意见。

1月13－14日，中国疾控中心与美国疾控中心、WHO在京联合召开手足口病北京国际研讨会。来自10个国家和3个地区（中国香港、澳门和台湾）、中国大陆30个省份、WHO和美国疾控中心的代表、专家共约160人参加了会议。会议为国际科学界和公共卫生专家提供了在流行病学、临床诊断、治疗、疫苗、公共卫生管理等有关领域分享手足口病相关经验和知识更新的平台，探讨了今后预防和控制手足口病的最佳方案，为亚太区下一步行动和研究重点提出了建议。

二 月

2月1日，全国疾控系统慢性病预防控制能力和控烟能力调查启动。

2月11-12日,2009年全国艾滋病/性病防治工作年会在北京召开。会议总结了2008年我国艾滋病性病防治工作的成绩和进展、面临的问题和挑战,并提出了下一步工作要求。会上,中国疾控中心还对云南省疾控中心等10家单位进行了表彰。

2月18日,卫生部核事故医学应急中心2009年度工作会议在京召开。

2月21日,环境所完成盐城水污染事件处理和检测任务。

2月26日,中国疾控中心深入学习实践科学发展观活动总结大会召开,满意度测评达到90%。

2月下旬,改水中心组织专家参加了国家发改委、水利部、卫生部组织的河北省河间市和衡水市故城县2010—2013年农村饮水安全规划现场复核工作。

本月,病毒病所病毒性脑炎室被任命为WHO乙型脑炎参比实验室(JE-JJL)。

三　月

3月12-13日,中国疾控中心开展在京直属单位第一季度实验室监督检查。

3月16日,卫生部部党组书记张茅到中国疾控中心视察调研。张茅书记首先深入有关处室了解工作情况,并与有关领导和专家进行座谈,听取了王宇主任关于中国疾控中心全面工作的汇报和沈洁书记关于党建工作的汇报。

3月18日,卫生部副部长尹力和全国结核病防治形象大使、著名歌唱家彭丽媛等在广东东莞市出席了当地的"世界防治结核病日"宣传活动。

3月27日,性艾中心组织的艾滋病二线抗病毒治疗工作启动会在浙江省杭州市召开。此次会议标志着二线抗病毒治疗工作开始在全国范围内推广。

本月,《中国新闻两会特刊——慢性病防治专辑》出版,主题为"控制危险因素,减少慢病发生"。

本月,中国疾控中心成立淮河流域癌症综合防治工作专家委员会和技术工作组。

本月,妇幼中心获得由全国妇联颁发的"巾帼文明岗"荣誉称号。

本月,改水中心参加了全国爱卫办组织的推进实现"十一五"规划和"千年发展目标"农村改厕目标进程评估工作,完成对河北、黑龙江、云南、广西4省(区)的现场评估。

四　月

4月1日,卫生部部长陈竺与比尔及梅琳达·盖茨基金会联席主席盖茨先生在北京签署合作谅解备忘录,宣布双方在结核病防治领域建立伙伴关系。作为签约后的一项重要举措,盖茨先生代表基金会承诺,在未来5年内投入3300万美元,用于支持中国采用创新方式防治结核病,进而获得可供世界其他国家学习借鉴的成功经验。

4月2日，中国疾控中心举办年度第一次党委扩大的理论中心组学习暨中层干部培训会，邀请北京市委党校、北京行政学院教授张勤作了《党的领导力》专题辅导，王宇主任作重点发言。

4月10日，食品安全所派专家赴吉林协助处理"吉林省蛟河市实验小学学生接触甲醛事件"，完成事件的危害评估。

4月17日，由卫生部主办、慢病中心承办的慢性病自我管理现场研讨会在上海召开，会议要求继续做好自我管理等慢病适宜技术的探索工作，开展社区慢病自我管理试点，认真总结经验，分层次、分阶段地稳步开展社区慢病防控工作。

4月20－24日，以"持续安全 和谐发展"为主题的第三届实验室安全周活动全面展开。

4月20－24日，德国社会事故保险局职业安全卫生研究所Frank Bochmann博士等3人访问职业卫生所，并在京召开了中德职业性皮肤损伤及其防护干预合作项目研讨会，就中德职业性皮肤损伤及其防护干预合作项目工作进行深入研讨。

4月23日，中国疾控中心在主动信息监测中，获知美国确诊2例人感染猪流感病毒信息后，即刻编发《疾控快报》上报卫生部，拉开了我国防控甲流的帷幕。

4月23－24日，2009年全国省级疾控中心主任年会在北京召开，卫生部部长陈竺、副部长陈啸宏出席会议并分别讲话。24日，全国疾控系统办公室主任会议在京召开。

同日，由卫生部、人力资源社会保障部、安全生产监督管理总局、全国总工会四部门联合主办，中国疾控中心职业卫生所承办的保护农民工健康高层论坛在北京举行。全国政协副主席张榕明出席论坛并讲话。卫生部部长陈竺，国务院农民工工作联席会议办公室主任、人力资源社会保障部副部长杨志明，安全生产监督管理总局副局长杨元元，全国总工会副主席张鸣起作了主题演讲。论坛由卫生部副部长陈啸宏主持。

4月29日，中共中央政治局常委、国务院副总理李克强在中共中央政治局委员、北京市委书记刘淇的陪同下，到北京首都国际机场、中国疾控中心考察人感染猪流感防控工作。他强调，各地区各部门要认真贯彻落实胡锦涛总书记、温家宝总理指示和国务院常务会议精神，把防控人感染猪流感作为当前的一项重点工作，高度重视，积极应对，联防联控，依法科学处置，严防境外疫情传入和扩散，保障人民群众身体健康、生命安全和出行安全，维护社会生产生活正常秩序。

4月，中国疾控中心举办巴斯德杯免疫知识有奖问答，共收到近4万份答卷。

五　月

5月2日，国家流感中心完成了基于美国疾控中心检测技术的Real－time PCR试剂盒和自行研发的RT－PCR试剂的生产和测试工作，建立了RT－PCR和Real－time RT

-PCR 快速检测方法。

5 月 4 日,卫生部正式批准传染病所 BSL—3 实验室从事甲型 H1N1 流感病毒实验活动资格。

同日,职业卫生所派出专家协助处理吉林通榆县向海学校学生农药中毒事件,配合当地开展危害评估工作。

5 月 8 日,改水中心组织召开不安全水、卫生设施、卫生行为的疾病负担与水、卫生设施改善的成本效益研究方案专家讨论会。

5 月 10 日凌晨 1 点,通过积极协调卫生部、北京市出入境检验检疫局、北京海关等部门,美国疾控中心提供的 3 支甲型 H1N1 流感病毒毒株顺利运抵病毒病所。

5 月 10-15 日,职业卫生所派出专家前往吉林现场协助处理化纤厂事件。

5 月 11 日,病毒病所对四川疑似甲型 H1N1 流感病例的咽拭子标本进行了甲型 H1N1 流感病毒核酸检测,结果为阳性,为我国内地首例甲型 H1N1 流感病例的确诊提供了科学依据。

5 月 12-15 日,由美国国际发展部微量营养素论坛主办、中国疾控中心承办的第二届微量营养素论坛国际大会(MNF)在京召开。此次论坛主题为“微量营养素缺乏后果及控制——科学、政策和项目”。

5 月 14-16 日,职业卫生所在京组织召开我国职业病发病形势分析报告研讨会。

5 月 17 日,中共中央政治局常委、国务院总理温家宝来到中国疾控中心考察甲型 H1N1 流感防控工作。他指出,必须下定决心,扎实工作,通过百倍努力,坚决防止甲型 H1N1 流感在中国流行。中共中央政治局常委、国务院副总理李克强,中共中央政治局委员、北京市委书记刘淇,国务委员兼国务院秘书长马凯一同看望和考察。

同日,病毒病所成功分离到我国内地第一株甲型 H1N1 流感病毒,并于 18 日完成了其全基因组序列的测定和分析。

5 月 17-20 日,亚洲辐射研究协会在韩国首尔召开了第二届亚洲辐射研究大会,辐射安全所研究员苏旭被授予辐射研究协会辐射研究贡献奖,并连任辐射研究协会副主席。

5 月 20 日,环境所组织专家赴安徽省阜阳市对“廖行良反映太阳能热水器问题”进行初步调查,并完成太阳能热水器的安全性评价。

5 月 21-25 日,中国疾控制中心党委副书记宫新生和寄生虫病所所长汤林华、党委书记蔡继红一行赴四川省阿坝藏族羌族自治州,考察和指导包虫病等防治工作。

本月,国家新闻出版总署正式批准原《中国医学文摘—卫生学分册》更名为《中国妇幼卫生杂志》,由中国疾控中心主办、中国疾控中心妇幼保健中心承办。

本月,妇幼中心分别在新疆、广西、云南及河南 4 省 7 个项目地区召开了预防艾滋病母婴传播综合服务指导与调研——暨综合干预技术研究课题的启动及培训会。该课题通过对项目地区的预防艾滋病母婴传播综合服务情况进行调研,以探索适合我国国情的综合干预技术。

六　月

6月3日，中国疾控中心在北京召开第五次全国结核病流行病学抽样调查筹备会议，讨论了2010年流调抽样的全国代表性及各省代表性问题，流调的调查项目、调查对象和抽样方法。

6月3－5日，病毒病所对来自东盟8个国家（泰国、菲律宾、文莱、越南、老挝、马来西亚、印度尼西亚、柬埔寨）的16名学员进行了为期3天的甲型H1N1流感实验室检测技术培训。

6月13日，寄生虫病所疟防专家完成为期3个月的援建喀麦隆、刚果（金）抗疟中心任务，顺利回国。

6月25－26日，由中国疾控中心慢病中心、国际生命科学学会（ILSI）中国办事处等共同主办的主题为“关注腰围，远离慢性病”的中心型肥胖预防与控制科学大会在北京召开。

6月27－28日，病毒病所接受了中国实验室国家认可委员会评审组专家对生物安全三级实验室进行的第四次监督评审，评审组专家对实验室安全管理体系文件和各项记录认真地进行核查，并对BSL－3实验室进行了现场检查。专家组认为，检查结果符合实验室生物安全认可准则的要求，并一致认为病毒所BSL－3实验室遵守认可规定，情况良好，维持认可资格。

本月，国家突发公共卫生事件应急机制建设项目“国家化学中毒救治基地远程会诊系统建设任务”完成验收工作。在调试阶段和验收后，先后与北京朝阳医院、黑龙江省第二医院、沈阳市第九医院、重庆市职业病院及军事医学科学院附属医院等单位开展了远程会诊。

七　月

7月1日，中国疾控中心老疾控工作者合唱队成立，30多名老同志积极参加活动。经过自愿报名、各单位推荐，11人参加了卫生部老工作者合唱团。

7月2日，中澳合作“中国农村地区妇女常见病防治策略的可行性研究”项目启动会在北京召开。

7月3日，由中国疾控中心主办、中国疾控中心性艾中心和中国全球基金艾滋病项目承办的“以爱之名——2009年中国艾滋病反歧视主题创意大赛”新闻发布会暨启动仪式在搜狐网络大厦举行，并在搜狐网进行了同步网络直播。

7月4-6日,改水中心组织召开农村集中式供水饮水安全计划试点推广会。

7月21日,陈竺部长接种了用于临床研究的甲型H1N1流感试验疫苗,成为甲型流感疫苗试验接种第一人。

7月22日,获取临床试验用疫苗检测合格报告的科兴、华兰两家企业,在北京和江苏的临床试验基地开展了第1剂小样本的疫苗接种,由中国疾控中心牵头组织的甲型H1N1流感疫苗临床试验现场工作正式启动。

7月21-22日,中国疾控中心在北京召开了中美结核病实验室研讨会。根据2008年中美疾控中心主任年会双方达成的共识,2009年中国疾控中心将邀请美国疾控中心结核病专家对《中国结核病感染控制指南》的完善和试点培训,以及中国国家结核病实验室网络建设的中长期规划提供技术支持。本次会议的议题是借鉴美国及WHO跨国结核病实验室网络建设与运行经验,在《中国结核病实验室网络发展计划》的基础上,与会专家共同讨论和修订中国国家结核病实验室网络建设的中长期规划。

7月24日,职业卫生所有关专家随同卫生部"张海超'开胸验肺'事件联合调查组"赴郑州,为调查组的调查工作提供技术支持。调查期间,专家从X线诊断、病理诊断及现场职业卫生学角度,对郑州市职业病防治所张海超尘肺病诊断等技术问题进行了技术指导,为张海超尘肺病事件的调查处理提供了有力的技术支撑。

同日,卫生部直属机关党委副书记、纪委书记窦熙照一行4人到中国疾控中心督导检查学习实践活动整改落实"回头看"工作。听取了中心党委书记梁东明"回头看"工作汇报并与疾控中心的代表进行了座谈。

7月7日,全国疾控系统慢病预防控制工作会议在四川召开。

本月,历时3个月的凉山州艾滋病疫情调查工作结束。

八　月

8月5日,职业卫生所专家组成卫生部专家组赴内蒙古赤峰市,协助当地卫生部门开展氨泄漏处置工作。

8月7日,中国疾控中心举办第二次党委扩大的理论中心组学习暨中层干部培训会,邀请中国青年政治学院、中国马克思主义学院李伟教授作了《六个"为什么"——对几个重大问题的回答》一书的专题辅导。

同日,驻卫生部纪检组局三室主任吴英等同志,检查中国疾控中心执行"三重一大"事项集体讨论决定制度情况,重点检查中心党委常委会、主任办公会议记录及纪要上报情况。

8月9-14日,第九届亚太国际艾滋病大会在印度尼西亚巴厘岛Nusa Dua国际会议中心召开。在大会期间,我国举办2个卫星会议,即中国应对艾滋病概况和中国的多部门合作:推进针对吸毒人员的减低危害策略实施,受到与会代表关注。

8月10-11日,中国疾控中心在内蒙古呼和浩特市召开了2009年上半年全国省级结核病防治所长会议。

8月19-20日,中美艾滋病防治合作(GAP)项目2009年度会议在贵阳召开。

8月22日,在国际防控甲型H1N1流感会议上,我国作为全球第一个完成临床试验的国家,通报了临床试验结果,随后证实我国临床试验的结果与其他国家结果一致,并获得WHO的高度评价。

8月24日,职业卫生所专家参加湖南省武冈儿童铅中毒处理工作。

8月26日,中国疾控中心召开了以“加强领导干部党性修养、树立和弘扬良好作风”为主题的中国疾控中心党委常委民主生活会。驻卫生部纪检组副组长、监察局局长王大方出席会议并讲话。

九　月

9月7-9日,改水中心组织召开农村实施饮水安全计划现场经验交流会。

9月9日,职业卫生所专家赴甘肃省兰州市,协助、指导当地开展飞龙化工有限责任公司废油加工点9.7含甲苯、二甲苯及硫醇气体泄漏事件医学处理工作。

9月8-11日,中国疾控中心流病办在云南省昆明市举办了主题为“流行病学方法与突发公共卫生事件风险沟通”全国流行病学应用与实践系列继续教育培训班。

十　月

10月1日,中国疾控中心实验室管理处武桂珍、传染病所徐建国、病毒病所徐文博、妇幼中心王临虹在北京天安门广场参加了中华人民共和国成立六十周年庆典花车游行,充分展现了当代疾控人蓬勃向上的精神风貌。

同日,传染病重大专项“结核病预警模式研究”、“结核病发病模式研究”启动。

10月9日,中国疾控中心机关部分处室正式搬迁昌平园区工作。传染病所、病毒病所、性艾中心搬迁工作已于年底搬迁完毕。约有1100名员工搬迁到昌平园区办公。按照《昌平园区总体运营管理方案》和15个运营管理方案,新址餐厅实行了自主管理,专家公寓已由国管局批准为单位内部会议国采定点单位,与此同时,开通了20条线路的班车和往返地铁巴士。

10月13-16日,中美儿童与家庭合作项目启动会在中国疾控中心昌平新址召开,标志着该项目的正式启动。中国疾控中心王宇主任、杨功焕副主任,美国疾控中心 教授RJ Berry,美国国立癌症研究所教授 Martha Linet,以及中美疾控中心有关专家和管理人员出席启动会。

10 月 14 日-11 月 2 日,受商务部委托,寄生虫病所在上海和海南举办了发展中国家寄生虫病防治培训班,来自巴基斯坦、老挝、尼泊尔、斯里兰卡、印度尼西亚、越南、加纳、肯尼亚、毛里求斯、纳米比亚、塞拉利昂、塞舌尔、乌干达、安提瓜一巴布达和格林纳达等 15 个发展中国家的 23 名专业技术人员参加了培训班。培训内容包括地理信息系统在血吸虫病控制中的应用、中国消除丝虫病经验、血吸虫免疫诊断技术、土源性寄生虫病控制和监测、广州管圆线虫研究和控制、食源性寄生虫病预防控制等。

10 月 18 - 22 日,职业卫生所在北京召开全国化学中毒医疗救治基地工作研讨会。

10 月 24 - 25 日,中国热带病药物与诊断创新网络第一次会议在上海召开,寄生虫病所与国家新药筛选中心和第二军医大学等 12 家单位联合成立了中国热带病药物与诊断创新网络。

10 月 26 - 27 日,《戈壁风采录》书稿评审会在京召开,该书稿得到领导和专家的好评,顺利通过评审。

10 月 26 - 30 日,中国疾控中心举办昌平园区 BSL—3 实验室运行操作培训班。

10 月 26 - 30 日,改水中心组织召开 2008 年农村改水改厕项目水质卫生监测网络直报数据审核会。

10 月 29 - 30 日,应美国疾控中心主任 Thomas Frieden 的邀请,王宇主任率团一行 7 人赴美参加第六次中美疾控中心主任年会。

10 月 29 日,美国疾控中心全球卫生中心主任 Steve Blount 代表 Tom Frieden 主任为国际合作处强正富处长颁发了美国疾控中心"2009 年公共卫生服务卓越奖",以表彰强处长多年来对推动中美疾控中心合作所做出的突出贡献。这是美国疾控中心特别授予外籍专家的至高荣誉。

本月,卫生部疾控局正式将丙肝防治、性病的健康教育与行为干预工作职能调整由性艾中心承担。

十一月

11 月 4 - 5 日,全国男男性行为人群艾滋病综合防治试点工作总结会在北京召开。

11 月 5 - 6 日,中国疾控中心与加拿大公共卫生署在京联合召开了中加慢病预防与控制研讨会,此次会议是在中加两国卫生部部长签署的"中加卫生合作行动计划"(2009—2011)框架下的后续行动之一,旨在增进双方的了解,商讨今后合作意向。

11 月 6 日,全球基金正式批准中国全球基金艾滋病持续滚动项目。

11 月 9 - 13 日,全国艾滋病检测实验室网络发展 20 年暨第二届全国艾滋病检测实验室能力验证经验交流会在北京召开。

11月10－12日，WHO助理总干事福田敬二（Keiji Fukuda）博士率WHO专家组专程来华，对中国疾控中心病毒病所国家流感中心（CNIC）申请成为WHO流感参比和研究合作中心（WHOCC）进行了现场评估考察。最终一致同意CNIC成为WHOCC。

11月12日，中国疾控中心召开中心政府采购相关审批管理工作研讨会。

11月15－16日，中国妇幼保健协会成立大会在京召开。全国政协副主席、协会名誉会长张梅颖，卫生部副部长陈啸宏出席会议并讲话，协会会长张文康代表协会理事会讲话。中国疾控中心妇幼中心主任张彤被选举为协会副会长，妇幼中心副主任金曦被选举为协会副秘书长。

11月15－17日，中国疾控中心主任王宇冒着风雪，到血吸虫病防治联系点——湖北省监利县、公安县进行调研。

11月15－21日，寄生虫病所举办了大湄公河次区域疟疾控制和消除培训班，来自老挝、越南、柬埔寨、泰国、缅甸及中国的18名学员参加培训。

11月18日，南纬路动物室取得了北京市科委颁发的实验动物使用许可证。

11月19日，应中国疾控中心主任王宇邀请，2001年诺贝尔生理学/医学奖得主，美国Fred Hutchinson癌症研究中心主任兼主席Lee Hartwell博士访问中国疾控中心，并应邀做了题为“发现循证医学的证据”的学术报告，与出席演讲会的200余名中国专家学者分享了他50余年科研工作的发现与感悟。

11月24日－12月2日，全国第五次结核病流行病学抽样调查试点工作展开。

11月中旬－12月初，卫生部疾控局和中国疾控中心组织10个考核评估组，对贵州省开阳县等10个寄生虫病综合防治示范区3年的工作进行了考核评估。考核结果显示，各示范区土源性线虫或肝吸虫感染率明显下降，降幅较大的为94%、较小的为70.3%，均率达到《2006－2015年全国重点寄生虫病防治规划》的近期目标。

十二月

12月1日，中国疾控中心启动了国家高技术研究发展计划（“863”计划），“6～35月龄儿童甲型H1N1流感疫苗临床试验”和“甲型H1N1流感疫苗上市后效果和安全性评价”研究课题。

12月4日，中国疾控中心举办第三次党委扩大的理论中心组学习暨中层干部培训会，邀请中国社会科学院吴波教授作了“党的十七届四中全会”的专题辅导，中心机关及直属单位处以上干部110人参加了培训。

12月12日，慢病中心与中华预防医学会慢性病预防与控制分会举办了“国际慢性病防控的成功典范——芬兰经验分享”报告会。报告会特别邀请了国际慢性病防控的领军人物、北卡计划的主要负责人、芬兰国立卫生福利院院长Pekka Puska教授，介绍芬兰成功的慢性病防控经验。

12月16－20日，全国放射工作人员职业健康监护管理研讨会在长春召开。

12月31日，由北京出版集团、性艾中心联合举办的《艾滋病学》新书发布会在京举行。本月，中国疾控中心新址一期工程的工程量全部完成，顺利进行了竣工验收，部分项目相继向中心有关单位(部门)进行了移交。剩余任务主要是动物实验楼等调试收尾和竣工资料档案、决算等。

本月，病毒病所在全国31个省份启动“全国快速甲型H1N1流感感染状况血清学调查”和“全国甲型H1N1流感感染状况系列横断面血清学调查”。

附录

2009年度中国疾控中心获奖科研成果

中华医学二等奖

我国艾滋病高危人群基数估计方法及其在流行形势分析中应用的研究

中华医学三等奖

1. 我国人类朊病毒病检测监测体系建立及相关基础和应用研究
2. 中国居民营养与健康状况调查
3. 重要食品安全事件原因的快速确证技术及其分析毒理质谱库建立

中华预防医学一等奖

1. 血吸虫病防治策略的研究
2. 中国居民营养状况调查

中华预防医学二等奖

1. 我国人类朊病毒病检测监测体系建立及相关基础和应用研究
2. 我国发现人粒细胞无形体病
3. 我国艾滋病高危人群基数估计方法及其在流行形势分析中应用的研究
4. 食品安全快速检测系列方法与设备研究
5. 基于生物标志物的多环芳烃致癌危险度评价

中华预防医学三等奖

1. 建立长江流域、我国湖区GIS血吸虫病预警系统研究
2. 我国儿童少年钙营养状况及干预研究
3. 富硒大蒜的开发及其安全性和临床前应用研究
4. 创建无烟环境的综合干预模式和评估体系研究
5. 中国结核病防治效果监测及影响因素研究

2009年度中国疾控中心获奖科研成果摘要

中华医学奖获奖成果摘要

我国艾滋病高危人群基数估计方法及其在流行形势分析中应用的研究

项目第一完成人：吕繁

项目第一完成单位名称：中国疾控中心性艾中心

项目研究起止年月：2002年9月至2008年12月

项目研究经费来源：①卫生部重点课题(艾滋病高危人群基数估计及流行形势分析的方法学研究，WA2002—03—01)；②"十五"国家科技攻关项目(桥梁人群传播艾滋病的模式及相关阻断策略研究，2004BA719A02)；③UNAIDS(Improve Estimates and Projections of HIV/AIDS and its Impact China，HQ/03/467886，HQ/05/402824)。

1. 研究背景　2002年以前，国内外对中国艾滋病疫情数字有不同的判断和报道，各种报道数字相去甚远。客观、准确分析艾滋病在中国的流行形势是预防和控制艾滋病的前提，艾滋病高危人群基数是流行形势分析的核心变量之一。由于没有标准的估计方法，一直缺乏艾滋病高危人群基数估计的可靠数据。如何客观估计艾滋病高危人群基数，进而结合感染率等资料进行分析，对流行形势做出令人信服的结论，成为艾滋病防治的一项紧迫任务，也是本研究的主要内容。

2. 研究方法、技术路线　通过试点研究确定不同类别高危人群基数估计的适宜方法→开发疫情估计方法及使用(培训)手册→应用高危人群基数估计方法获得现场调查数据，与感染率数据、危险行为数据等结合进行疫情估计和流行形势分析→获得全国疫情估计和艾滋病流行形势分析结果。

3. 发明点、创新点、主要贡献　①首次研究形成不同类别高危人群基数估计的适宜方法和流程；②确定了适于我国艾滋病流行特点的疫情估计方法，并利用我国相关研究结果对其参数、使用范围等进行改进；③2003年首次全面、清晰地阐明我国艾滋病流行的现状及特点；④首次提出男男性接触人群艾滋病流行的危险性不容忽视的结论，并为以后的调查数据所证实；⑤使国内外对于中国艾滋病感染人数达成共识。

4. 应用推广情况　①研究成果用于2003年、2005年和2007年全国31省(自治区、直辖市)的艾滋病疫情估计工作;用于全球基金第三、四、五轮项目地区(覆盖21个省、自治区)主要目标人群基数的估计;②形成全国艾滋病疫情估计和流行形势分析结果,用于卫生部、联合国中国艾滋病专题组发布的2003、2005年中国艾滋病防治联合评估报告;③2005年疫情估计结果被UNAIDS专家引用作为2006年全球艾滋病疫情进展报告中有关中国的疫情数字;④课题组成员编写、出版了国内首部专著《艾滋病高危行为人群基数估计方法及其应用》,2003年以来,发表相关论文138篇,其中英文文章25篇,被SCI收录15篇、被SSCI收录4篇,为多部艾滋病防治专著撰写了16章、节,培养研究生18名。

5. 社会效益　研究成果对于全国及各地准确掌握现存活的感染人数起到关键作用,使国内外对于中国艾滋病流行形势达成共识,为"四免一关怀"等政策的形成和确定艾滋病防治工作的重点提供了科学依据;促进了我国艾滋病监测系统的完善。

我国人类朊病毒病检测监测体系建立及相关基础和应用研究

项目第一完成人及单位名称:中国疾控中心病毒病所

项目研究起止年月:1988年5月10日至2008年12月31日

项目研究经费来源:国家计划("863"计划、国家自然科学基金委项目、国家科技部"十五"攻关项目)

本研究通过课题组数十位科技人员20余年的不懈努力,建立了我国朊病毒病的监测和研究基地,开展了诊断技术研发、监测网络运行、预防控制评价、技术平台建立、发病机理探索、结构功能研究等多方面的研究。

本研究开展了以疾病监测为导向的应用研究。在我国率先建立了克雅氏病(CJD)病原学诊断和辅助诊断的多种技术,制定了《克雅氏病诊断标准和处理原则》、《克雅氏病监测技术方案》,开发了克雅氏病监测信息管理系统,建立了覆盖12个省(市)、自治区的克雅氏病监测网络。通过CJD监测、实验室技能等培训,首次较全面地研究了我国CJD病人的流行病学、临床和实验室特征。发现各种散发型CJD诊断病例124例,呈高度散发,无明显的季节聚集性,无地域相关性,无饮食习惯等相关性,病例职业分布较为广泛。发现报道了我国遗传型CJD病例8例,如FFI、GSS、插入突变fCJD、点突变fCJD(G114V、T188K、E200K)等,其中3例为世界极罕见病例。

围绕疾病监测开展了与朊病毒病监测相关的多种平台建设,包括我国第一个朊病毒病实验动物平台、PrPSc体外无细胞转化平台、PMCA平台等;建立了我国唯一的可供朊病毒诊断技术评估的PrPSc抗原panel。开展了朊病毒灭活方法的体内、外评价,为我国CJD病例样本的处理提供技术支持。研发了可试用于早期诊断的链霉素沉淀、连续PMCA等新一代超灵敏检测技术。

本研究开展了以发病机制为导向的基础研究。利用PMCA技术首次提供了朊病毒利用脾脏和肌肉组织进行复制的分子证据。首次证明了还原型烟酰胺腺嘌呤二核苷酸磷酸(NADPH)可促进PrPSc增殖。利用朊病毒实验动物和CJD病人样本，首次报道了PrPSc在潜伏期的动态变化，首次描述了其他神经因子如蛋白激酶CK2、tau、GSK3β等在疾病发展终末期的变化，为朊病毒病诊断和抗朊病毒药物研究提供了新的靶标。

首次报道了PrP蛋白可与多种神经蛋白发生相互作用，提供了朊病毒病脑组织中PrPSc与tau、GFAP共沉积的分子基础，提出了朊病毒可能通过与ApoE作用感染神经细胞，干扰细胞微管形成是朊病毒造成细胞损伤的重要途径。本研究还证明了PrP蛋白序列的突变、二级结构的改变、糖基化类型的改变，以及胞内存在位置的改变等，均可诱导出现不同途径的细胞凋亡。

本研究完成英文论文32篇，其中SCI收录30篇，IF总和47.527；中文论文59篇，主编或参编专著5部，综述和述评17篇。申请国家发明专利4项，2项已公示。

重要食品安全事件原因的快速确证技术及其分析毒理质谱库建立

获奖名单：吴永宁　赵云峰　苗　虹　李敬光

结合“十一五”国家科技支撑计划“国家应急平台体系关键技术研究与应用示范”和中国疾控中心“突发公共卫生事件应急反应机制相关数据库建设项目”任务，建立食物安全事故相关物质确证检测和分析毒理质谱库及查询系统，为重要食物安全事故和以食物为载体相关事件的应急响应提供辅助决策措施。

1. *食品安全事件相关重要化学物质的确证检验技术*　结合瘦肉精食物中毒和毒猪油有机锡食物中毒及食品动物中人工激素、兴奋剂、抗生素(如盐霉素)、苏丹红与孔雀石绿和婴儿配方奶粉三聚氰胺非法添加等重要食品安全事件，建立一系列以色质确证为基础的高通量快速检验技术。

2. *化学食物中毒毒理学质谱库构建*　在JavaScript和Framework技术基础上，利用SQL语言多层嵌套技术，建立基于症状查询的开放性网络系统，实现毒物种类和症状的现场查询；针对不明原因食物中毒的快速诊断需要，按我国常见食物中毒类型进行广泛筛选，构建常见化学毒物质谱图库。

3. *开发食物中毒应急处置辅助决策与案例库*　按WHO《中毒控制指南》框架，剖析各类食物中毒特点，提出建立重大食物中毒预警与后果预测需求；按WHO《食源性疾病调查处理指南》，利用我国既往资料建立食物中毒应急处置的案例库。按化学性食物中毒、细菌和真菌性食物中毒、有毒动植物性食物中毒和不明原因性食物，从流行病学调查和中毒食品及其病人标本检验、特有中毒表现与诊断检验资料中,提炼各个食物中毒典型特征,开发食物中毒诊断与处理技术专家诊断和辅助决策库系统。

4. 实际应用　课题组在三鹿婴儿配方奶粉"三聚氰胺"、山东汶上"盐霉素"、北京和辽宁等"瘦肉精"、江西毒猪油"有机锡"、南京小汤山"毒鼠强"等食品安全事件原因查明与应急诊断中提供了确诊检验。在"瘦肉精"整顿中承担动物性食品中克伦特罗监测;首次开展膳食有机锡监测与暴露评估;配合卫生部应对饲料违禁使用药渣的风险评估,承担动物食品中万古霉素等 8 大类约 100 个组分抗生素残留监测专项工作。开展奥运食品违禁添加物和兴奋类激素等监测,保障 2008 北京奥运会未出现一例食源性兴奋剂事件,项目组获得科技部颁发的"科技奥运先进集体"证书。

5. 相关知识产权　在本领域国际杂志(Food Chemistry,Chromatography A, Food Agri Chem,Food Addit Contam,Analytica Chimica Acta,AOAC Int)等发表论文 25 篇,按 2007 年影响因子(SCI)累计 57.811 分;在国内核心期刊发表论文 9 篇;出版《兽药残留检测与监测技术》专著 1 部。制定"动物性食品中克伦特罗残留量的测定"等 5 项国标方法及"食品中有机锡含量的测定"国标方法报批稿;完成食源性毒鼠强中毒诊断标准及处理原则等 6 项国家标准报批稿。

本项目通过在 2008 年奥运会、党和国家的重大政治经济活动及大型运动会等活动中的应用,形成了一套完善的重大活动中保障食品安全的运行机制和模式。在 2008 年北京奥运会所有参会人员的食品安全风险,对于维护我国的国际声望、保障所有参会人员的身体健康和奥运会的顺利进行具有重要的政治和社会效益。2008 年 10 月,本课题组成员获得国家科技部"科技奥运行动计划"领导小组和第 28 届奥林匹克运动会科学技术委员会"科技奥运先进集体"。为科技部编写并在科技部网站发布《南方地区雨雪冰冻灾后重建实用技术手册》(食品安全部分)、《抗震救灾实用知识、技术与产品手册》(三、食品营养与安全)、《地震灾害地区集体供餐食品卫生注意事项》、《餐具清洗消毒方法及注意事项》、《灾后恢复重建食品安全实用技术手册》等,其后重要内容列入科技部一国家减灾委员会抗震救灾专家组《抗震救灾实用知识、技术与产品手册》和《灾后恢复重建食品安全实用技术手册》(科学出版社)。

常见毒物查询数据库已经在北京市疾控中心应急中心和军事医学科学院试运行,在 5 月 17—25 日的北京市科技周和科技博览会上对普通观众展示试用。6 月,交给北京市卫生监督所、北京市疾控中心应急中心、全军毒物中心和公安部法医鉴定中心示范使用。

建立的一系列标准化方法和规范,将有力提升我国食物中毒的快速诊断、处置和溯源检测能力。在一系列不明原因食物中毒的调查(如 2003 年江西毒猪油有机锡、2008 年山东汶上盐霉素等)和重大事件调查(西藏铁路毒鼠强、北京和辽宁瘦肉精及 2008 年三鹿奶粉三聚氰胺)中,为国家提供了确诊检测支持。

中华预防医学奖获奖成果摘要

血吸虫病防治策略的研究

项目第一完成人：王陇德

项目第一完成单位名称：中国疾控中心寄生虫病所

项目研究起止年月：2002 年 6 月至 2008 年 12 月

项目研究经费来源：科技部，联合国儿童基金会/联合国发展规划署/世界银行/世界卫生组织热带病研究与培训规划署，江西省卫生厅

我国湖沼型流行区因缺乏有效的血吸虫病防治策略而使血吸虫病控制工作长期难以获得突破性进展。本课题围绕血吸虫感染与再感染这一科学问题，开展了血吸虫病防治策略相关的基础研究（包括人畜宿主感染与再感染规律和人群、家畜宿主的种类与传播作用的研究）、防治策略与措施的研制（包括策略的理论体系研究和关键技术措施与方案的制定）和防治策略的验证与推广三方面研究。

1. 取得的研究成果　①证实了湖沼型流行区人畜感染与再感染率高，牛在 10 个月内再感染率可高达 64%；②阐明了牛是湖沼型流行区血吸虫病传播的主要传染源和污染源，牛对草洲的潜在污染指数可高达 90%；③提出了控制血吸虫虫卵污染环境是减少感染性钉螺的关键措施；④现场证实了原来以人畜同步化疗为主的防治策略不能持续、稳定地降低病情，更不能控制再感染；⑤验证了人畜粪便管理是持续控制血吸虫感染与再感染的有效途径，新策略实施后经 3 个传播季节即可降低人畜感染率至 0%～1%，并稳定在低水平；⑥形成了“以切断虫卵污染环境为关键措施”、“以控制传染源为主的血吸虫病综合防治新策略”；⑦现场验证发现这一策略可有效控制湖沼型血吸虫病的传播，年均经济效益较原策略显著提高。

2. 主要创新点　提出了“人畜感染与再感染”是湖沼型地区难以控制血吸虫病的主要原因；定量验证了牛源性血吸虫虫卵是湖沼型流行区传播血吸虫病的主要污染源这一事实；构建了以切断虫卵下水为基础的“以传染源控制为主的血吸虫病综合防治策略”理论与相应的 4 项关键措施；为“生物－环境－社会”综合性防病新模式提供了范例，解决了因人畜高再感染率而难以控制湖沼型血吸虫病传播之瓶颈问题。

血防新策略的提出符合我国血吸虫病流行规律与中国社会经济发展国情，引导了世界卫生组织制定新的全球控制血吸虫病传播策略。新策略中的“封洲禁牧”等关键技术已纳入国务院制定的《血吸虫病防治条例》，人畜感染性等关键指标为制定《血吸虫病控制和

消灭标准(GB15976－2006)》提供了重要技术参数。项目成果对推动我国控制并最终消灭血吸虫病的进程、保障我国血吸虫病防治中长期规划目标的如期实现，具有重大的理论与实践意义。

迄今，新策略已在湖南、湖北、江西、安徽、江苏 5 省的 90 个重点防治项目县推广应用，并产生了具大的经济效益。项目已出版专著 5 部、发表论文 40 篇。其中国外发表论文 14 篇(包括在 Lancet，New Engl J Med 发表)、SCI 总影响因子达 111.5、引用引证 148 次；国内发表论文 26 篇，引用引证 104 次。

我国发现人粒细胞无形体病

项目人员：张丽娟　徐建国　任　军　李　群　芮　景　万康林　柳　燕　冯子健　吴家兵　倪大新

申报单位：中国疾控中心传染病所；安徽省疾控中心；中国疾控中心；皖南医学院弋矶山医院

项目研究起止年月：2006 年 11 月至 2008 年 10 月

项目研究经费来源：中美新发及再发传染病合作项目(1U2GGH000018－01)

2008 年美国医学会著名杂志 JAMA300 期 19 卷发表了由中国疾控中心传染病所等国内外 7 家专业机构共同发表的研究论文——“中国人粒细胞无形体院内传播感染”。同期，美国纽约洲医学院著名流行病学与公共卫生学专家 Peter J. Krause and Gary P. wormser 教授对该项研究发现作了充分的肯定并发表了重要述评。我国各大媒体及新闻机构相继报道了此项研究成果。

此项研究的重要意义在于：

1. 世界范围内首次证实了人粒细胞无形体人－人传播。

2. 这是中国第一次报告人粒细胞无形体实验室确诊感染病例。

此项研究成果受到世界各国公共卫生部门及传染病领域专家、学者的高度重视，由此制定并修改了相应的卫生政策，具体如下：

1. 2008 年 2 月，我国卫生部面向全国颁布了《人粒细胞无形体病预防控制技术指南》。

2. 2009 年 9 月 30 日，针对我国近期无形体疫情，卫生部办公厅再次下发《卫生部办公厅关于认真做好人粒细胞无形体病防治工作的通知》(卫办疾控发〔2009〕158 号)文件，要求全国各地临床及疾病监测组织认真做好该病的疫情调查处理、科学研究、卫生人员培训、健康教育及风险沟通等工作。

3. 美国著名传染病专家 RJ Thomas、J S Dumler、J A Carlyon 等人在抗感染治疗专

家综述杂志(Expert Review of Anti—Infective Therapy)发表文章,并根据此项研究成果提出了最新蜱源立克次体病诊断、处置纲要。

4. 2009 年 1 月 30 日,澳大利亚红十字会血站(ARCBS Med e—News)向全国发表了重要新闻,其卫生部长 Hon John Hill 博士,就以往的研究资料及我国此项研究成果,对澳大利亚血液制品管理等问题提出了新的要求,重点防止通过输血传播人粒细胞无形体病。

5. 该项研究大大促进并提高了我国临床医生对该病的认识,以及诊断、鉴别诊断及治疗水平,促进了全国无形体和立克次体病监测及研究工作的开展。全国 29 个省、市疾控中心参加了全国无形体及立克次体病培训班,10 个省级疾控中心实验室参加了实验室外部质量控制活动。10 个省级疾控中心在本省范围开展了无形体及立克次体流行病学本底调查。

6. 美国纽约洲医学院著名流行病学与公共卫生学专家 Peter J. Krause and Gary P. wormser 教授在国际著名医学杂志 JAMA 300 期 19 卷发表了重要述评,对该项研究发现作了充分的肯定并重点强调了此项研究的重要意义在于:①世界范围内首次证实了人粒细胞无形体人一人传播;②中国第一次报告人粒细胞无形体实验室确诊感染病例。

7. 2008 年 11 月国际著名网站每日科学(www. sciencedaily. com/releases/2008/11/081118161239. htm)科学新闻栏目重点述评了此项研究,重点强调未来医疗实践中 HGA 诊治中的个人防护,以及中国未来加强该病防治的重要性,同时强调该病人一人传播方式将对欧美等国构成的潜在威胁。

8. 2008 年 12 月 1 日,国际著名网站今日医学新闻(www. medicalnewstoday. com)对此项研究成果作了重要述评,重点强调了中国科研工作者首次证实该病及人一人传播方式。

9. 2009 年 11 月 11 日,加拿大莱姆病基金会网站(www. canlyme. org)全文转载了此项研究的文摘内容,要求高度重视莱姆病与人粒细胞无形体病复合发生。

10. 2008 年国际著名学术期刊《自然中国》(Nature China)将我国的此项研究列为 2008 年临床医学研究的重要亮点之一(www. nature. com/nchina/archive/clin_med/subject_nchina_s4_2008. html),同时发表了编者按,重点论述了作为新发传染病,人粒细胞无形体病对人类健康构成的严重威胁。

11. 2009 年 2 月 10 日,国际著名麦格劳一希尔教育集团发表了美国波士顿大学医学院 Tamar F. Barlam 教授就我国此项研究成果而撰写的重要述评,文章强调了临床病人血液及体液标准防护的重要性。

12. 2008 年 11 月 20 日,英国、苏格兰等国共同组建的著名网站(www. bada—uk. org/wordpress)在医学新闻栏目中对我国的此项研究成果进行了转载及述评,要求公众及公共卫生部门特别注意该病的防护及传播。

食品安全快速检测系列方法与设备研究

获奖名单:王　林　孙景旺　陈庭君　江　涛　王　凤　计　融

项目简介

1. 研究背景　2002年为响应国家食品安全行动计划,提高现场监督效果和监测能力以及突发事件应急处理的需要,在没有专项科研经费支持的情况下,中国疾控中心营养与食品安全所决定:在以往快速检测方法研究的基础上,与有关单位合作,克服困难,争取用几年的时间尽快建立起一套相对完整的食品安全快速检测方法体系与系列设备,为开展现场检测提供必备技术和设备条件。

2. 研究方法与技术路线　①将快速检测方法体系按四大模块分类,研究首先从化学性食物中毒项目入手,其次是掺假掺杂食品项目,同时包括食品加工储藏控制环节类,最后集中精力建立生物性污染类的快速检测手段;②所建立的方法不但要基本满足目前现场检测的需要,也要为今后这一体系中新方法的建立和不断完善打下一个较好的基础。

3. 发明与创新点　①首次提出"食品安全快速检测方法体系"这一概念,并研制了87项快速检测方法为这一"体系"打下了基础;②首先提出"食品安全快速检测箱"这一概念,并研制出一套系列现场检测设备;③在87项快速检测方法与系列设备的研究中解决了很多工艺及技术上的难题,获得多项国家专利;④本课题所完成并已出版发行的《食品安全快速检测技术》、《食品安全快速检测技术手册》两部书籍,系统地阐述了"食品安全快速检测"的理论与方法,填补了此领域的空白。

4. 主要贡献　①该项成果为开展现场检测工作提供了技术支持和硬件设备,实现了可以现场发现问题,及时采取控制措施的目的。扩大了对食品安全不利因素的监测范围,增加了食品监测数量,降低了不安全食品对人体侵害的概率,为国家"民生"安康工程做出了贡献。②该项成果也为食物中毒因子的快速筛查提供了有效措施。

5. 应用推广情况　已经装备应用了该项成果的部门有:我国31个省(自治区)级卫生监督所和疾控中心,全国约2/3县区级以上的卫生监督所和1/3县区级以上的疾控中心,10多个出入境检验检疫局,国家中央直属机关管理局、中南海、人民大会堂、全国人大的所有餐饮食堂,"二炮"集团军、兰州军区、新疆军区和北京武警所有连级以上单位,解放军总部和多个军区的疾控中心,部分军队医学教学院校和部分省级法医鉴定中心等。该项成果还应用到一些发展中国家。2008年四川和陕西大地震发生后,国家卫生部调拨了该项成果的400多套设备发往灾区用于防病工作。同年,北京奥运会保障应急车辆中和所有奥运场馆运动员驻地餐饮场所均应用了该项成果。

基于生物标志物的多环芳烃致癌危险度评价

项目第一完成人：郑玉新

项目第一完成单位名称：中国疾控中心职业卫生所

项目研究起止年月：1999 年 1 月至 2006 年 12 月

项目研究经费来源：国家自然科学基金(39970633)，国家重点基础研究发展计划(2002CB512903)，国家杰出青年基金(30625031)

焦炉工肺癌是发病率最高的职业肿瘤之一，职业性多环芳烃暴露是患病主要原因。应用生物标志物，研究从接触危险因素至发病过程中的生物学事件，评估暴露人群遗传损伤及致癌的危险度，对于职业肿瘤的防治具有重要意义。目前，国内外缺乏大样本量暴露人群、基于系统生物标志物的分析，以及多环芳烃致遗传损伤及致癌的危险度评价研究。

本项目运用分子流行病学、分子生物学、毒理学和生物信息学等方法，通过建立大型的职业多环芳烃暴露人群研究队列和生物样本库，构建了具有中国人群特点的代谢酶及DNA修复酶基因多态性数据库，系统分析了多环芳烃致癌过程中的生物标志物及暴露人群的危险度。

在暴露标志物分析中，建立了咔唑为内标的尿中1－羟基芘的高效液相色谱测定方法，并发现其能较好地反映芘类化学物的暴露；还发现尿中1，2－羟基萘和1，4－羟基萘、1－萘酚和2－萘酚、菲、3－菲酚和9－菲酚等能够代表个体萘和菲的暴露水平；1，2－萘醌白蛋白加合物可用于评价多环芳烃暴露的生物有效剂量。在效应标志物的研究中，建立了彗星试验的干片保存方法；率先将胞质分裂阻滞微核应用于多环芳烃的损伤效应分析，并在此基础上发展了核质桥和核芽等胞质分裂阻滞微核细胞组学的标志物的应用；率先将DNA修复能力和DNA的端粒长度应用于评价多环芳烃所致的损伤效应。在易感性标志物的研究中，系统分析了多环芳烃代谢和DNA损伤修复通路中的关键基因。发现芳烃结合受体(AHR)、Ⅰ相代谢酶、Ⅱ相代谢酶；碱基切除修复、核苷酸剪切修复和双链断裂修复通路中的关键酶的多态位点的变异与多环芳烃损伤易感性有关，其中X线交叉互补基因1(XRCC1)等基因及单体型变异最为显著。

本项目系统地研究了多环芳烃致癌的生物标志物，并通过队列研究、病例对照研究和体外试验研究验证了标志物的有效性，提供了多环芳烃致癌的生物学依据。利用生物信息学方法，建立了集成分析多终点的关键生物标志物数据的危险度评价模式。

研究中建立的“尿中1－羟基芘高效液相色谱测定方法”被推广为国家职业卫生标准，彗星试验的干片保存法应用于其他研究组的工作，胞质分裂阻滞微核细胞组学标志物已在淮河流域癌症综合防治等项目中进行了应用。

本项目的研究成果在国际专业杂志上系列发表，产生重要影响。共发表论文50篇，其中 SCI 收录 18 篇;编写中、英文专著各 1 部;研制职业卫生标准 1 项。项目中的标志物有助于指导和提高我国多环芳烃暴露人群的生物监测和健康监护,本研究达到国内外同类研究工作的较高水平。

建立长江流域、我国湖区 GIS 血吸虫病预警系统研究

项目第一完成人:郭家钢

项目第一完成单位名称:中国疾控中心寄生虫病预防控制所

项目研究起止年月:2004 年 10 月至 2006 年 12 月

项目研究经费来源:"十五"国家科技攻关项目

长期以来血吸虫病一直威胁着我国人民的健康,而长江中下游的 5 省湖沼型血吸虫病流行区是我国血吸虫病防治的重点和难点,迫切需要建立湖沼地区血吸虫病预警系统。运用地理信息系统、全球定位系统和全球无线移动通讯技术三者相结合,能有效提高对血吸虫病疫源地的准确性和互动性。本项目针对湖沼地区钉螺分布环境与血吸虫病流行密切相关的特点,成功地应用 3G 系统创建了我国湖区血吸虫病监控预警模式,实现了对疫源地实时监控的目的。

1. 主要成果　①应用 GIS 软件,通过 GIS 平台对地面数据和空间数据进行可视化表达,开发适用于血吸虫病信息管理、处理分析的地理医学信息系统;②针对钉螺生态环境特点,运用遥感技术(RS)获取钉螺孳生地的环境信息,实现钉螺孳生地的快速确定;③建立基于风险组和基于个体的血吸虫病时空传播模型;④在全球定位系统和全球无线移动通讯技术的支持下,通过短信方式实现了疫源地位置信息与血吸虫病疫情信息的快速传递,达到实时监测和预测血吸虫病疫情的目的。

2. 创新点　①利用全球定位系统进行钉螺调查,准确获取疫源地位置信息,提高其可复核性,通过地理信息系统平台对血吸虫病监测和防治等数据进行分析和表达;②运用全球无线通讯系统,实现血吸虫病疫情与疫源地空间位置信息同步交换,实现对血吸虫病疫情的实时、实地监控,也为自然疫源性传染病疫情报告系统提供了一个及时、准确、可靠的技术平台;③结合卫星遥感技术建立了基于风险组和个体的血吸虫病时空传播模型。

3. 推广应用情况　①根据本研究结果,卫生部在全国 110 个流行县配置 GPS 手持设备 1110 台,极大地加速了疫区钉螺调查的电子化管理进程,并通过 GIS 平台进行表达。根据技术要求,研究组已制定手持全球定位设备在血吸虫病防治中的应用培训教材,在江西、湖南、湖北、安徽、四川、云南等省培训了一支专业化队伍,显著提高了血吸虫病疫情管理的效率。根据安徽省血吸虫病监测点测算,可节约防治经费达 350 万元。②本研究 GIS 数据管理系统成果已完全用于全国血吸虫病 80 个监测点的数据采集、分析和表

达。③在国务院血防办及中国疾控中心所进行的一系列血吸虫病防治工作的暗访工作中，运用该系统进行环境了解和现场实地导航。④建立的血吸虫病时空传播动态模型成功应用于四川德阳市旌阳区、江西省鄱阳湖流域现场预警，取得了良好效果。

本研究已发表论文 20 篇，其中 SCI 期刊源收录论文 4 篇，国内核心期刊收录论文 12 篇，引用引证 44 次。

我国儿童少年钙营养状况及干预研究

获奖名单：马冠生　胡小琪　张　倩　刘爱玲　李艳平　潘　慧　张必科

钙是人体骨骼的物质基础，在体内发挥多种重要功能，而我国儿童少年的钙营养状况不容乐观，这主要与奶制品摄入量较低有关。儿童少年期钙摄入不足可导致骨量降低，增加骨折危险性，并产生神经、肌肉、造血、免疫等组织器官功能异常；同时降低成年期峰值骨量(PBM)，增加老年期发生骨质疏松及骨折的危险。

为此，我们开展了系列研究分析我国儿童少年钙膳食营养状况并提出干预措施。通过两项横断面研究，分析我国不同地区、不同民族儿童少年膳食钙摄入量及其食物来源，分析膳食钙摄入与儿童少年骨骼和体格发育关系。通过 2 年补充牛奶的随机干预和中止 3 年后的随访研究，观察通过增加奶制品摄入改善儿童钙营养状况及其骨骼增长的持续效果。通过 2 年的双盲、随机、对照、采用不同剂量的钙剂补充研究，探讨满足儿童少年骨骼等生长发育需要的钙摄入量水平。最后，在补充不同剂量钙 1 年后开展钙代谢平衡实验，探讨合理的的钙吸收和储留水平。

结果发现，我国儿童少年膳食钙营养状况较差，7～17 岁膳食钙摄入量平均为 317mg/d，这与奶制品消费量低密切相关(仅 18g/d)，膳食钙摄入量受年龄、性别、经济地区和民族影响，而低钙和低奶制品摄入对儿童少年骨骼和体格发育的不利影响。提高奶制品摄入是改善我国儿童钙营养状况的有效措施，能促进骨矿物沉积和体格发育，但这种促进作用在奶制品摄入量下降后逐渐消失，提示儿童少年应坚持饮用牛奶。青春期少年钙摄入量至少达到 800mg/d 才能促进儿童各部位的骨量增长，并保持较高的提高钙吸收量和储留量。

此研究不仅为部分城市中小学生开展的“学生奶计划”提供科学依据，也为批驳近年来社会上不断出现的对奶制品消费的误区提供科学证据，为在我国居民中进一步推广和鼓励奶制品消费提供了科学证据。探索符合我国儿童少年生理特点和膳食习惯的适宜的钙摄入具有重要现时意义，对近年来社会上广泛存在的补钙热提供了科学数据及适当的引导，也为修订我国儿童钙的膳食参考摄入量提供了翔实的科学基础数据。

富硒大蒜的开发及其安全性和临床前应用研究

获奖名单:杨文婕　毛德倩　李卫东　陈　竞

本项目以开发富硒大蒜及其粉制剂为目的,综合利用农业和加工技术研发以及营养学和药学应用基础研究手段,主要解决预防控制癌症等慢性疾病时,传统硒共有的“有效剂量接近毒性剂量”的问题。结果获得富硒大蒜及其粉制剂原料产品,并提供其安全性及防控某些慢性疾病的实验证据。

1. 主要技术路线和结果

(1)通过大蒜品种和生产环境筛选及农业生物调控技术研究,首次开发出富硒大蒜。检测发现合格的富硒大蒜主要含硒形态为硒甲基硒半胱氨酸及其谷氨酰胺衍生物,硒的有效转化率达 85%～99%,不同于无机硒、硒蛋氨酸、含硒蛋白和市售含硒量较高的大蒜农产品,进一步发展了富硒大蒜粉制备专利技术,并成功促进相关技术产业化应用。

(2)通过系列动物模型实验和人群应用观察,证实富硒大蒜具有高安全性:①多种急性毒性和长期毒性实验均没有发现富硒大蒜导致大小动物的硒中毒症状(脱毛、菜花状肝脏等);②系列模型实验表明富硒大蒜无致突变作用、骨髓抑制作用及致畸毒性;③在预防胃癌和高脂血症动物模型实验中,综合分析毒理学生化指标、动物存活率及肝肾病理学切片结果,证实富硒大蒜安全剂量至少是亚硒蒜钠的 4 倍以上;④犬、大鼠、小鼠系列模型实验表明,长期高剂量补充富硒大蒜,动物体内硒的主要累积器官是红血球和脾,不同于其他来源硒的主要累积器官肝和肾,能够有效避免过量硒累积对肝肾等重要器官的损害,表明富硒大蒜安全性更高;⑤富硒大蒜栽培基地 2000 余名、食用富硒大蒜200～1200μg/d(以硒计)的健康成年人,其中 50%以上服用量超过推荐的可耐受最高摄入量 400μg/d,连续服用 8～11 年未出现硒过量的临床症状。

(3)多种体内外试验和动物模型实验发现,富硒大蒜预防化学诱发和移植胃癌、胃腺癌、高脂血症、清除幽门螺杆菌和炎症方面有明显作用,普遍高于亚硒酸钠。人体初步应用研究显示对幽门螺杆菌感染及某些癌症患者有益。

2. 达到的主要技术指标　富硒大蒜硒的有效转化率不低于 85%;富硒大蒜安全剂量为亚硒酸钠的 4 倍以上;富硒大蒜具有预防控制胃癌、高脂血症、炎症等作用,其作用效果显著高于亚硒酸钠。

3. 经济和社会效益　2006、2007 和 2008 年应用推广期间,推广公司直接从富硒大蒜获得的利润依次为 170 万、330 万和 650 万。富硒大蒜除安全定量补充人体硒营养不足的应用外,已经初步显示出对幽门螺杆菌感染及某些癌症患者的作用效果,预期富硒大蒜在预防和治疗慢性疾病中的应用前景广阔。

创建无烟环境的综合干预模式和评估体系研究

项目第一完成人：杨功焕

项目第一完成单位名称：中国疾控中心

项目研究起止年月：2003 年 7 月 1 日至 2008 年 12 月 31 日

项目研究经费来源：美国国立卫生研究院 FOGARTY 国际中心资助的“烟草控制流行病学、监测和干预能力建设项目”（RO1－HL－73699）；彭博全球控烟基金支持的“迈向无烟中国”项目（870－2233）

1. 研究背景　创建无烟环境是 WHO 推荐的控烟策略。中国过去 10 年开展了很多创建“无烟医院”、“无烟学校”活动，但是二手烟暴露率没有任何改变，依然为 53%，表明仅停留在行政动员层面是无效的。需要对二手烟暴露的现状及影响因素进行系统研究，并进行有效的干预和评估。

2. 研究方法及技术路线

第一阶段：研究阶段（3 省内 3 个干预县和 3 个对照县）

通过定量定性调查，对中国人群二手烟暴露的现状及其政治、社会和文化因素进行系统研究；比对 100% 无烟环境建设的理想模式和研究发现，提出了相对应的防治策略，并针对每一策略，通过项目实践，提炼干预活动要点，形成评估策略和指标体系。

第二阶段：验证阶段（在 20 个省 40 个市县 6400 万人群中验证）

(1)推广验证干预模式和评估体系，提炼预防二手烟暴露的五大策略及关键活动要点。

(2)形成培训材料、指南和工具，规范干预活动。

(3)通过基线调查、2 次过程评估及效果评估，验证预防策略和工具包的有效性。

(4)中央和地方联动进行项目干预，放大项目效果，形成轰动效应。

(5)结合项目进行有针对性的培训，提高能力，建立控烟网络。

3. 创新点及主要贡献

(1)发现了高吸烟率、烟草危害知识的缺乏、有效政策文本的缺乏和执行不力、控烟能力薄弱、敬烟习俗等是导致高二手烟暴露的主要因素。

(2)提出了一套行之有效的预防控制二手烟的综合干预模式和关键活动要点。

(3)形成培训材料、指南和工具包，规范预防二手烟暴露的干预活动，开发了一批针对吸烟和二手烟暴露危害健康、公共场所不抽烟等关键信息、送礼不送烟的媒体传播材料，以及一套过程和效果评价指标体系和方法，形成计算机辅助的评估工具。

(4)通过 14 个月的干预，40 个市县中 19 个地区修改/出台了公共场所禁止吸烟政策,行政办公楼均扩大为禁止吸烟的场所。以医院为例,无人吸烟比例从 14%上升到 58%;提高了人们对烟草和二手烟草烟雾危害的认识,了解二手烟暴露易患肺癌的比例从 68%上升到 85%;逐步改变相互敬烟社会风俗,使不同场所二手烟暴露比例均下降了 50%,学校下降 63%、家庭内下降 25%。

(5)推广应用及经济社会效益,项目总结的经验已经为 WHO 制定 100%无烟环境政策建议、为中国修订"无烟医院"标准提供证据,并为多个控烟项目开展提供工具;培养了近 1.8 万人次的控烟人员,在 20 个省建立了示范区,提高了各地控烟能力;树立了送礼不送烟的社会新风气;动员民众参与控烟,142 万人次通过网络点击支持烟盒图片警语改善烟草危害知识的公民提案,有力地促进了烟草控制框架公约(特别是 8 条和 11 条)在中国的执行。

中国结核病防治效果监测及影响因素研究

项目第一完成人:刘剑君

项目第一完成单位名称:中国疾控中心

项目研究起止年月:2004 年 1 月至 2005 年 12 月

项目研究经费来源:科技部社会公益研究项目(2004DIB1J034)

1. 研究背景　我国是全球 22 个结核病高负担国家之一,结核病患者数量居世界第二位。多年来,我国政府高度重视结核病防治工作,履行政府承诺,实施防治规划,加大投入力度,采取了一系列加强防治工作的行动与措施,而多年结核病防治实践的效果如何,还存在哪些问题和障碍,需要调整与更新哪些政策等等,都需要系统地研究和回答,并提出相应的政策建议,促进我国结核病防治工作的深入开展。

2. 研究内容与方法　利用我国现有的结核病监测体系资料,结合现场定量和定性调查,紧扣结核病控制的全球及国家的中长期发展规划目标,描述我国结核病疫情现状和进行疫情预测,评价结核病防治工作成效,探讨影响结核病防治效果的相关因素。同时,采用 SWOT 方法,系统分析我国结核病防治工作中的优势、劣势和面临的机会与威胁,提出我国结核病防治工作最佳发展策略的建议。

3. 创新点

(1)首次全面整合和综合利用我国结核病监测系统资料、流行病学调查数据和政策法规等不同途径和类型的数据与资料,对我国结核病的流行现况、影响因素和目前实施的结核病防治措施及面临的挑战进行了全面的分析和评估。

(2)首次将管理学的 SWOT 方法应用于结核病防治策略分析中,系统阐明了我国结核病防治工作中的优势、劣势和面临的机会与威胁，提出了我国结核病防治工作的最佳策略建议。同时，将结核病防治政策、效果和影响因素置于公共卫生的大背景下进行评价、评估，研究结核病防治的相关政策和建议。

(3)利用我国历年结核病疫情资料，采用不同的模型并相互印证，综合估算并预测了2001—2010年我国结核病的流行趋势，为论证我国实现结核病千年发展目标的可行性及出台新的全国结核病防治五年实施计划提供了科学依据。

4. *应用推广情况* 为制定《全国结核病防治规划(2001—2010年)》2006－2010年实施计划、出台全球新的遏制结核病策略、“健康中国2020”——结核病领域专题研究报告、传染病重大专项——结核病预警模式的研究申请等提供了数据和政策支持；为全国结核病监测管理系统的优化和数据分析利用、编印全国结核病监测年度、季度分析报告提供了思路与经验。同时，发表19篇文章，其中2篇发表在《Lancet》上；发表的文章在2005－2008年共被引用91次。

5. *社会效益* 项目的实施和应用，全面提升了我国结核病防治监测与分析能力，科学评价了我国结核病防治的工作成效，推进了我国结核病防治策略的科学制定和评估，优化了我国结核病控制政策，促进了结核病控制工作的开展和最终目标的实现，提高了我国结核病防治的国际影响力。

2009 年 5 月 17 日，温家宝总理、李克强副总理到中国疾控中心考察甲型 H1N1 流感防控工作，看望工作人员

2009 年 4 月 29 日，李克强副总理到中国疾控中心考察甲型 H1N1 流感防控工作

2009 年 3 月 16 日，卫生部党组书记张茅到中国疾控中心调研

2009 年 4 月 23–24 日，卫生部陈竺部长出席
2009 年全国省级疾控中心主任年会

2009 年 12 月 8 日，第一届国家食品安全风险评估专家委员会成立，卫生部陈竺部长为陈君石主任委员颁发聘书

2009 年 5 月 17 日，卫生部尹力副部长到中国疾控中心指导甲型 H1N1 流感防控工作

2009 年 10 月 27 日，卫生部有关司局领导十分关心中国疾控中心新址建设进展，多次前往实地考察

2009 年 7 月 23 日，中国疾控中心党委书记梁东明主持召开中心搬迁动员会议

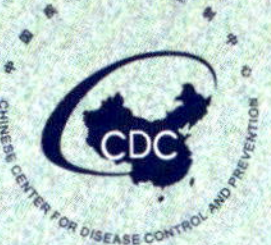

2009 年 7 月 30 日，全国疾控中心
公共卫生会议在内蒙古召开

2009 年 4 月 18 日，2009 国际健康
生活方式博览会在上海举行

2009 年 5 月 6 日，中国疾控中心专家就甲型 H1N1 流感防控进行技术指导

甲型 H1N1 流感爆发后，中国疾控中心成立了 10 个甲型 H1N1 流感防控工作组，图为应急处理组在紧张工作

图为中国疾控中心公共卫生危险追踪分析室在紧张工作

2009 年 5 月 1 日，中国疾控中心对 30 个重点口岸城市疾控人员进行甲型 H1N1 流感病毒检测方法培训

2009 年 5 月 8 日，中国疾控中心组织甲型 H1N1 流感防控业务工作媒体集中采访

2009 年 5 月 18 日，我国内地第一株甲型 H1N1 流感病毒进化树图制作完成

2009 年 5 月 26 日，全国甲型 H1N1 流感监测和防控技术培训班在北京举办

2009 年 6 月，中国疾控中心及时组织实验室技术专家对东盟各国实验室检测人员进行技术培训，并向其捐赠我中心自行研制开发的检测试剂盒

2009 年 3 月 19 日，卫生部尹力副部长、中国结核病防治形象大使彭丽媛参加“世界防治结核病日”主题宣传活动

2009 年 3 月，中国疾控中心寄生虫病所专家赴非洲喀麦隆和刚果金开展为期 3 个月的疟疾防治中心援建任务

2009 年 5 月 6 日，挪威卫生和保健服务部大臣 Bjarne Haakon Hanssen 一行来访

2009 年 9 月 21 日，国际著名流行病学家 Rothman 在我中心流行病学进展高级研讨班上授课

2009 年 11 月 11 日，世界卫生组织专家对中国疾控中心病毒病所国家流感中心进行现场评估考察，确定国家流感中心为世界卫生组织流感监测和研究合作中心

2009年10月，中国疾控中心昌平园区正式启用

2009年4月24日，省级疾控中心
办公室主任在中国疾控中心新址参观